Al-Rawi Tante Fatima kauft einen Teppich

Rosina-Fawzia Al-Rawi

Tante Fatima kauft einen Teppich

Mein Leben im Morgenland der Frauen

Für meine Mutter Gerlinde,
die Kriegerin der Wünsche und der Bäume.
Für meine Tochter Tasnim,
die Quelle der Liebe und der Träume.

Die Deutsche Bibliothek – CIP-Einheitsaufnahme
Rawi, Rosina-Fawzia B. / al-: Tante Fatima kauft einen Teppich:
mein Leben im Morgenland der Frauen / Rosina-Fawzia Al-Rawi. –
Kreuzlingen; München: Hugendubel, 2002
   (Sphinx)
   ISBN 3-7205-2325-X

© der deutschen Ausgabe Heinrich Hugendubel Verlag, Kreuzlingen/
München 2002
Alle Rechte vorbehalten

Lektorat: Claudia Göbel
Umschlaggestaltung: Zembsch'Werkstatt, München
unter Verwendung eines Motivs von Yann-Arthus Bertrand
Produktion: Maximiliane Seidl
Satz: EDV-Fotosatz Huber/Verlagsservice G. Pfeifer, Germering
Druck und Bindung: GGP Media, Pößneck
Printed in Germany

ISBN 3-7205-2325-X

INHALT

VORWORT

*Die Unterscheidung zwischen Vergangenheit, Gegenwart und
Zukunft ist eine Illusion, auch wenn sie noch so beharrlich ist.*

Albert Einstein

*Denn die Zukunft hat ihre Wurzeln in der Gegenwart,
und diese wiederum formt sich aus der Vergangenheit.
Streck die Arme aus, so trägst du in dem einen die Vergangenheit
und in dem anderen die Zukunft,
doch dein Körper weilt ewig im Jetzt.
Bring die Arme zusammen, dann ruhen beide auf dem Herzen,
und du hörst den wahren Rhythmus der Welt.*

Rosina-Fawzia Al-Rawi

Manchmal frage ich mich, wie mein Leben verlaufen wäre, wenn
ich nicht als Kind einer Mischehe geboren wäre. Nicht, dass ich
undankbar wäre für diese Position, aber leicht war sie von Anfang
an nicht. Ich kann mich an keinen Tag in meinem Leben erinnern,
an dem mich diese nicht zu definierende, vom Schicksal gegebene
Position nicht zur Außenseiterin, aber auch zur Vertrauten und Ver-
mittlerin gemacht hätte. Vielleicht ist es das Beste, was einer Frau
passieren kann!

Die Kindheit ist eine Welt der Wunder, ein Staunen über die Vielfalt dieser Welt. In jeder Bewegung, in jeder Form liegt das Unfassbare, das Pulsierende, das Wunderbare unseres Daseins.

In der Jugend wiederum verhärmt das Herz, ein Panzer wird auf-
gelegt, die Erweichung des Herzens erfolgt dann später wieder. Es
ist die mystische Reise durch Kompromisslosigkeit, Unnachgiebig-
keit und schließlich Mitgefühl. Diese Reise durchlebt jeder Mensch
ganz individuell.

Jede Begegnung, jedes noch so unscheinbare Ereignis trägt in sich eine Bedeutung. Selbsterkenntnis beruht auf der Bereitschaft, diese Begegnungen und Ereignisse zu akzeptieren und auf sie einzugehen, sowie auf der Fähigkeit, spontan die Richtung ändern zu können. Das unterscheidet am Ende des Weges einen bereicherten von einem verlorenen Menschen. Fehler zu machen ist menschlich und natürlich. Aber zu sterben, ohne sie verstanden zu haben, macht das Leben zu einer sinnlosen Übung. Die Neigung zu Mitgefühl und Verständnis einerseits oder zu Oberflächlichkeit und Egozentrismus andererseits hat nichts mit dem Alter zu tun, sondern mit dem Leben, das man führt.

Das Leben besteht aus mehr als nur den beiden Bewusstseinspolen von Wachen und Schlafen, und wer nur sie annimmt, versäumt ein ganzes Spektrum von Märchen, blauen Welten und wohlduftenden Gärten. Irgendwann entlang des Weges erkennt man, dass auch der böse Trieb nur dazu da ist, das Gute zu fördern. Ohne Finsternis gäbe es nicht den Begriff des Lichts. Wer das Licht verstehen will, muss um seine Antithese wissen, die Finsternis. Die schwere Süße, vom Duft des Todes durchzogen und mit Moschus gewürzt. Wer einmal unterworfen wurde, wird für immer uneinnehmbar. Und immer wieder beugen wir uns noch weiter in die Vergangenheit zurück, trinken von der Quelle unserer alten Lieder und Träume. Erinnerungen an den Moment, als die Stimme der Mutter alle Wunden der Seele heilte. Irgendwann kehrt man der Lüge den Rücken und geht auf die Wahrheit zu, ohne sie je zu erreichen.

IRAK

Du Schönste aller Frauen
In deinen Augen verfließen all meine Sorgen
Und wenn ich deine Finger berühre, beginnt mein Herz zu singen.
Hat Allah jemals etwas Schöneres als dich erschaffen!
Bagdad, o Bagdad
Wann werde ich meine Wangen an deine Wände wieder schmiegen?
Wann, o Bagdad, werden meine Füße deine Erde wieder spüren?

ROSINA-FAWZIA AL-RAWI

Der Mittelpunkt der Erde

Der zweite Abbasidenkalif Al-Mansur gab 762 n. Chr., also im hundertsten Jahr nach islamischer Zeitrechnung, den Befehl, eine Stadt am Westufer des Tigris zu erbauen. Nach vier Jahren waren die Bauarbeiten beendet. Die Stadt war vollkommen rund geworden: Ein äußerer Ring mit vier Toren und ein innerer Ring, in dessen Mitte der Palast, die Verwaltungsgebäude und die Freitagsmoschee lagen. Al-Mansur nannte die Stadt *madinat as-salam*, »Stadt des Friedens«.

Im Werk des berühmten arabischen Geographen Al-Muqaddasi *Die schönste Aufteilung, handelnd von der Kenntnis der Länder* wird die »Stadt des Friedens«, bekannter unter dem Namen *Bagdad*, folgendermaßen beschrieben: »Bagdad liegt im Lande des Islam. In ihr befindet sich die Stadt des Friedens. Ihre Bewohner haben besondere Eigenschaften und Anmut, angeborene Neigungen und Freundlichkeit. Sie haben eine milde Luft und genaues Wissen. Jeder Vortreffliche und jeder Gute ist in ihr, jeder Geschickte stammt aus ihr. Sie hat jede Eleganz, und jedes Herz strebt zu ihr. Sie muss jeden Krieg führen, und sie bietet jedem Schutz. Die Stadt ist zu

9

berühmt, als dass sie gepriesen, zu schön, als dass sie beschrieben, und zu erhaben, als dass sie gerühmt werden müsste.«

Bevor Al-Mansur sich für diesen Platz entschloss, befahl er mehreren Männern, zu den verschiedenen Jahreszeiten dort zu schlafen, um genau feststellen zu können, wie der Winter, der Sommer, der Regen, die Mücken und die Luft seien. Alles sollte stimmen, denn er wollte eine Stadt bauen, die in der Geschichte der Menschheit unvergesslich blieb. Schönheit, Reichtum und Frieden sollten ihre Attribute sein.

Doch sieht man sich die Geschichte Bagdads an, so erkennt man, dass diese Stadt in ihrer ganzen Existenz nur ganz kurze Perioden des Friedens erlebt hat. Und das Klima sowie die Mücken scheinen sich über die Jahrhunderte – durch die Unfähigkeit der Menschen, in Harmonie zu leben – verändert und vermehrt zu haben.

Für die damaligen Begriffe lag sie sehr zentral zwischen der Arabischen Halbinsel, Ägypten und Syrien auf der einen Seite und Persien, Zentralasien und dem Pandschab auf der anderen. Die Nahrungsmittel kamen auf den Euphratschiffen und den Karawanen aus Ägypten und Syrien, die Geräte übers Meer aus China und auf dem Tigris aus Byzanz und Mosul.

Als also Al-Mansur die Hauptstadt von Damaskus nach Bagdad verlegte, verwandelte er den rein arabischen Charakter der vorhergehenden Dynastie in einen allgemein orientalischen. Der ganze Orient spiegelte sich in dieser Stadt wider. Bagdad wurde zum Mittelpunkt der ganzen islamischen Welt und innerhalb kürzester Zeit zur reichsten Stadt der Welt.

Ich fahre mit Tante Fatima durch die Rashid-Hauptstraße. Es ist die bekannteste Hauptstraße in Bagdad. Sie umkreist die alten Suks und Bazare, und wenn man durch sie fährt, kann man in die dunklen überdachten Sukgassen hineinlugen und den letzten Hauch des alten Bagdad erhaschen. Plötzlich entscheidet Tante, dass wir hier aussteigen sollten. »Hier! Halt an!«, befal sie, und der Fahrer gehorchte. In Windeseile sprangen wir aus dem Auto. Tante hatte vor, einen Teppich für einen Verwandten in den USA zu kaufen. Er wünschte sich ein Stück Heimat, und sie fand, ein Teppich wäre da eine gute Idee. Doch bevor wir in die Suks eintauchten, wollte

Tante der Grabesmoschee Abdul Qadir Al-Jilanis noch einen Besuch abstatten.

Abdul Qadir war ein Mystiker aus dem 12. Jahrhundert, seine Schule ist bis heute die am weitesten verbreitete unter den Sufi- schulen. Er bereiste seinerzeit den Fernen Osten und hatte vor al- lem in Pakistan, Java und Guinea viele Anhänger. Seine spirituelle Schule war sehr volkstümlich. Sein Wissen um die Evolutionsstu- fen der Seele und seine Erfahrungen mit der Heilung durch die Far- bentherapie machten seine Lehre sehr lebendig. In der Volksfröm- migkeit bezeichnet man Al-Jilani als den Meister der Dschinn, und viele unheimliche Höhlen und heilige Stätten, vor allem im Magh- reb, sind ihm gewidmet.

Vor der Moschee wimmelte es von Verkäufern, die Weihrauch, Düfte und Essenzen aller Art verkauften. Tante sauste – sie hatte es immer eilig – zu einem der Verkäufer hin und bewaffnete sich mit den Düften Amber und Rose. Diesmal handelte sie nicht, denn es schickte sich nicht, sich an diesem heiligen Ort mit so profanen Dingen abzugeben. Dann wurde sie plötzlich doch langsamer. Heili- ge Orte betritt sogar Tante Fatima langsam.

Es war wirklich erstaunlich: Sobald wir in die Grabesmoschee ein- traten, schien die Zeit stehen zu bleiben. Hier drinnen wusste man nicht mehr, in welchem Jahrhundert man war; sobald die Menschen diesen Ort betraten, streiften sie das Gehetze des Lebens wie einen schweren Mantel ab. Im länglichen Vorhof der Moschee saßen Män- ner und Frauen, hielten ihre Gebetsketten, die *masbahas*, in der Hand und schienen mit jeder weiteren Perle, die sie mit den Daumen zurückschoben, tiefer in sich zu versinken. Allein schon der Duft, der hier wie ein zarter Nebel über der ganzen Anlage schwebte, ließ den unruhigen Geist einschlummern und machte Raum für die Seele.

Wir gingen langsam an den Menschen vorbei, hin zum Grab des großen Lehrers. Als wir durch die schmale Tür eintreten wollten, sahen wir drinnen eine schmale Gestalt, die sich auf den Knien hin und her bewegte. Als sich meine Augen an die Dunkelheit des Rau- mes gewöhnt hatten, erkannte ich, dass es eine Frau war. Sie hatte ihren Rock mit Rosenöl getränkt und wischte nun behutsam den ganzen Raum damit auf. Ganz langsam, um keinen Fleck zu übersehen, bewegte sie sich hin und her wischend langsam rückwärts Richtung Eingang, und immer wieder beugte sie sich vor, um den Boden mit ihren Lippen liebevoll zu berühren. So viel Ehrfurcht und Hingabe lag in ihren Bewegungen, so viel Anteilnahme, dass sie niemanden und nichts um sich bemerkte. Sie wischte den Boden auf, als ob es das Letzte wäre, was sie in ihrem Leben tun würde.

Sie war keine Araberin und sicher keine Irakerin, denn so viel Demut fand man selten bei den stolzen Irakern. Ich war ganz perplex und konnte meinen Blick nicht von ihr wenden. Durch ihre selbstlose Hingabe strahlte sie eine große Intensität aus und wirkte wie ein Juwel in diesem dunklen, kleinen Raum. Sie war Pakistanerin und hatte den weiten Weg von Pakistan bis hierher gemacht, um diesem großen Meister zu huldigen und Respekt zu erweisen.

Abdel Qadir Al-Jilani war kein Lehrer der Wunder und Mirakel, sondern ein Mystiker des Herzens, und obwohl sein Körper schon vor Jahrhunderten die Welt verlassen hatte, so hatte seine *baraka*, sein spiritueller Segen, noch immer die Kraft, die Herzen zu bewegen und zu erweichen. Als die Frau fertig war, gingen wir hinein, öffneten unsere Hände gen Himmel, sprachen die *fatiha*, die Eröffnungssure des Korans, streiften unsere Hände übers Gesicht und umgingen das Grab dreimal.

Ich spürte, wie mit jeder neuen Umkreisung mein Herz leichter wurde, und ohne dass ich es wollte, flossen warme süße Tränen aus meinen Augen. Jeder Lebenstropfen aus meinen Augen schien mein Herz zu nähren, und ein leichtes Schwindelgefühl erfüllte meinen Kopf. Eine unbeschreibliche Zufriedenheit umhüllte mich, und das Urwissen, dass alles seine Richtigkeit hat, dass Realität eine Reflexion des inneren Zustandes ist, machte Platz für Frieden und Zuversicht in mir. Ruhe in Frieden, große Seele.

Wir verließen diese Oase der Ruhe, und kaum waren wir draußen, umschlang uns wieder die Hektik der Jetztzeit. Noch ganz benommen wanderten wir Richtung Suk, ich schob meinen Arm in den von Tante Fatima, und ohne ein Wort zu sprechen, gingen wir in das Teppichviertel. Da erspähte Tante Fatima einen wunderschönen Teppich. Ihre Sinne schienen wieder zu erwachen. »Wir sehen uns vorher andere an, damit der Verkäufer unser Interesse an diesem Teppich nicht bemerkt«, flüsterte sie, »sonst geht er gleich mit dem Preis hoch!«

»*Ahlan wa-sahlan, ahlan wa-sahlan!* Willkommen! Ihr seid jetzt ein Teil der Familie, und möge der Weg zu uns für euch leicht gewesen sein!«, begrüßte uns der Teppichhändler. Zwei Hocker wurden herbeigezaubert, und Tantes Muskeln entspannten sich dankbar darauf.

»Zeig, was du hast, wir möchten einen Teppich für zu Hause kaufen.« Man gibt natürlich nie zu, dass es ein Geschenk für im Ausland lebende Verwandte ist, denn dies beeinflusst auch den Preis.

»Tee oder Kaffee?« war die nächste Frage. »Mach dir keine Umstände, junger Mann!«, antwortete Tante Fatima. »Das geht doch nicht, *chalti*, Tante!«, antwortete der junge Verkäufer, »ihr seid meine Gäste!« – »Also gut, Tee – aber *toch*, schön dunkel und süß bitte!« Ins Nichts hinein wurde »Zweimal dunklen Tee!« gerufen, und dann begann die eigentliche Zeremonie. Der Verkäufer begann, in seinem Laden herumzutänzeln. Er zog einen Teppich unter einem Stapel hervor und rollte ihn aus.

»Ein Kelim aus dem Norden, bunt und deftig wie die Hügel des Nordens und dicht wie seine Wiesen, weich wie die Lippen der Kamele. Seine Farben erfreuen das Herz und erwecken die Sinne. Es ist das Volk der Kurden, das ihn gewebt hat«, erklärte er dazu. »Seine Sprache ist schön und grammatikalisch einwandfrei«, meinte Tante, als sie sich zu mir vorbeugte. Tante war ein echtes Kind ihrer Kultur, und nichts kann das Herz eines Arabers so erweichen wie die Beherrschung seiner Sprache. Tantes Körperhaltung entspannte sich, sie schien damit zufrieden, dass ihr Instinkt und der Wille Allahs sie hierher gebracht hatten.

»Zeig uns die zwei Schwestern!«, sie lenkte den Blick des Verkäufers mit ihrer ausgestreckten Hand zu einem dunklen, mit verschiedenen Tieren und Ornamenten in tiefen Farben geknüpften Kelim. »Gut ist dein Geschmack, *chala*! Die Schwestern kommen aus dem Süden vom freien Volk der Beduinen. Der Kelim besteht, wie du siehst, *chala*, aus zwei Bahnen. Zwillingsschwestern – ähnlich, aber nicht gleich. Jede hat ihren eigenen Charakter und verbindet sich in Liebe mit ihrer Schwester. Gemeinsam entstanden, erzählen sie die Geschichte der Herden, der im Frühling plötzlich aufblühenden Wüste, der Vergänglichkeit des Lebens und der Schönheit des Moments. Man kann sie trennen, indem man den Wollfaden, der sie verbindet, auflöst, dann hat man zwei schmale Teile, oder man kann sie beisammen lassen und sie gemeinsam genießen.«

Der Verkäufer gefiel meiner Tante, das merkte man, da lächelte sie plötzlich verschmitzt und meinte: »Mein Sohn, wenn du dem Teppich ein Gedicht hinzufügen kannst, dann zahl ich dir den Preis, den du dir wünschst und der uns beide zufrieden stellt!« Der junge Mann blickte für einen Augenblick zu Boden. Er war ein schöner Mensch, groß und schmal mit einem ausdrucksvollen, markanten Gesicht. Obwohl er noch jung war, spürte man, dass schon lange weltliche Verantwortung auf seinen Schultern lag, doch seine Seele pochte trotzdem kräftig darunter. Da hob er den Kopf, und seine Augen zeigten, dass er die Herausforderung angenommen hatte. Seine Stimme klang plötzlich viel tiefer und satter als zuvor und schien sich aus seinem Bauch zu nähren.

Da der Vereinigung Mantel uns umhüllte,
War wie ein Augenblick die längste Nacht;
Nun, da sie fortging, wurden meine Nächte
Die eines Blinden, wo kein Morgen wacht.

Tante Fatima blinzelte ein wenig nachdenklich, atmete tief durch und sprach: »Al-Wasiti, 10. Jahrhundert. Du hast gut gewählt und die romantische Liebe beschrieben, ich werde dir einen Gedicht-vers, einen *bayt*, aus der mystischen Liebe geben:

Niemals steigt und niemals sinkt die Sonne,
Ohne dass nach dir der Wunsch mir stände.
Keinen Hauch tu ich, betrübt und fröhlich,
Dem sich dein Gedenken nicht verbände.
Mit den Leuten sitz ich nicht zu sprechen,
Ohne dass mein Wort du bist am Ende.

14

Keinen Tropfen Wasser trink ich dürstend,
Ohne dass dein Bild im Glas ich fände.

»Allah!«, antwortete der junge Verkäufer und führte das Gedicht weiter:

Du rinnest zwischen Herzhaut und dem Herzen,
So wie die Tränen von den Lidern rinnen,
Und wohnest im Bewusstsein tief im Herzen,
So wie die Seelen in den Körpern drinnen.

»Al-Halladj, wer sonst kann Gottessehnsucht so beschreiben!«, sprach er. Für einen Moment berührten sich zwei Seelen. Tantes altes, erfahrenes Herz und sein junges, großes Herz hatten die Zeit angehalten, und das scharfe Auge erkannte nur mehr verschwommen die Unterschiede von Alter, Aussehen und Erfahrungen. Der Teppich war geknüpft, der Preis wurde ehrlich zwischen ihnen ausgetragen und Tante als Stammkundin gewonnen.

Wenig später saßen wir wieder in einem Taxi, auf meinem Schoß der professionell eingerollte und verschnürte Teppich. Wir fuhren durch die breiten, modernen Straßen Bagdads. Tante Fatima blickte mit ihren schweren Augen aus dem Fenster. Ich wusste, dass jetzt eine andere Stimmung angesagt war. Eigentlich kannte Tante Fatima nur zwei Stimmungen in ihrem Leben: himmelhoch jauchzend oder zu Tode betrübt. Beide Stimmungen wurden von einem leicht zynischen Verstand getragen. »Eigentlich zählt nur die Liebe im Leben, trotzdem muss der neugierige Geist mit einigen Fakten gespeist werden, damit er nicht in seinem Elend verhungert. Sieh dir Bagdad an.«

So viele Gesichter hatte diese Stadt über die Jahrhunderte angenommen: Sie wurde durchgeschüttelt von Krisen und verschiedenen Bedrohungen, hatte Ruhm und Vergessenheit erlebt, die großartigsten Feste und blutigsten Straßenschlachten gesehen, hatte große Seelen und engstirnige Fanatiker als ihre Kinder bezeichnet und hat immer wieder doch neu geschmückt und hoffnungsvoll dagestanden und über die Jahrhunderte die Weisheit kennen gelernt, die das

Leben erträglich macht. Wer nur mit dem Verstand lebt, begräbt die Welt der Wunder, und Bagdad ist ein einziges Wunder schwerer Melancholie.

Der Fahrer bog in eine starke Linkskurve und fuhr die Rampe hinauf zu einer der vielen Brücken, die die Ufer des Tigris miteinander verbanden. Mein Blick blieb in den Bewegungen seines Wassers hängen, und er hatte anscheinend auch Tante Fatimas Aufmerksamkeit auf sich gezogen, denn wieder begann sie zu philosophieren: »Alter großer Fluss, sieh, wie jeder Tropfen in den anderen übergeht. In jedem Tropfen spiegelt sich die ganze Erfahrung des Flusses wider, so wie wir Menschen. In jedem von uns liegt die ganze Geschichte der Menschheit, ewig sich wiederholend und doch immer anders.

Ein Volk wächst durch das andere, baut auf dessen Wissen oder Unwissen auf, um schließlich selbst zu beweisen, dass es einmalig ist. Das arabische Imperium dominierte andere Völker 600 Jahre lang und hatte sich selbst aus den persischen, griechischen, römischen Kulturen genährt. Es ist an ihrem Wissen gewachsen, hat es ergänzt, korrigiert und bereichert, genauso wie der Westen sein Wissen und seine frühe Kultur von den Arabern bezog. Trinkt nicht jeder vom anderen und schleift sein Können und seine Erfahrungen an ihm? Jeder kommt im ewigen Reigen des Lebens dran. Ein guter Reigen, der nur durch Gier und falsche Zungen verzerrt werden kann ...«

Mit einem Seufzer hüllte sie sich wieder in Stille. Es war immer anstrengend, mit Tante Fatima zusammen zu sein, aber langweilig war es eigentlich nie.

Im Schuh liegt der Weg

Tante Fatimas Launen und Stimmungsschwankungen spiegelten sich stets in ihrem Schuhwerk wider. Es schien, als ob sich ihre ganze Lebenseinstellung in ihren Schuhen wiederfand. Immer wenn sie auf Besuch kam, senkte ich als Erstes ganz unauffällig meinen Blick auf ihre Füße: Schwarz und hochhackig bedeutete Erhabenheit, man konnte heute nicht mit Tante reden, denn ihre Ohren waren der Welt und ihren Menschen gegenüber halb verschlossen, zu sehr wühlte die Geschichte der Menschheit in ihrem Inneren, zu stark waren die mitreißenden Gefühle, große Lieben, Kriege, Plagen, Folterungen, Hoffnungen und Freudentränen, die in ihrer Brust taumelten.

Sie konnte sich nur durch ihre königliche Haltung über Wasser halten. Ihre Augenbrauen zuckten manchmal unkontrolliert, und um ihren Hals bildete sich ein Ring angespannter Muskeln, doch sonst konnte man nichts sehen, und niemand schien etwas zu bemerken. Schon gar nicht Großmutter, die Tante Fatimas leidenschaftliche Innenwelt und schmerzliche Melancholie mit einer einzigen Handbewegung zur Seite schieben konnte. Tante Fatima reagierte immer wieder auf dieselbe Weise, sie legte die Stirn in Falten, blickte unverstanden zur Seite und zog sich ganz in sich zurück. Großmutter ließ sie meist dort drinnen weilen, hatte aber dann doch Mitleid mit ihr und versuchte, sie dann wieder herauszuholen: »Nimm doch nicht immer alles so persönlich. Es will dich doch niemand kränken.«

»Ja du, du bist immer unbekümmert, stehst immer über den Dingen.«

»Du lebst in deiner Fantasiewelt, hör auf, dir die ganze Welt vorzustellen, sondern leb endlich in ihr!«, konterte meine Großmutter.

»Ich bin eben anders, das wirst du nie verstehen.«

»Du bist nicht anders, Cousine, sondern nur faul!«

Wie immer blieb Tante Fatima am lässig hingeworfenen Köder meiner Großmutter hängen, ihre ganze Kraft schien sich um dieses Wort zu wickeln. Ihr Mund blieb stumm, und sie nahm dieses Wort mit in ihre Höhle, wo sie es zerpflücken, ausdrücken oder aufessen oder auch wütend darauf herumtrampeln und Tausende Selbstgespräche darüber führen konnte.

Viele Tage später, wenn Großmutter sich schon längst nicht mehr an den kurzen Gesprächsaustausch erinnerte, brachte Tante Fatima – im ungünstigsten Moment, wenn Großmutter gerade ihre ganze Aufmerksamkeit für den Tagesplan benötigte – ihre Antwort hervor: »Ich bin nicht faul, ich bin nur sensibel!«

»Was sagst du, Cousine?«

Doch der flüchtige, leicht genervte Ausdruck in Großmutters Gesicht bewirkte schon, dass Tante Fatima sich wieder stumm und unverstanden zurückzog.

Ich habe dieses Beziehungsspiel oft erlebt, und es war immer wieder nur die Liebe, die zwischen ihnen die Fäden spann und beide doch immer wieder aneinander band.

Doch heute hatte Tante Fatima nicht schwarze, sondern ihre zartblauen, drei Zentimeter hohen Pumps an. Ein breites Band hielt ihre Zehen zusammen, und ihr Fuß mit der ausgeprägten großen Charakterzehe wirkte entspannt und hübsch. Sie lächelte zufrieden und selbstbewusst aus ihrem Lehnstuhl heraus, und ich war glücklich, meine fröhliche Tante wieder zu haben. Tante Fatima war eigentlich Geschichtslehrerin, und niemand konnte die Geschichte unserer Völker besser erzählen als sie. Einer ihrer Lieblingshelden war Harun ar-Rashid, ein ehemaliger Bewohner Bagdads und der wohl berühmteste aller Kalifen. Er verkörpert die Goldenen Arabischen Zeiten.

»Er war schön, klug, voller Kraft und brillanter mutiger Ideen. Es war sein Großvater Mansur, der Bagdad gründete«, erklärte mir Tante. Harun war nur 22 Jahre alt, als er den Thron bestieg, und es war seine Mutter, die ihm dazu verhalf. Ja, sie spielte auch sonst eine große und wichtige Rolle in seinem Leben. Harun begnügte sich nicht damit, in seinem Palast zu sitzen und Nachrichten von seinen Leuten, Boten und Spitzeln zu bekommen. Nein, er reiste ständig, und seine Popularität entstand vor allem dadurch, dass so viele Menschen in seinem Reich ihn kennen gelernt hatten.

»Und weißt du, wie er reiste?«, fragte Tante, und dabei öffnete sie weit die Augen. »Als Händler getarnt, ging er, so wird erzählt, mit seinem Wesir durch die Straßen von Bagdad und hörte sich die Geschichten, Sorgen und Beschwerden der Leute an. So bekam er ein direktes und lebendiges Bild von seinen Untertanen. So gut war er informiert, dass man ihm Zauberkräfte zuschrieb. Angeblich hatte er ein Zauberpulver, mit dem er sich in einen Storch verwandeln konnte und über die Dächer von Bagdad flog, um so die Bewohner zu belauschen und zu beobachten.«

Toll, als Storch, *laqlaq*, über Bagdad zu fliegen. Storche gab es in Bagdad viele, überall weit oben bauten sie ihre großen Nester und sahen neugierig auf die Welt hinab. Ob sie sich die Geschichte Haruns gegenseitig erzählten?

»Weißt du, Kleines, Harun wollte nicht mehr die Welt erobern, das hatte er sozusagen schon hinter sich. Er war an Handel, an Austausch, an Erfindungen und Kultur interessiert. Bagdad war die reichste und schönste Stadt der Welt. Nur das Konstantinopel der Byzantiner konnte sich mit ihr vergleichen. Die Araber trieben Handel mit China, Indonesien, Indien und Ostafrika. Ihre Schiffe waren die größten und kannten sich in den chinesischen und indischen Gewässern bestens aus.

Die Händler wollten nicht mehr die erforderlichen großen Mengen an Goldmünzen mitnehmen, zu groß war die Gefahr des Überfalls. Also dachte man sich eine neue Art des Zahlens aus.

Die Muslime erfanden daher ein neues Zahlungsmittel, leichter und sicherer als die schweren Münzsäcke – den *schaqq*, den Scheck. Dazu war ein hoch entwickeltes Bankensystem nötig. So konnte zum Beispiel ein arabischer Kaufmann in China zu einem Geldwechsler gehen und mit einem Scheck Geld von seinem Konto in Bagdad abheben.«

Das klang großartig, und ich wurde von der sprühenden Begeisterung meiner Tante mitgerissen.

»Auch ein anderes Verrechnungssystem war bekannt: Die Kaufleute machten Einlagen bei einer Bank, sodass der wechselseitige Zahlungsverkehr mit schriftlichen Überweisungen vonstatten gehen konnte. Damit nun der Welthandel problemlos ablief, mussten die Preise einer Ware vertraglich festgelegt und bekannt gemacht werden. So wurde aus dem arabischen *ta'rifa*, also der ›Bekanntmachung‹, der internationale Tarif.«

Ich bewunderte Tante Fatima für ihr Wissen, das sie immer stolz erzählte. Es war ihr sehr wichtig, unser arabisches Selbstbewusstsein zu nähren und uns über unsere Vergangenheit aufzuklären, denn sie war überzeugt, dass die arabische Welt eines Tages wieder einen glorreichen Platz in der Menschheitsgeschichte einnehmen würde.

»Die Basare Bagdads florierten in dieser Zeit«, fuhr Tante Fatima fort. »Es gab immer mehr Komfort, immer mehr Luxus wurde geboten. Die Basare wurden überdacht, und während man einkaufte und handelte, konnte man sich an den frei fliegenden exotischen Vögeln und Papageien und an den verschiedenen Bäumen, die aus aller Welt mitgebracht wurden, laben und ihre Schönheit genießen.« Ich staunte mit offenem Mund – muss das schön gewesen sein, ein richtiges Paradies! Durch den Suk gehen, und auf meiner Schulter sitzt ein kleiner bunter Papagei ...

»Alles strömte aus dem großen Reich ins Zentrum, und die verschiedenen Völker brachten ihr eigenes Erbe, das Erbe ihrer Kultur und Zivilisation, mit.

In dieser Zeit erreichte die arabische Literatur ihren Höhepunkt, die großen kanonischen Gesetzbücher wurden formuliert. Philosophie, Wissenschaft und Medizin wurden von den alten Kulturen übernommen und mit neuen Dimensionen und Inhalten ergänzt. Alle arbeiteten zusammen. Es war eine friedliche und fruchtbare Zeit.

Und weißt du, was noch zu dieser Zeit entstand?« Es machte mich ganz kribbelig, wenn Tante mich so direkt fragte und ich sie nur stumm wie ein großes Fragezeichen ansehen konnte.

»In dieser Zeit entstand *bayt al-hikma*, das Haus der Weisheit. Es war die erste wissenschaftliche Akademie, hier wurden unter anderem die Philosophen Aristoteles und Plato und die Ärzte Hippokrates und Galen übersetzt und um neue Interpretationen und Einsichten bereichert.

Es gab eine so vielseitige und intensive Forschungstätigkeit wie nie zuvor, nie war der Fächer des zugänglichen Wissens so weit geöffnet worden wie in dieser Zeit.« Tante Fatima war den Tränen nahe, so glücklich machten sie ihre eigenen Worte. »Zu den griechischen Wissenschaften kam das Wissen der altorientalischen Kulturen; alle Quellen der Tradition wurden in eine einzige Kultursprache, das Arabische, übertragen und konnten so eine große Synthese eingehen.«

Tante machte Pause, lehnte ihren Kopf zurück, schloss die Augen und war plötzlich weg. Doch bevor ich aufstehen konnte, schnellte sie wieder vor und sprudelte ihr Wissen aus: »Stell dir vor, in dieser Zeit wurde die Fünftagewoche eingeführt, es gab freie medizinische

Betreuung, freie Spitäler, freie Universitäten und Stipendien für Studenten. Den Menschen ging es besser als heute, doch leider hielt diese reiche friedvolle Zeit nicht lange an.« Ich sah Tante Fatima fragend an: »Wieso nicht, Tante?«

»Weißt du, der Handel ließ nach, die Geschäfte gingen nicht mehr so gut, und anstatt zu sparen oder die Menschen zu mehr Arbeit anzuspornen, gab der Staat weiterhin ganz viel Geld aus, die Steuern wurden erhöht, das Geld wurde weniger wert.

Im Jahre 985 hatte sich die Lage des Landes so sehr verschlechtert, dass ein berühmter Historiker Folgendes zu bedenken gab« – Tante Fatimas Stimme veränderte sich, als sie ihn auswendig zitierte: »›Der Irak ist die Heimat des Aufruhrs und des Hungers, wird jeden Tag rückschrittlicher und leidet immens unter der Unterdrückung und den hohen Steuern ... Bagdad war einst eine großartige Stadt, doch jetzt verfällt sie dem Ruin.‹ Doch trotz dieses Verfalls hörte Bagdad nicht auf, großartige Denker, Philosophen und Mystiker hervorzubringen, die die arabisch-islamische Welt, ja die ganze Welt bereicherten und inspirierten.«

»Lass doch das Kind ein wenig spielen!«, unterbrach Adiba Tante Fatimas Geschichtsunterricht. »Du kannst ihr doch nicht immer nur von der Vergangenheit erzählen.«

»Sie soll gerüstet sein für das Leben und keine Zeit vergeuden«, konterte Tante Fatima, »jetzt ist die beste Zeit dafür, als Jugendliche verschwenden sie ihre Zeit für Aussehen und Liebeleien und verschließen ihr Herz gegenüber anderen Geschehnissen.«

»Also hör mir zu«, sprach Tante unberührt weiter. »Der schwärzeste Tag in der Geschichte Bagdads war der 20. Februar 1258.

An diesem Tag wurde die Stadt nach zehntägiger Belagerung durch die Mongolen zerstört, sie plünderten und metzelten fast die gesamte Bevölkerung nieder, es gab über 800 000 Tote.« Ich zwickte die Augen zusammen, und mein Gesicht verzerrte sich bei den Bildern, die plötzlich in meinem Inneren auftauchten.

»Du machst dem Kind Angst!«, rief Adiba.

»Die ›Gottgegebene‹ hatte über ein halbes Jahrtausend hinweg als Kreuzweg der Kulturen und Zivilisationen, als Ziel für alle, die nach Wissen, Forschung und Spiritualität suchten, gedient.«

Wieso lieben die Erwachsenen Zerstörungen und Krieg, wieso lieben sie es so sehr, zu herrschen und Macht auszuüben? Wer hat sie so werden lassen? Wie wenig wollte ich mit dieser Erwachsenenwelt zu tun haben! Doch ich schwieg und hörte mir Tante Fatimas Geschichte weiter an.

»Wieder versuchte Bagdad, sich aufzubäumen, wieder versuchte sie, sich der Geschichte zu stellen und eine angesehene Stadt zu werden. Es gelang ihr auch einigermaßen. Doch dann kam der nächste Schlag, und zwar wieder aus Zentralasien. Diesmal im Sommer, im Juli 1401. Tamurlan, der Schreckliche, hieß der Führer dieses Heeres. Er war ein hässlicher, kleiner, lahmer und grausamer Mensch, der sich an Folterungen und Zerstörungen labte.

Nach sechswöchiger Verteidigung wurde Bagdad von Tamurlan erobert. Hunderttausende von Menschen wurden ermordet und massakriert. Er ließ 120 Türme aus den abgehackten Köpfen aufstellen und ritt lachend durch die Trümmer. Ein ägyptischer Historiker schrieb damals über Bagdad: ›Allein das Wort Zivilisation kann man nicht mehr auf Bagdad beziehen. Bagdad stand in Schutt und Asche. Es wurde zu einer schäbigen Provinzstadt, bestehend aus Ziegelhäusern und -hütten inmitten der Erdhügel, die einst Paläste waren.‹«

Die Geschichte wurde mir fast schon zu viel, so viel Leid hatte Bagdad also schon gesehen. Doch Tante sprach unbekümmert weiter. Sie musste ihr Wissen loswerden, musste es der nächsten Generation weitergeben. Darin sah sie ihre Aufgabe, das wollte sie tun.

»1534 wurde das Zweistromland dem Osmanischen Reich angegliedert. Türkische Paschas wurden von der Zentrale, die in Istanbul war, also von der ›Hohen Pforte‹ eingesetzt, um nunmehr die osmanische Provinz Mesopotamien zu verwalten. Doch diese Verwalter waren mehr an der Ausbeutung der Bevölkerung interessiert als zum Beispiel an den Ausgaben, die notwendig gewesen wären, um die Jahrtausende alten Bewässerungskanäle im Land zu erhalten. So verfielen die Kanäle im Laufe der Zeit, und die einst fruchtbaren Felder versteppten.

Fast vierhundert Jahre regierten die Osmanen hier, und als das Osmanische Reich langsam zu zerfallen begann, standen schon die

nächsten Eroberer bereit und feilschten untereinander. Diesmal kamen die Eroberer aus dem Norden, und sie zögerten nicht, die Araber selbst für ihre Zwecke zu missbrauchen. Mit dem Versprechen, dass mit dem Sieg über die Osmanen ein gesamtarabischer Staat entstehen und der alte Traum eines vereinten Arabiens verwirklicht werden soll, kämpften die Araber an der Seite der Westmächte gegen die Osmanen. Doch es stellte sich als Fata Morgana heraus.«
Tante Fatima verlangte nach Wasser, ihre Kehle war ausgetrocknet. Dann kam sie an einen sehr schmerzlichen Punkt in der Geschichte der Araber, eine Wunde, die immer noch blutete.

»Weißt du, am Ende dieses Verrates gegenüber den Arabern stand zwar der militärische Zusammenbruch des Osmanischen Reiches, aber auch die Errichtung einer jüdischen Heimstätte in Palästina – von einem ›Arabischen Staat‹ war nicht mehr die Rede, die Großmächte hatten das Gebiet des Osmanischen Reiches schon unter sich aufgeteilt.

Den Irak übernahm England, doch als Verwalter stellt es einen Mann aus der arabischen Elite ein. So wurde 1921 der aus Saudi-Arabien stammende haschemitische Emir Feisal König des Iraks. König Feisal war ein nobler Mensch, der an die reinen Beduinentugenden glaubte, doch das Schicksal hatte ihn zum Spielball der traurigen arabischen Geschichte gemacht. Erst kämpfte er für den Traum eines vereinten Arabiens auf Seiten der Westmächte gegen die Türken und wurde bitter betrogen, dann wurde er in den Irak versetzt, als König mit beschränkter Vollmacht, als Marionette.

Weißt du, mein Kind, die Menschen im Irak sind so verschieden. Es gibt Araber, Kurden und Assyrer; Sunniten, Schiiten und Yazids; Bauern, Nomaden und Städter. Ihnen allen waren die von den europäischen Mächten künstlich geschaffenen Grenzen des neuen Staates Irak eher fremd. Und so schrieb auch Feisal: ›Im Irak gibt es‹ – und ich sage dies mit einem Herzen voller Sorge – ›immer noch kein irakisches Volk, sondern unvorstellbare Massen von menschlichen Wesen, fern jeglicher patriotischen Idee, durch kein gemeinsames Band verbunden.‹ Was sollte uns denn auch verbinden«, trompetete Tante Fatima plötzlich, »wir sind ein Völkchen, dem der Tod lieber ist als die Knechtschaft, ein Volk, das nur von seinen eigenen

Launen und Ideen regiert werden will und dem der Stolz und die Ehre fast wichtiger sind als das tägliche Brot!«

Ich war müde, hatte Hunger und stützte meinen Kopf auf meinen Arm. Als Tante Fatima mich so sah, lächelte sie, vergaß Geschichte und Eroberungen und nahm mich in ihre weich gepolsterten Arme. »Wer nur mit dem Verstand lebt, begräbt die Welt der Wunder.« Sie drückte mich liebevoll fest an sich und gab mich frei.

Das Nähren der Seele

»Wie kann ich Gott erreichen?«, fragte der Suchende.
»Die Wege zu Gott sind so zahlreich wie Seine Geschöpfe.
Doch der kürzeste und einfachste ist, anderen zu dienen,
andere nicht zu stören und andere glücklich zu machen.«
Abu Said, Sufimeister (978–1061)

Wenn wir Kinder uns am späten Nachmittag versammelten, hatten wir mehrere Lieblingsspiele. Eines davon war das Spiel der »verbotenen Ecke«, hinten im Garten, wo in einer verlassenen Ecke ein Haufen großer Steine lag. Diese Steine stammten aus einer Zeit, als ein alter Raum des Hauses abgerissen worden war. Flüsternd versammelten wir uns dort, und ein Kind aus der Runde musste dann zum Steinhaufen gehen, während die anderen in einem sicheren Abstand warteten. Langsam näherte sich das Kind einem Stein und warf ihn mit einer schnellen, ruckartigen Bewegung um. Es war wichtig, gleichzeitig zur Seite zu springen, denn der kühle Steinhaufen war der Lieblingsplatz der hochgiftigen schwarzen Skorpione. Aufgeschreckt durch das verursachte »Erdbeben« krabbelten meist zwei bis drei Skorpione mit hochgehobenem Schwanz hervor und liefen los.

Bei dieser nervenaufreibenden Mutprobe ging es darum, so nahe an die Skorpione zu kommen, wie es nur ging, natürlich ohne sich zwicken zu lassen. Da wir alle immer barfuß unterwegs waren, waren der Reiz und die Gefahr umso größer. Manche Kinder verloren die Nerven und begannen mit weinerlich verzehrtem Gesicht wie verrückt am Platz auf und ab zu springen. Hasan und Ali, die zwei siebenjährigen Jungs von nebenan, liebten es, ganz nah an die Skorpione heranzugehen und so zu tun, als würden sie sie kitzeln wollen. Das sollte die Tiere anstacheln. Mich machte es immer ganz fertig, ich machte mir Sorgen um die beiden. Gleichzeitig reizte mich ihr Mut zur Nachahmung. Doch mir gefiel es besser, das spannungsgeladene Szenario aus sicherer Entfernung zu beobachten, und ich kam nur selten näher an die gefährlichen Tierchen heran.

Was dem Schauspiel noch mehr nervliche Spannung gab, war die Tatsache, dass wir ja nicht kreischen konnten, somit sammelte sich die ganze Aufregung in unseren Bäuchen. Buthayna, meine Freundin – sie wohnte zwei Gärten weiter weg – kam immer mit ihrer kleinen Schwester zu uns. Obwohl sie dieses Spiel beide nicht besonders mochten, waren sie immer mit von der Partie, und ich wunderte mich, wieso sie sich nie weigerten mitzuspielen.

Die Kleine zerrte und zog an den Kleidern ihrer Schwester und hob dabei immer die Beine, als ob sie auf sie raufklettern wollte. Und da geschah es auch, eine Lache entstand allmählich unter ihr, und das gelenkige Zappeln verwandelte sich in zwei starr durchgestreckte Knie mit verwirrtem Gesichtsausdruck, gefolgt von Kindestränen. »Macht nichts, Muna, niemand wird es erfahren!« Ich wendete entschlossen den Kopf und sah die anderen Kinder an. Hasan verschluckte das aufkommende lästernde Kichern, und die Sache wurde unter uns schnell erledigt. Wir zogen ihr die Unterhose aus, holten mit einem Kelch Wasser aus dem Tonkrug, gossen schnell hinten und vorne kühles Wasser über sie, zupften den Rock wieder zurecht ... Erledigt.

Und da war es auch schon passiert. Dunja! Meine Cousine! Ich hatte Dunja vergessen, für deren Wohl ich verantwortlich war. Sie tapste seelenruhig zu einem Skorpion hin, blieb davor stehen und betrachtete ihn mit geneigtem Kopf, der Speichel rann ihr dabei seitlich aus dem Mund, und sie schien ganz erquickt zu sein, denn sie gab hohe Quietschlaute von sich. Langsam beugte sie sich vor und streckte ihr stets baumelndes Händchen aus, um nach ihm zu greifen. Sie schien eine Anziehungskraft auf diese Tiere auszuüben, denn plötzlich kam ein zweiter Skorpion herangeeilt. Dunja schien es sich anders zu überlegen und begann, ihren Körper hin und her wankend in ihrem üblichen Trippelgang fortzubewegen. Die Skorpione erkannten ihr Opfer und eilten ihr nach.

Panik ergriff mich, und die Angst um sie, wie auch die Angst vor der Strafe, hoben mich ruckartig hoch, und ich eilte den dreien nach. Dunja lief ins Haus hinein, und die Skorpione folgten ihr in den langen Hausflur. Da drehte sich Dunja um und ging auf sie zu, todesmutig sprang ich dazwischen, stieß Dunja zur Seite und konfrontierte die Skorpione mit meinen nackten Füßen. Ich war selbst überrascht über meinen unbedachten Mut, aber auch über meine Liebe zu meiner Cousine.

Da erschien Adiba, unser Kindermädchen. Sie erkannte die Situation, nahm den in einer Ecke stehenden Reisigbesen und fing die beiden Skorpione damit ein. Die verdutzten Tierchen wurden hinausgetragen, und ich wurde von Dunja zur Belohnung so fest in den Arm gezwickt, dass ich aufschreien musste und erlösende Tränen meine Wangen herunterflossen.

Dunja gehörte einer anderen Welt an, und die Gesetze ihrer Welt waren immer voller unerwarteter Überraschungen. Ich konnte nie voraussehen, wie sie reagieren oder was sie als Nächstes machen würde. Sie sah durch mich hindurch, erkannte irgendein unsichtbares Wesen und trippelte weiter, ihm entgegen. Dunja brachte zwei starke Gefühle in mir hervor, das Gefühl der Angst vor ihr und das Gefühl, sie trotzdem beschützen zu wollen.

»Sei gut zu Dunja, du weißt, sie kann nicht alles verstehen, sie ist arm dran«, hieß es immer. Doch sie war körperlich besonders stark, viel stärker als ich, obwohl sie zwei Jahre jünger war. Ihre Lieblingsbeschäftigung bestand darin, den ganzen inneren Druck durch Zwicken abzugeben. Ich vermied es, wenn sie in meiner Nähe war, irgendwo in eine Ecke zu geraten, aus Angst sie könnte mir dann den Weg versperren und auf mich loszwicken. Dank Dunja hatte ich in späteren Jahren ein gutes Gefühl für Räumlichkeit. Noch etwas hatte ich von Dunja gelernt, nämlich keine Angst vor Menschen zu haben, die anders waren.

Als Adiba meine Tränen sah, meinte sie ruhig, wie man eben eine Lebensweisheit weitergibt: »Erwarte keine Belohnung und kein

Lob, wenn du Gutes tust, doch siehe den Lohn in deiner Tat selbst
und lass deine Seele daran wachsen. Nichts geht verloren, auch
wenn das Auge es nicht gleich sieht!«

Auf alle Fälle war dies das Ende unserer Skorpionspiele. Ich hatte
für den Rest meiner Kindheit genug von Skorpionen.

Ich bin die Königin!
Chayzuran und Zubayda

Denn allein das Zusammenwirken von Männlichem und Weiblichem
kann das Leben auf einer höheren Stufe weiterführen
Alles in der Welt ist eine Mutter, nur weiß die eine nichts von den
Schmerzen der anderen

Maulana Jalaluddin Rumi, Sufimeister

Für unsere Verkleidungsspiele gab es für uns Mädchen keine bessere Epoche als die von Harun ar-Rashid, aber es war nicht er, der uns
als Vorbild galt, sondern die Frauen um ihn, vor allem seine Frau
und Cousine Zubayda, seine Mutter Chayzuran und seine Halb-
schwester Ulayya. Alle drei Frauen liebten pompöse Kleidung, darum brauchten wir immer immens viele Tücher und Stoffe für unser
Schauspiel, und natürlich musste jemand den Korb mit den
Wäscheklammern heimlich aus der Waschküche holen, um unsere
Pracht aufhängen zu können. Wir holten auch sämtliche herumlie-
gende Polster, die als Thron, Schlafstätte oder auch als Sitzplatz für
unsere unsichtbaren Mitspieler dienten. Die Gänge, die zwischen
den einzelnen, an den Wäscheleinen aufgehängten Stoffen entstanden, waren die verschiedenen Räume, durch die wir dann majestätisch schritten.

Wer die Rolle Zubaydas übernahm, durfte sich auf die Polster legen und musste natürlich Sklavinnen haben, die sie herumkom-
mandieren konnte, da sie ja selbst nichts machte. Zubayda musste
das ganze Spiel über auf ihrem Platz bleiben und durfte Befehle austeilen: »Geh auf den Markt und hol mir Kekse!« – »Ich will ein Glas
Wasser!« – »Komm her und sing mir ein Lied vor!« – »Geh und sieh

nach, was in der Stadt vorgeht!« Sie konnte alle Befehle austeilen, die sie wollte, vorausgesetzt sie blieb auf ihrem Thron in unserem Stoffharem. Obwohl es lustig war, andere herumzukommandieren, wurde es mir doch mit der Zeit langweilig, Zubayda zu spielen. Dabei hatte ich vorher um diese Rolle gekämpft! Ich tauschte dann aber lieber wieder mit einer der »freien« Sklavinnen.

Die echte Zubayda konnte dies natürlich nicht tun, dafür war sie politisch einflussreich und auch sozial sehr engagiert. Es entsprach weder unserer kindlichen Freiheitsliebe noch unserem Beduinenblut, in einem Harem eingesperrt zu sein. Aber damals, am abbasidischen Hof, wurde eben die ganze Welt auf den Kopf gestellt. Plötzlich wollte man wie die persischen Könige im eroberten Sassanidenreich regieren, also führte man wie sie eine komplexe Hofetikette ein. Dazu gehörte nicht zuletzt das Haremssystem der persischen Großkönige.

Die alte Tradition des egalitären Stammessystems verlor an Einfluss. Die *umma*, »der islamische Stamm«, sollte nicht länger die Macht ausüben. Stattdessen fiel die absolute Macht nun in die Hände des abbasidischen Kalifen. Eine riesige Bürokratie und eine allein auf den Kalifen eingeschworene Armee aus Militärsklaven sicherten seine Macht. Die persische Elite aus dem eroberten Sassanidenreich war mit der autokratischen Hofherrschaft vertraut und übernahm einen großen Anteil der Administrationsaufgaben und Institutionen dieses neuen multinationalen Zentralstaates und prägte dadurch natürlich auch seine Kultur. Und wie wirkten sich diese Veränderungen auf die Frauen aus? Brachte es ihnen Vorteile?

Als sich ihr Volk unter dem Islam zusammenschloss, um die reicheren Landstriche jenseits der Arabischen Halbinsel zu erobern, wurden sie mit üppigen Gärten, Basaren, Palästen und auch alten Zivilisationen konfrontiert. Diese neu gewonnenen Eindrücke und Reichtümer brachten sie mit und entwickelten daraus eine Hochkultur, die ihre volle Blüte mit dem Kalifat in Bagdad erreichte.

Städte begannen zu wachsen, Menschen aus verschiedenen Traditionen und unterschiedlichen Kulturen strömten in diese Städte. Die arabischen Frauen, die den Eroberern in die neuen Länder gefolgt waren, wurden plötzlich als überflüssig angesehen. Vielen Männern war es plötzlich wichtiger, auf ihren Beutezügen Schätze anzuhäufen als zu Ehren von Stamm und Islam in die Schlacht zu ziehen. Man war nicht mehr an sozialkritischen Dichterinnen interessiert, die das Gewissen der Kämpfer ansprachen. Die Dichterinnen und Kriegerinnen sollten lieber zu Hause bleiben.

Die reich gewordenen Männer hatten nun die Möglichkeit, sich große Häuser zu bauen, in denen sie ihre Frauen vor »fremden« Einflüssen schützen und sich so ihrer Tugendhaftigkeit versichern konnten – Maßnahmen, die in den überschaubaren frühen Muslimgemeinschaften nicht als notwendig erachtet worden waren. Verschleierung und Absonderung wurden strenger interpretiert und, gemäß den persischen Gepflogenheiten, zu einem neuen Statussymbol erhoben.

Anfangs wurden diese Regeln in der muslimischen Gemeinde noch ziemlich flexibel gehandhabt. Die Koranverse, die den Frauen des Propheten Mohammed, den »Müttern der Gläubigen«, vorgeschrieben hatten, zu Hause zu bleiben und zu Männern durch Vorhänge zu sprechen, fanden schließlich auf die meisten Frauen Anwendung.

Verschleierung existierte bereits in Ländern, mit denen die Araber in Kontakt kamen, wie zum Beispiel Syrien und Palästina. Dort galt der Schleier als Statussymbol, genauso wie bei den Griechen, Römern, Juden und Assyrern. Zur Zeit des Propheten Mohammed aber waren nur seine Frauen verschleiert. Es ist nicht genau feststellbar, wie es zu der Ausweitung dieser Sitte auf alle Frauen kam. Die Eroberung der Gebiete, in denen Verschleierung bei der gehobenen Klasse Brauch war, der neu aufkommende Reichtum der Araber und ihr gehobener Status sowie die Nachahmung der Frauen des Propheten haben sicher dazu beigetragen.

Die Abschottung betraf weniger die Frauen auf dem Land oder die armen städtischen Frauen, die sich ihren Lebensunterhalt selbst verdienen oder ihre Familien durchbringen mussten. Es waren vielmehr die sozial privilegierten, gebildeten und potenziell einflussreichen Frauen, die aus ihrem Umfeld verbannt wurden. Das Leben der Frauen aus den oberen Schichten wurde fortan nicht nur von Abschottung, sondern auch durch einen weiteren Faktor geprägt. Denn neben dem ungeheuren Reichtum kam auch eine riesige Anzahl von Sklaven – und Sklavinnen. Die Polygamie und das Konkubinat breiteten sich aus. Zubayda und viele andere Frauen mussten ihre Männer nun mit vielen Konkubinen teilen.

Die Männer der Elite, die über Tausende schöner Sklavinnen – die oftmals von vornehmer Herkunft waren – verfügen konnten, zogen diese zunehmend den freien Frauen vor. Der Reiz der Sklavinnen dürfte in den Augen vieler Männer in der erzwungenen Unterwürfigkeit und vollkommenen Abhängigkeit der Frauen bestanden haben, da diese ohne familiären Schutz und Rückhalt waren.

Eine freie Araberin zu heiraten bedeutete aber, eine Frau mit einklagbaren Rechten zu heiraten, die noch dazu von ihrer Familie unterstützt wurde und bei einer Scheidung eine hohe Abfindung bekam. Es war also viel leichter, auf dem überfüllten Sklavenmarkt eine schöne, gehorsame und noch dazu gut ausgebildete Frau zu kaufen. Und da die Abkömmlinge einer solchen Verbindung nach islamischem Gesetz legitim und nicht etwa Sklaven waren, stand diesen Beziehungen nichts im Wege. Die Herabwürdigung der Frau zum sexuellen »Gebrauchsartikel« hat die Menschenwürde der Frau nachhaltig untergraben.

Doch Zubayda ließ sich nicht entmündigen. Sie mischte weiterhin in der Politik und im sozialen Leben mit. Drei Millionen Dinar gab sie auf ihrer Pilgerfahrt aus, um Mekka mit Wasser aus einer fast fünfzig Kilometer entfernten Quelle zu versorgen. Zubayda ließ auch Brunnen und Herbergen entlang der Pilgerstraße von Bagdad nach Mekka errichten und holte sich so den Segen der Bevölkerung beziehungsweise der Pilger ein.

Zubayda und Ulayya ließen es sich gut gehen. Sie kreierten sogar Modetrends, indem sie zum Beispiel anfingen, Schuhe und Sandalen mit Edelsteinen zu dekorieren. Ulayya erfand das Stirnband – eigentlich nur, um einen Leberfleck auf ihrer Stirn zu verdecken. Dieses Band wurde mit Juwelen dekoriert, aber oft auch mit Suren aus dem Koran oder kleinen Gedichtversen bestickt. Es erfreute sich bald großer Beliebtheit unter den Damen der Gesellschaft. Auf dem Stirnband einer Sklavin Haruns soll folgender Vers gestanden haben:

»Tyrann, du warst grausam zu mir in deiner Liebe,
Doch möge Allah der Richter zwischen uns sein!«

Ulayyas Schönheit lag in ihrer Stimme und ihrem Talent, spontan und der Situation gemäß zu dichten und Lieder zu komponieren. Durch ihren Charme und Witz brachte sie viel Freude und eine humorvolle Atmosphäre an den Hof. Sie war in der frühen Periode die einzige freie Frau, die diese Kunst beherrschte. Sonst wurde sie nur von Sklavinnen ausgeübt, die sie studiert hatten.

In unserem Spiel war es immer die zarte Zaynab, die die Rolle der Ulayya übernahm. Sie war ein schmales Püppchen, und ihr Gesicht wurde lieblich von weichen braunen Locken umrahmt. Sie »flog« wie ein Schmetterling, »la, la, la« singend, zwischen den Tüchern umher und schien so sehr in ihre Rolle vertieft, dass sie die anderen gar nicht wirklich wahrnahm.

Über Zubayda wird erzählt, dass sie unter dem Gewicht ihrer Juwelen und pompösen Kleider kaum gehen konnte und dass vieles von der Pracht und dem Pomp am abbasidischen Hof von ihr eingeführt wurde. Sie war eine vielseitige und wachsame Frau und versuchte, den ihr zur Verfügung stehenden gesellschaftlichen Rahmen, so gut es ging, auszudehnen. Sie tat ihr Bestes, um ihren geliebten Sohn Al-Amin zum Nachfolger Haruns zu machen – anstatt Al-Ma'mun, den Sohn einer persischen Konkubine.

Harun gab Al-Amin den arabischen Teil seines Reiches und Al-Ma'mun den persischen. Als es zu Auseinandersetzungen zwischen den beiden kam und Al-Amin 813 getötet wurde, bat man Ulayya, den Tod ihres Sohnes zu rächen. Sie solle nach alter beduinischer Sitte eine Armee führen und anfeuern. Doch dieser Plan ging ihr zu weit, den Mut ihrer Vorgängerinnen hatte sie nicht mehr. Ulayya kannte die Waffen der Schwachen – Manipulation, Gift und Falschheit – besser. Sie wollte nicht in der Öffentlichkeit agieren und gab sich still der Trauer hin.

»Du musst dir ein Polster umbinden, wenn du Chayzuran sein möchtest, alle Mütter haben einen Bauch!« Dabei bedeutete Chayzuran doch »schlankes, anmutiges Schilfrohr«, und sie hätte uns für unseren Einwand mit dem Polster bestimmt köpfen lassen. Für mich war Chayzuran wie Großmutter. Sie wusste über alles Bescheid, und man hatte das Gefühl, dass sich nichts ohne ihre Zustimmung bewegte. Vielleicht war Chayzuran Großmutters heimliches Vorbild?

Chayzuran war als Sklavin aus dem Jemen an den Hof von Bagdad gekommen und hatte es geschafft, nicht nur die Ehefrau des dritten Kalifen Al-Mahdi zu werden, sondern auch großen Einfluss auf ihren Mann auszuüben. Sie wurde zur grauen Eminenz am abbasidischen Hof und auch zur reichsten Frau im Reich. Sie hatte drei Kinder, die beiden Söhne Musa und Harun sowie eine Tochter, die Al-Mahdi so sehr liebte, dass er sie, als Junge verkleidet, überall auf seinen Reisen mitnahm.

Als Chayzurans Sohn, Musa Al-Hadi, Kalif wurde und sie weiterhin von Bittstellern umlagert wurde, die politische Vorteile suchten, versuchte er, seine Mutter aus der Politik herauszuhalten. »Es ist Frauen nicht erlaubt, sich in die Affären des Staates einzumischen. Du sollst beten, dich von der Welt zurückziehen und gehorchen, wie es Frauen geziemt. Wenn es mir zu Ohren kommt, dass einer meiner hohen Beamten oder Diener vor deiner Tür steht und dich um etwas bittet, werde ich ihn enthaupten und sein Eigentum beschlagnahmen. Was sollen diese täglichen Prozessionen vor deinen Gemächern? Hast du denn keine Spindel, die dich beschäftigt, oder einen Koran, der dich zur Vernunft bringt, oder ein Haus, das dich behütet? Lass mich in Frieden mit deinen Vorschlägen und langweile mich nicht!« Dies waren die Worte, die ihr Musa übermitteln ließ.

Doch bald danach starb der arme Musa einen eigenartig plötzlichen Tod, und Chayzuran zog ihre Fäden, damit ihr Lieblingssohn, Harun, den Thron besteigen konnte. Er war ihren Wünschen gegenüber viel offener. Harun ar-Rashid sollte schließlich von 786 bis 809 regieren.

»Chayzuran kann machen, was sie will, sie muss nicht hinter den Stoffen bleiben, sie ist doch die Mutter des Kalifen«, argumentierte Hiba, meine Spielgefährtin. »Na gut, aber dann müssen ihre alle Sklavinnen – wir hatten meist fünf Spielsklavinnen – mit ihr mitgehen«, sagte Huda. Sie war die Älteste unter uns, groß gewachsen und schlank wie eine Gerte.

»Ich bin Chayzuran, und ich brauche kein Polster. Wisst ihr nicht, was der Name bedeutet?« Sie stolzierte wie ein aufgeplusterter Pfau herum, nickte mit dem Kopf einmal nach rechts und einmal nach links und machte Handbewegungen, als ob sie mit Hunderten von Bittstellern sprach und ihnen Versprechungen gab. »Das geht nicht, wenn alle Sklavinnen mit dir gehen, dann hat doch Zubayda niemanden, dem sie etwas befehlen kann!«, schimpfte ich. An diesem Punkt hörte das Spiel entweder auf, oder wir schafften es, die Sklavinnen aufzuteilen, zwei für mich, drei für sie. Manchmal gelang es sogar »Zubayda« und »Chayzuran«, friedvoll miteinander im Garten zu spazieren.

Chayzuran hatte sich ihre hohe Position hart erarbeitet. Sie nahm Unterricht bei den besten Lehrern des Palastes in der *fiqh*, der islamischen Theologie und Rechtslehre, in Astrologie, Mathematik, Gesang und Dichtkunst. Sie pflegte Kontakte zu den angesehensten und einflussreichsten Mitgliedern der Haremshierarchie. Sie erkannte, dass Schönheit, erotische Attraktivität und Witz nicht genug waren, um im Konkurrenzkampf um die Gunst des Herrschers Erfolg zu haben.

Andere Aristokratinnen folgten Chayzurans Beispiel und nutzten die Bildungsmöglichkeiten. Manche von ihnen fanden ihren Lebensinhalt als Förderinnen der Künste, Wissenschaften und auch – wie es für Frauen so typisch ist – der »praktischen« Spiritualität. Sie ließen, inspiriert durch den Sufismus und so große Mystikerinnen wie Rabi'a Al-Adawiyya, Klöster bauen, die religiöse Unterweisungen für alle Frauen anboten und als Zufluchtsstätte für geschiedene und verlassene Frauen dienten. Chayzuran schaffte es sogar mit viel Mühe, das Haus, in dem der Prophet Mohammed geboren worden war, ausfindig zu machen. Dort ließ sie die Geburtsmoschee errichten.

Wir hatten also jetzt eine Welt der strengen Geschlechtertrennung. Doch das bedeutete, dass wir auch ausgebildete Frauen brauchten, die auf die Alltagsbedürfnisse der Haremsfrauen eingehen konnten. So gab es Totenwäscherinnen, Trauerfrauen, Bäckerinnen, Friseurinnen, Wäscherinnen, Haremspioninnen, Koranrezitatorinnen, Hebammen und Ärztinnen, die an renommierten medizinischen Fakultäten studiert hatten. Die Frauen gingen meist bei männlichen Verwandten in die Lehre, da Handwerk üblicherweise in den Familien vermittelt wurde. Religionslehrerinnen wurden vor allem für die Unterweisung von Mädchen ausgebildet, doch einige von ihnen schafften es, islamisches Recht als Professorinnen und Richterinnen für beide Geschlechter zu lehren und anzuwenden.

Unter ihnen war vor allem Schuda in Bagdad berühmt. Sie war eine der größten Kennerinnen des Hadith, der mündlichen Aussagen und Taten des Propheten Mohammed und seiner Gefährten. Schudas Vorlesungen wurden auch von berühmten Männern besucht, die sie als »die Gelehrte« und »Stolz der Frauen« verehrten. Amat Al-Wahid, die Tochter eines Bagdader Richters, studierte islamisches Recht unter der Aufsicht ihres Vaters und wurde als hervorragende Richterin berühmt.

Als wir unser Haremspiel spielten, ahnten wir nichts von den schweren Bedingungen, mit denen die Frauen damals zu kämpfen hatten. Aus unseren Schulbüchern kannten wir »das goldene Zeitalter« als Epoche eines gewaltigen wirtschaftlichen und soziokulturellen Aufschwungs, als die Blütezeit der Philosophie, der Wissenschaften und Literatur. Niemand erzählte uns, dass wir die vielen frauenfeindlichen Auslegungen des Korans ebenfalls dieser frühabbasidischen Zeit zu verdanken haben. Die Interpretationen wurden zu Dogmen, sie wurden von patriarchalen Traditionen getragen, die im Islam aufgingen. Sie haben bis heute Bestand.

Pyjamas unterwegs

Wohin kehr ich das Kamel?
Rings flutet Vollmondes Licht
Mein Herz ist ein Sandkorn
Das glaubt, die Wüste zu sein.

UNBEKANNT

Bagdad ist eine Wüstenstadt, und der treueste Begleiter ist immer der Sand. Sand in den Schuhen, Sand, der sich tückisch in jede Kleidungsritze einnistet, und bei Sandstürmen auch Sand im Mund.

Das Klima regiert den Rhythmus der Menschen. Man steht mit der Sonne auf, geht bis elf Uhr zur Arbeit, kommt nach Hause, isst zu Mittag, ruht am Nachmittag, zur Zeit der heiligen *qaylula* und wacht gegen fünf Uhr wieder auf, um dann anschließend wieder bis neun Uhr zu arbeiten.

Am Abend beginnt das Leben, es ist üblich, spät schlafen zu gehen. Somit wird der Schlaf in zwei Etappen aufgeteilt. Allerdings haben Klimaanlagen inzwischen dazu beigetragen, diesen Rhythmus zu sprengen, sodass es mittlerweile auch Betriebe gibt, in denen durchgehend gearbeitet wird und man am frühen Nachmittag die Arbeit beendet. Also kommt man nach Hause, isst, ruht sich aus, wacht um fünf Uhr wieder erfrischt auf und trinkt Tee.

Anschließend beginnt das Ritual des Sandbesprengens vor dem eigenen Gartentor. Der Garten selbst wird von wandernden Gärtnern gepflegt, aber das Besprengen des Sandes dient mehr als nur der Abkühlung der Atmosphäre und dem Befeuchten der verstaubten Straßen. Es ist die Ouvertüre der Abendaktivitäten. So stehen vor jedem Haus mit Gartenschläuchen bewaffnete Männer – die erste Abendkommunikation kann beginnen.

Die traditionelle Sandbesprengungstracht ist entweder ein gestreifter Pyjama oder eine helle *jelaba*. Die Pyjamaarmee weitet ihren Wasserschlauchsegen auch gerne auf vorbeifahrende Radler oder Autos aus, die diese Erfrischung gern annehmen. Besonders die Kinder der Umgebung genießen diese täglichen Rituale und springen vergnügt von einem Wasserstrahl zum anderen. Anschließend folgt die Besuchszeit.

Gestreifte Pyjamas und weiße *jelabas* sowie klappernde Holzpantoffeln, die *qubqab*, und auch modernere Plastikschlappen prägen das Straßenbild. Das eigene Wohnviertel wird als Erweiterung des eigenen Heimes empfunden, und die Bequemlichkeit hat Vorrang. Die Frauen, die zu Hause bleiben, empfangen ihre Gäste in Nachthemd und Schlafrock. Diejenigen, die sich an der Abendwanderung beteiligen, tragen lange, weite Kleider. Die Türen stehen in allen Familienhäusern offen, Tee und Wasserpfeife stehen bereit.

Oft sitzt man im Garten. Es ist üblich, zumindest eine gusseiserne Familienschaukel zu besitzen, die Personengewichte aller Art aushält. Zeit spielt keine Rolle. Diese Einstellung bewirkt – in Kombination mit den klimatischen Bedingungen –, dass die Bewegungen gemächlich ausfallen und der Geist ruhig wird. Tante Fatima mit ihrer eigenen Philosophie meinte immer: »Allah, in Seiner unendlichen Weisheit, hat die Iraker in diesen Hitzekessel gesetzt, damit ihr feuriges Gemüt verdampfen und sich abkühlen kann!«

Die Besuche ziehen sich meist bis spät in die Nacht hinein. Am Ende des Abends sieht man in den Armen der Heimkehrenden schlafende Kinder. Und sollten Erwachsene irgendwo einschlafen, so waren sie sowieso schon bestens dafür ausgerüstet.

Schlafende Dächer

Wer am Ende seiner Träume ist, schläft ein.
ARABISCHES SPRICHWORT

An heißen Nächten entstand in Bagdad eine geheimnisvolle Welt, eine Welt, die nur im Dunkeln lebte. Die Bewohner dieser Welt trugen als Erkennungszeichen weiche, flachgedrückte, längliche Rollen, die mit Schafwolle gefüllt waren, unterm Arm. Meistens hatten sie auch zwei große weiße Laken bei sich. Je nach Alter gingen sie damit schnell oder auch eher gemächlich die Treppen hinauf in das Reich der Nacht.

Oben auf dem Dach angekommen, stellte sich jedes Mitglied vor ein Eisengerüst, das etwa ein mal zwei Meter groß war und auf vier Beinen stand. Dann wurde tief Luft geholt und mit einem heftigen Ruck das neue Heim aufgerollt. Mit dem einen Laken wurde das Nachtlager bedeckt. Dann legte man die flachgedrückte Rolle darauf, setzte sich an den Rand, zog mit einem Schwung beide Beine hoch, legte den Kopf auf die Rolle und streckte die Beine aus – das war die traditionelle Position im Reich der Nacht.

Von vielen Dächern ertönte das altbekannte »Aah!«, »Ooh!« und »Allah!«, das mit der körperlichen Entspannung und dem Erblicken des von Sternen übersäten Himmels einsetzte. Nirgendwo auf der Welt waren die Sterne so nahe, so greifbar wie in Bagdad – zugegeben, außer vielleicht in Babylon. Kein Wunder also, dass die Astronomie dort ihren Ursprung hat.

Nach diesem erhebenden Sternenerlebnis und dem immer wieder berührenden Gefühl, wie schön Allahs Kosmos ist, schleicht sich im Reich der Nacht das weltliche Gekicher ein. Von Dach zu Dach wehen Nachtbegrüßungen. Manche rufen sie in der eben beschriebenen Position aus, da man sich in der Dunkelheit ohnehin kaum sieht und man ja alle seine Nachbarn von den Stimmen her kennt. Andere, vor allem die Jüngeren, stützen sich lieber auf ihre Ellbogen und rufen einander in halb aufrechter Position Grüße zu.

Die Kinder kichern und reden, und die Alten sprechen in ihrem gewohnten erfahrungsgetränkten Ton. Nur die Jugendlichen, ob männlich oder weiblich, bekommen immer so einen eigenartigen weichen und süßlichen Ton beim Sprechen. Tante Fatima meinte, das ist das Gurren der Turteltauben, das einen überkommt, wenn man ein spezifisches Alter erreicht hat.

Ich liebte dieses Reich der Nacht, die Dunkelheit machte alle Menschen so sinnlich und reizend, und die strengen Normen im Reich des Sonnenlichts verloren ihre Konturen im Glanz der Sterne. Wir Kinder hatten meist noch das zusätzliche Privileg eines zarten, durchsichtigen Zeltes, das unser Bett umhüllte und unsere empfindliche Haut vor eventuellen Mückenstichen schützen sollte. »Um Yahya, gehst du morgen mit mir in die Stadt einkaufen? Ich brauche etwas Stoff für ein Kleid!«, rief meine Tante Fatima ihrer Freundin auf dem Nebendach zu. »Aber gern, Inshallah!« So Gott will, kam die Antwort. Man sagt immer *Inshallah*, wenn man sich etwas vornimmt, denn der Mensch plant zwar, aber Gott bestimmt, was sein soll.

Tante Fatima war eine kesse Tante, sie hatte die lauteste Stimme von ganz Bagdad und zudem den Ruf, wild, unberechenbar, freiheitsliebend und sehr loyal zu sein. Mit anderen Worten: Ein Mensch, auf den man sich verlassen und mit dem man auch über Probleme sprechen konnte, die man anderen nicht so ohne weiteres anvertrauen würde.

Tante Fatima hat nie geheiratet. Nicht, dass niemand um ihre Hand angehalten hätte, sondern weil das Schicksal es nicht wollte.

Die Frau ihres jüngeren Bruders war bei einem Autounfall gestorben und hatte ihm zwei kleine Kinder hinterlassen. Für Tante Fatima war klar, dass sie die beiden aufziehen würde, und da hatten ihrer Meinung nach ein Ehemann und eigene Kinder keinen Platz mehr in ihrem Leben. Sie witzelte oft und meinte: »Allah hat mir zwei Kinder geschenkt, ohne dass ich meine Figur ruinieren musste!« Dabei hob sie immer ihr Kleid hoch und zeigte ihre wirklich sehr schönen Beine.

Wenn Tante Fatima bei uns übernachtete, bettelte ich immer, dass sie ihr Nachtlager neben meinem aufschlug. Sie liebte Kinder und konnte ihnen schwer etwas abschlagen. »Tante Fatima, bitte sing uns etwas vor, bitte!« – »Ach, Kindchen, mein Herz ist leer, wie soll ich da singen?« – »Bitte, Tante, tu es für mich!« Mit einem tiefen Seufzer füllte sie ihr Herz mit den Tränen und dem Trennungsschmerz der Liebenden und begann zu singen.

Ihre Stimme war bezaubernd. Dicke Tränen rollten aus ihren Augen und befeuchteten ihr Kissen. Wenn Tante sang, schwiegen die Dächer um uns, und alles lauschte der lieblichen Wehmut in ihrer Stimme. Sie hatte Zuhörer, deren Ahnen schon Meister der süßlichen Melancholie waren, jeder Tropfen schmiegte sich in Liebestrunkenheit an den nächsten. Oft schlief ich bei ihrem Gesang ein. Ich musste mir keine Sorgen um Tante Fatima machen, denn nach dem Singen war sie immer bester Laune. Singen und Weinen seien die beste Therapie, sagte sie immer – sie machten wieder Platz fürs Lachen.

Der Tigris oder Die Welt des Klangs

Wir sind nicht nur verantwortlich für das, was wir tun,
sondern auch für das, was wir nicht tun.

VOLTAIRE

»Du darfst nicht zu nahe ans Wasser. Du weißt, dass der Fluss jedes Jahr ein paar Kinder mitnimmt«, warnte mich Adiba, mein Kindermädchen und die Cousine meiner Großmutter, immer. Unser Haus lag in einer Querstraße zum Tigris, ungefähr 400 Meter entfernt. Der mächtige Fluss übte eine magische Anziehungskraft auf mich aus. Mit atemberaubender Geschwindigkeit rauschte er durch Bagdad.

Ich blieb immer trotzig stumm, wenn Adiba mich vor dem Fluss warnte, denn es ärgerte mich, dass man mir immer ein Monster einreden wollte. Doch sie kannte mich zu gut und sprach ihre Warnungen immer dann aus, wenn sie dieses eigenartige Flackern in meinen Augen sah. »Wo willst du hin, kleine Fawzia?«, fragte sie mich sanft und besorgt. »Ich gehe die Welt erforschen, Adiba.« Ich nannte sie immer beim Vornamen, obwohl die Höflichkeit es verlangte, Tante zu ihr zu sagen. Doch Adibas Liebe zu mir war so groß, dass sie mir alles verzieh und erlaubte.

»Jetzt ist nicht die Zeit dafür. Großvater kommt bald nach Hause und will dich dann bestimmt sehen.« Ich musterte Adiba verärgert. Ich ahnte, dass sie, obwohl sie so ein herzensguter Mensch war, selbst nie solche Sehnsüchte in ihrer Brust verspürte. Ich ging also zur Truhe, nahm meine kleine Tasche heraus, legte ein Heft und einen Bleistift hinein, hängte sie mir um und wollte gehen. Ich hatte keine Zeit, mit Adiba herumzudiskutieren. Sie verstand aber und holte mir sorgenvoll noch schnell ein paar Datteln und Kekse. Sie nickte dann schon wissend: »Ich sage niemandem etwas, aber bitte komm bald wieder!«

Bagdad bestand aus verschiedenen, teils sunnitischen, teils schiitischen Vierteln. Wir lebten in einem sunnitischen Viertel. Ein Großfamilienhaus neben dem anderen, jedes war mit einem Garten umgeben. Jeder bemühte sich, in seinem Garten die Tradition der hängenden Gärten Babylons weiterzuführen, und so fand man in jedem ummauerten Garten ein kleines Meer von Blumen, vor allem Rosen.

Ich ging vor das Haus und stand auf der verstaubten, leeren Straße. Es war kurz vor Mittag, die heißeste Zeit des Tages. Nur wer unbedingt musste, ging um diese Uhrzeit außer Haus. Ich sah mich um und überlegte, in welche Richtung ich losziehen sollte. Ich beschloss, zum Tigris zu gehen. Ein bisschen mulmig war mir schon bei dem Gedanken, allein in die Welt zu ziehen. Doch der Entschluss war gefasst, und so marschierte ich langsam die Straße entlang. Ich ging an einem Haus nach dem anderen vorbei. Überall war es still, als ob die Häuser seit Jahrhunderten keine Menschenseele gesehen hatten.

Doch beim fünften Haus hörte ich Geräusche. Zwischen zwei Palmen stand eine Tür offen, und ich konnte leise Musik hören. Ich blieb gespannt stehen und horchte, denn solch eine Musik hatte ich noch nie gehört. Ich kam ein paar Schritte näher zur Tür, um besser zu hören. Plötzlich blickte mich ein dunkles Augenpaar, das von zwei dicken Gläsern beschützt wurde, an. »Was machst du hier?« Mir blieb fast das Herz stehen. Am liebsten hätte ich meine Exkursion sofort beendet und wäre in Adibas vertraute Arme zurückgelaufen. Ich brachte keinen Ton heraus, und meine Füße klebten am Boden fest.

Die dunklen Augen kamen etwas näher, und ich erkannte deren Besitzerin. Es war eine kleine verschrumpelte Frau mit einem versteckten Sack, der zwischen ihren Schultern saß. Mein Rachen füllte sich wieder mit Lauten, und ich antwortete sachte: »Ich bin Fawzia ...«, doch bevor ich weitersprechen konnte, machte die kleine Frau eine Handbewegung und sagte: »Wenn du willst, dann komm herein und setz dich!«

Langsam folgte ich ihr durch den dunklen schlauchförmigen Flur ins Wohnzimmer zu einem kleinen Tisch. Ich setzte mich auf die Kante des dahinter stehenden Sofas. Stapel von zusammengebündelten Zeitungen und aufgeschlagenen Büchern dominierten den Raum. Die ungewöhnliche Musik kam aus einer Ecke, in der sich eine schwarze Platte unermüdlich drehte und eine Nadel die Töne aus ihr herauskitzelte. Die alte Frau folgte meinem gespannten Blick: »*Bithuwan*, Beethoven, reine Seelenmusik, war auch Abdel Nassers Lieblingsmusik!«, kicherte sie. »Muss wohl dran liegen, dass er taub war«, murmelte sie noch.

Plötzlich schüttelte sie ihren verborgenen Schultersack und ging zielstrebig in eine Ecke, griff mit ihrer Hand ins Dunkle und zog eine Ud, ein lautenähnliches Musikinstrument, hervor. Sie setzte sich mir gegenüber auf einen Hocker und schmiegte den Bauch der Ud an den ihren. Sanft streichelte sie die Saiten mit ihren Fingern, während sie mit der anderen Hand den Hals der Ud fest umklammerte. »Kennst du die Ud?« Ohne auf eine Antwort zu warten, brachte sie die Saiten mit ihren faltigen Händen zum Schwingen.

»Die Ud ist der *amir al-tarab*, der Prinz des musikalischen Entzückens. Vor über 1 000 Jahren lebte ein Philosoph und Musiker namens Al-Kindi in Bagdad. Er entdeckte, dass die vier Saiten der Ud mit den vier Jahreszeiten, den vier Elementen Feuer, Wasser, Erde und Wind, den vier menschlichen Temperamenten und den verschiedenen Himmelskörpern verbunden waren. Auf der Ud zu spielen heißt, eine große Reise anzutreten. Eine Reise, die die Sterne dort oben und die Bäume hier auf Erden zum Schwingen bringt, den Wind und das Feuer tanzen lässt und schließlich auch deine Seelensaite berührt und sie beschwichtigend streichelt.« All das konnte dieses kleine Musikinstrument hervorrufen! Ich war beeindruckt.

Ich sah die Ud mit großen Augen an, sie verwandelte sich in ein Zauberinstrument, dessen unsichtbare Kräfte den ganzen Raum ausfüllten. »Weißt du, dass der Enkel Harun ar-Rashids, der Kalif Al-Mutawakkil, nicht weit von hier Mondscheinkonzerte auf dem Tigris veranstaltete? Er war der Musik so leidenschaftlich zugetan, dass er die Musiker mit auf sein Schiff nahm. Die Bewohner Bagdads zogen dann mit Fackeln hinaus, um am Ufer zu lauschen, oder folgten dem Schiff in eigenen Barken. Der Zauber dieser Augenblicke erwacht immer wieder, wenn die Ud ruft.« Als die alte Frau die Saiten wieder anschlug, schienen die Bücher und Zeitungen, ja sogar der Staub auf den Möbeln mitzuschwingen und sich den Tönen hinzugeben.

Die alte Frau schloss ihre Augen und sang: »Ich bin Zalzal und Abdil Wahhab, ich bin der Prinz des Entzückens, ich bin die Seele, die sich nach der Stimme sehnt, ich bin die Liebe, die nach Erfüllung sucht, ich bin die Lieder, die nach der Zeitlosigkeit streben ...«

Plötzlich hörte die alte Frau auf zu singen. Sie stand auf und verschwand im Dunkeln, um wenig später mit einem Tablett, auf dem sie zwei Gläser Saft balancierte, zurückzukommen. Ich holte die Datteln und Kekse aus meiner Tasche hervor, und so tranken und aßen wir in Stille gemeinsam. »Du musst jetzt gehen, Mädchen, und wenn du das nächste Mal auf Reisen gehst, vergiss nicht, am westlichen Tigrisufer das Denkmal Al-Farabis zu besuchen. Er war es, der den ganzen Tönen des Pythagoras die Vierteltöne entlockt hatte, die große und kleine Terz gefunden hat und der Erste, der den Zusammenhang zwischen Musik und Mathematik erkannte und somit der Welt den bedeutendsten arabischen Beitrag zur Musiktheorie schenkte. Sein Lieblingsinstrument war die Flöte, die er brillant beherrschte, und wenn du zu seinem Grab hingehst und ganz ruhig bist, wirst du ihn spielen hören!«

Ich stand auf und fühlte mich plötzlich sehr müde. In meinem Kopf summte es, überhaupt schien der ganze Raum Töne von sich zu geben, und ich war froh, wieder im Freien zu sein. Ich wankte wieder langsam nach Hause, die Augen streng auf den Boden fixiert, um nicht im Klang des Universums ins Schwanken zu kommen.

»Willkommen, willkommen zu Hause!«, rief Adiba aus, als sie mich sah, als ob ich jahrelang weg gewesen wäre. »Gesegnet sei Allah, dass du wieder da bist. Erzähl, was hast du alles erlebt?« Doch mich zog es nur ins Bett, und bevor ich die Augen schloss, glaube ich noch gemurmelt zu haben: »Auch du summst mit der Welt!«

Die Erben Sindbads

Reisen ist die schönste Art zu lernen.

Unbekannt

Ich war mit meinem Vater unterwegs im Suk, als wir bei einem kleinen Laden Halt machten. Zwei ältere Männer saßen auf den typischen irakischen Hockern, etwa dreißig Zentimeter hohen Vierbeinern mit einem Sitz aus geflochtenen Palmenzweigen. Vater und die beiden Männer begrüßten sich herzlich, küssten und umarmten sich. Mit einem warmen Lächeln und einem Händedruck, den alte Menschen oft der Jugend schenken – als ob sie auf diese Weise ihre eigene vergangene Jugend sentimental begrüßen und auffrischen wollten –, wurde ich empfangen. Ich fühlte mich gleich wohl bei ihnen. Zwei Hocker wurden herbeigeholt, und instinktiv erschien auch zugleich ein *farrash*: »Bring uns zwei Tee, mein Junge!« So überraschend, wie er gekommen war, verschwand er auch wieder.

Ich sah mich im Laden um, der eher einer Nische als einem Laden glich. Es war schwer, zu erkennen, was die beiden Männer hier eigentlich verkauften. Waren es die paar Stoffballen auf den Regalen? Oder das Alteisen, das getürmt in einer Ecke lag? Vielleicht verkauften sie ja auch nur die Märchen, die sie ihren Besuchern erzählten. Beide Männer waren Witwer. An der etwas vernachlässigten Kleidung und dem Rhythmus ihrer Bewegungen, den nur diejenigen haben, hinter denen keine weltlichen Verpflichtungen mehr stehen, merkte man, dass ihre Frauen schon gegangen waren.

Mein Vater und die beiden Männer tauschten die üblichen Informationen aus: Wie geht es der Gesundheit, wie klappt die Lebensmittelversorgung, was liest man Neues in den Zeitungen? Da seufzte der alte Mann: »Weißt du, Basil«, so hieß mein Vater, »alles ist zu verkraften, Essen und Kleidung spielen keine wirkliche Rolle mehr in unserem Alter, sogar die Sicherheit ist nicht mehr so wichtig, wenn man selber bald vor den Toren des Todes steht. Das Einzige, was wirklich schlimm ist, ist, dass wir Allahs weite Lande nicht mehr wie vorher genießen können, seitdem die Grenzen gesperrt sind und wir Seine Herrlichkeit nicht mehr durch die Sinne bewundern können.

Vor dem Krieg* arbeiteten wir das ganze Jahr über, aber einmal im Jahr bepackten wir unser Auto mit allem nötigen Zeug. Wir hatten alles mit: den *babbur*, den Kocher, den Teetopf sogar die *istikans*, die kleinen Teegläser, Decken und ein wenig Geld. Wir stiegen ein und fuhren gemütlich durch die Lande, solange es uns Spaß machte und das Geld reichte. Es war unsere Art, das Leben kennen und verstehen zu lernen und zu genießen.«

Der Blick des alten Mannes wurde plötzlich ganz zart, als er fortfuhr: »Möge Allah die Grenzen bald wieder öffnen. Was gäbe ich dafür, noch einmal vor meinem Abschied zu reisen.« – »Du weißt doch«, fügte der andere hinzu, »wie gerne wir Iraker reisen, unsere ganze Geschichte spricht dafür. Nichts tun wir lieber, als andere

---

* Zwischen dem Irak und dem Iran, der von 1980 bis 1988 andauerte.

Kulturen und Länder zu entdecken. Ist nicht Sindbad, der Seefahrer, unser Vorfahr?«

Obwohl alle lachen mussten, wurde mein Herz bei diesen Worten ganz schwer. Ich wäre so gerne fähig gewesen, diesen alten Männern ihren sehnlichsten Wunsch zu erfüllen. Wie schlimm es doch für einen Menschen ist, nicht frei zu sein, nicht reisen zu können, sich nicht umsehen und andere Menschen und Kulturen kennen lernen zu können. Ist es nicht das Grundrecht jedes Menschen, glücklich zu sein, seine Flügel auszubreiten und die Schönheit dieser Erde zu genießen?

»Vater!«, sagte ich, »lass uns ein wenig mit dem Auto aufs Land fahren.« – »Au ja!«, die Augen der alten Männer leuchteten ein wenig auf, »lass uns nach Hilla fahren. Dort gibt es den besten Wasserbüffelrahm Iraks!« Wir standen sofort auf, dem Nachbarladen wurde noch zugerufen: »Abu Khaled, pass aufs Geschäft auf!«, und schon ging es los! Wenn die geltenden Gesetze die Grenzen des Landes sperren, folgt man umso lieber den Gesetzen und Gelüsten des Bauches!

Karbala' und Najaf

Die wahre Berufung des Menschen, ist, zu sich selbst zu finden.

SUFI-WEISHEIT

Wir fuhren mit dem Auto auf einer der schmalen Straßen, die sich schlangenähnlich durch die Wüste ziehen, links und rechts Geröll, soweit das Auge reicht. Vaters Theorie über die Liebe der Iraker zum Reisen hat er mir einmal folgendermaßen erklärt.

»Weißt du, Fawzia, wir Iraker sind ein melancholisches Volk. Wir kennen nur oben und unten. Wir können von einem Moment zum anderen himmelhoch jauchzend oder zu Tode betrübt sein. Entweder wir lieben jemanden, oder wir können ihn nicht ausstehen. Dazwischen gibt es nichts, und alles entscheidet sich in den ersten Momenten einer Begegnung. Wenn man so von seinen Emotionen gebeutelt wird, dann braucht man Platz. Man muss die Freiheit haben hinzugehen, wohin man will, und sich in Abenteuern und dem Entdecken neuer Welten einen seelischen Ausgleich zu schaffen. Nur so kann man dann wieder in sich kehren und sich selbst verstehen.«

Die Beduinin in mir konnte ihm nur zustimmen, und in Gedanken verwandelte sich unser Auto in ein galoppierendes Pferd mit frei fliegender Mähne. Mein Körper beugte sich vor, um den warmen Leib meines Pferdes zu spüren und seinen lebendigen, wilden Duft einzuatmen. »Was suchst du denn?« Abrupt wurde ich aus meinen Träumen zurückgeholt und fand mich mit dem Kopf an der Konsole lehnend wieder. »Ach nichts, Vater, die Hitze macht etwas müde!« Blöde, verführerische und ach so bequeme Technik! Am hinteren Sitz saßen meine Tante Lahib, die Schwester meines Vaters, Um Ali, die Frau meines Onkels und deren Freundin Salwa.

»Hast du deine *abaya* mit? Du weißt, in Karbala' musst du sie tragen«, erinnerte mich Lahib. Natürlich hatte ich sie mit. Es war eine alte *abaya*, sie gehörte meiner Großmutter. Es war das einzige Stück, das ich von ihr haben wollte nach ihrem plötzlichen Tod. Ich liebte es, meine Tante Lahib in der Nähe zu haben. Es war immer berührend für mich, in ihr Gesicht zu sehen, denn es verriet mir, wie ich in zwanzig Jahren aussehen würde.

Der Irak besteht aus verschiedenen Welten, und je nachdem, wo man hinfährt, muss man sich anderen ethnischen und traditionellen Gesetzen beugen. Im Süden herrscht die schiitische Welt, im Norden die kurdische und in der Mitte die sunnitische, mit Bagdad als Herzen des Landes. Genauso wie die Menschen in verschiedene familiäre, ethnische und religiöse Verbände eingebunden sind, so ist auch das Land selbst von Vielfalt geprägt. Der Süden besteht nur aus Wüste, der Norden ist bergig und fruchtbar grün, die Mitte flach, fruchtig und salzig. Erst der Baath-Partei gelang es – nach ihrer Machtübernahme im Jahre 1968 –, eine Identifikation der Iraker mit ihrem Staat zu schaffen und die Loyalität der Bürger für die Partei zu gewinnen.

Wir näherten uns Karbala'. Für eine so lebhafte Stadt wie diese war unser erster Eindruck überraschend ruhig, meine Augen streiften über ein wahres Meer von Gräbern. Auf dem Rücksitz begann

Salwa sofort, die Eröffnungssure des Korans, die *fatiha,* für die Seelen der Verstorbenen zu rezitieren. Salwas Mutter und ihr Vater lagen hier begraben. Meine Tante reichte ihr ein Taschentuch. Plötzlich erschien eine Gruppe von ungefähr dreißig Männern. Sie waren alle in beigefarbene *dishdashas* mit ledernen Gürteln und wallende sandfarbige *bischt,* die Männerumhänge aus Kamelhaar, gekleidet. Auf ihren aufrechten Häuptern trugen sie die traditionelle arabische Kopfbedeckung, *kuffiyah* mit *igal.* Männlich schön und stolz wirkten sie. »Wieso diese Versammlung?«, fragte ich. »Eine Seele wird verabschiedet«, antwortete Um Ali kurz.

Vater hielt an, und wir stiegen zu den Gräbern herab. Wir folgten Salwa zu den Gräbern ihrer Eltern und sprachen nochmals für sie und alle Verstorbenen die *fatiha.* Plötzlich und ohne Worte verteilten wir uns zwischen den Gräbern. Wir alle gingen, mit unseren eigenen Gedanken beschäftigt, in eine andere Richtung. Ich begann, die Namen der Verstorbenen zu lesen, und rechnete mir ihre Lebensdauer aus. Einer lebte nur 45 Jahre, eine andere mit dem Namen Fatima Al-Bagdadi hatte 70 Jahre hier auf Erden verbracht. Viele neuere Gräber waren mit jungen Toten belegt, meist Opfer des letzten Krieges zwischen Irak und Iran.

Ein warmer Wind berührte mein Gesicht, und ich ließ meine Augen über das sandige Meer der Gräber gleiten. Der Ort hatte nichts Bedrohliches an sich. Im Gegenteil, hier im trockenen warmen Sand zu liegen und die letzte Ruhe zu finden, empfand ich als schön und beruhigend. Möge Allah auch mir die Wüste als letzte Ruhestätte auserkoren haben.

Karbala' ist eine kleine Stadt von ungefähr 85 000 Einwohnern. Wenn man von der Hauptstraße abbiegt und in das Herz Karbala's fährt, kommt man auf einen großen Platz und wird sofort von der Atmosphäre dieses heiligen Ortes eingenommen. Auf der einen Seite mündet der Platz in die beeindruckende, wunderschöne Moschee und Grabstätte Husseins, des Enkels des Propheten – Allah segne ihn und schenke ihm Heil –, Sohns seiner Tochter Fatima und seines Neffen Ali – Friede sei mit ihnen. Die goldene Kuppel der Moschee mit ihren goldenen Minaretts scheint das Licht der ganzen Umgebung einzufangen.

Auf der anderen Seite des Platzes liegt die Grabmoschee von Abbas, Husseins Bruder, ebenfalls von einer goldenen Kuppel gekrönt. Hussein hat, wie fast seine ganze Familie, 680 n. Chr. – im Jahr 50 nach islamischer Zeitrechnung – in der Schlacht bei Karbala' seinen Tod gefunden. Karbala' ist eine heilige Stätte und gemeinsam mit Najaf, wo sich Alis Grab befindet, Zentrum der Pilgerfahrten für die Schiiten. Hussein wird von den Schiiten als erster Märtyrer des Islams angesehen. Sein Martyrium ist bis zum heutigen Tage der Höhepunkt des religiösen Kalenders. Jedes Jahr gedenken die Schiiten der Geschehnisse von Karbala' durch volkstümliche Schauspiele, *Ashura* genannt.

Die heiligen Stätten wurden von Familien beherrscht, die den lokalen Gelehrten, *ulama*, angehörten und die das erbliche Recht innehatten, Hüter der Heiligtümer zu sein.

Wir parkten das Auto in der Nähe des Hauptplatzes, stülpten unsere schwarzen *abayas* über und stiegen aus. Die Lebendigkeit des Platzes nahm uns sofort in ihren Bann, und der Wind bescherte uns ungeübten Frauen sogleich einige Mühe mit den *abayas*. Wir bewältigten die Herausforderung des wehenden Umhangs, indem wir die beiden Seitenteile vorne fest zusammendrückten, sodass nur ein schmaler Schlitz offen blieb, aus dem wir herausschauen konnten. So gingen wir in Richtung Moschee. Auf dem Platz wimmelte es von Menschen mit Koffern, Taschen und Gebetssteinen. Anders als die Sunniten berührten die Schiiten beim Gebet einen Tonblock aus Karbala' mit der Stirn. Es war das Zeichen ihrer ewigen Verbundenheit mit diesem Ort, mit der Familie Alis und Fatimas, Friede sei mit ihnen. Viele Pilger hatten ihre Habseligkeiten bei sich, da sie von weit her kamen.

Die Moschee war extrem überfüllt. Frauen und Männer beteten nebeneinander, und wenn man durchgehen wollte, musste man kunstvoll balancieren und hoffen, dass sich diejenigen, an denen man gerade vorbeiturnte, nicht vom Fleck rührten. Der Anblick der vielen dicht gedrängten Körper berührte mich stark – der Ort war gefüllt von Bittgebeten, Wünschen, Sehnsüchten und Tränen, all das führten diese Menschen im Herzen. Ich zwängte mich zwischen zwei betende Frauen und verschmolz im Nu mit der betenden Masse. Es ist ein wohliges Gefühl der Vertrautheit, wenn das eigene Ich mit all seinen Wünschen, Forderungen und Begierden in den Hintergrund tritt und sich die eigenen Konturen mit denen der anderen Menschen vermischen.

Plötzlich stand mein Ich wieder ganz konkret im Mittelpunkt. Ich hatte Hunger. Wir gingen zurück über den großen Platz und fanden ein kleines Esslokal. In der Vitrine waren Kebabspieße aufgereiht, umgeben von verschiedenen Salatschüsseln. Das Lokal war mit weißen Kacheln an den Wänden und einfachen, hässlichen Eisentischen und Stühlen ausgestattet, aber es war sauber. Wir setzten uns hin und bestellten mehrere Spieße mit Salat.

Der Kellner war Ägypter. Wir amüsierten uns über seine Sprache, denn er hatte sich die fast unlösbare Aufgabe gestellt, den ägyptischen mit dem irakischen Dialekt zu verbinden. »Ich lebe seit fünf Jahren im Irak, es geht mir gut hier. Die Iraker sind ein edles, hochherziges Volk, und ich habe eine zweite Heimat gefunden.« Während des Krieges zwischen Irak und Iran waren ungefähr zwei Millionen Ägypter in den Irak gekommen. Die meisten arbeiteten im Dienstleistungssektor oder in der Landwirtschaft und ersetzten so die Iraker, die in den Krieg gezogen waren. Viele Ägypter blieben, nachdem der Krieg zu Ende war, und so manche irakische Witwe war jetzt mit einem von ihnen verheiratet.

Wir beschlossen, in Richtung Najaf weiterzufahren.

In der Nähe der großen Moschee, in der Alis Grabstätte lag – Allahs Segen über ihn –, hielten wir an. Die Stimmung hier war ganz anders als in Karbala', viel sanfter, ruhiger und bescheidener. Wir wendeten uns an einen der *Sayyids* und folgten ihm zum Grab. Den Titel *Sayyid* tragen die Nachkommen Fatimas, der Tochter des Propheten und Alis, seines Neffen. Der *Sayyid* mit dem grünen Turban stellte sich vor das Grab und begann, Suren aus dem Koran über die Seele dieses großen Gefährten des Propheten zu sprechen. Uns allen flossen die Tränen, dieser Ort strahlte etwas Erhabenes, Ruhiges aus. Ich war noch ganz benommen, als beschlossen wurde, zum Haus zu fahren, in dem Ali – Friede sei mit ihm – gelebt hatte.

Dieses Haus befand sich in Kufa, gleich neben der Moschee, in der er im Januar 661 ermordet wurde. Es war ein ganz bescheidenes Haus, in dem der vierte Kalif und Herrscher aller Muslime mit seiner Familie gelebt hatte. Dämmriges Licht floss herein durch die kleinen Luken in den Wänden. Im größten Raum war eine Wasserquelle, die den Innenraum angenehm kühl hielt. Viele Menschen strömten ein und aus. Es war schon erstaunlich, wenn man den Lebensstil früherer Herrscher mit dem von heute verglich. Einfachheit, Demut, umfangreiches Wissen und das Vertrauen in Gott waren die Reichtümer dieses Mannes gewesen.

Wir gingen in die nahe liegende Moschee, und Lahib rutschte die ungewohnte *abaya* vom Kopf. Sogleich kam ein Hüter vorbei und wies sie zurecht. »Du bist hier in einer Moschee, einem heiligen Ort, bedecke dein Haupt«, sagte er forsch und rechthaberisch. Lahib, die noch nie auf den Mund gefallen war, erwiderte sogleich: »Wenn dein Herz so hart wie deine Zunge ist, dann bin ich ohne Schleier bedeckter als du!« Der Mund des Mannes spitzte sich zu. Er warf ihr einen bösen Blick zu und kehrte uns den Rücken, und Lahib bedeckte ihr Haupt.

Wir gingen hinaus und beschlossen, eine Runde durch die kleine Stadt Kufa zu machen. »Eine neue Universität wird derzeit hier gebaut. Die medizinische Fakultät soll die größte im Süden des Landes werden und modernste Technik erhalten. Alle Geräte werden aus Deutschland importiert«, erklärte mir Vater. »Saddam will Kufa als ein neues wissenschaftliches Zentrum erblühen sehen.«

»Fahren wir nach Hause, Vater, unsere Augen und Herzen haben für heute genug erlebt.« Dem stimmten alle zu. Wir gingen noch zu einem kleinen Wagen, auf dem ein großer Kochtopf stand, und bestellten für uns alle Maiskolben. Zufrieden knabbernd, fuhren wir nach Bagdad zurück.

Wir haben keine Frauen, die zu Hause sitzen

Jede Frau hat das Recht, in die Berufswelt hineinzuwachsen,
die ihr entspricht.

Louise Hay

»Wir haben keine Frauen, die zu Hause sitzen!«, donnerte meine Großmutter, als ihr mein Vater erklärte, dass meine Mutter eine Zeit lang zu Hause bleiben möchte. »Deine Schwester arbeitet, deine Schwägerin arbeitet, und deine Mutter arbeitet, wieso soll dann deine Frau zu Hause bleiben und die anderen Frauen entmoralisieren, sie ist doch eine gebildete Frau!«, war ihr Argument.

Und da sie Schuldirektorin und eine geschichtsbewusste Frau war, fuhr sie beschwichtigend fort: »Schon im 12. Jahrhundert gab es in Bagdad Rechtsanwältinnen, Ärztinnen, Beamtinnen und Universitätsprofessorinnen.« Für Großmutter teilte sich die Welt in Frauen, die zu Hause blieben, und Frauen, die in die Welt hinausgingen und sich aktiv am Aufbau des Landes beteiligten. Mit dieser Einstellung war Großmutter eine typische Repräsentantin ihrer Zeit.

Als die Baath-Partei im Jahre 1968 die Macht im Irak übernahm, leitete sie ein Staatsaufbauprogramm in die Wege, das die großen familiären, ethnischen und stammesbezogenen Loyalitäten einschränken und stattdessen die Identifikation des Einzelnen mit dem Staat intensivieren sollte.

In diesem Programm der Machtzentralisierung kam den Frauen eine Schlüsselrolle zu. Einerseits war die auf dem Ölgeschäft basierende, weitreichende Industrialisierungs- und Wachstumsstrategie auf Frauen als Arbeitskräfte angewiesen; andererseits war der politischen Führung daran gelegen, die Frauen mit Hilfe staatlich gelenkter Frauenverbände für den Staatsaufbau zu interessieren. Die Bekämpfung des Analphabetentums, vor allem bei den Frauen, sollte neben dem umfassenden Bildungs- und Wohlfahrtsprogramm dazu beitragen, dass sich Frauen verstärkt an staatlich initiierten sozialen, kulturellen, politischen und ökonomischen Aktivitäten beteiligten. Am Arbeitsplatz erhielten Frauen gleiche Rechte wie Männer, seit 1980 auch das aktive und passive Wahlrecht.

»Jede Frau muss lesen und schreiben können, es ist ihr gutes Recht, es zu lernen«, erklärte Großmutter, als uns eine Beduinin aus dem Süden des Landes besuchte, deren Mann ihr verbot, an den kostenlosen Abendkursen zur Bekämpfung des Analphabetentums teilzunehmen. »Soll ich ihn anzeigen?«, fragte Großmutter die Frau. Doch diese winkte ängstlich ab: »Wenn du ihn anzeigst, drohen ihm zwei Jahre Gefängnis. Wer soll dann meine fünf Kinder ernähren? Nein, nein, was habe ich davon, wenn ich lesen und schreiben kann und am Verhungern bin? Er wird schon zur Vernunft kommen.« – »Schick ihn zu mir«, antwortete Großmutter, »ich werde mit ihm reden! Der Übergang von einer Lebensauffassung zur anderen ist immer schwer. Wir müssen uns dabei gegenseitig unterstützen.«

Großmutter war ein sehr selbstsicherer Mensch, und wie viele Frauen aus wohlhabenden Familien hatte sie gelernt, Autorität auszuüben. Als sie dann zu arbeiten begann, übertrug sie diese Erfahrung einfach auf die Außenwelt, ohne mit ihrer weiblichen Identität in Konflikt zu geraten oder sich bei den Männern zu entschuldigen oder deren Anerkennung suchen zu müssen. Autorität war für sie niemals die Antithese zur Weiblichkeit.

Der irakische Staat war reich, 87 Prozent seiner Einkünfte bezog er aus der Ölrente. Damit war er ökonomisch und sozial weitgehend unabhängig von den einheimischen Schichten und Gemeinschaften. Der Staat bot seinen Bürgern ein umfassendes Sozialprogramm: kostenlose Bildung, ein kostenloses Gesundheitsprogramm, kostenlose Schulspeisung und ein soziales Netz für berufstätige Frauen – unter anderem eine großzügige Mutterschutzregelung und Kinderbetreuung am Arbeitsplatz. Doch wurden diese Angebote nicht als Rechte verstanden, auf die die Bürger einen legitimen Anspruch hätten, sondern eher als Belohnung für die Loyalität gegenüber Partei und Staat.

Großmutter war an diesen Details nicht interessiert, für sie war Bildung einfach das wichtigste Element bei der Persönlichkeitsentwicklung, unerlässlich auf dem Wege zum eigenständigen Denken und somit zur Selbstständigkeit. Sie war glücklich, dass ihre Lebensphilosophie vom Staat unterstützt wurde. Sie hatte absolut kein Verständnis für Frauen, die die gegebene Gelegenheit nicht beim Schopfe griffen und aktiv an der Entwicklung teilnahmen.

Zigaretten rauchen, ihre große Schwäche, interpretierte sie als Befreiungsakt. Sie scherte sich wenig um die Blicke anderer, wenn sie dies in der Öffentlichkeit tat. Mit den Mädchen an ihrer Schule war sie noch strenger als mit den Jungen, denn sie war bestrebt, all ihren Schützlingen eine akademische Laufbahn zu ermöglichen. Und dafür waren gute Noten bei der Abiturprüfung nötig, denn sie entschieden, welchen Studienzweig der Staat den Absolventen anbot.

Großmutter wurde von Lehrerinnen und Schülerinnen gleichermaßen geliebt und gefürchtet, sie bildete die absolute Autorität innerhalb ihrer Musterschule. Sie setzte sich auch für Geburtenkontrolle ein und wurde nicht müde zu wiederholen: »Ich habe drei Kinder, hätte ich mehr gehabt, wäre ich nie Schuldirektorin geworden!« Für sie gingen Bildung und Geburtenkontrolle Hand in Hand. Nur zwei Dinge waren für Großmutter tabu: außereheliche sexuelle Beziehungen und Alkohol.

»Wir wollen unsere islamisch-orientalische Ethik und Kultur nicht über Bord werfen. Wir wollen kein Chaos, sondern eine Gesellschaft, in der sich Männer und Frauen ihren Fähigkeiten entsprechend entwickeln können.« Ihren beiden Söhnen predigte sie immer: »Mutter und Vater sollen ihre Töchter gut erziehen. Koran und Bildung sind das Rückgrat einer guten Erziehung, sie sollen das Selbstverständnis der Mädchen prägen. Dann kann man sie beruhigt in die Welt ziehen lassen und braucht sie nicht aus Angst um die Familienehre zu Hause einzusperren.«

Die ungleichen Schwestern: Basra und Kufa

Einheit und Vielheit sind verschieden und doch in geheimnisvoller Weise verbunden.

Ibn Al-Arabi

Basra und Kufa sind Schwesternstädte, bei deren Namen sich der Körper eines jeden Arabers vor Stolz reckt. Sie sind das alte Symbol des islamischen Geistes und Wissens und der arabischen Sprache. Sie wurden schon im Jahre 17 nach islamischer Rechnung (638 n. Chr.), zur Zeit des zweiten Kalifen Umars (634–644), als befestigte Heerlager gegründet.

Kufa entstand nicht weit vom alten Babylon entfernt. Die Stadt wurde von Ali, dem vierten Kalifen (656–661), zur Hauptstadt gemacht. Sie blieb über mehrere Generationen hinweg der Mittelpunkt der »Partei« Alis beziehungsweise der Schiiten.

Es war während der Dynastie der Umayyaden (661–750), dass sich diese beiden Schwesternstädte, bedingt durch ihre günstige Lage, den intensiven Handel und die Zuwanderung vieler Gelehrter, zu wohlhabenden und dicht besiedelten Städten entwickelten. Im Jahre 50 nach islamischer Rechnung (670 n. Chr.) lebten 300 000 Einwohner in Basra, und es gab 120 Kanäle im »Venedig« des Südens.

Basra und Kufa spielten vor dem Aufstieg Bagdads eine äußerst wichtige Rolle. Vor allem Basra war sowohl Schmelztiegel der verschiedensten wissenschaftlichen und philosophischen Schulen als auch Wirkungsfeld vieler religiöser Richtungen.

Doch Basra und Kufa hatten sich auch zu spirituellen Zentren entwickelt. Hier lebte in der Mitte des 8. Jahrhunderts auch Hasan Al-Basri, den die Nachfahren einer ganzen Reihe von Gelehrten übereinstimmend als das große Vorbild tiefer, maßvoller und vernunftgemäßer Frömmigkeit ansahen. Die meisten Ausrichtungen des Islams führen ihren Ursprung auf ihn zurück. Sein Ziel war es, aufrichtig und rechtschaffen zu leben und seine Freunde ebenfalls zu einem solchen gottwohlgefälligen Leben zu führen. Er hatte die großen Eroberungen der Araber gesehen und spürte in seiner nüchternen Klarsicht die Gefahren, die einer Gesellschaft drohten, wenn sie nur noch an Eroberungen und dem Anhäufen größerer Reichtümer interessiert war.

Er ermahnte seine Mitmenschen, nach dem Koran zu leben, damit sie am Jüngsten Gericht nicht beschämt würden: »O Menschenkind, du wirst alleine sterben, und mit dir alleine wird abgerechnet!« Hasan war tief in jene Traurigkeit und Furcht versunken, die so typisch für die Asketen aller Religionen ist. Er war bei der Bevölkerung so beliebt, dass sie an seinem Todestag, Freitag, den 10. Oktober 728, geschlossen an der Prozession teilnahm und das Freitagsgebet in der Moschee ausfiel.

Hier in Basra und Kufa wurden die Probleme diskutiert, unter denen vor allem zwei immer mehr an Bedeutung gewannen. Zum einen die Frage der Erschaffung oder Unerschaffenheit des offenbarten Gotteswortes und zum anderen die Frage nach dem Verhältnis von Glauben und Taten vor der göttlichen Gerechtigkeit. Mit anderen Worten: Gibt es einen Bereich menschlicher Freiheit gegenüber der göttlichen Allmacht?

Das waren die Fragen, die die religiös und spirituell interessierten Menschen dieser Zeit am meisten beschäftigten und schließlich in verschiedene Interpretationen und Bewegungen mündeten. Aus diesen Städten sind im Laufe einiger Generationen viele Ideen gekommen, die dann weltweit Verbreitung fanden.

In Basra lebten Araber und Iraner nebeneinander: Araber, die darauf bedacht waren, den Ruhm der Vorfahren und die Tradition des Propheten hochzuhalten, und Iraner, die ihre eigene Kultur bewahrten und zugleich versuchten, unter dem Islam, den sie angenommen hatten, eine neue und angemessene Stellung zu gewinnen.

Es war auch in Basra und Kufa, wo die Erklärungen des Korans gesammelt wurden, vor allem die alte Dichtung in der traditionellen Sprache des *Higaz*, also von Mekka und Medina. Daraus entwickelte man die Normen des reinen Arabisch und schuf so ein Leit- und Musterbild der »klassischen« Sprache für die Gegenwart und Zukunft. Dieses Bedürfnis war vor allem entstanden, um den Nichtarabern die arabische Sprache näher zu bringen und die arabische Sprache, basierend auf dem Koran, vor Fremdeinflüssen aus dem Syrischen, Persischen und anderen Sprachen zu schützen. Es war Abu-Al-Aswad Al-Duali (gest. 688), der dieses Unternehmen begann und erfolgreich in die Tat umsetzte. Dabei ließ er sich von den Worten des Kalifen Ali inspirieren: »Die Teile der Sprache sind drei: Nomen, Verb und Partikel. So baue eine Abhandlung der arabischen Sprache darauf auf!«

Ihm folgte Al-Khalil Ibn-Ahmad, ein weiterer Gelehrter aus Basra (gest. 786), der das erste arabische Wörterbuch *kitab al-ayn*, »das Buch der Quelle«, zusammenstellte und die arabische Silbenmessungslehre, die bis heute Gültigkeit hat, erfand. Um Wörter zu sammeln und klassifizieren zu können, ging er, wie es unter damaligen Gelehrten üblich war, auf die Marktplätze, um mit den Beduinen, die die reinste arabische Sprache beherrschten, zusammenzutreffen.

Sein Schüler, der Iraner Sibawayhi von Basra (gest. 793), hat in seinem Werk *al-kitab*, »das Buch«, die Struktur des Arabischen als Erster systematisch erfasst. Als Nichtaraber musste er das Bedürfnis nach dem systematischen Studium einer Sprache, die nicht seine Muttersprache war, besonders stark empfunden haben.

Es war eine bewegte und vielschichtige Epoche, und obwohl viele verschiedene Völker am Aufbau dieser neuen Kultur beteiligt waren, so kann man sie trotzdem als arabische Kultur bezeichnen, denn die bis dahin sprachlich getrennten Völker gestalteten sie nun auf der gemeinsamen Basis der arabischen Sprache.

Die Kodifizierung der arabischen Sprache wurde also im 8. Jahrhundert von den beiden großen rivalisierenden Grammatikschulen in Kufa und Basra geleitet, deren Ergebnisse Bagdader Gelehrte im 9. Jahrhundert zusammenfassten.

Kufa selbst war die Hochburg der Aliden. Aus ihr war die neue Dynastie der Abbasiden ausgegangen, ihre Kraft allerdings hatte sie sich mit persischen Stämmen aus Chorasan geholt.

In Kufa lebte auch Abu Hanifa (699–767), einer der Begründer des sunnitischen Gesetzes. Es war die Schule, die mit dem abbasidischen Regime am engsten verbunden war. Hanifa besaß ein kleines Vermögen, von dem er bescheiden lebte und das ihm erlaubte, seine ganze Kraft der Wissenschaft zu widmen, ohne ein öffentliches Amt zu bekleiden.

Insgesamt hatten sich bis zum 10. Jahrhundert vier sunnitische Rechtsschulen endgültig formuliert. Ihre Gründer hatten die juristischen Gebote des Korans in systematische Form gebracht. Ihre unterschiedlichen rechtlichen Auslegungen entstanden, in denen Regelungen aus dem Koran mit Elementen der jeweiligen regionalen und kulturellen Traditionen vermischt wurden.

Die vier Schulen leiten ihre Namen von ihren jeweiligen Begründern ab: die Hanafiten von Abu Hanafi (gest. 767), die Malikiten von Malik Ibn Anas (gest. 795), die Schafiiten von Asch-Schafi'i (gest. 820) und die Hanbaliten von Ahmad ibn Hanbal (gest. 855). Die geringste Zahl von Anhängern hat die hanbalitische Schule, die ihr Zentrum lange Zeit in Ägypten und Syrien hatte. Die schafiitische Schule hat ihre meisten Anhänger in Ägypten und in gewissem Umfang in Syrien. Die malikitische Schule ist in Nordafrika absolut vorherrschend, ihre Anhänger bilden die homogenste Gruppe. Die hanafitische Schule ist in der Türkei, im östlichen Teil der arabischen Welt und auf dem indisch-pakistanischen Subkontinent weit verbreitet.

Auf den ersten Blick unterscheiden sich die einzelnen Schulen kaum. Die Details sind aber gerade für Frauen von großer Bedeutung. Während sich beispielsweise alle Schulen darin einig sind, dass die Ehe einseitig durch den Mann beendet werden kann, gesteht die malikitische Schule der Frau das Recht zu, gerichtlich eine Scheidung zu erwirken. Die hanafitische Schule wiederum erlaubt der Frau, verschiedene Bedingungen im Ehevertrag festzulegen, zum Beispiel dass der Mann keine zweite Frau heiraten darf. Schwangerschaften zu verhindern oder vor dem vierten Monat zu beenden ist in allen vier Schulen erlaubt, doch nach hanafitischem Recht braucht eine Frau, die abtreiben will, nicht einmal ihren Mann zu verständigen. Nach dieser Schule muss der Ehemann der Familie seiner Frau auch ebenbürtig sein.

Die Berücksichtigung regionaler Traditionen hat sicher nicht unwesentlich zur schnellen Ausbreitung des Islams beigetragen. Diese waren oftmals restriktiver gegenüber Frauen als der Koran. Vor allem die kulturellen Traditionen der eroberten byzantinischen und persischen Gebiete, in denen die Einschränkungen der Frau rechtlich kodifiziert und staatlich abgesichert waren, wirkten sich stark auf die Interpretation und Kanonisierung der religiösen Texte aus.

Kufa beheimatete auch experimentierfreudige Einwohner wie Jabir Ibn-Hayyar, der im Westen unter dem Namen Geber bekannt ist. Er wirkte um 776 in Kufa und war ein großer Alchemist. Er war überzeugt, dass Metalle wie Eisen, Kupfer, Blei und Zinn durch spezielle Substanzen in Gold oder Silber verwandelt werden können, und widmete seine ganze Kraft der Suche danach. Er erkannte die Wichtigkeit von Experimenten und trug viel zur theoretischen und praktischen Entwicklung der Chemie bei. Basra und Kufa, die beiden Schwestern, waren also Trägerinnen und Behüterinnen großer Gedanken, kühner Experimente und tiefer seelischer Sehnsüchte.

Meine Liebe zu Basra entstand durch zwei Menschen, die es verstanden, in meiner Fantasie und Seele einen ewigen Platz zu finden: Rabi'a Al-Adawiyya, die große Mystikerin, und Sindbad, der Seefahrer.

An schwülen Nachmittagen erzählte mir Großvater, ausgestreckt auf Matratzen, von den mutigen Abenteuern Sindbads, die ihn auf seinem Schiff in die entferntesten Länder brachten – zu riesigen Vögeln und einäugigen Riesen, zur machtvollen Meereeskönigin und gierigen Dschinn. Und immer konnte er sich durch List und Witz von seinen Gefahren befreien und mit Schätzen beladen in seine Heimatstadt zurückkehren. Ob ich meine Liebe zum Reisen von seinen Geschichten geerbt habe?

Rabi'as Geschichten, die Großmutter mir erzählte, waren von einer ganz anderen Art. Rabi'a war diejenige, die das Element der selbstlosen Liebe in die herbe Lehre der frühen Asketen einführte und damit den Sufismus in echte Mystik verwandelte.

»Es war einmal ein sehr armer Mann, der hatte eine Frau und drei Töchter, die er kaum ernähren konnte. So arm war er. Als seine Frau wieder schwanger wurde und wieder eine Tochter gebar, war er so verzweifelt, dass er sogar daran dachte, sie zu töten. Doch er besann sich im letzten Moment und erinnerte sich der Worte Allahs, dass jedes Kind seine Nahrung mit sich bringt, und er ließ ab von dem Gedanken. Nicht wissend, wie er sie nennen sollte, gab er ihr einfach den Namen Rabi'a, »die Vierte«. Und wirklich, bald nach ihrer Geburt ging es der Familie etwas besser. Die Tage vergingen, und Rabi'a wuchs heran. Da es ihnen noch immer schlecht ging, gab ihr Vater sie als Dienerin oder Sklavin einem Mann. Eines Nachts kam dieser Mann zu Rabi'a und riss die Augen auf, als er einen Lichtkranz um ihr Haupt sah. In seiner Verwirrung und Angst ließ er sie frei.

Rabi'a beschloss, in die Wüste zu gehen. Sie verbrachte viele Nächte dort, man weiß nicht wie lange, und als sie in die Stadt zurückkam, begann sie ihr Spiel auf der Bambusflöte und verdiente sich so ihren Unterhalt. Sie war nicht an der Welt interessiert, sie spielte auf ihrer Flöte, und wer sie hörte, war berührt und musste ihr einfach ein Geldstück geben, so schön klang ihre Seele durch den *Nay*, die Bambusflöte. Ihre Seele nährte sich an der Liebe zu Allah, nichts anderes hatte Platz neben dieser absoluten Liebe. Rabi'a begann, diese Liebe zu Gott zu predigen, und Menschen kamen zu ihr, um von dieser Liebe zu trinken. Sie sprach über die Liebe um der Liebe willen, nicht aus Angst oder Hoffnung auf Belohnung.

Viele Männer und Frauen, die auch auf dem Pfad Allahs gingen, kamen und hörten ihr zu. Viele Männer baten um ihre Hand. Doch sie war nicht am Heiraten oder Kinderkriegen interessiert. Sie wollte frei bleiben und sich von weltlichen Verpflichtungen und Unterdrückungen fern halten. Sie lebte allein mit ihrer Dienerin und besaß nur einen Ziegelstein, auf den sie ihr müdes Haupt legte, sowie einen Gebetsteppich und eine Schüssel, um daraus zu essen. Nichts hatte Platz neben ihrer absoluten Liebe zu Gott.

Eines Tages kam Hasan Al-Basri, der große Mystiker, zu Rabi'a, die mit anderen am Strand meditierte. Um sie und die anderen mit seiner spirituellen Kraft zu beeindrucken, warf er seinen Gebetsteppich auf das Wasser, setzte sich darauf und bat Rabi'a, sich doch neben ihn zu setzen. Sie verstand seine Absicht, warf ihren Teppich in die Luft, flog hinauf, setzte sich darauf und sprach: »O Hasan, komm doch zu mir hinauf. Hier oben können uns die Menschen besser sehen!« Hasan schwieg, denn Fliegen übertraf seine spirituelle Macht. Da sagte sie: »Hasan, was du gemacht hast, kann jeder Fisch, und was ich hier tue, schafft jede Fliege. Die wahre spirituelle Arbeit liegt jenseits von beiden!«

Mich beeindruckte Rabi'a sehr mit ihrer Tat. Vor allem ihr Scharfsinn, mit dem sie die vermeintlichen Stärken der anderen als Schwächen entlarvte, und ihre Bescheidenheit nahmen mich für sie ein.

Den Koranvers »Er liebt sie und sie lieben Ihn« (Sure 5/59), in dem Gottes Liebe der des Menschen vorausgeht, hat Rabi'a folgendermaßen gedeutet: »Liebe ist aus der Urewigkeit gekommen und geht in die Ewigkeit, und keinen gibt es in den siebzigtausend Welten, der einen Tropfen von ihr tränke und nicht zuletzt zu Gott geht; daher kommt das Wort ›Er liebt sie und sie lieben Ihn.‹«

Wann immer ich die Wunder des Himmels beobachtete und mich an den Sternen, die ich als meine besonderen Beschützer empfand, labte, erinnerte ich mich, dass Rabi'a dreißig Jahre lang nicht in den Himmel aufsah, aus Ehrfurcht, nein aus Liebe zu Gott. Nicht die Sterne waren ihr wichtig, sondern Er, der diese erschaffen hatte. Und nichts sollte oder konnte sie von Ihm ablenken.

Ich kann mich erinnern, als meine Großmutter mir das erste Mal die berühmte Geschichte Rabi'as erzählte hatte: »Rabi'a ging durch die Straßen von Basra und hielt in der einen Hand eine Fackel und in der anderen einen Eimer voll Wasser. Als man sie fragte, was sie denn vorhabe, antwortete sie: ›Ich möchte mit der Fackel das Paradies anzünden und mit dem Wasser das Höllenfeuer löschen, sodass die Menschen nur mehr Gott wegen Seiner Schönheit anbeten, weil Er der Anbetung würdig ist, ohne Angst vor Strafe oder aus Hoffnung auf Belohnung!‹«

Diese Geschichte hatte mich in ihrer Einfachheit tief berührt, und ich zog mich immer wieder zurück, um über sie nachzudenken. Sie hinterließ in mir ein eigenartiges Beben in der Brust und eröffnete gleichzeitig das Tor in meinem Herzen zu einer neuen Welt. Immer wieder lief ich zu meiner Großmutter und ließ mir die Geschichte nochmals erzählen. Sie beruhigte mich, und gleichzeitig verwirrte sie mich. Doch wenn ich jetzt nach vielen Jahren zurückblicke, so war es Rabi'as Geschichte, die zum ersten Mal das Gefühl der göttlichen Liebe in meinem Herz einnistete.

Ein weiteres Mal brachte Rabi'as Verhalten mein Weltbild durcheinander. Unsere Nachbarin in Bagdad, sie wohnte uns genau gegenüber, wurde des Öfteren von meiner Großmutter besucht. Sie mochte diese blässliche, schmale Frau sehr, die mit leiser Stimme über ihre Alltagsgeschichten plauderte und ihrer ganzen Haltung nach sehr bescheiden wirkte, obwohl sie eine hohe Beamtin im Bildungsministerium war. Ich schenkte ihr wenig Aufmerksamkeit bis zu dem Tag, an dem ich erfuhr, dass sie Vegetarierin war.

Ich hatte bis dahin noch nie einen Menschen zu Gesicht bekommen, der sich nur von Pflanzen ernährte. Vegetarierin heißt im Arabischen *nabatiyya*, Pflanzenesserin. Schlagartig veränderte sich meine ganze Sichtweise dieser Frau gegenüber. Ich fixierte sie mit meinen Augen und versuchte, an ihrem Äußeren irgendetwas Ungewöhnliches zu erkennen. Hatte sie vielleicht doch einen grünlichen Schimmer im Gesicht, oder täuschte mich das Licht? Kleine Pflänzchen schienen aus ihren Ohren herauszulugen, nein, ich schüttelte den Kopf, es waren nur ihre Haare, die sie hinter ihre Ohren geklemmt hatte. Sie aß keine Lämmer, Kühe, Hühner und Fische. Sie ließ alle leben und brachte nur die Wurzelwesen in Gefahr. All das faszinierte und verwirrte mich, da ja alle anderen um mich herum so selbstverständlich Tiere aßen, ich ja schließlich auch!

Nach dieser Entdeckung saß ich noch tagelang in unserem Garten unter meiner Lieblingsdattelpalme, vertiefte mich in die Beobachtung strebsamer Grashalme, verkniff angestrengt meine Stirn und wartete darauf, dass ich diese aufregenden Gedanken, die nun in meinem Kopf herumschwirrten, endlich erfassen konnte. Immer wieder sah ich hinüber zum Haus unserer Nachbarin. War sie ein besserer Mensch als alle anderen Menschen um mich herum, weil sie keine Tiere aß? Aber Allah hat uns Menschen doch erlaubt, uns von den Lebewesen auf dieser Erde, ob Pflanze oder Tier, zu nähren.

Ich fühlte mich nicht wohl und hatte plötzlich überhaupt keine Lust mehr, irgendetwas zu essen. Alles schien mir lebendig. Zur Verzweiflung meiner ganzen Familie brachte ich keinen einzigen Bissen herunter – außer Süßspeisen, denn bei denen hatte ich das Gefühl, sie seien weder das eine noch das andere. Wie schon so oft in meinem Leben, erkannte meine stets wachsame Großmutter meinen unruhigen Zustand, und wie schon so oft, ließ sie mich erst gären und meine inneren Fragen hinterfragen, bevor sie eingriff.

»Weißt du, dass die große heilige Frau des Islams, Rabi'a Al-Adawiyya sich nie von tierischen Produkten ernährte?« Ich hob meinen Kopf und sah Großmutter mit großen Augen an. Wieso erzählte sie mir das, wie konnte sie wissen ... »Sie tat dies, damit die Tiere nicht mehr vor ihr flohen, denn Tiere riechen, wovon Menschen sich ernähren. Es gibt viele Menschen und Völker auf dieser Erde, die Vegetarier sind, doch dies bedeutet nicht unbedingt, dass sie bessere Menschen sind. In unserer Religion darf man Tiere essen, doch auf das *Wie* kommt es an!

Wenn ein Tier geopfert wird, dann muss der Mensch auf den Moment warten, indem sich das Tier hingibt und ganz ruhig daliegt, und es darf kein anderes Tier dabei zusehen. Wenn der Moment gekommen ist, dann wird die göttliche Formel ausgesprochen, die alles in die göttliche Einheit zurückführt und die besagt, dass alles im Namen dieser Einheit auf Erden entstanden ist.« Diese Formel kannte ich. »*Bismillah ar-rahman ar-rahim*«, flüsterte ich, und Großmutter nickte.

»Dann wird mit einem einzigen scharfen Zug die Luft- und Speiseröhre durchschnitten, und das Blut fließt zur Erde zurück. Und wenn du dann dieses Fleisch isst, dann sprichst du wieder die Formel aus und machst dir bewusst, dass ein Lebewesen sich für deine Labung und Stärkung hingegeben hat. So hat es seine Richtigkeit, und so wachsen auch deine Verantwortung und dein Bewusstsein, dass auch du im Kreis des Gebens und Nehmens stehst.« Ich war ihr dankbar für ihre Erläuterungen, doch am meisten berührte mich der Satz, dass Rabi'a kein Fleisch aß, damit die Tiere nicht vor ihr flohen.

Rabi'a hatte zu ihrer Zeit eine neue, schöpferische Periode der Entwicklung des mystischen Lebens im Irak eingeleitet. Bei mir hat sie die Wachsamkeit und Verantwortung, die das Fleischessen mit sich bringt, angeregt. Ihre unsterbliche, liebesdurchtränkte Seele lebt noch im Bewusstsein vieler Menschen weiter. Bis heute ist es üblich, eine ganz besonders fromme Frau als »zweite Rabi'a« zu bezeichnen.

Abd Al-Rahman Jami, ein Mann der sonst dem Weiblichen nicht gerade wohlgesonnen war, schrieb folgenden Vers über Rabi'a:

Wär'n alle Frauen so wie sie, die wir genannt,
So wären Frauen wohl den Männern vorzuziehen.
Der Sonne schadet nicht das weibliche Geschlecht,
Noch dient das männliche zur Ehre für den Mond.

Wir verreisen

Sei die Tochter des Moments »bint ul-waqt«,
denn im ewigen Jetzt liegt Friede.

Sufi-Weisheit

Vater stürmte herein und rief freudig: »Wir verreisen! Ich habe die Arbeit bekommen!« Wir waren gerade beim Essen. Großvater sah auf, und als ich ihm ins Gesicht sah, bemerkte ich, wie es plötzlich schrumpfte und ganz fahl aussah. Die Worte, die aus seinem Mund kamen, standen im Widerspruch zum Schmerz, den sein Körper stumm ausdrückte: »Gratuliere dir, mein Sohn, ich freue mich, dass sich dein Wunsch erfüllt hat!« In seiner Freude merkte Vater gar nicht, was in meinem Großvater vorging, aber ich merkte es, und es versetzte mich in große Angst, meinen geliebten Großvater so zu sehen. Etwas Schlimmes würde jetzt geschehen, diese Reise musste furchtbar sein oder zumindest sehr gefährlich, sonst würde mein mutiger Großvater nicht so reagieren.

»Toll finde ich das!«, sprudelte Onkel Mazin, »Beirut ist eine wundervolle Stadt. Was gäbe ich dafür, mit euch zu reisen!« Beirut hieß also dieser gefährliche Ort, dachte ich mir, und Onkel Mazin fand das toll. Ich hatte meinen Onkel schon immer als etwas sonderbar empfunden, und seine Aussage war nur eine weitere Bestätigung, aber er war ja auch in der Armee und da verstand man die Welt sowieso nicht richtig.

Großmutter wollte die Stimmung etwas auflockern, etwas Verbindliches sagen: »Da spricht man ja auch ganz anders. ›Wie geht es dir?‹ heißt dann *kifik* und ›Was willst du?‹ *shu badik* anstatt *shlonic* und *shtirdin*, kleine Fawzia!« Sie richtete diese Worte an mich. Das war zu viel! Ein gefährliches Land, das würde ich ja noch verkraften, immerhin werden wir Iraker als mutig bezeichnet, aber eine fremde Sprache auch noch! Tränen rollten stumm aus meinen Augen, und das Essen vor mir verlor jeden Sinn.

Nur Großvater und ich schienen das Ausmaß dieser Reise wirklich zu verstehen, er aus seiner Lebenserfahrung heraus und ich aus einer Intuition, die nur ein Kind oder ein Weiser haben kann. »Du wirst die Sprache ganz schnell lernen«, versuchte mich meine Tante Lahib zu beruhigen. »Es gibt ein Meer dort und wunderschöne grüne Landschaften«, fügte meine Mutter hinzu.

Ach ihr Erwachsenen, als ob die Sprache oder der Reiz des Meeres das Problem wäre. Es ist das Verlassen der Heimat, wo die geliebten, vertrauten Gesichter sind, das Verlassen der Rosen, die mich jeden Morgen begrüßen, und die Befürchtung, dass man, wenn man erst einmal fortgegangen ist, nie wieder ganz dazugehören wird. Es ist die Ahnung, dass man von nun an überall fremd sein wird, egal was passiert. Das ist es, was das Herz in Trauer zusammendrückt. Großvater wusste das auch, und den Kummer seiner Augen in diesem entscheidenden Moment haben sich mein Herz und meine Seele für immer eingeprägt.

Wir verreisen, und eine Reisende werde ich mein Leben lang bleiben.

LIBANON

Ich sah sie ungesehen, und Schöneres sah ich nicht ...

Rosina-Fawzia Al-Rawi

Das Land der unbegrenzten Möglichkeiten

Beirut, die Hauptstadt an der Küste des Mittelmeeres. Ich hatte noch
nie so ein Land gesehen. Aus dem Flugzeug sieht man kurz vor der
Landung weiche, grüne Berge, auf die Häuser mit spitzen roten Ziegel-
dächern getupft sind. Friedlich lagen sie da, in den Falten der Berge,
manche einzeln und andere wieder gebündelt nebeneinander und
überall dazwischen das herrliche Grün der Bäume und Büsche. Ich hatte noch nie so viel Grün in meinem Leben gesehen. Sieht so also das
Paradies aus? Das andere Fenster gab den Blick auf das unendlich weite Meer frei. Weich und unermüdlich begrüßten die aufbäumenden
Wassertropfen die Küste und gaben sich dem Sand hin, wie ein Säug-
ling sich der Mutterbrust hingibt. Ist das schön, dachte ich mir, stundenlang hätte ich diesen hypnotischen Bewegungen zusehen können.
    Genau zwischen den Bergen und dem Meer lag stolz Beirut, eine
Stadt mit vielen Hochhäusern, die sich selbstbewusst dem Wind
aussetzten. Beirut schmiegte sich an die Küste – oder war es umge-
kehrt? – und dehnte sich dann in Richtung der Berge aus. Die Stadt
wirkte so schön, so edel von hier oben! Meine erste richtige Begegnung mit ihr bestätigte diesen Eindruck aus der Luft. Eine breite,
schnurgerade Allee, von Palmen und Blumenbeeten umsäumt,
bereitete den Ankömmlingen einen würdigen Empfang. Überall waren Schilder angeschlagen, auf denen dem Besucher ein »Welcome
to Beirut!« zugerufen wurde.
    Obwohl ich noch kaum etwas von der Stadt gesehen hatte, spürte
ich sofort, wie der mediterrane Charme dieser Stadt mich umgarn-

te. Der Taxifahrer plauderte fröhlich drauflos – er hatte wirklich diesen komischen arabischen Dialekt, von dem mir Großmutter schon eine Kostprobe gegeben hatte! Nach der Allee bogen wir rechts ab. Man merkte, dass jetzt der offizielle Empfang beendet wurde und das alltägliche Gesicht der Stadt zum Vorschein kam. Mein Gott, konnten die Libanesen fahren! Keine Lücke wurde ausgelassen, keine Hupe verschont, kein Schimpfwort höflich abgewürgt, und das gekonnte Wechselspiel des Bremsens und Gasgebens erinnerte an die Pedalkünste eines Klaviervirtuosen. War das lustig!

Wir fuhren durch ein sehr lebhaftes Viertel, in dem der Großteil der Bevölkerung muslimisch war. Hier lebten Sunniten und Schiiten gemeinsam. »Hier, bitte!«, Vater klopfte dem Fahrer auf die Schulter und bat ihn, bei einem fünfstöckigen Haus stehen zu bleiben. Wir stiegen aus, und ich schaute mir das Gebäude von unten bis oben an. »Wir werden in einer Wohnung im dritten Stock wohnen!«, sagte mein Vater. So hoch oben, dachte ich. Ob die anderen Bewohner dieses hohen Turms auch mit uns verwandt sind, zumindest weit entfernt?

Wir gingen in das Gebäude hinein, und obwohl rechts die Treppen zu sehen waren, lenkten meine Eltern ihre Schritte zu einer Eisentür mit einem Glasfensterchen. Dort wurde auf einen Knopf gedrückt, der prompt aufleuchtete. Doch sonst tat sich nichts. Trotzdem blieben wir beharrlich davor stehen. Eigenartige Geräusche waren zu hören, bis aus heiterem Himmel ein schmaler Lichtstrahl erschien, der immer breiter wurde. Dann ertönte ein langes Quietschen, gefolgt von Stille. Vater hob die Koffer auf und bat alle, einen Schritt zurückzugehen. Da verschwand auch jäh das Licht.

Ich war so sehr damit beschäftigt, all diese Geschehnisse zu beobachten, dass ich überhaupt nicht zum Denken kam. Da öffnete Mutter die Tür, das Licht ging an, und dahinter war bloß ein kleines Zimmer, nicht größer als unser Plumpsklo in Bagdad! Das schien aber niemandem etwas auszumachen, denn mein Vater, mein Bruder und meine Mutter gingen einfach hinein, also folgte ich ihnen, gespannt, was das für ein neues Spiel war. Jetzt standen wir alle drinnen, die Tür ging von allein zu, die Erwachsenen wendeten sich nach links und rechts. Sie schienen etwas zu suchen. Schließlich fanden sie es, drückten wieder auf einen Knopf, und das kleine Zimmer begann, sich zu bewegen. Ich spürte in den Füßen und im Magen, dass es aufwärts ging.

Es war eigenartig, so nahe beisammen zu sein. Die Erwachsenen grinsten sich so eigenartig nett an. Später fand ich heraus, dass dies der traditionelle »Klein-Zimmer-Grinser« war, der aus einer Mischung aus Höflichkeit und Verlegenheit bestand. Ein Licht nach dem anderen leuchtete auf, und plötzlich, mit einem Ruck in der Magengrube, hielten wir an. »Wir sind da«, rief Vater aufgeregt, öffnete die Tür – wir waren wirklich woanders! Wir standen in einem kleinen Gang, von dem drei Türen abgingen, und an jeder Tür war ein kleines Schild angebracht. Die Tür genau gegenüber vom Lift war unsere. Vater öffnete sie, und wir folgten ihm.

Die Wohnung bestand aus einem Vorzimmer, zwei Schlafzimmern, zwei Wohnzimmern, einem Esszimmer, einer Küche und einem Bad. Es gab auch drei Balkons. Alle schienen von der Wohnung begeistert zu sein. Meine Mutter fand sie so schön hell und groß, und mein Bruder schien sich auch wohl zu fühlen. Meinem Vater gefiel sie natürlich auch, schließlich hatte er sie bei seinem letzten Besuch ausgesucht.

Nur mir gefiel sie nicht. Zu verschachtelt fand ich sie und zu weit oben. Und überhaupt: Wie würde das nur werden ohne Großvater, Großmutter, Tanten, Onkel? Ich schwirrte mit der heimlichen Hoffnung, vielleicht doch einen von ihnen hier vorzufinden, in der Wohnung herum. Ich konnte mir ein Leben ohne sie so schwer vorstellen. Mein Bruder und ich bekamen das Schlafzimmer neben der Küche. Die nächsten Tage waren wir alle mit dem Putzen und Einrichten der Wohnung beschäftigt.

Schon bald bekamen wir Besuch von den verschiedenen Nachbarn. Es war eine kunterbunte Palette von Menschen. Im ersten Stock wohnte eine christliche Familie. Die Mutter kam mit ihren zwei jugendlichen Töchtern und ihrem vierjährigen Sohn vorbei und brachte einen Blumenstrauß mit. Ich war ganz begeistert von der Idee, einen Blumenstrauß geschenkt zu bekommen. Die Töchter waren sehr hübsch mit kurzen Röcken und eng anliegenden Blusen gekleidet, aber sie erschienen mir etwas blasiert. Sie saßen nebeneinander auf unseren neuen Sofas und ließen ihre Blicke über unsere Möbel streifen, als ob sie durch die Einrichtung mehr über deren Besitzer erfahren würden.

Sitt Suzan, eine recht schlanke und nach außen hin selbstbewusste Frau, war besonders an meiner Mutter interessiert. Sie war ganz beglückt, dass meine Mutter als Europäerin so gut Arabisch sprach, und schien ihr Talent vor allem auf ihre Religion zurückzuführen. Das war typisch libanesisch: Alles wurde hier auf die Religion bezogen und danach beurteilt.

»Sie wissen sicher, dass die gebildete Schicht im Libanon vor allem aus Christen besteht. Wir haben die besten Schulen im Land!« Mutter lächelte sie an und ging wider Erwarten nicht weiter auf diese Bemerkung ein. Sitt Suzan war enttäuscht, doch sie machte einen weiteren Annäherungsversuch: »Wir reisen mindestens einmal im Jahr nach Frankreich. Es ist so wichtig für die Kinder, Europa gut zu kennen und die Sprachen zu beherrschen!«

Mutter stimmte ihr zu und sagte, Reisen sei eine der schönsten Arten, sich weiterzubilden, doch auf Europa ging sie nicht weiter ein. Arme Sitt Suzan, sie glaubte eine neue Sympathisantin im Hause gefunden zu haben, aber diese schien ihre Andeutungen nicht recht zu verstehen. Der Besuch endete abrupt, denn Georg, der kleine Junge, musste ordnungsgemäß jeden Tag um dieselbe Uhrzeit hingelegt werden.

Bald darauf kam die Familie aus dem zweiten Stock zu Besuch. Um Isam* kam auch mit ihren beiden Töchtern, einem siebzehnjährigen und einem sechsjährigen Mädchen. Um Isam trug einen durchsichtigen weißen Schleier auf dem Kopf, der locker um die Schulter drapiert war. Sie brachte selbst gemachte Teigtäschchen, gefüllt mit Spinat und Ziegenkäse, mit. Die ältere Tochter trug einen Rock, der die Knie bedeckte, und die kleine Samia saß ganz ar-

---

* *Um* bedeutet Mutter, also Um Isam, Mutter von Isam, einen Titel, den eine Frau bekommt, nachdem sie einen Sohn geboren hat. Sollte sie nur Töchter gebären, dann wird sie nach dem Namen der ältesten Tochter genannt, also zum Beispiel Um Dina, oder sie bekommt einen fiktiven Sohnnamen und heißt dann Um Ismail, obwohl der Wunsch, einen Ismail zu bekommen, nicht erfüllt wurde.

tig und schüchtern neben ihrer Mutter. »*Ahlan wa-sahlan,* willkommen«, sagte meine Mutter. »*Tfaddalu,* bitte setzt euch!«

Um Isam war eine kleine mollige Frau, die eine tiefe Ruhe ausstrahlte. Die Ruhe einer Frau, die ihre Pflichten im Leben zu erfüllen versteht. »Habe fünf Söhne und zwei Töchter«, sagte sie vornehm und leise. »*Ma shallah,* was Allah will, geschieht, *allah ichallilik yahum,* möge Allah sie dir erhalten«, antwortete meine Mutter. Um Isams Herz war gewonnen! Es begeistert Orientalen immer so sehr, wenn ein Ausländer ihre Sprache spricht und ihre Sitten kennt, dass sie ganz aus dem Häuschen sind.

Um Isam stammte, wie ihr Mann, der übrigens ihr Cousin war, aus einer wohlhabenden schiitischen Familie aus dem Süden Libanons. Wie die meisten schiitischen Familien führten sie ihren Wohlstand auf das Handeln mit Kleinvieh, Schafen und Ziegen, zurück. Doch ihr Mann schlug einen anderen Weg ein, er machte nach vielen ehrgeizigen Opfern Karriere in der Armee und schaffte es dort bis zum Oberst, ein außergewöhnlicher steiler Aufstieg für einen Schiiten im libanesischen Heer. Da die Muslime im Allgemeinen und die Schiiten im Besonderen die ärmere und weniger gebildete Schicht des Landes ausmachten, schickte diese Familie ihre Kinder in die besseren christlichen Schulen und wollte ihnen später auch ein Studium in Frankreich ermöglichen, am liebsten ein Medizinstudium.

»Isam soll, so Allah will, Arzt werden, es ist gut, einen Arzt in der Familie zu haben.« Was Isam selbst wollte, hatte keine Priorität. Er hatte sich den Plänen der Großfamilie zu beugen. »Die Eltern meines Mannes leben bei uns. Sie sind schon sehr schwach, da braucht man immer ärztliche Pflege, außerdem braucht man Ärzte auf der ganzen Welt.«

Die Besuche wollten an diesem Tag kein Ende nehmen. Jetzt war die Drusenfamilie aus dem obersten Stockwerk dran. »Wir reisen jeden Sommer nach Syrien zu unseren Verwandten«, sagte Um Walid. Sie lebten erst seit ein paar Jahren in Beirut und stammten aus Bet ed-Din, der Hochburg der Drusen im Süden des Landes. »Sie müssen uns unbedingt einmal besuchen kommen. Bet ed-Din, ›das Haus der Religion‹, ist ein verträumtes Dorf inmitten von üppigen Weinstöcken, duftenden Bäumen und Olivenhainen, hoch oben in den Bergen.« Um Walid schien ihre Heimat zu vermissen, denn ihre Stimme war bei diesen Worten ein wenig heiser geworden.

»In Bet ed-Din ist eines der schönsten arabischen Schlösser der Region, es liegt bei Der el-Qamar, nicht wahr?«, fragte die Mutter. Sie hatte ein Faible für Geschichte und Archäologie und konnte immer mit ihrem Wissen glänzen. »Oh, Sie kennen Bet ed-Din!« – auch Um Walid war von meiner Mutter begeistert. Ich war stolz auf sie, wie sie es immer schaffte, mit ihrem Charme und ihrem Wissen die Herzen der Menschen zu erobern.

Mutter fühlte sich wohl in diesem kunterbunten Land mit seinen verschiedenen ethnischen und religiösen Gruppierungen. Es eröffnete ihr die Möglichkeit, die einzelnen Gruppen zu beschnuppern und zwischen ihnen herumzutänzeln. Aus den Anregungen, die sie sich mal hier, mal dort holte, wusste sie sich ihre eigene angenehme und freie Welt zu schaffen.

Wir lebten jetzt also im Shiyyah, einer schiitischen Vorstadt mit vielen Zuwanderern aus dem Süden und Osten des Landes. Und wir hatten einen Fernseher bekommen. Ein lustiges quadratisches Ding. Man drückt auf einen Knopf – nur meine Eltern durften den Knopf drücken –, dann erschien in der Mitte ein Licht, das sich plötzlich ausdehnte und zu einem beweglichen Bild wurde. Alle Wesen in dieser Welt waren schwarz, grau oder weiß. Sie bewegten sich, sprachen und hatten auch ihre Probleme, die sie mit uns teilten. An manchen Tagen gab es Kinderprogramme mit Zeichnungen, die sich blitzartig bewegten und manchmal aus mehreren Metern Höhe herunterfielen, um gleich wieder unverletzt aufzustehen. Sie schlugen sich sogar mit dem Hammer auf den Kopf, aber außer dass ein paar Sterne und zwitschernde Vögel sie kurz umkreisten, passierte nichts. Eine eigenartige, schnelle Welt!

Als ich einmal bei unseren Nachbarn zu Besuch war – sie lebten im höchsten Stock und hatten zwei Töchter in meinem Alter –, entdeckte ich, dass sie auch so einen Kasten hatten. Da schoss es wie ein Blitz durch meinen Kopf: Ob die wohl dasselbe in ihrer Kiste sehen, wie wir unten? Ich musste es unbedingt wissen. Also sah ich mir die Szene genau an und rannte los, so schnell ich konnte. Ich rannte die Treppen hinunter in unsere Wohnung, läutete ungeduldig und raste, als endlich jemand öffnete, zu unserer Kiste und schaute hinein. Die Szene war nicht gleich, die Kiste oben zeigte etwas anderes! Oder irrte ich mich?

Ich beschloss also, noch einmal hinaufzulaufen. Keuchend kam ich oben an und lief in die Nachbarswohnung. Die Erwachsenen schauten mich erstaunt an. »Was hast du denn? Was suchst du denn?« Doch ich hatte weder die Puste noch die Zeit, ihnen eine Antwort zu geben. Erst musste ich meine Forschung zu Ende bringen. Die Bilder hatten sich schon wieder verändert und unten bei uns ...?

Ich lief noch einmal hinunter. Und los ging es. Ich hörte noch, wie mir jemand nachrief: »Musst du zur Toilette?« Dass diese Erwachsenen immer so einfache Begründungen für alles haben mussten! Ich stand wieder vor unserem Fernseher, wieder erwartete mich eine neue Szene. Jetzt war ich vollkommen verwirrt und auch erschöpft.

Sahen nun alle Menschen dasselbe im Fernsehen, oder zeigte jede Kiste etwas anderes? Deprimiert setzte ich mich hin. Ob ich jemals eine Antwort auf meine Frage finden würde? Den ganzen Abend beschäftigte mich dieses Thema, aber ich traute mich nicht zu fragen. Ich hätte es nicht ertragen, wenn mich jemand mit der für die Erwachsenen typischen Herablassung behandelt hätte. Am nächsten Tag gab ich aber doch klein bei.

»Mutter, wenn ich schlafe, schläft dann auch die ganze Welt?« Mutter sah mich an: »Wie meinst du das?« – »Naja, machen alle Menschen immer dasselbe? Wenn ich traurig bin, ist dann die ganze Welt auch traurig?« Mutter schien zu überlegen. »Nein, Tochter, es gibt ganz viele Menschen auf dieser Welt, und wenn manche davon traurig sind, dann gibt es andere, die fröhlich sind. Wenn du schläfst, dann gibt es Menschen, die wach sind und vielleicht arbeiten oder Auto fahren oder gerade ein Buch lesen.«

»Heißt das, dass jeder Mensch etwas anderes machen kann, jeder etwas anderes denken kann, jeder etwas anderes im Fernseher sehen kann?« Mutter sah mich an und neigte ein wenig ihren Kopf. Erwachsene taten das, wenn sie angestrengt überlegten. »Ja«, sagte Mutter schließlich, »aber im Fernseher stehen nur zwei verschiedene Kanäle zur Verfügung.« Ich konnte mir einfach nicht vorstellen, dass auf dieser Welt Millionen von Dinge gleichzeitig passierten und jeder Mensch mit seiner eigenen kleinen Welt beschäftigt war. Irgendwie ging das nicht in meinen Kopf. Ich sollte bald ein sehr lebendiges Beispiel dafür präsentiert bekommen.

Ein paar Tage später hörte ich plötzlich Stimmen, Schreie, Weinen. Als ich auf den Balkon lief, entdeckte ich eine Prozession. Eine große Menschenmenge folgte einem Sarg, der von jungen Männern getragen wurde. Der Deckel war nicht drauf, und ich konnte den toten Körper eines jungen Mannes erkennen. Er wirkte still und unbeteiligt mitten in dem Trubel von weinenden und schwarz gekleideten Menschen. So viel Schmerz und Trauer strahlte die Menge aus.

Am lautesten weinten ein paar Frauen, die direkt hinter dem Sarg hergingen. Die ältere Frau, gestützt auf zwei jüngere Frauen, muss die Mutter gewesen sein, die anderen waren vielleicht Schwestern oder Cousinen. Die große Prozession verursachte einen Verkehrsstau. Manche Fahrer stiegen aus, um dem Toten die letzte Ehre zu erweisen. Niemand schien sich diesem starken Gefühl der Trauer entziehen zu können. Um besser sehen zu können, rannte ich auf einen anderen unserer Balkons.

Ich presste meinen Körper gegen das Geländer, als meine Aufmerksamkeit plötzlich von einer anderen Szene angezogen wurde. Ich sah neben einem alten Steinhaus eine Gruppe von Frauen, die dabei waren, riesige hauchdünne Fladenbrote zuzubereiten. Die kleinen Teigbälle wurden auseinander gezogen und dann mit geschickten Bewegungen von einer Hand in die andere gewirbelt, bis sie hauchdünn und so groß wie Tabletts waren. Dann legten sie das Brot auf ein großes rundes Kissen und dehnten den Teig noch mehr, zogen ihn vom Kissen ab und warfen ihn auf den gewölbten Erdofen.

Die Frauen plauderten und lachten dabei, es schien ihnen gut zu gehen. Ich war ganz verwirrt. Wussten sie nicht, dass ihre Schwester nur ein paar Meter entfernt ihren Sohn zu Grabe trug? Spürten sie das nicht? Ich war ganz erschöpft von diesen beiden unterschiedlichen Szenen. Es stimmte also, jeder Mensch lebte in seiner eigenen Welt und bekam eigentlich nicht viel vom anderen mit. Mein Gott, war diese Welt vielfältig und groß!

Die rebellische Nadja

Der einzige Betrug im Leben ist die Angst.
Nicht beanspruchte Freiheit ist in der Tat ein Gefängnis,
Und ungefühlte Liebe ist in der Tat Furcht.

Gibran Khalil Gibran

Der Portier Abu Hasan schickte meiner Mutter eine Haushaltshilfe. Sie kam mit ihrer Mutter. Es war ein hübsches Mädchen, etwa 17 Jahre alt. Ihr Name war Nadja. Sie hatte langes, glattes schwarzes Haar und war mir vom ersten Augenblick an sympathisch. Nadja wohnte ganz in der Nähe, in einem der ärmeren schiitischen Viertel. Sie war die älteste Tochter einer neunköpfigen Familie. Sie hatte zwei Brüder und vier Schwestern. Ich spürte sogleich, dass hinter der schüchternen Schale eine kleine Rebellin weilte, und das machte Nadja sehr interessant für mich. Nadjas Mutter, eine kleine zarte Frau mit hervorstehendem Bauch, kam in den ersten Tagen immer gemeinsam mit ihrer Tochter. Jeden Morgen um Punkt halb acht klingelte es an der Tür, und herein kamen Um Ali und ihre Tochter Nadja.

Um Ali trug stets ein Kopftuch, das sie im Nacken zusammenband. Nadja weigerte sich, ein Kopftuch zu tragen. Ihre Mutter war pausenlos hin und her gerissen: Einerseits wollte sie, dass ihre Tochter züchtig ihr Haupt bedeckte, andererseits war sie auch stolz auf das schöne lange Haar ihrer Tochter und lebte insgeheim die rebellische Art ihrer Tochter mit, denn das war etwas, das sie in ihrem Leben nie hätte vollbringen können.

Wenn es zu Auseinandersetzungen in der Familie kam, stellte sie sich stets auf die Seite ihrer Tochter, und Abu Ali beendete den Disput meist mit den Worten: »Du wirst schon sehen, eines Tages wirst du es bereuen, deiner Tochter so viel Freiheit eingeräumt zu haben!« Um Ali vertraute meiner Mutter ihre Sorgen an, beim Putzen erzählte sie ihre Probleme. »Was soll ich machen, ich möchte Nadja so gern die Möglichkeit geben, ihre Träume zu erfüllen. Sie soll es besser haben, als ich es hatte. Sie soll die Möglichkeit haben, ihren Willen durchzusetzen, ihr eigenes Leben zu führen und einen guten Mann zu finden.« Mutter verstand ihre Sorgen sehr gut. Der Libanon war ein Land, in dem wirklich alles vorzufinden war.

Die Balance zwischen Tradition und Moderne zu halten war eine schwierige Gratwanderung, die nur von mutigen, intelligenten und innerlich ausgeglichenen Menschen bewältigt werden konnte. Mutig war Nadja, und Träume hatte sie auch. »Ich möchte gerne Friseurin werden und einen eigenen Laden führen! Alle Damen der Gesellschaft sollen kommen und sich bei mir ihre Haare pflegen lassen.

Ich möchte mir ein Auto kaufen, es vor die Tür stellen können und immer, wenn ich Lust habe, meine hochhackigen Schuhe anziehen, dann – die Handtasche in einer Hand und die Autoschlüssel in der anderen – langsam die Treppen hinuntergehen, damenhaft zu meinem Auto schreiten, vor aller Augen selbstbewusst die Tür aufschließen, mich lässig auf den Sitz gleiten lassen und fahren, wohin es mir gefällt!« Ihre Träume erinnerten mich an Szenen ägyptischer Filme, in denen sich zarte schöne Fräuleins der gehobenen Klasse genauso verhielten. Schön sahen sie schon aus, aber war das Ende solcher Filmschnulzen nicht immer tragisch?

Nadja nahm meine Aufmerksamkeit in Anspruch. Ich beobachtete sie gern, wenn sie beschwingten Schrittes von einem Zimmer zum anderen ging. Sie wippte beim Gehen, und ihre schlanken Hüften nahmen bei jedem Schritt viel Raum ein. Sie hatte auch die Angewohnheit, ihren Kopf sanft zu schütteln, sodass ihre Haare sanft ihr Gesicht streichelten. Auch ließ sie keinen Spiegel aus, ohne hineinzublicken, um ihre jugendliche Schönheit bestätigt zu bekommen.

Ich ertappte mich dabei, dass ich ihre Bewegungen kopierte, und so ging ich ebenfalls beschwingt durch die Wohnung, blieb hie und da stehen und schüttelte mein Haupt, um dann wieder ganz beschäftigt zu tun und weiterzugehen. Um Ali bewegte sich ganz anders, sie huschte von einer Beschäftigung zur anderen, bewegte sich ruckartig, packte kräftig zu, wenn sie etwas aufhob, schrubbte mit ihrer ganzen Muskelkraft den Boden, und wenn sie den Bodenlappen auswrang, hatte man das Gefühl, dass sie ihm den Rest gab. Praktisch, effektiv und schnell zu sein, das war ihre Arbeitseinstellung. Sie gönnte ihrem Körper keine Ruhe und ließ kein Anzeichen von Schwäche zu. Sie setzte sich nicht einmal während der gemeinsamen Teepausen mit meiner Mutter, denn sie war mit ihren Gedanken schon bei der nächsten Arbeit und blieb lieber gleich stehen.

»Setz dich doch hin, Um Ali«, sagte meine Mutter immer, »das Leben geht zu Ende, aber die Arbeit nie!« Um Ali würde dazu nur sanft lächeln, sich einen leichten Seufzer erlauben, ihre Tochter anblicken und »Sie soll es einmal besser haben ...« murmeln. Hart anzupacken, sich selbst nichts zu gönnen und Geld zu verdienen war ihre Art, diesem Wunsch näher zu kommen. Punkt zwei Uhr war der Putzspuk zu Ende. Um Ali band sich das Kopftuch fester um, und Nadja lief zum Spiegel, holte ihren Kamm aus der Tasche, warf ihren Kopf vor, sodass ihr Haar vorn über fiel, kämmte sich, warf elegant und kraftvoll ihr Haupt zurück und betrachtete sich noch einmal schelmisch im Spiegel, bevor uns das ungleiche Paar wieder verließ. »Arme Um Ali«, sagte meine Mutter, »sie ist so eine gute und ehrliche Seele. Ich frage mich, wie es mit den beiden weitergehen soll?«

Der Biss

Vorsicht ist das halbe Leben!
Vielleicht das ganze.

<small>ARABISCHES SPRICHWORT</small>

Wohnungen in der Luft hatten keine Gärten, und so war es üblich, dass sich alle Kinder des Wohnhauses unten vor dem Haus trafen und dort spielten. Nachdem wir es uns einigermaßen wohnlich gemacht hatten und alles seinen Platz in der Wohnung gefunden hatte, beschloss mein großer Bruder eines Tages hinunterzugehen und sich einmal umzusehen. Ich folgte ihm, und gemeinsam standen wir vor der Eingangstür. Rechts neben dem Hauseingang war ein kleiner Lebensmittelladen, und auf der linken Seite erstreckte sich ein Garten, der zu einem alten verwahrlosten Haus gehörte und in dem ein riesengroßer Maulbeerbaum stand. Selbstbewusst hatte er seine Zweige in alle Richtungen ausgestreckt und sich über viele Jahre behaupten können.

Es waren schon einige Kinder unten, manche älter als mein Bruder, andere gleich alt. Als sie uns sahen, kamen sie näher und fragten meinen Bruder: »Wer seid ihr?« – »Wir gehören zum Stamm der Rawa, einem der berühmtesten und größten Stämme des Iraks!«, wäre meine erhabene Antwort gewesen. Doch mein Bruder antwortete bescheiden: »Ich bin Manou, und das ist meine kleine Schwester Fawzia!«

Mir blieb die Spucke weg! War das alles? Aber hier schien diese Antwort zu genügen, denn auch die anderen Kinder stellten sich nur mit ihren Vornamen vor. Sie beschlossen, meinen Bruder in ihr Spiel mit einzubeziehen, mich aber ignorierten sie. Mein Bruder war so glücklich, in die Gruppe aufgenommen worden zu sein, dass er mich ganz vergaß. Etwas fernab beobachtete ich die Kinder bei ihrem Spiel, einer der Jungs hatte einen Ball dabei, und sie beschlossen, sich in zwei Gruppen aufzuteilen.

Eine Gruppe stand links und die andere rechts, und in der Mitte waren Kinder aus beiden Gruppen vertreten. Während der Ball von einer Seite zur anderen geworfen wurde, war es die Aufgabe der Kinder in der Mitte, den Ball zu fangen und ihrer Mannschaft zuzuwerfen. So gewann man Punkte. Die Gruppe, die zuerst zehn Punkte gesammelt hatte, war der Sieger. Mein Bruder war im Mittelfeld, fröhlich und konzentriert sprang er, so hoch er konnte, um den Ball zu erwischen. Er wollte sich als würdiger Mitspieler erweisen.

Doch bei einem seiner Sprünge prallte mein Bruder mit einem älteren Jungen zusammen und fing den Ball auf. Plötzlich blieben alle stehen, der Junge nahm den Ball an sich, blähte seine Brust auf und rammte meinen Bruder. »He, hier bin ich der Anführer, und wenn ich den Ball fange, dann hast du dich nicht einzumischen!« Zwei weitere Jungs stellten sich neben ihn und begannen, meinen Bruder in die Mangel zu nehmen. Sie drängten ihn immer mehr nach hinten, und ich sah, wie mein Bruder immer blasser und unsicherer wurde.

Der uns etwas fremde libanesische Dialekt, in dem die Jungs sprachen, verunsicherte ihn noch mehr, und ich merkte, dass seine Stille vor allem daher kam, dass er diesem Dialekt nicht beherrschte. Doch sie schienen dies eher als Schwäche zu deuten und genossen ihre Macht. Sie hoben ihre Fäuste und bedrohten meinen Bruder. Er schien den Tränen nahe, doch diesen Triumph wollte ich ihnen nicht gönnen. Kein Lebenswasser sollen sie für ihre gemeine Art bekommen! Klein wie ich war, kroch ich auf den Knien mitten durch den Tumult der aufgeregten Kinderbeine, bis ich zu ihrem Anführer gelangte. Seelenruhig hob ich sein Hosenbein und biss dem Jungen mit aller Kraft in die Wade. Der hat geschrien! Alle Kinder sprangen entsetzt zurück, und ihr Anführer versuchte verzweifelt, mich abzuschütteln.

Ich hätte ihn ja gern losgelassen, aber mein Kiefer hatte sich selbstständig gemacht, und ich konnte meinen Klemmbiss erst lockern, als der Junge, unter Tränen, endlich stillhielt. Wie schnell sich die Machtverhältnisse unter den Menschen doch ändern können! Manou und seine bestialische Schwester wurden mit großen Augen angesehen, und ein Respektsabstand, vor allem mir gegenüber, entstand. »Magnuna, eine Verrückte!«, brüllte Hischam, ihr Anführer. »Du hast mein Bein kaputtgemacht!« Interessanterweise verstand ich den libanesischen Dialekt plötzlich sehr gut. »Wer bist du denn eigentlich?« Der Moment schien reif: »Ich bin Fawzia, Manous kleine Schwester, aus dem Stamm der Rawa! Wir ...« Ich wollte noch ein paar ehrwürdige Erklärungen hinzufügen, aber es schien zu reichen.

Kurz und gut: Wir wurden in die Gemeinschaft aufgenommen, und Hischam und ich wurden gute Freunde. Ich hatte seine volle Bewunderung und war eigentlich von nun an recht berühmt. Wenn ein neues Kind dazukam, das uns noch nicht kannte, wurden wir mit den folgenden Worten vorgestellt: »Das sind Manou und Fawzia!« Und etwas leiser wurde hinzugefügt: »Pass auf, die Kleine ist gefährlich, sie beißt!«

Ich bin Christin, wer bist du?

*Ohne aber das Ganze des Lebens zu empfangen, lebst du nur
innerhalb der begrenzten Welt des eigenen Verstehens ...*

Unbekannt

Ich kam in Beirut in eine gemischte Privatschule. Diese Schule hatte ein interessantes Konzept ausgearbeitet. Es waren eigentlich zwei Schulsysteme in einem. Es war ein neues Versuchsmodell, das sowohl arabische als auch europäische Schüler integrieren sollte. Dieses Konzept war von der deutschen Regierung eigens für den Libanon zusammengestellt worden. In dieser Schule wurden vier Sprachen unterrichtet: Arabisch, Deutsch, Englisch und Französisch, Freifächer waren Latein und Spanisch.

Zwei Systeme wurden eingerichtet: das arabisch-libanesische und das deutsch-europäische System. Die arabischen Schüler mussten beide Systeme absolvieren, die europäischen Schüler nur das ihre. Im deutschen System war die Unterrichtssprache Deutsch, Biologie, Physik, Mathe, Geographie und Geschichte wurden entsprechend dem deutsch-europäischen Konzept unterrichtet. Wir arabischen Schüler nahmen daran teil, hatten aber das ganze arabische Programm, das in arabischen Schulen unterrichtet wurde, zusätzlich zu lernen: arabische Geographie, Geschichte, Mathematik und natürlich die arabische Sprache und Literatur. Somit kamen die arabischen Schüler in den Genuss beider Systeme – das war Schwerarbeit.

Ich beneidete die »Europäer« oft, weil sie viel mehr Freistunden hatten und ich ihre Stimmen beim Spielen im Hof hören konnte, während wir unsere arabischen Sätze deklinierten. Manchmal fühlten wir uns aber auch ein bisschen überlegen, weil wir mehr lernten. Es herrschte allgemein ein ausgeglichenes und angenehmes Klima in der Schule, und die verschiedenen soziokulturellen Hintergründe der Schüler wirkten bereichernd und hatten auch rückblickend einen positiven Einfluss auf unsere Lebenseinstellung. Schwarzweißmalerei war bei dem – in ethnischer und religiöser

Hinsicht – kunterbunten Haufen von Schülern, der wir waren, kaum möglich.

Dies war vor allem im Libanon ein kleines Wunder, wo der ethnischen und religiösen Zugehörigkeit große Bedeutung beigemessen wurde. Im Libanon wurde der Status eines Jeden, vom Schuhputzer bis zum Minister, durch die Religionszugehörigkeit bestimmt. Es gab im Libanon in den 70er Jahren 15, später 18, formell anerkannte religiöse Gemeinschaften, und alle Fragen, alle Entscheidungen basierten auf den Regeln der jeweiligen Religion. Es war also sehr wichtig, zu wissen, welcher Gemeinschaft jemand angehörte. Die Libanesen entwickelten ein feines Gespür für diese Zuordnungen. Anhand der Körperhaltung, der Bewegungen, an der Aussprache und dem verwendeten Vokabular, am Ausdruck der Augen und natürlich an der Kleidung erkannte der Libanese schnell, zu welcher Gemeinde sein Gegenüber gehörte. Ein interessantes Spiel, das ich bis dahin noch nicht kannte.

Im Gegensatz zum Irak machte sich der schwache libanesische Staat, der nur über wenige Ressourcen verfügte, genau diese ethnische und religiöse Aufsplitterung der Gesellschaft zunutze: je stärker die Aufsplitterung der Gesellschaft in kleine verschiedene Gemeinschaften, desto besser die Kontrollmöglichkeiten. Alle Fragen des Personenstandes, wie Eheschließung, Scheidung und Erbrecht wurden im Libanon durch die jeweiligen Religionsgemeinschaften geregelt und kontrolliert.

Die Libanesen sind ein gewieftes, geschäftstüchtiges Völkchen, das seine Begabung und Handelsfreude bis auf die Phönizier zurückführen kann. Ihr Sinn für die Freuden des Lebens kam vor allem in ihrer Hauptstadt zum Ausdruck. Beirut pulsierte und glitzerte verführerisch, Leute zwinkerten sich zu. Wenn man reich, schön und jung war, war dieser Ort das Paradies auf Erden.

Die ökonomischen Angelegenheiten des Landes lagen zum Großteil in privater Hand. Das führte zwar zu Ausbeutung und Korruption, aber auch zu schnellem Geld. Und für ihr Prestige und ihr Aussehen waren die Libanesen gern zu Opfern bereit.

Ich liebte es, auf dem Rücksitz des Autos mit meinen Eltern durch die Straßen von Beirut zu fahren, denn dort bekam man immer eine Modenschau geboten. Kein Mensch, der etwas auf sich hielt, ging auf die Straße, ohne sich herzurichten und die neueste Mode vorzuführen. Das war mehr als nur ein Spiel, es war Ehrensache, denn in Beirut wurde man nach seinem Aussehen beurteilt und weniger nach seiner Persönlichkeit. Wurde man auch noch einer einflussreichen Familie zugeordnet, war das Bild perfekt.

Doch Beirut hatte mehr zu bieten, sie hatte Protzigkeit, aber auch Kultur, sie symbolisierte Unersättlichkeit, aber auch intellektuellen Kosmopolitismus und mediterranen Charme. Und trotz ihrer zeitgemäßen Tünche französischer *pénétration culturelle* und Nachahmung des *american way of life* flossen doch phönizisch-hellenistisch-levantinische Antike und Kultur in den Adern dieser Stadt.

Beirut hatte verschiedene Gesichter, verschiedene Kräfte, die sich in ihren Bezirken zeigten und entfalteten.

Da gab es zum Beispiel Shiyyah, ein ärmeres, konservatives schiitisches Viertel, in dem die islamischen Sitten vorherrschten und die Großfamilie die wichtigste Institution bildete. Die schiitische Bevölkerung war sozial, einkommens- und bildungsmäßig benachteiligt in diesem Lande, und so stellte die Familienstruktur das wichtigste soziale Netz für jeden Einzelnen dar.

Das steile Aschrafiyye andererseits war eine christlich-konservative Hochburg. Auch hier spielten Familienzusammengehörigkeit und Clandenken eine große Rolle, Bildung und Trends aber wurden vom christlichen Westen übernommen und kopiert. Die verschiedenen christlichen Fraktionen lebten zwar miteinander, aber man war schon bedacht, jeweils innerhalb seiner eigenen Bekenntnisgemeinschaft zu heiraten.

Frauen durften arbeiten, solange sie sich den Gesetzen der Großfamilie fügten und sozialpolitisch mit ihren Clanstrukturen konform gingen. Das Motto hieß: Die Stärke des Einzelnen ist die Stärke der Gruppe. Der hierarchisch aufgebaute Clan beschützte und unterstützte und verlangte dafür Loyalität und Gehorsam. Er war nicht nur eine soziale Institution, sondern auch für die wirtschaftliche Existenz unverzichtbar. Die Loyalität des Einzelnen bestand zum Beispiel darin, den *za'im*, den Patron, während der Parlamentswahlen durch Wahlpropaganda zu unterstützen und für ihn zu stimmen. In Ausnahmefällen konnten übrigens auch Frauen zum Familienoberhaupt gewählt werden.

In Ras Beirut und Rawsche zeigte sich der internationale, tolerante Charakter dieser Stadt. Christen, Muslime, Libanesen und Ausländer lebten zusammen. Hier wohnten Angehörige des gehobenen Bürgertums und Intellektuelle. Freundschaftsbande – beziehungsweise die Vorteile, die man durch Beziehungen zu gut situierten Freunden hatte – ersetzten hier zum Teil die traditionellen Familienbande.

Man pflegte Umgang miteinander, schickte die Kinder in die gleichen Schulen, besuchte die gleichen Lokale und Theater und unterhielt sich über die gleichen Neuerscheinungen. Bisweilen heiratete man auch über die Grenzen der eigenen Gemeinschaft hinweg. Hier, in diesem Bezirk, zeigte sich eine Entwicklung, die sich allmählich im ganzen Land durchsetzte: die Entwicklung hin zu einer säkularen Gesellschaft, trotz der gegenläufigen Bemühungen der politischen und religiösen Elite.

Die Intellektuellen in Ras Beirut sahen die Situation im Libanon anders: »Man will uns einreden, dass die Aufsplitterung der libanesischen Gesellschaft in ethnische und religiöse Gruppen das Grundproblem dieser Gesellschaft ist, doch das stimmt nicht ganz«, erzählte meiner Mutter ein Freund, »es ist eine Gesellschaft, die in Klassen aufgeteilt ist, so wie alle anderen Gesellschaften im Nahen Osten. Der maronitische Kleinbauer identifiziert sich mehr mit dem schiitischen Kleinbauern als mit dem bürgerlichen maronitischen Städter. Die Kleinbauern fühlen sich untereinander durch ihre ähnliche Situation viel verbundener. Aber die da oben streiten sich um den Machtkuchen, und dem Volk reden sie ein, dass es eine ethnisch-religiöse Debatte sei.

Ist nicht Ras Beirut ein Beweis dafür, dass die verschiedenen religiösen Gruppen, die zur selben Klasse gehören, mehr gemein haben? Du bist Christin, und ich bin Muslim, doch wir beide ähneln uns in unserer Lebensauffassung und Sprache mehr, als wir Christen und Muslimen anderer Klassen ähneln. Für die Machthaber ist dieser Punkt aber lebensgefährlich, er würde ihr ausgeklügeltes Machtsystem der Aufsplitterung zusammenbrechen lassen.«

Mutter gefiel dieser Bezirk am besten, und er war wirklich besonders schön, direkt am Meer, der Blick frei bis zum Horizont. Wirkt sich diese Offenheit wohl auf die Einstellungen der Menschen aus?

Ein paar Monate später zogen auch wir in diesen Bezirk. Wir wohnten im dritten Stock, und mittlerweile gefiel mir das »hohe« Leben, und der Blick vom Wohn- und Esszimmer war atemberaubend. Das Meer mit seinen majestätischen, gemächlichen, ewigen Bewegungen begrüßte mich jetzt jeden Tag. Es wurde zu meinem liebsten Freund in diesem Lande, und das Erste, was ich tat, wenn ich in der Frühe aufwachte, war, zum Fenster zu gehen und ihm einen guten Morgen zu wünschen. Abends ließ ich meine Augen über die dunkle Masse gleiten, um mit dem warmen Gefühl der Ewigkeit ins Bett zu gehen. Wie ähnlich doch Wüste und Meer waren, beide erfüllten meine Seele mit einer Sehnsucht, die innerlich brannte und gleichzeitig mein Herz erwärmte.

Ich habe schon immer gern die Menschen beobachtet und den Erwachsenen aufmerksam zugehört, wenn sie miteinander über ihre Pläne und Sorgen sprachen oder ihrer Lieblingsbeschäftigung – der Analyse des Weltgeschehens – nachgingen, aber wirklich beteiligt fühlte ich mich nie. Der Wind, der meine Wangen streifte, wenn ich am Balkon stand, und mir sanft seine Geheimnisse ins Ohr flüsterte, das Meer, das sich bei jedem Felsen aufbäumte und seinen Gischt offenbarte, der tote Vogel, in dessen Gedärmen die Maden sich labten, waren mir näher, als diese schön gekleideten, stundenlang in derselben Position sitzenden, ewig redenden Erwachsenen. Alle waren immer bemüht, ohne Unterbrechung irgendwelche Laute von sich zu geben, als ob Stille der größte Fauxpas der großen Menschen sei!

Vater liebte Gesellschaft, er liebte die Menschen so sehr, dass er oft sich selbst und seine Familie ihretwegen vergaß. Oft kam er, zur Verzweiflung meiner Mutter, mit fünf bis sechs Freunden im Schlepptau unangemeldet zum Mittagessen. Ich verstand ihn gut, es war seine Art, die vermisste Großfamilie zu kompensieren, aber ich hatte ja auch nicht die Arbeit des Zubereitens!

Auch hier hatten wir kunterbunte Nachbarn, aber anders als in Shiyyah. Gegenüber wohnte eine japanische Familie, ein junges

Paar mit einem dreijährigen Sohn namens Takau. Unter uns wohnte eine berühmte palästinensische Malerin Joumana Al-Husseini mit ihrem Sohn Samir. Er gefiel mir auf Anhieb, aber da ich erst elf Jahre alt war und er schon 16, war sein Interesse an mir nicht besonders groß. Schräg unter uns lebte eine sunnitische Familie, die nach den Aussagen meiner Mutter sehr nett war, aber die ich kaum zu sehen bekam. Ich sah immer nur den Vater, einen Rechtsanwalt, morgens mit seinem großen Auto wegfahren und am späten Nachmittag zurückkommen.

Gegenüber wohnte eine Engländerin, die mit einem libanesischen Chirurgen verheiratet war. Sie hatten zwei süße Töchter. Über uns wohnte ein jung vermähltes Brautpaar, sie war halb Libanesin, halb Katarin. Nachdem sich ihre libanesische Mutter hatte scheiden lassen, war sie mit der Tochter in die Heimat zurückgekehrt, und diese hatte jetzt wiederum einen Libanesen geheiratet. Die junge Frau war von solcher Schönheit, dass ich mich jedes Mal freute, wenn Mutter zum Kaffee hinaufging, denn dann konnte ich mitkommen und die Frau schüchtern von meiner Ecke aus bewundern. Sie hatte große, samtene, ruhige Augen, dichtes, kohlrabenschwarzes Haar und eine Hautfarbe, die die schönsten Töne der Levantiner mit denen der Beduinen verband, und die Bewegungen ihres gertenschlanken Körpers mit ihren feingliedrigen Händen glichen mehr einer freien Gazelle als einem Menschen.

Der Hausmeister und seine Familie waren Palästinenser. Ihre Verwandten, die sie regelmäßig besuchten, wohnten in einem der Palästinenserlager, und sie sahen es als besonderes Privileg an, hier im Haus außerhalb des Camps arbeiten und leben zu können. Sie hatten drei Kinder, die immer unten im Vorgarten des Hauses spielten und jeden Kommenden und Gehenden mit großen Augen verfolgten, als ob sie auf der Hut wären. Der Hausmeister im Haus nebenan war Kurde, er war angeblich Kommunist, tuschelte man, was immer das auch heißen mochte – ich konnte es trotz intensiver Beobachtung nicht herausfinden, außer dass sich seine Kinder durch ihre besondere Höflichkeit und Sauberkeit auswiesen.

Mutter war ein sehr geselliger Mensch. Sie war neugierig auf das Leben, und ethnische und soziale Unterschiede interessierten sie nicht im Geringsten. So hatten wir Kontakt zu allen Menschen, die uns umgaben. Leider hatte sie noch eine weitere große Schwäche, unter der wir Kinder doch ziemlich zu leiden hatten: Sie liebte alte Steine, ja eigentlich alles, was leblos und alt war, je älter, desto besser, und umso größer war ihr Wille, dorthin zu fahren. Normalerweise bezeichnet man solche Steinmenschen als »archäologisch interessiert«, doch wenn man sie zur Mutter hat, nennt man sie »anstrengend«. In den nächsten paar Jahren im Libanon sollten wir sämtliche alten Steine des Landes kennen lernen. Dem größten, in Baalbek, in der Nähe der fruchtbaren Beka'-Ebene, konnte auch ich etwas abgewinnen. Ich weiß nicht, wie viele Stunden meines Lebens ich hinten im Auto schlafend verbracht habe, wenn mal wieder »eine interessante und äußerst wichtige Entdeckung« unser Wochenende krönen sollte.

Ende der 60er, Anfang der 70er Jahre befand sich der Libanon in einer Periode des Wachstums und des Wohlstands, man nannte den Libanon die »Schweiz des Orients«, und Besucher aus aller Welt genossen die relative ökonomische und politische Offenheit, die hier herrschte. Der Libanon hatte wirklich viel zu bieten. Man konnte am Vormittag das Meer mit seinen vielen Badeklubs genießen, dann, nach einer nicht mehr als einstündigen Autofahrt, in den Bergen Ski fahren und sich am Abend in den diversen Diskos und Bars bis zum Morgengrauen vergnügen. Der Libanon war mit Sehenswürdigkeiten übersät, da gab es Baalbek in der Beka'-Ebene mit seinen in den Himmel ragenden hellenistischen Säulen und den Ruinen des Imperium-Romanum-Platzes oder das 6 000 Jahre alte Byblos mit seinem phönizischen Hafen, der Grabstätte des Königs Ahiram, und das römische Amphitheater, ein bevorzugtes Ausflugsziel für viele Libanesen, mit gemütlichen Fischrestaurants entlang des Hafens.

Die Libanesen waren kulinarische Meister. Ihr Essen schmeckte nicht nur hervorragend, es war auch noch ausgeglichen und gesund. Ging man in ein Restaurant, so war es üblich, einmal eine *mezze* zu bestellen. Der Tisch wurde dann mit diversen kleine Vorspeisentellern geschmückt, wie *Tabbouleh* (Salat), *Hummus* (Kichererbsenpüree) oder *Baba Ghannouj* (Auberginenpüree), um nur ein paar typische zu erwähnen.

Die *mezze* dient eigentlich zur Unterhaltung, man sitzt zusammen, plaudert und streckt dazwischen immer wieder die Hand aus, um aus einem der vielen Tellerchen mit einem Stück Fladenbrot einen Happen herauszuschöpfen. *Mezze* bedeutet ja auch Appetithäppchen. Unendlich schien die Auswahl zu sein, und dann, nachdem man sich fast satt gegessen hatte, kam das Hauptgericht, das meist aus gegrilltem Fisch, Fleisch oder Huhn bestand. Nach dem Essen ging meist die obligatorische Wasserpfeife, die Männer und Frauen gleichermaßen liebten, mit in Honig getränktem Tabak um, dann kam der herrlich nach Kardamom duftende arabische Kaffee. Genießen konnten die Libanesen wirklich!

Doch wenn mich jemand fragte, was ich am liebsten aß, so war die Antwort: *mna'isch*, die typischen Brötchen. Gemeinsam mit einer Tasse süßen Tees bildeten sie das köstlichste Frühstück. Denn *mna'isch* schmeckten am besten kurz nach Sonnenaufgang. Ich hatte das Glück, dass unser Schulbusfahrer ebenfalls ein fanatischer Anhänger der *mna'isch*-Kultur war. Wenn mich der Schulbus morgens um 6.20 Uhr abholte – ich wurde als Erste abgeholt, und die Fahrt zur Schule samt dem Einsammeln der anderen Schüler dauerte über eine Stunde – und wenn ich besonders müde aussah, ermunterte mich Abu Ali, der Busfahrer, mit den Worten: »Was hältst du von *mna'isch*?« Diese Worte schafften es immer, meine Lippen automatisch zu einem süßen Lächeln zu formen. Wir hatten auch einen Lieblingsbäcker, der – Gott sei Dank! – auf unserem Weg lag.

»*Sabah il-cher, ya'tik il-afiye!* Guten Morgen, möge Allah dir Lebenskraft und gute Gesundheit schenken, fünf *mna'isch*, ya Abu Mahmoud! Ich mach noch 'ne Runde und hol sie dann ab!« Kurz danach kamen wir zurück, und in Papier eingerollt, bekamen wir die paradiesisch riechenden warmen *mna'isch* in die Hand gedrückt. »Die Kunst der *mna'isch* liegt nicht nur im Teig, mein Kind«, philosophierte Abu Ali, »die ausgewogene *za'tar*-Mischung ist der Clou. Auf eine große Hand voll fein geriebene Thymianblätter kommen ein Esslöffel *sumak* (Johannisbrot), zwei Esslöffel geröstete Sesamkörner, ein Teelöffel Salz, ein Teelöffel Pfeffer und eine Tasse Olivenöl. Manche fügen noch eine kleine, fein geschnittene Zwiebel hinzu. So machte es meine Mutter, und meine Frau hat es von ihr übernommen«. Solange ich eine *man'usche* zwischen den Zähnen hatte, konnte Abu Ali so viel erzählen, wie er wollte.

Die Fahrt zur Schule war zwar lang, aber nie langweilig. Ich reservierte für meine Freunde immer die letzte Bank im Bus, und täglich erfanden wir Spiele – Musikorchester stand auf der obersten Liste – oder erledigten noch schnell die vergessenen Hausaufgaben oder wiederholten arabische Gedichte, die wir auswendig können mussten. Unsere Schule war außerhalb der Hauptstadt, in Doha. Sie lag auf einem wunderschönen einsamen Hügel. Rundherum gab es nur Büsche und Felsen und in der Ferne ein paar verstreute Häuser. Vom Klassenzimmer aus konnten wir aufs Meer schauen, und irgendwie machte diese offene Umgebung die ganze Schulzeit zu einer Zeit der Muße.

Niemand wird mir diesen Traum nehmen

Der Liebende sieht mit dem Herzen,
So lasst dem Herzen, was es sich erkoren,
Nicht mit den Augen sieht man in der Liebe,
Und durch das Herz nur hören dann die Ohren.

Baschar Ibn Burd, arabischer Poet

Mein Vater arbeitete gemeinsam mit einem jungen Mann, der uns auch öfters zu Hause besuchte. Er war ein netter Mann, groß, mit dunklem Haar, und er hatte ein freundliches Lächeln. Ich bemerkte, dass Nadja sich, wenn er zu Besuch kam, plötzlich veränderte. Sie bekam eine seidigrötliche Farbe im Gesicht, und ihre sonst so weichen Bewegungen wurden nervös und wirkten unkontrolliert. Dafür wurde ihre Stimme weicher, und ein schüchternes Kichern beendete ihre gesäuselten Sätze.

Ich bemerkte auch, dass sie mich überhaupt nicht zur Kenntnis nahm und meine Fragen überhört wurden. Dafür sprang sie umso schneller auf, wenn Mutter sie rief und sie so die Möglichkeit bekam, ins Wohnzimmer zu gehen und Isa, so hieß der junge Mann, zu sehen. Isa war sehr freundlich zu ihr, doch ich bemerkte keine

Umwandlung an ihm, wenn Nadja auftauchte. Nadjas Zustand verschlimmerte sich mit der Zeit, ihre Verwirrung schien selbst während seiner Abwesenheit anzudauern.

Eines Tages rief Mutter Nadja zu sich. Ich folgte ihr, denn an Mutters Stimme hörte ich, dass sie ihr etwas Wichtiges zu sagen hatte. Leider wurde ich wieder hinausgeschickt, und ein bisschen später kam auch Nadja mit Tränen in den Augen und Wut im Bauch hinaus. »Was ist los?« Doch niemand wollte mir etwas sagen. Erst nach mehreren Gesprächsfetzen zwischen meinen Eltern und eigenen Beobachtungen erfasste ich die ganze Problematik. Nadja, ein schiitisches junges Mädchen aus einfachen Verhältnissen hatte sich in Isa, einen Christen aus besseren sozialen Verhältnissen, verliebt.

Ihre Liebe hatte sie dazu getrieben, ihn, mit einer dunklen Sonnenbrille und einem Kopftuch getarnt, zu verfolgen. Er hatte sie aber trotzdem erkannt. Nachdem sie ihm mehrfach gefolgt war, hatte er sie angesprochen. Die Sache schmeichelte ihm, und für ihn war es nichts Besonderes, sie auf ein Getränk einzuladen. Dies wiederholte sich einige Male, und Nadja wurde von Bekannten gesehen, die die Nachricht an meine Mutter weitergaben. Nadja hatte Glück, dass die Bekannten so rücksichtsvoll waren, die Nachricht nicht zu ihrem Vater zu bringen.

Mutter und Vater verhörten Isa, und er gab zu, sich mit Nadja zu treffen. »Ich finde, sie ist ein hübsches und nettes Mädchen«, gab er zu. »Hast du ernste Absichten?«, war die Gegenfrage. »Heiraten? Nein. Es wäre viel zu kompliziert, eine Frau anderen Glaubens zu heiraten, und auch wenn meine Eltern einverstanden wären, ihre würden es sicher niemals sein.« Da hatte er Recht. Die konservativen schiitischen Libanesen würden einer solchen Heirat nicht zustimmen.

»Und überhaupt, ich möchte mein Leben genießen und es nicht verkomplizieren. Ich habe schon ein Mädchen im Auge, das aus einem ähnlichen sozialen Hintergrund stammt wie ich. Sie ist gebildet, und gemeinsam könnten wir uns etwas aufbauen. Sie ist auch Christin, und unsere Familien würden sich gut ergänzen. Nadja tut mir ein wenig Leid, und ich wollte ihr nur ein bisschen Freude machen, nicht mehr. Ich habe ihr keine Hoffnungen gemacht!«

All das wurde an Nadja weitergegeben, und für sie brach eine Welt zusammen. Doch so leicht gab Nadja nicht auf. Bei uns zu Hause wurde Nadja launisch, und ihre schönen dunklen Augen funkelten böse, während ihre Gedanken sich im Kopf fast sichtbar im Kreis drehten. Sie sah in Isa ihren Helden, der ihr ein besseres, offeneres, freieres Leben bieten konnte, einen gut aussehenden Mann, zu dem sie aufsehen konnte, der sie freundlich behandelte, ein Auto besaß und an dessen Seite sie endlich frei sein und aus ihrer engen Welt ausbrechen konnte.

Niemand sollte ihr diesen Traum stehlen! Sie waren alle nur neidisch, gönnten ihr diese Liebe nicht. Alle logen, davon war sie überzeugt. »Ich bin Nadja, ich will nicht immer die Tochter von diesem, die Schwester von jenem, die Nichte von diesem und die Nachbarstochter von jener sein! Ich brauche den Schutz der Familie nicht. Sie schützt mich, aber sie nimmt mir auch die Luft, ich will nicht immer eingeengt werden, immer einer Herde zugehören! Ich habe keine Angst, ich habe keine Angst!«

Es ging drunter und drüber bei uns zu Hause. Mutter hatte Mitleid mit ihr. Sie verstand Nadja gut, verstand ihre Sehnsüchte, doch sie wusste auch, dass Mädchen wie Nadja, die aus einer armen und konservativen Schicht kamen, nur sehr schwer aus ihr ausbrechen konnten. Der Preis wäre die bittere Pille der Einsamkeit und der Isolation, die von anderen ausgenutzt werden könnte. Mutter war bereit, sie bei ihrer Familie zu unterstützen. Mit ihrem Vater zu sprechen, ihr eine Ausbildung, vielleicht als Friseurin, zu ermöglichen. Mutter war bereit, ihr einen Freiraum innerhalb ihres Hauses zu bieten, in dem sie ihre Gedanken sammeln und ihre Wünsche aussprechen konnte, doch mehr konnte, mehr wollte sie nicht verantworten. Ich verstand von all dem, was hier vorging, nicht viel. Ich spürte nur die Spannung und sah, wie Nadja immer dünner wurde, sich immer verzweifelter in sich selbst zurückzog, um wieder mit Tränen aus ihrem Winkel herauszubrechen.

Am meisten litt Um Ali. Sie versuchte, mit ihrer Tochter in ihrer einfachen Art zu sprechen, doch Nadja hörte ihr nicht zu. Da schlug Um Ali in ihrer Verzweiflung zu: »Du Hure, du denkst nur an dich selbst. Was wirst du für ein Vorbild für deine Schwestern sein. Niemand wird um ihre Hand anhalten, wenn du den Ruf unserer Familie zerstörst. Wo soll ich mein Gesicht hinwenden, wenn man erfährt, dass du mit fremden Männern ausgehst! Komm endlich zur Vernunft, komm endlich zur Vernunft!«

Nadja ließ sich schlagen, an den Haaren ziehen. Sie war bereit, alles hinzunehmen, nur nicht ihren Traum, Isa, aufzugeben. »Nicht, Um Ali, lass das arme Kind!« Mutter griff dazwischen, und Um Ali sackte erschöpft zusammen. »Was soll ich nur machen, was soll ich nur mit diesem Mädchen machen?«, murmelte sie. Nadja stand auf, rannte zur Tür, und mit einem Knall war sie verschwunden. Zwei ganze Tage blieb sie fort. Niemand wusste, wo sie war. Am dritten Tag fuhr Vater mit Mutter zu Isa. Ob er sie denn gesehen hatte? Isa war etwas verlegen. Ja, Nadja war bei ihm gewesen. Sie hatte sich in seine Arme geworfen, sich ihm angeboten.

Es war schwer für ihn, zu widerstehen, doch er war dann doch vernünftig genug, sie wegzuschicken. Er erklärte ihr, dass er nicht sie, sondern eine andere heiraten würde. Nadja war dann unter Tränen wieder verschwunden. Wo sie jetzt war, wusste er nicht. »Hoffentlich hat sie sich nichts angetan!« Mutter war zutiefst besorgt. Sie fühlte sich ein wenig mit schuldig. Am Abend klingelte das Telefon. Nadja war bei ihrer Tante. Alle waren erleichtert.

Viele Monate vergingen, und wir hörten nichts von Nadja. Meine Gedanken kamen immer auf sie zurück. Sie war doch meine Freundin, wieso kam sie nicht? Auch Mutter sprach nicht über sie, und wenn Um Ali kam, sprachen sie über alles, nur nicht über Nadja, als ob sie nie da gewesen wäre, und ich traute mich nicht, nach ihr zu fragen.

Die Zeit verging, Nadja und Um Ali waren schon lange aus unserem Leben geschieden, als ich plötzlich auf der Straße meinen Namen hörte. Ich drehte mich um, und da stand Nadja plötzlich mit einem großen selbstbewussten Lächeln vor mir. »*Kifik habibti*, wie geht es dir, mein Schatz?« Ich sah sie mit großen Augen an, und als mein Blick auf ihrem runden Bauch hängen blieb, lachte sie. »Mein dritter Bauch, ich habe zwei Töchter!« Ich war ganz verwirrt. Sofort erschien Isa in meinen Gedanken. Konnte er es sein?

»Komm, du musst unbedingt auf einen Kaffee zu mir nach Hause kommen. Ich wohne gleich hier vorne.« Sie deutete mit ihrer Hand in die Richtung. Nadja hatte sich äußerlich kaum verändert, die Haare waren noch immer lang und unbedeckt, auch die Figur war, bis auf den hervorstehenden Bauch, unverändert. Schön sah sie aus! »Ich kann leider nicht mitkommen!«, sagte ich. Doch das stimmte nicht. Es war nur die Höflichkeit, damit ich ihr die Möglichkeit gab, die Einladung noch zweimal zu wiederholen, wie es die Sitte vorschrieb, und ich sicher sein konnte, dass sie es wirklich ernst meinte. Viel zu groß war meine Neugierde, als dass ich keine Zeit gehabt hätte!

Sie führte mich zu einem dreistöckigen Haus. Vor dem Haus rief sie plötzlich: »Hasan, Hasan, komm, wir haben Besuch!« Aus dem Elektrogeschäft erschien ein sehr fescher Mann. Er hatte eine warme braune Haut, sprühend-lebendige Augen und ein einladendes Lächeln. »*Ahlan, ahlan!* Nadjas Freunde sind immer willkommen!« Nadja klärte ihn kurz auf, wer ich denn sei, und er wiederholte seine nette Einladung. Er gefiel mir gut, sogar besser als Isa. Ein Stein fiel mir vom Herzen. Nadja hatte es doch gut getroffen, und an seiner Art, zu sprechen und wie er mit Nadja umging, erkannte ich sofort, dass er eine politische Erziehung genossen hatte, linksliberal höchstwahrscheinlich.

»Geht nur rauf, ich folge euch gleich! Kümmere dich gut um unseren Gast!« – »Aber natürlich!« Nadja strahlte. Sie schien glücklich und zufrieden, und der Anblick erwärmte mein Herz. »Kannst du dich noch an die Geschichten bei euch erinnern?« Und ob ich mich erinnerte! Ich trug ihre damalige Verzweiflung und ihren Schmerz bis heute noch mit mir herum, bis jetzt. Vielleicht hatte das Schicksal deswegen gewollt, dass wir uns treffen, damit ich diese Last abstreifen konnte. »Hasan ist Palästinenser. Er ist sehr aktiv, und ich helfe mit bei der Veränderung unserer Gesellschaft. Wir können über alles sprechen, und er teilt alles mit mir. Er ist ein guter Mann und ein wunderbarer Vater. Meine Töchter haben es gut!«

Sie lächelte wieder. »Ich bin sehr froh, dass alles so gekommen ist. Doch ohne meine erste Erfahrung hätte ich vielleicht nicht den Mut gehabt, mich mit solch einem Mann zu verbinden, und meine Eltern hätten nicht zugestimmt. Doch so waren sie froh, dass ich wenigstens geheiratet habe, zwar einen Palästinenser und Sunniten, aber trotzdem!« Hasan kam, wir tranken Kaffee und tauschten noch ein paar Sätze aus. Dann entschuldigte ich mich. Es war schön, Nadja gesehen zu haben. Die Rebellin hatte sich in eine selbstbewusste Frau verwandelt, und es tat gut, zu wissen, dass sie ihren Weg gefunden und ihren Traum nicht aufgegeben hatte.

Und ewig bewegt sich das Meer

Der Tropfen: »Wie bin vom Meer ich weit!«
Das Weltmeer lacht: »Vergeblich ist dein Leid!
Sind wir doch alle eins, sind alle Gott
Uns trennt ja nur das winzige Pünktchen … Zeit!«

Umar Chayyam

Unbeteiligt an den Verwirrungen und Irrwegen der Menschheit bewegte sich das Meer im ewigen Rhythmus. Wie so oft stand ich am Balkon und beobachtete das Meer. Es kam mir vor wie mein eigener Atem, der, unbeirrt, pulsierend, uneingenommen von den Stimmungen und Gedanken, die meinen Körper bevölkerten, meine Brust hob und senkte. Würde der Mensch mehr auf dieses innere Wunder achten, auf die hingebungsvolle Art, wie sein Herz Tag und Nacht für ihn arbeitet und pumpt, dann würden die Menschen mehr die Gemeinsamkeiten als die Unterschiede erkennen. Doch wer hatte schon Zeit, sich mit solchen Selbstverständlichkeiten abzugeben?

Plötzlich unter mir quietschende Autoreifen, ein Wagen geriet außer Kontrolle und konnte gerade noch im letzten Moment vom Fahrer gebändigt werden. Die Straße, die zwischen uns und dem Meer liegt und schon viele Unfälle rasender Autofahrer erlebt hat, kam mir plötzlich so symbolisch vor. Wohin rasten die vielen Menschen bloß immer, was drängte sie denn, immerfort zu eilen, zu hupen, zu fliehen? Sie wollten immer in die Zukunft laufen, dort schien das Glück zu liegen, das Bündel Vergangenheit schleppten sie sorgenvoll mit sich herum.

Das Meer hob und senkte sich, es schien zu atmen, schien den ewigen Rhythmus anzugeben. Welchen Rhythmus gibst du an, große Schwester, und warum hört dir niemand zu? »Mach dich fertig, wir gehen reiten!«, hallte die Stimme meiner Mutter. Schwupp, weg waren die Gedanken! Ich lief schnell in die Wohnung, zog mich in Windeseile um, und wenig später saßen wir schon im Auto und fuhren nun selbst auf der Straße zu den Pferdeställen. Man hatte die Wahl: Legte man mehr Wert auf Prestige und Glamour, so ritt man im »Horse Club«, war man weniger daran interessiert, dann ritt man in einem Klub, der etwas weiter außerhalb – in der Nähe der beiden Palästinenserlager Sabra und Schatila – lag.

Wenn wir dort ankamen, sah ich oft barfüßige Kinder in meinem Alter in Zweierreihen, einen Stock auf die rechte Schulter lehnend und »*idbah al-aduh*, tötet den Feind« brüllend, marschieren. Welchen Feind, war klar! Die Lager bestanden zum Großteil aus Baracken und zusammengeflickten Kisten, die Frauen wuschen in großen Eimern die niemals endende Wäsche vor den Hütten. »Mama, wieso baut man diesen Menschen nicht bessere Häuser?« – »Das ist Absicht, man will nicht, dass sie ihr Heimatland Palästina vergessen, und wenn es ihnen hier zu gut ginge, bestünde diese Möglichkeit.«

Ja, wenn man vier, fünf oder sechs Jahre wartet, ist es vielleicht gut, doch diese Menschen warteten schon seit über dreißig Jahren! Diese Menschen waren also durch eine gemeinsame Sehnsucht, ein gemeinsames Ziel zusammengeschweißt. Ich sah sie plötzlich mit anderen Augen. Ach, der Libanon war schon ein sehr verwirrendes Land, mit seinen Drusen, Maroniten, Armeniern, Schiiten, Kurden und Palästinensern, und irgendwie schienen sie sich gegenseitig nicht zu mögen. War das immer schon so? Die wunderschöne, gottgegebene Kulisse des Libanons schien so sehr im Widerspruch zu dieser menschlichen Verwirrung zu stehen.

Für viele begannen die Ungerechtigkeiten und somit die Auseinandersetzungen zwischen den verschiedenen religiösen Gruppen und Clans mit der französischen Okkupation. Als die französische Levante-Armee das Mandat Syrien an sich riss, rief sie den Libanon als Heimstätte der orientalischen Christen unter effektiver Führung der Maroniten aus, ohne zu berücksichtigen, dass fast 70 Prozent der Bevölkerung Muslime und Drusen waren. Mit dieser ungerechten Machtverteilung wurde der Grundstein für immer wieder aufsteigende Wellen der Gewalt und Wut gelegt.

In einem stetigen Rhythmus von zehn Jahren kamen sich die Glaubensgemeinschaften in die Haare, und ein neuer Bürgerkrieg konnte wieder einmal in die Geschichte des Libanons eingehen. 1958 gab es einen Aufstand der Drusen und Muslim-Opposition gegen die herrschenden Christen, und in den 70er Jahren schien sich die neue Welle der Gewalt neu zu formieren, nur kamen diesmal neue Akteure hinzu, die Palästinenser. In dem bewaffneten Aufstand von 1958 hatten diese noch keine nennenswerte Rolle gespielt, doch dies sollte sich mit der 1964 offiziell gegründeten »Organisation zur Befreiung Palästinas«, der PLO, gründlich ändern.

Die Palästinenser brauchten einen Stützpunkt, ein Land, von dem aus sie ihr Ziel, Palästina zurückzuerobern, ausführen konnten. Die Palästinenser hatten versucht, Jordanien als Plattform für ihre kriegerischen Auseinandersetzungen gegen Israel zu nutzen. Doch als sie zu einer politischen Kraft innerhalb des Landes heranwuchsen und dem Regime zu gefährlich wurden, antwortete König Hussein 1970 mit einem wütenden und blutigen Gegenschlag.

Um die im ganzen Land verstreuten *fedayyin*, Freiheitskämpfer, zusammenzubringen, bot König Hussein der PLO die Region von Jarasch als Zentrale und Plattform an. Jassir Arafat nahm das Angebot an und tappte somit in die Falle: Als alle Palästinenser dort eingetroffen waren, richtete König Hussein mit seinen Panzern und Beduinen ein Blutbad an. Da die PLO in der Regel von den Flüchtlingslagern aus operierte, hatten deren Bewohner, in der Mehrzahl Zivilisten, besonders unter dem Angriff zu leiden.

Viele von ihnen waren unter den über 3 000 Toten des »Schwarzen Septembers« – unter diesem Namen ist dieses Ereignis in die tragische Geschichte der Palästinenser eingegangen. Die übrig geblieben palästinensischen Flüchtlinge wurden einer rigorosen Regierungskontrolle unterworfen, und den überlebenden Partisanen Jassir Arafats blieb nur die Flucht. Die meisten von ihnen gingen in den Libanon. Dort erwartete sie die palästinensische Bevölkerung, die seit 1948 in »provisorischen« Flüchtlingslagern lebte, in denen mittlerweile die dritte Generation heranwuchs.

Seit dem Bürgerkrieg von 1958 hatte sich in der »Schweiz des Orients« politischer Sprengstoff angehäuft. Die Muslime und Drusen, die Panaraber, die Linksextremisten, sie alle hatten sich bisher den christlichen kommandierenden Streitkräften unterlegen gefühlt. In der PLO sahen viele Unzufriedenen einen potenziellen Verbündeten, mit dem sie ihre politischen Rechte erstreiten konnten. Die PLO gewann schnell an Einfluss, sie verlangte ein Mitspracherecht und wuchs bald zum Staat im Staate heran. Sie bot der libanesischen Polizei und Armee die Stirn.

Das benachbarte Israel sah dabei nicht tatenlos zu, und so gehörten israelische Luftangriffe auf die palästinensischen Dörfer und Lager bald zu unserem Alltag. Diese Angriffe überraschten uns manchmal auf unserem Schulweg. Dann rief der Schulbusfahrer: »Duckt euch und haltet euch fest, Kinder!«, dann rasten wir unter den fallenden Bomben hindurch nach Hause. Mit den Nerven am Ende war eigentlich immer nur der Busfahrer, wir Kinder fanden solche Fahrten zwar irgendwie beängstigend, aber auch, naja, spannend.

Die christlichen Maroniten wiederum fühlten sich in ihren Privilegien, aber auch in ihrer Existenz als Glaubensgemeinschaft bedroht. Alle Voraussetzungen für den Bürgerkrieg waren geschaffen, als sie ihre Milizen aufboten, um der Bedrohung mit Waffengewalt zu begegnen.

Als in Ain Rumanieh, einem Vorort Beiruts an der Straße nach Damaskus, ein Autobus mit bewaffneten Palästinensern in den Hinterhalt von Phalangisten geriet und zusammengeschossen wurde, war das Maß voll: Die Muslime, linke Gruppierungen und die PLO-Kämpfer traten gegen die christlichen Milizen aus dem eher rechten Spektrum an.

Der libanesische Totentanz

Unter dem Flügel einer Fliege zu leben
Ist immer noch besser, als auf dem Friedhof zu liegen.

Was in den folgenden Jahren in Beirut passierte, ist wohl die absurdeste, surrealistischste Kulisse menschlichen Treibens, die ich je erlebt habe, denn sie ließ alle Facetten menschlicher Existenz deutlich hervortreten. Beirut wurde von seinen Menschen zerfetzt, zerschlagen, vergewaltigt, wieder aufgepäppelt und zum Leben erweckt, um wiederum höhnisch niedergeschlagen zu werden, und inmitten des ganzen tödlichen Gewirrs und der scheußlichen Massaker wurde mit animalischer Lebensbejahung gefeiert, mit den Leichen getanzt und mondän gespeist, wurde die feine Haut am Strand gebräunt und das Herz grob in das Unterbewusstsein abgeschoben.

Die Valiumtabletten zur Betäubung der Sinne und zur Beruhigung der Nerven standen nun auf jedem Nachttisch. Menschen ergrauten über Nacht, und die Früchte jahrzehntelanger Arbeit wurden mit der Explosion einer Bombe schlagartig zunichte gemacht. Plötzlich verschoben sich die Fronten, Beirut wurde in West und Ost aufgeteilt, und es begann eine innere Verhärtung in den Herzen der Menschen, die immer dann auftaucht, wenn der »Feind« ins Unsichtbare, Abstrakte verschoben wird. »Wir hier« und »die dort«, hieß es unter den Libanesen, und damit waren einerseits die Muslime und andererseits die Christen gemeint, aber natürlich war alles viel komplizierter, verworrener und orientalischer.

Es gab zwei Hauptkorridore, über die man, wenn man den Mut hatte, in die andere »Welt« gelangen konnte. Dazu bedurfte es einiger Risikofreude und vielleicht auch einer gewissen gottgegebenen Naivität, die ich wohl von meiner Mutter geerbt habe. Der eine Übergang führte entlang der Pferderennbahn, beim libanesischen Nationalmuseum vorbei, und der andere, noch wildere, führte durch den Hafen.

Mutter wollte mit dieser ganzen idiotischen Politik, wie sie es nannte, nichts zu tun haben, und sie wollte auch nicht einsehen, wieso sie ihre christlichen, armenischen oder kurdischen Freunde – Letztere waren jetzt genau an der Grenze des Niemandslandes situiert – plötzlich nicht mehr besuchen sollte. Wir Kinder waren immer dabei, wenn sie zu ihnen fahren wollte. Mut wird, glaube ich, von Mutter zur Tochter weitergegeben. Mein Vater raufte sich immer die Haare, aber was konnte ein Mann schon gegen eine klar entschlossene Frau tun?

Mutter nahm ihre mutig-lässige Pose hinter dem Steuer ein, und wir fuhren durch die *mazra'a*, ein ursprüngliches Mischviertel von gehobeneren Sunniten und gut situierten Schiiten, alteingesessenen Christen und am Rande auch ein paar Kurden. An das *mazra'a*-Viertel schloss sich das so genannte Niemandsland an, hier war man vogelfrei, und in ganz schlimmen Zeiten wurden die von Scharfschützen Niedergeschossenen erst nach vielen Stunden, manchmal erst nach Tagen weggetragen.

Mutters Nacken verspannte sich, und ich merkte, wie ihr Kopf zwischen den Schultern Schutz suchte, aber sie ließ sich nichts anmerken und fuhr im gleichen Tempo weiter. Christliche Phalangisten kontrollierten den Ostteil von Beirut. Wenn wir dort ankamen, hieß mein Bruder nicht mehr Bilal, sondern »Dudu«, so wie ihn meine kleine Schwester immer nannte, denn der Name Bilal wies meinen Bruder als Muslim aus. »Sicher ist sicher, wir wollen nicht unnötige Schwierigkeiten bekommen«, kommentierte meine Mutter diese Namensumwandlung. Ich musste mir das immer still vorsagen, denn diese ständigen Umstellungen verwirrten mich. Die Welt der Erwachsenen war wirklich anstrengend. Mutter hatte mit ihrer Vorsichtsmaßnahme gar nicht so Unrecht, denn an gewissen Straßensperren, sowohl der Muslime als auch der Christen, wurde die Religionszugehörigkeit zum Anlass einer Entführung oder kam gar einem Todesurteil gleich.

Der verheerende Bürgerkrieg hatte viele makabre und verwirrende Formen angenommen. Die religiöse Identität wurde zu einer politischen Identität, jeder wurde zu einer wandelnden politischen Überzeugung, die durch immer größere Kreuze an der Brust oder durch plötzlich sehr streng eingehaltene islamische Regelungen nach außen getragen. Manche hielten sich noch mehr an die Familie als eine Institution sozialen Rückhaltes, andere ließen im bestehenden Bürgerkriegschaos sämtliche Tabus und Moralvorstellungen hinter sich, um endlich als Individuum frei leben zu können.

Kleine Gruppen junger Menschen entstanden, die ihre eigene Welt innerhalb dieser gesellschaftlichen Ruinen kreierten. Sie lebten nach ihren eigenen Vorstellungen, hatten sexuelle Beziehungen miteinander, philosophierten, nahmen Drogen, taten all das, was ihnen in den Kopf kam, da sie sowieso nicht wussten, ob sie am nächsten Tag noch leben oder wie das ganze gesellschaftliche Szenario am Ende aussehen würde. »Eine Freundin von mir trifft sich mit einer Clique. Sie hat einen Freund, Rami heißt er«, flüsterte Rosa aufgeregt. »Sie schläft mit ihm«, ihre Stimme wurde bei diesen Worten noch leiser. »Stell dir vor, als ich sie fragte, ob sie denn keine Angst vor ihrer Familie habe, antwortete sie nur spöttisch: ›Wer ist schon bei diesem Chaos an Jungfräulichkeit interessiert? Ich weiß doch gar nicht, ob ich jemals heiraten, ob ich überhaupt weiterleben werde! Ich weiß nur, dass ich jetzt lebe!‹«

Rosas Mutter war eine sehr geschäftstüchtige Frau. Sie besaß ein exklusives Schuhgeschäft im alten Geschäftsviertel von Beirut, in der Nähe des ehemaligen Judenviertels. Nachdem die Altstadt im Krieg zerstört worden war, zog sie wie viele andere Christen nach Jounieh, einer kleinen Hafenstadt, die sich zum maronitischen Ministaat entwickelt hatte, und eröffnete dort ihr Schuhgeschäft. Ich mochte diese kleine, selbstbewusste Frau sehr, sie gab einem das Gefühl, dass sie genau wusste, was sie vom Leben wollte. Sie hatte nichts Mütterliches oder Sentimentales an sich und behandelte alle Familienmitglieder als verantwortungsbewusste Individuen. Sie reiste zweimal im Jahr mit ihrem Mann nach Italien, um die neueste Mode mitzubringen, und zum Teil ließ sie die Modelle im Libanon kopieren. Ihr Mann half ihr dabei, doch sie war eindeutig der Boss. Ihr Mann hatte eine kleine Textilfirma mit zehn Näherinnen, die vor allem Herrenhemden und Nachthemden für Damen herstellten.

Aufbauen konnte sich Rosas Mutter all das dank ihres Kindermädchens Wafa'. Der Name bedeutet »die Treue«, und Wafa' war wirklich eine treue Seele. Sie war diejenige, die sich um die vier Kinder kümmerte, und wenn die Eltern um einen Rat verlegen waren, gingen die Kinder zuerst zu ihr. »Wafa' ist schon seit über zwanzig Jahren bei uns. Sie hat keine eigene Familie gegründet, wir wurden zu ihren Kindern«, erzählte Rosa. Alle paar Monate besuchte Wafa' ihren Bruder, aber sonst lebte sie bei Rosas Familie. Rosa hatte viele Freiheiten, ihre Mutter vertraute ihr und sah in ihr die Erbin ihres Geschäfts. Sie wollte ihr auch ihre hart erarbeiteten Beziehungen weitergeben.

Die beiden hatten ein Abkommen. Rosa durfte ihre Freiheiten haben, doch eines musste sie versprechen: »Solange du Jungfrau bleibst, kannst du kommen und gehen, kannst dich ausbilden lassen, einen Beruf ergreifen, dich mit Freunden treffen. Denn wenn jemand etwas sagt, kann ich ihm entgegenwerfen, dass du ein ehrbares Mädchen bist. Sollte sich das Gegenteil herausstellen, verlieren wir unser Gesicht!« Rosa hielt sich streng an dieses Abkommen. Der Ruf und Name ihrer Familie waren ihr wichtiger als alle Abenteuer oder eigenen Wünsche.

Im traurigen Bürgerkrieg schienen die Christen den Kampf gegen die palästinensischen und linken, muslimischen Kämpfer zu verlieren. Doch dann mischte sich die syrische Armee ein. Sie trat als Verteidigerin der Christen auf, und wilde Kämpfe brachen zwischen den Syrern und Palästinensern aus. Um den Frieden wiederherzustellen, wurde nach langen orientalischen Verhandlungen eine arabische Friedenstruppe, die so genannte »Arabische Abschreckungskraft«, bestehend aus Saudi-Arabern, Libyern, Sudanesen und Syrern, in den Libanon entsandt.

Jetzt wurden die Kontrollposten im Lande noch bunter. Am lustigsten war es bei den Saudis. Fuhr eine Frau vorbei, so hielten sie sie an und verlangten ihre Ausweispapiere. Sie sahen dann aber nicht hin, weil sie zu schüchtern waren, unverschleierten Frauen ins Gesicht zu sehen, und sei es auch nur auf einem Foto. Sie taten mir Leid, diese traurigen Friedensverteidiger. Sie passten genauso wenig in diese verwirrende Libanonkulisse wie ihre wüstenfarbenen Tarnanzüge.

Neben unserem Haus gab es einen sudanesischen Checkpoint, und an einem lauen Nachmittag saß einer der Soldaten am Hügel gleich neben meiner Lieblingswiese. Ich setzte mich ein paar Meter hinter ihn und beobachtete diesen Mann. Mir schien er alt, aber er war sicher nicht über vierzig. Er starrte unbewegt auf das Meer, schien einsam, verloren und angewidert. Ich schlich mich näher ran, wollte mir unbedingt sein dunkles Gesicht näher ansehen. Ohne dass ich es merkte, setzte ich mich genau in einen Schwarm von Riesenheuschrecken – sie machten jedes Jahr aus Afrika kommend im Libanon Station. Graus und Schrecken überkamen mich, ich schrie, sprang auf und rannte einfach los, genau in die Richtung des Soldaten.

»Was ist los, mein Kind?«, fragte er auf Arabisch. Aber ich brachte keinen Ton hervor, irgendwie hatte ich nicht erwartet, dass er Arabisch sprach. »Woher kommst du?« war der erste spontane Satz, den ich herausbrachte. Nicht sehr höflich, dachte ich bei mir und fügte schnell ein *salamu alaykum* hinzu. »Friede sei auch mit dir«, antwortete er mit einem Lächeln. »Ich habe auch eine Tochter, ungefähr in deinem Alter. Ich gehöre zur Friedenstruppe, die keine ist, und komme aus dem Sudan!« Friedenstruppe, die keine ist, was soll denn das bedeuten?

Er muss meine Gedanken gelesen haben, seinen Blick auf das Meer richtend sprach er weiter: »Sie glauben, wir sind naiv und wissen nicht, was hier vorgeht. Armer Libanon, er wird noch lange Jahre des Krieges hinnehmen müssen. Wenn ich schon längst wieder zu Hause bin, wird es hier immer noch Krieg geben. Die Friedenstruppe wird wieder abziehen, die Syrer werden bleiben. Weder die Syrer noch die Israelis wollen Frieden in diesem Land.« Das kann nicht sein, was sprach denn dieser Soldat? Zu Hause hieß es immer, in ein paar Monaten sei alles wieder vorbei. In ein paar Monaten würde alles wieder aufgebaut, und das normale Leben könne wieder beginnen. Doch wie Recht der Mann hatte! Die Friedenstruppe zog ab, die Syrer blieben (bis heute) und herrschten nach einem altbekannten Rezept: »Teile und herrsche!« Nachdem die Palästinenser und »Progressisten« in die Mangel genommen worden waren, kamen die Maroniten an die Reihe.

Israel, dessen offensichtliche Einmischung in den Libanon durch die Präsenz der PLO begann, hatte sich vorgenommen, die Christen unter seine Fittiche zu nehmen und sie mit Waffen zu beliefern, doch als Jounieh unter dem syrischen Zangengriff litt, sahen sie untätig zu. Ihr wahres Ziel war nicht, den Maroniten zu helfen, sondern heftig in dem libanesischen Wirrwarr mitzumischen und vor allem die Palästinenser unter Kontrolle zu halten. Bei der Invasion des Südlibanons, den die Palästinenser als Angriffsbasis auf Israel ausgebaut hatten, wurden nicht nur Palästinenser, sondern auch viele Libanesen getötet.

Nach dieser Invasion im Jahre 1978 schufen sich die israelischen Truppen eine 40 Kilometer lange Schutzzone, die sie gemeinsam mit ihrem Verbündeten, der so genannten »südlibanesischen Armee« okkupierten und erst im Jahre 2 000 verlassen sollten. Einer der offensichtlichsten Gründe für die Besetzung war, dass sich die Israelis stillschweigend an den reichen Wasservorräten der Region bedienen wollten.

Eines Morgens wurden wir vom Lärm einschlagender Raketen aufgeweckt. Mutter lief zum Fenster und sah zu ihrem Entsetzen, dass israelische Schiffe die Küste bombardierten. »Die Israelis sind da!« Mehr musste sie nicht sagen, wir sprangen alle aus unseren Betten, zogen uns schnell etwas über, rannten die Treppen hinunter und liefen zum Nachbarhaus, in dem es einen Keller gab. Der einzige Keller der Umgebung. Kindergeschrei und nervös schwitzende Erwachsene erwarteten uns schon dort. Manche hatten daran gedacht, Wasserflaschen mitzubringen, die sie freundlicherweise weitergaben.

Es war stickig und heiß, es war Juni 1982. Wir blieben ein paar Stunden im Keller, doch dann beschlossen die meisten, wieder raufzugehen und lieber draußen an der frischen Luft zu sterben als hier im Keller, der sich zu einer Sauna entwickelt hatte, zu ersticken. Also gingen wir zu unserem Haus oder dem, was davon übrig geblieben war, zurück. Eine Rakete hatte nämlich den obersten Stock vollkommen zerstört, doch unsere Wohnung stand, Gott sei Dank, noch. Zweieinhalb Monate verbrachten wir im intensivsten Krieg.

Die Israelis bombardierten Beirut von der Küste und aus der Luft, gleichzeitig zog die israelische Armee in Westbeirut ein. Straße um Straße kämpften die israelis mit Panzern und schwerer Artillerie gegen die palästinensischen Fedayyin. Mutter beschloss, nicht tatenlos zuzusehen, und verlangte dasselbe von uns Kindern. Wir versorgten die Freiheitskämpfer mit Wasser und Brot, und Mutter führte die Verwundeten in die Spitäler der Umgebung. Sie stellte auch ihr Auto zur Verfügung, das am Ende des Tages mit immer mehr Einschusslöchern zurückgebracht wurde. Bald waren mehr Löcher als Blech zu sehen, aber unser japanischer »Subaru« hielt durch.

Die israelischen Kontrollposten mehrten sich, und es wurde immer schwieriger, Nahrung, Wasser und auch Informationen von einem Posten zum anderen zu bringen. Die ganze Bevölkerung litt unter Wasser- und Nahrungsmangel, da beides von den israelischen Truppen zurückgehalten wurde. »Stell dir vor, gestern habe ich eine Gurke erhaschen können«, erzählte Sami, ein Freund meines Bruders, »die ich genüsslich zu essen begann. Da kamen zwei kleine Kinder und eine schwangere Frau und liefen mir nach: ›Gib uns auch ein Stück!‹, riefen sie. Mir blieb vor Mitleid der Bissen im Hals stecken, und ich teilte die Gurke unter uns vieren!«

Sami hatte seine Eltern und drei Geschwister im Krieg verloren, eine Bombe hatte ihr Haus zerschmettert, während er auf der Straße war. Er lebte jetzt auf der Straße, und die Angst vor dem Tod hatte er aus seinem Herzen verbannt. Er wollte zu seinem Onkel, der in einem anderen Beiruter Viertel wohnte, und da Sami Palästinenser war, hatte er Angst, von den Israelis erwischt zu werden. »Wir helfen dir!«, beschlossen mein Bruder und ich. Ohne jemandem etwas zu erzählen, nahmen wir Mutters Auto. Ich setzte mich ans Lenkrad, mein Bruder setzte sich neben mich, und Sami legte sich hinten auf den Boden, wo er zwischen den beiden Autositzen hindurchlugen konnte.

Sami kannte sich perfekt aus, er lotste uns auf Umwegen, durch kleine Gassen, durch die Stadt, doch plötzlich stand ein israelischer Kontrollposten vor uns. Sami deckte sich schnell mit dem mitgebrachten Tuch zu, und ich fuhr herzklopfend an den Mann heran: »Wo wollt ihr hin?«, fragte er auf Arabisch. Ich beschloss, Englisch zu sprechen und mich naiv zu stellen. »Wir wollen zu meiner Freundin nach *mazra'a*, sie fährt morgen nach Amerika, wir wollen sie verabschieden.« Der Soldat sah mich streng an. Ich lächelte dumm. »Wer ist das?« – »Mein Bruder!« – »Kofferraum aufmachen!« Ich zog den Hebel, und er ging nach hinten, um nachzusehen. Ich beschloss, hochnäsig zu tun und im Auto zu bleiben, im Notfall würde ich Gas geben. Langsam kam er vor, dabei sah er auf den Rücksitz.

»Hallo«, rief ich schnell, »gibt es einen kurzen Weg, um nach *mazra'a* zu kommen?« Der Soldat drehte seinen Kopf und sah mich forschend an. »Geradeaus«, antwortete er beiläufig, schlug mit der flachen Hand aufs Auto, und wir durften weiterfahren. Lachend zog Sami das Tuch weg, wir drei kamen uns wie Helden vor. Ohne weitere Zwischenfälle erreichten wir *mazra'a*. »Danke, ihr habt mir sehr geholfen. Wenn sie uns erwischt hätten, hätten sie uns alle drei ermordet, ich habe nämlich wichtige Dokumente für die Zentrale dabei!« Ganz schön frech, diese Palästinenser! Doch es sollte ihnen nicht viel helfen.

Unter dem israelischen und internationalen Druck verließen schließlich 8 000 palästinensische Kämpfer und mit ihnen Jassir Arafat libanesischen Boden, sie zogen nach Tunesien und in andere arabische Länder. Die PLO sagte, dass sie sich zurückziehe, um der libanesischen Bevölkerung weiteres Leid zu ersparen. Nach dieser Ära begann eine neue Phase in der libanesischen Geschichte: Westlicher, vor allem amerikanischer Einfluss machte sich breit.

Die amerikanische Marine postierte sich um den Beiruter Flughafen, ein italienisches Kontingent nahm Positionen um die Palästinenserlager ein, ein französisches Kontingent patrouillierte in der Stadt, und ein britisches Kontingent nahm seine Positionen südlich der Stadt ein, nicht weit von einem israelischen Posten entfernt. Die ganze Einheit war als MNF, als Multinationaler Truppenverband (Multi National Force) bekannt.

In ihrer Freizeit besuchten die Soldaten *Hamra*, die vor Leben strotzende Geschäftsader von Westbeirut. Hier konzentrierte sich der zähe Überlebenswille dieser Handelsmetropole in imponierender Weise. Zwischen den Ruinen des Krieges und den aufgestapelten Sandsäcken konnten sie noch immer alle nur denkbaren Waren und Luxusprodukte finden. Die Boutiquen mit ihren Markenwaren und neuesten Kreationen aus aller Welt wurden hauptsächlich von den Italienern besucht.

Die Italiener mit ihren Ray-Bans-Brillen waren den Libanesen am sympathischsten. Man konnte mit ihnen handeln, kleine Nebengeschäfte ausmachen, und sie verstanden den libanesischen Witz und Charme besser als die strengeren Franzosen oder die reservierteren Briten. Die Amerikaner unterstützten die libanesische Regierung und halfen durch Training und Waffenlieferung beim Aufbau der libanesischen Armee. Eine Periode des Aufatmens und der Hoffnung brach an. »Es wird doch besser werden, der Krieg ist zu Ende. Alles wird wieder gut!«, hieß es zu Hause und auf den Straßen. Im Libanon zu leben bedeutete, seinen Instinkten zu vertrauen, und es gab genug Menschen, die wussten, dass es noch nicht zu Ende war. Das eigentliche Problem aber war noch nicht gelöst: die politische Macht unter allen libanesischen Gemeinschaften gerecht zu verteilen.

Im April 1983 wurde die amerikanische Botschaft in die Luft gesprengt. Unter dem Druck der Amerikaner hatten sich der Libanon und Israel zu Gesprächen zusammengesetzt, um den Rückzug der israelischen Armee zu erreichen. Am 17. Mai wurde dieser Rückzug vertraglich vereinbart. Das Abkommen wurde von vielen Muslimen, manchen Christen und auch den Syrern mit Wut zur Kenntnis genommen, weil sie das Gefühl hatten, dass es nur den amerikanischen und israelischen Interessen diente.

Also begannen die Kämpfe zwischen den muslimischen und christlichen Milizen erneut, und die libanesische Armee wurde mehrmals von der Regierung dazu aufgefordert, die schiitischen Viertel Beiruts zu bombardieren – Befehle, die wieder einmal zur Aufsplitterung der Armee führten, da die schiitischen Soldaten sie nicht befolgen konnten. Die MNF zog sich zurück, nur die Franzosen blieben. Wieder kam es also zu Kämpfen zwischen den muslimischen Milizen, die gegen das israelisch-amerikanische Abkommen waren, und den christlichen Milizen, die dem Präsidenten gegenüber loyal waren.

Der Einfluss der Syrer im Libanon wuchs, und der Zerfall der libanesischen Armee und Regierung wurde weiter vorangetrieben.

Damit endeten auch die Bemühungen Israels und der Vereinigten Staaten, eine ihnen zugeneigte libanesische Regierung zu erstellen. Unter dem Druck der Syrer und der muslimischen Führer war der damalige Präsident Gemayel gezwungen, das Truppenabzugsabkommen, das ein Jahr zuvor unterzeichnet worden war, aufzuheben.

Die schiitische Gemeinde begann, ihre ganze Energie gegen die Israelis aufzubringen, und sie schaffte es, der mächtigen Armee mehrmals erhebliche Verluste zuzufügen und so deren Ruf der Unbesiegbarkeit zu unterminieren. Die Schiiten hatten es satt, die ewigen Unterdrückten zu sein, und sie waren bereit, für ihre Rechte und ihre Freiheit zu sterben. Mehrfach trafen sich die libanesischen Führer, um politische Reformen zu diskutieren und den muslimischen Gemeinden ihre Rechte zu geben. Doch die Christen hatten Angst, dass dies ihre ohnehin schon geschwächte Position noch mehr gefährden und den Syrern noch mehr Einfluss geben würde. Jeder wusste, dass weitreichende politische Reformen notwendig waren, um endlich einen vereinten, starken und unabhängigen Libanon zu erschaffen, doch stattdessen war jeder mit seinen eigenen Strategien und Machtspielen beschäftigt.

»Viele glauben, dass wir, wenn die fremden Mächte endlich aufhörten, sich in den Libanon einzumischen, keine Probleme mehr hätten und in Frieden leben könnten. Doch leider ist das nur ein Wunschdenken, das höchstwahrscheinlich nie Wirklichkeit werden wird. Zu wichtig ist die strategische Position des Libanons. Jetzt sind die Syrer da, doch auch sie werden im libanesischen Sumpf versinken. Eigentlich hat der Krieg außer Zerstörung und Tod überhaupt nichts gebracht. Es hat sich ja, was die Reformen betrifft, überhaupt nichts verändert«, sprach der Gemüsehändler in einem fatalistischen, müden Ton. Die Libanesen waren politisch immer sehr gut informiert – von einer Nachrichtensendung zur anderen zu schalten ist im Krieg zum Volkssport geworden.

Viele Libanesen hatten die Gewalt, die ständige Unsicherheit, das häufige Schließen der Schulen und Universitäten, den fast täglichen Stromausfall, den chronischen Wassermangel und das ewige Bangen um die Familienmitglieder, wenn wieder einmal eine Bombe hochging, satt. Wer es sich leisten konnte, suchte nach einem neuen Leben in einem anderen Land. In den Sommerferien kamen diese Menschen dann meistens auf Besuch und wollten sehen, was die Entwicklungen der letzten Monate gebracht hatten. Meist reisten diese Exilanten am Ende eines trotz allem schönen Sommers – Vergnügungen, Spiele, Diskos und Badeklubs gab es noch immer zur Genüge – ab, um dann wieder ein Jahr lang fort zu sein.

»Man kann in der ganzen Welt leben, aber schöner als im Libanon ist es nirgendwo!« Jeder sehnte sich zurück, und die, die blieben, wurden immer deprimierter. Die verheerende ökonomische Lage des Landes, der Verfall der libanesischen Lira und der Abzug des libanesischen Kapitals machten das Leben für die unteren und mittleren Schichten zur Hölle. Nur die, die ihr Erspartes in US-Dollar umgetauscht hatten, von Familienmitgliedern außerhalb des Landes unterstützt wurden oder zu den Neureichen des Krieges beziehungsweise zur regierenden Schicht gehörten, lebten weiterhin in ihren heilen Oasen zwischen den Trümmern.

Sollte der Libanon also weiterhin auf der Aufsplitterung der verschiedenen religiösen und ethnischen Gemeinschaften beharren oder würde er Frauen und Männern ein autonomeres Leben mit großzügigen Handelsspielräumen ermöglichen und endlich einsehen, dass die Menschen aufgrund ihrer Kapazitäten – jenseits der Zwänge der einzelnen Gemeinschaften – zum Aufbau des Libanons beitragen konnten?

Im März 1998 schlug der libanesische Präsident Hrawi dem Parlament vor, die freiwillig gewählte Zivilehe zu legitimieren. Damit wollte man die Schluchten, die während des Bürgerkrieges zwischen den verschiedenen Glaubensgemeinschaften entstanden waren, überbrücken und eine neue Ära der Toleranz einleiten. Die muslimischen und christlichen Führer lehnten den Vorschlag vehement ab. Eigentlich hätten mit diesem und ähnlich modernen Gesetzesvorschlägen die Clan- und Familienorganisation geschwächt und der Staat gestärkt werden sollen. Ob dies der geeignete Weg für die Libanesen ist, wird sich zeigen.

Die bunten Frauen des Libanon

Wer eine Frau um ihrer Schönheit willen nimmt, wird betrogen werden;
Wer eine wegen ihres Reichtums heiratet, ist ein Habsüchtiger;
Wer jedoch die Seine ihres Verstandes wegen erwählt, kann sagen, dass er glücklich verheiratet ist.

Arabisches Sprichwort

Genauso kunterbunt wie die Politik und die ethnischen Gruppen im Lande sind auch die libanesischen Frauen. Man findet Frauen in engen Bikinis am Strand von Jounieh, und ein paar Kilometer entfernt läuft eine Libanesin im *hijab*, dem Kopfschleier, durch die Straße von Baalbek. Wie in so vielen arabischen Ländern sind es wiederum die Frauen, die die verschiedenen Charaktere und Gegensätze im Land am klarsten aufzeigen. Die libanesische Regierung scheint daran interessiert zu sein, diese Unterschiede beizubehalten und sie durch die verschiedenen patriarchalen und sektiererischen Gesetze nur noch mehr zu zementieren.

Seit 1953 haben die libanesischen Frauen das Wahlrecht, und seitdem hat es im Libanon viele feministische Gruppierungen, die für die Rechte der Frauen in der Gesellschaft kämpften, gegeben. 1996 erreichten sie, dass alle diskriminierenden Elemente aus den libanesischen Konventionen getilgt wurden – außer im Familienrecht und im Übertragen der libanesischen Staatsbürgerschaft durch die Ehefrau an den nichtlibanesischen Ehemann und ihre Kinder. Da die Kinder in arabischen Gesellschaften die Religion des Vaters annehmen und seine Religion eine andere als die der libanesischen Mutter sein könnte, könnte dies das sektiererische Gleichgewicht stören, denn im Libanon bedeutet religiöse Zugehörigkeit auch politische Zugehörigkeit.

Trotz der Errungenschaften bestehen noch immer viele gesetzliche Hürden, die meist einen sektiererischen Charakter haben, sodass Frauen nicht nur Männern gegenüber ungleich behandelt werden, sondern auch untereinander. Das zeigte sich vor allem im Personengesetz und im Ehegesetz. So haben nichtmuslimische Frauen seit 1959 das Recht auf denselben Erbteil wie ihre Brüder, während die meisten muslimischen Frauen nur die Hälfte erben. Was das Ehegesetz betrifft, so zeigt sich die Tendenz der Aufsplitterung der Gesellschaft hier am deutlichsten: Eine Frau und ein Mann verschiedener Konfession können nur heiraten, wenn einer von ihnen übertritt.

Ironischerweise aber erkennt das libanesische Gesetz Zivilehen, die außerhalb des Landes geschlossen wurden, an. Also reisen viele Paare, die unterschiedlichen Konfessionen angehören, nach Griechenland oder Zypern, um dort zu heiraten. Nach libanesischem Gesetz leben aber solche Paare in »wilder« Ehe. Sollte es zur Scheidung kommen, wendet das libanesische Gericht das Gesetz des jeweiligen Landes an, in dem die Ehe abgeschlossen wurde. Deswegen fordern Frauenorganisationen das Recht auf Zivilehe auch im Libanon und zeigen auf, dass diese Möglichkeit bereits in zwei muslimischen Ländern – Tunesien und der Türkei – besteht, ebenso im christlichen Europa. Doch dieser Vorschlag wird nicht nur von den religiösen Führern abgelehnt, sondern auch von den Politikern, die weiterhin ihre Macht aus der Fragmentierung der libanesischen Gemeinden schöpfen.

Die libanesischen Frauen sind sehr aktiv am öffentlichen Leben beteiligt, man findet sie in allen Bereichen. Sie stellen 27 Prozent der Arbeitskräfte des Landes, wobei aber die gehobeneren Positionen fast ausschließlich von Männern besetzt sind, obwohl 50 Prozent der Universitätsabsolventen Frauen sind. Interessanterweise sind Frauen im libanesischen Parlament nur mit zwei Prozent vertreten. Dass Frauen keinen Zugang zu den hohen und wichtigen Positionen finden, steht im Widerspruch zu ihrem Vormarsch im Bildungsbereich. Auch dieser Widerspruch wurzelt im patriarchalen und sektiererischen System des Landes.

Frauen wurden durch das starke patriarchale System des Landes nicht gerade ermutigt, sich an der Politik zu beteiligen, außerdem vererbten männliche Führer ihre Machtpositionen meist an ihre Söhne weiter. Nur wenigen libanesischen Führern war es gelungen, sich auf anderem Wege eine eigene Machtbasis zu schaffen. Doch sobald sie eine wichtige politische Position eingenommen hatten, beteiligten sie sich an der bestehenden Struktur, anstatt sie zu bekämpfen. Daher sehen viele Frauen in der Bildung eines säkularen Staates die einzige Möglichkeit für eine gleichberechtigte Position aller libanesischen Bürgerinnen und Bürger und für die Entwicklung von einem archaischen politischen System zu einem modernen Staat, in dem Frauen und Männer gemeinsam die libanesische Zukunft gestalten können.

»Es erstaunte mich immer wieder, mit welchem Selbstbewusstsein die libanesischen Frauen durchs Leben gingen. Die meisten gut situierten Frauen wirkten auf mich wie Kind-Frauen, verwöhnt und egozentrisch, immer einen Hauch von Langeweile um die Lippen, und trotzdem beneidete ich sie für diese Selbstsicherheit und ihre unbelastete Einstellung zu ihrer Umwelt und all den Problemen, die sie beinhaltete. Sie waren sowohl in emotionaler wie in intellektueller Hinsicht Kinder geblieben und schienen nur mit sich und ihrem unmittelbaren Umkreis beschäftigt zu sein. Seid schön, kindlich-erfrischend, süß-launisch-fordernd und naiv, das reicht, mehr wird von euch nicht verlangt!«

Zynisch warf Suha diese Worte in den Raum. Sie war eine ehrgeizige, hochbegabte junge Frau und aktives Mitglied einer Frauenorganisation, doch auch hier war sie kritisch: »Die meisten libanesischen Frauenorganisationen tragen durch ihre sektiererische Mitgliedschaft nur weiter zur Aufsplitterung bei. Wir haben maronitische, griechisch-orthodoxe und schiitische Frauenwohltätigkeitsvereine, doch wir brauchen eine nationale Einheit, es muss endlich in die Köpfe und Herzen der Menschen hier, dass wir alle vor allem Libanesinnen sind!«

Suha lehnte sich zurück in ihrem Stuhl und setzte eine undurchlässige Miene auf. Sie schien sich immer wieder selbst am Schopf zu packen, um nicht ganz den furchtbaren Abhang der Ernüchterung hinabzugleiten. Ihr scharfer analytischer Blick gab ihr die Fähigkeit, die Ereignisse unsentimental zu sehen, und aus dieser Perspektive fuhr sie fort: »Es muss in der libanesischen Geschichte offenbar immer zu einer Krise kommen, bevor Reformen dieses sektiererischen Systems vorgeschlagen werden. In den 70er Jahren kam es wieder einmal zur Zuspitzung der wirtschaftlichen und politischen Situation.

Die fortschrittlichen, linken Bewegungen forderten die Beseitigung der *ta'ifiya*, des Konfessionalismus und die *'almaniya*, der Säkularisierung des Staatsapparates, auch eine Verbesserung der sozialen Lage der Arbeiter und Bauern verlangten sie. Es ist meiner Meinung nach ein Trugschluss, dass die sozialen und ideologischen Divergenzen im Libanon auf Glaubensbekenntnisse zurückzuführen sind.

Die herrschenden Kreise des Libanons sowie die Regierungen der USA und Israels, aber auch Saudi-Arabiens und anderer arabischer Länder sahen im Blutvergießen eine letzte Chance, um die künstlich geschaffenen Schranken zwischen den einzelnen Bevölkerungsgruppen zu erhalten. Auch die sozioökonomischen Abhängigkeitsverhältnisse innerhalb der Bevölkerung und die Funktion des Libanons als strategisches Schaltzentrum für die politischen Interessen der USA sollten bestehen bleiben, um die Schwächung der immer stärker werdenden politischen Präsenz der Palästinenser zu erreichen.

Trotzdem war es den patriotischen Kräften 1976 gelungen, eine Einigung zu erzielen und dem libanesischen Parlament ein Dokument zur Verfassungsreform vorzulegen sowie eine Feuereinstellung zu erreichen. Leider waren die damit verbundenen Hoffnungen nur von kurzer Dauer, wie man ja weiß.« Sie zog die Augen zusammen, und ich spürte, wie ein Schmerz in ihrem Herzen aufkam, sie musste viel Leid im Krieg erfahren haben.

»Jetzt nach den Massakern des Krieges stehen wir wieder vor den Wünschen zur Reform, und ich finde, wir Frauen sollten eine aktive Rolle in der Durchsetzung spielen. Wir haben so viele libanesische Denkerinnen und Schriftstellerinnen, die uns den Nachteil des Sektierertums und des strengen patriarchalen Systems aufgezeigt haben.

Da ist zum Beispiel Layla Baalbaki, die die individuelle und politische Freiheit verficht, und Ghada Samman, die uns in ihren Werken die Wichtigkeit der Selbstverwirklichung vorgeführt hat, oder Fawzia Al-Shaych, die frauenspezifische Probleme in der arabischen Welt zu ihrem zentralen Thema machte, und Emily Nasrallah, die durch ihre Werke das Bewusstsein für feministisch-politische Themen förderte und bewies, dass die Entwicklung der Gesellschaft nicht ohne die verbesserte Situation der Frauen eintreten kann. Wir sind eine neue Generation von Frauen, und wir lassen uns nicht mehr in dieses alte Spiel von Christen und Muslimen hineinziehen und auch nicht mehr von den patriarchalen Strukturen unterdrücken.«

SYRIEN

»Streck deine Hand aus!«
»Nein, streck du!«
»Lass uns doch beide die Hände ausstrecken
und den Reigen tanzen!«

ROSINA-FAWZIA AL-RAWI

Großes Syrien

Syrien liegt im Schnittpunkt dreier Kontinente und ist geographisch und historisch äußerst abwechslungsreich – ein Küstengebirgszug, Täler, der Antilibanon, Hochland, Ebenen und die Syrische Wüste, die in die Tiefebene zwischen Euphrat und Tigris ausläuft. Und genauso wie das Land ist auch die Bevölkerung ethnisch und religiös sehr vielfältig. In Syrien leben Muslime, Sunniten sowie Schiiten; Nusairier oder Alawiten, die Ali, den Vetter und Schwiegersohn des Propheten und vierten Kalifen, als Inkarnation der Gottheit verehren; Drusen, ein Volk mit einem Religionssystem mit mystischem und pantheistischem Einschlag, das den entrückten Fatimiden-Herrscher Al-Hakim verehrt; Juden, Maroniten, unierte Katholiken der syrischen Kirche; griechisch-orthodoxe und andere christliche Minoritäten. Diese bunte Schar lebt entweder in Städten oder auf dem Lande oder auch als Nomaden oder Halbnomaden.

Über eine fast lebensgefährliche Bergstraße führt der Weg vom Libanon nach Damaskus, und die meisten Taxifahrer führen sich auf dieser Strecke auf, als ob sie herausfinden wollten, ob ihnen Allah ein weiteres Leben beschieden habe oder nicht. Wenn man es also schafft, in Damaskus heil anzukommen, und sich die an der Lehne verkrampften Finger entspannt haben, ist man erst einmal über das geschenkte Leben glücklich und öffnet die Augen neugierig auf das Gewimmel dieser Stadt.

Gleich danach wird man in einen anderen Zustand versetzt, die Nase beginnt, vom Gestank des Benzins zu jucken, und der Kopf wird leicht benebelt. Komisch, anscheinend wurde das Benzin in diesem Land nicht gut gefiltert. In Damaskus zieht es den Besucher als Erstes in die überquellenden Suks, und das Herz dieser Suks bildete die berühmte Umayyadische Moschee, erbaut in den Jahren 706 bis 715. Beides, die große Moschee und die Märkte, sind typische Charakteristika einer islamischen Stadt.

Die Umayyaden, das erste Kalifat außerhalb der arabischen Halbinsel, hatten Damaskus als Hauptstadt und als Sitz des Kalifen auserkoren. Der Gründer der Dynastie war der berühmte Kalif Mu'awiya, der von 661 bis 680 in Damaskus herrschte. Er war ein begabter Staatsmann, der seine Diplomatie mit den Worten beschrieb: »Zwischen mir und meinem Volk ist ein Seidenfaden. Ziehen sie, so gebe ich nach, und geben sie nach, so ziehe ich!« Beliebt war er trotzdem nicht, weil man ihm die Schuld an der Aufsplitterung der muslimischen Gemeinde in Sunniten und Schiiten gab.

Sein Lieblingsgericht war *muluchiya* – ein einheimisches Gemüse, das wie Spinat aussieht und einen malvenartigen Geschmack hat. Die Schiiten essen es bis heute nicht. Um zu ergründen, ob jemand Sunnit oder Schiit ist, wird also gern gefragt: »Isst du *muluchiya*?« – »Nein, ich mag sie nicht!« Aha, denkt sich der Fragende, sie ist Schiitin!

Die Umayyaden standen nach zahlreichen Eroberungen – vom Maghreb bis ins nordwestliche Indien – vor dem Problem, ein großes Reich verwalten zu müssen und die Transformation vom Nomadenleben zur Sesshaftigkeit einzuleiten. Sie begannen also, sich auf Kompromisse einzulassen. Das brachte ihnen den Verdacht ein, vor allem nach Eigeninteressen und weltlichen Zielen zu handeln und nicht, wie die früheren Kalifen in Mekka, die Verbreitung des Islams voranzutreiben. Von Beginn an waren die Umayyaden der Kritik von Männern und Frauen ausgesetzt, die ihnen vorwarfen, die fromme Einfachheit von Medina für den neuen Luxus des Reiches aufgegeben zu haben.

Doch aus staatsmännischer Sicht war es eine bedeutende Leistung der Umayyaden, dass sie es schafften, den Zusammenhalt des Staates zu sichern. Sie waren in erster Linie an der Beherrschung und Verwaltung des neuen Reiches interessiert.

Die Verantwortung für die Wahrung der Scharia legten sie in die Hände einzelner *qadis*, Richter. Diese Richter entschieden Gesetzesfragen von Fall zu Fall, wobei sie versuchten, bei allen neuen Situationen, mit denen sie konfrontiert wurden, Präzedenzfälle früherer muslimischer Generationen und insbesondere den Koran und den Hadith heranzuziehen. Der Prozess der Kodierung der Scharia – des göttlichen Gesetzes und der Systematisierung der Lehren bezüglich aller Aspekte des Lebens – begann erst mit der Ankunft der nächsten Dynastie, der Abbasiden.

Das Kalifat wurde von nun an praktisch erblich und stellte nicht mehr die gewählte Führung der Muslimgemeinde dar, wie es in den ersten drei Jahrzehnten nach dem Propheten Mohammed üblich war. Der beduinische Gedanke der Wahl lebte nur mehr in der Zeremonie der *bay'a* (wörtlich: »Kauf«) weiter. In dieser Zeremonie nimmt der neue Kalif die Hand des vorhergehenden Kalifen als Zeichen seiner Huldigung an. Zwar war die offizielle Bestätigung der Stammesführer noch immer notwendig, aber es war klar, dass die Sippe der Umayyaden die Macht innehatte.

Aus den Söhnen der Wüste waren sesshafte Städter geworden, und man entwickelte Gepflogenheiten und Zeremonien, die sich vor allem an die der byzantinischen Könige anlehnten. Es begann der neue Prozess zur Entwicklung einer städtischen Kultur. Das große islamische Reich musste organisiert werden. Die ursprünglichen, stammesorientierten arabischen Heere wurden durch bezahlte stehende Armeen ersetzt, die zur ersten geordneten und disziplinierten islamischen Armee wurden.

Und die Situation der Frauen änderte sich auch in dieser neuen Entwicklung. Es ziemte sich nicht mehr, frei und unbeaufsichtigt umherzugehen. Man bot ihnen die Gärten und Basare, jeden erdenklichen Luxus und märchenhafte Schlossmauern. Sie brauchten zwar nicht mehr zu kämpfen, die Zelte zu weben und sich um das Land und die Herden zu kümmern – es gab ja immer mehr Sklaven durch die vielen Eroberungen –, aber sie hatten auch ihre Freiheit und zum Großteil ihr Mitspracherecht und die Möglichkeit, sich aktiv am Aufbau der Gemeinde zu beteiligen, verloren.

»Sei schön anzusehen und gebäre Söhne, alles andere wird erledigt!«, wurde den Frauen nahe gelegt. Natürlich blieben die ärmeren Frauen auf der Straße, doch ihre gebildeten, einflussreicheren Schwestern verschwanden allmählich, wenn auch nicht ohne Protest, hinter die Kulissen. Das, was die Abbasiden für die Kontrolle der Frauen entwickelt hatten, hatte schon unter den Umayyaden begonnen, nur waren die Abbasiden eher durch die Perser, die Umayyaden eher durch die Byzantiner inspiriert.

Doch die Sehnsucht der ursprünglichen Beduininnen nach dem freien Wüstenleben blieb. Mu'awyas Lieblingsfrau Maysun drückte ihre Sehnsucht nach dem freieren Leben der Vergangenheit und ihren Protest gegen die jetzige Situation in einem Lied aus:

Ein Kleid von Woll und frei das Herz von Leide
Ist lieber mir als ein Gewand von Seide.
Ein Zelt, an das der Wüste Winde schlagen,
Ist lieber mir als der Paläste Ragen.
Ein hart Kamel im freien Feld zu reiten
Ist lieber mir als Maultiers sanftes Schreiten.
Ein Hund, der für die Wanderer bellt zum Zeichen,
Ist lieber als die Kätzchen mir, die weichen.
Ein Bissen Brot im Winkel einer Hütte
Ist lieber mir als eines Kuchens Schnitte.
Ein Rüstiger und Schlanker, der mein Vetter,
Ist lieber als ein Tölpel mir, ein fetter.

Immer wieder reiste sie mit ihrem Sohn in die *badiya*, in die Syrische Wüste, in der ihr Stamm umherstreifte und wo ihr Sohn in der Jagd, im Reiten und in der Kunst des Dichtens unterrichtet wurde. Von dieser Zeit an wurde die *badiya* für die umayyadischen Prinzen zur Schule, in die sie gesandt wurden, um die reine arabische Sprache zu lernen, denn niemand beherrschte sie besser als die Beduinen. Die Prinzen sollten sich dort in der Dichtkunst üben und von der Verweichlichung des Städtelebens fern gehalten werden.

Als gebildet wurde man damals bezeichnet, wenn man in einer reinen arabischen Sprache sprechen, geschickt mit Pfeil und Bogen umgehen sowie reiten und schwimmen konnte. Beduinische Tugenden – wie Mut, Ausdauer, *sabr*, Geduld in schweren Zeiten, *jiwar*, die Beachtung der Rechte der Nachbarn, Großzügigkeit und Gastfreundschaft, *muru'ah*, wahre Männlichkeit, Respekt vor den Frauen, die Einhaltung von Versprechen wie die Gewöhnung an wenig Schlaf – waren Eigenschaften, die hoch gelobt wurden.

Wer es sich nicht leisten konnte, seine Kinder in die *badiya* zu schicken, sandte sie zur Ausbildung in die Moscheen, wo sie Unterricht im Koran und im Hadith bekamen.

Die Größe der Umayyaden zeigte sich vor allem in ihren prächtigen Bauten, dem dauerhaftesten Zeugnis menschlichen Schaffens, und in der Dichtkunst. Es war wohl vor allem die Sehnsucht der nun sesshaften Beduinen, ihrer Sesshaftigkeit eine äußere Form der Schönheit zu geben.

Die Baukunst der Umayyaden zeigte sich vor allem in einer Reihe großer Moscheen. Das berühmteste Beispiel ist der Felsendom in Jerusalem, der – an dem Ort, an dem nach jüdischer Überlieferung von Abraham verlangt wurde, seinen Sohn Isaak zu opfern – in den Jahren 689 bis 692 erbaut wurde. Man hatte diesen Ort für die Errichtung des Doms auserwählt, weil er symbolisch daran erinnern sollte, dass der Islam in der Nachfolge Abrahams steht. Großartige Moscheen wurden im ganzen Reich erbaut und waren das Symbol einer neuen eigenständigen Gemeinde.

Mit dem Islam verbreitete sich auch die arabische Sprache. Anders als die meisten germanischen Eroberer gaben die Araber ihre Sprache nicht gegen die Sprachen der unterworfenen Völker auf, sondern brachten sie ihnen bei und machten daraus ein Instrument von universeller Geltung. Sie war zwar die Sprache der Herrscher und die Sprache der islamischen Offenbarung, aber ohne ihre besonderen Qualitäten und ihre schöpferische Kraft hätte sie dieser verbindenden Funktion nicht gerecht werden können, denn sogar Autoren, die sich gegen die arabische Hegemonie wandten, konnten sich ihrer Kraft nicht entziehen und schrieben Arabisch.

Der fünfte umayyadische Kalif Abd Al-Malik (685–705) – insgesamt gab es vierzehn umayyadische Kalifen – galt als der fähigste Kopf der Dynastie, was die Verwaltung betraf. Sein Ziel war es, das große Reich zu vereinen. Seine drei Stützen waren: Vereinheitlichung, Islamisierung und Arabisierung. Als ersten Schritt erhob er Arabisch in allen Teilen des Reiches zur Verwaltungssprache. Und dann kam ein neuer Münztypus in Umlauf. Er schuf eine einzige Goldmünze, den Dinar, mit einem Gewicht von 4,25 Gramm Gold und eine Silbermünze, den Dirham mit 2,97 Gramm Silber, im Gewicht sieben Zehntel des Dinars. Diese Münzen, Symbole von Macht und Identität, trugen arabisch-islamische Aufschriften und wurden mit der Zeit im internationalen Warenverkehr zur Leitwährung, so wie in der heutigen Zeit der US-Dollar.

Auch wurde der Postdienst entwickelt. Zum Transport der Post verwendete man Pferde, in den Wüstenregionen Kamele. Ursprünglich wurde das System für Regierungszwecke entwickelt, doch mit der Zeit konnte es auch privat, gegen Bezahlung, genutzt werden und ermöglichte so den Kontakt zwischen den Bewohnern verschiedener Provinzen. Jede Provinzhauptstadt bekam eine Hauptpost, und es wurden Straßen gebaut, die die verschiedenen Städte mit Damaskus, dem Sitz des Kalifen, verbanden.

Wenn heute in der arabischen Welt an die Umayyaden gedacht wird, dann denkt man vor allem an den Wechsel vom einfachen Beduinenleben zur Sesshaftigkeit und all die Neuerungen und Umformungen, die dazugehörten. Sie sind aber auch bis heute das Symbol einer arabischen Kultur, in der die Dichtkunst besonders gepflegt und gefördert wurde und in der die poetische Tradition eine neue Blüte erlebte.

Die vorislamische Dichtung ist bezeichnend für ihre Einfachheit und Reinheit der Gefühle, geformt durch die Härte der Wüste, die sowohl strenge Loyalität zur Gemeinschaft als auch starken Individualismus nährte. Der Dichter war das Sprachrohr seines Stammes, er war Propagandist, Journalist, Prediger, Unterhalter und der politische Repräsentant seiner Leute, und so wie die Krieger den Stamm mit dem Schwert verteidigten, kämpften die Dichter für die Ehre und die Rechte ihres Stammes mit ihren Versen. Und wie sehr eignete sich die arabische Sprache, diese rhythmische fließende Sprache für Verse!

Wie alle alten semitischen Sprachen, von denen Arabisch die jüngste und am weitesten verbreitete ist, ist Arabisch auf einem Dreikonsonantensystem aufgebaut:

Nehmen wir die Wurzel »k – t – b«, welche die Idee des »Schreibens« in sich trägt, und setzen wir es in verschiedene vorgelegte Formen. Es gibt vierzehn verschiedene Formen, die man dem Dreikonsonantensystem überstülpen kann. Dann fließen daraus die Worte: *kataba* (schreiben); *kitab* (Buch); *maktab* (Büro); *maktaba* (Buchhandlung); *maktub* (Brief); *mukataba* (Korrespondenz); *kaatib* (Schriftsteller); *kuttab* (Koranschule); *kitaba* (Schriftstück, geschriebenes Amulett); *istiktab* (Diktat).

Jedes Mal werden andere Laute – meist Vokale – nach vorgelegten Formen, der Grundwurzel »k – t – b« hinzugefügt. So sind im Arabischen der Rhythmus und die Melodie schon vorgegeben, und es wird dem ästhetischen Rhythmus und der kreativen Melodie genauso viel Wichtigkeit gegeben wie dem Inhalt.

Der Inhalt eines Gedichtes, *qasida*, bestehend aus siebzig bis achtzig Paaren von Halbversen, beinhaltete viele Themen: Liebe, Frauen, Kampf, Kamele, Pferde, Wüstenlandschaften und Stürme. Verbunden werden diese verschiedenen Themen durch den Rhythmus und zwei Halbverse – ein Halbvers ist so lang wie eine Zeile in der europäischen Dichtung –, die dem Sinn nach in sich abgeschlossen und sprachlich vollendet sein sollten.

Die darauf folgende Dichtung zur Zeit der Umayyaden war das Produkt einer komplexeren, »städtischen« Ära. Der Inhalt des Gedichtes wurde wichtiger als das Anschmiegen der Sprache an die Leere und den Rhythmus der Wüste, und die Themen wurden von nun an aufgeteilt. Es entwickelten sich vor allem die politische Dichtung und die Liebeslyrik. Drei große »politische« Dichter verbindet man bis heute mit dieser Periode; es sind Al-Achtal, vom christlichen Stamm der Taghlib, Al-Farazdaq, vom Stamm der Tamim, und Al-Jarir vom Stamm der Bani Kulayb, einem

Zweig des Tamim-Stammes. Alle drei waren sowohl Satiriker als auch Lobredner, und alle drei sind im Irak geboren und aufgewachsen und entstammen arabischen Beduinenstämmen. Bis heute hat das Trio nicht seinesgleichen an Berühmtheit unter den Arabern gefunden.

Al-Jarir und Al-Farazdaq bekriegten sich mit *naqa'id*, Schmähgedichten und stachelten sich gegenseitig auf, und Al-Achtal tänzelte mal zu diesem, mal zu jenem. Ihre bissigsten Gedichte richteten sie gegen die Feinde ihrer Stämme oder der ihrer Herrscher, aber auch gegeneinander. Sie widmeten ihre Dichtung den verschiedenen Herrschern und Mächtigen ihrer Zeit, je nachdem, wer besser bezahlte. Al-Achtal war allgemein als der größte Verfechter der Umayyaden und insbesondere des Kalifen Abd Al-Malik, dem er die meisten seiner Gedichte widmete, bekannt. Al-Achtal erschien immer mit einem großen Kreuz an der Brust am Hof und füllte mit seinen Gedichten den Raum zur Freude des Kalifen. Er scherte sich um niemanden, war oft betrunken und hatte einen scharfen Blick, der sich in seinen Worten widerspiegelte. Seine Feinde fürchteten ihn, und seine Leute beflügelte er durch die Schönheit seiner Gedichte und die Feinheit seiner Sprache.

Mit dem Reichtum der Eroberungen entstand allmählich eine aristokratische Klasse, welche sich den sinnlichen Vergnügungen wie Musik und Tanz widmete. Die Dichtung verband sich mit der Musik und wurde von Frauen vorgetragen. Ihre Sprache wurde leichter und ihre Inhalte lieblicher. Das hohe Interesse an Liebesgedichten führte zur Entstehung von zwei Liebes-Schulen: die *Hijaz*-Schule, die sinnlich, städtisch und realistisch war und deren berühmtester Vertreter der erfrischend-erotische Dichter Umar bin Abi Rabi'a (ca. 643–712) war; und die *'Udhri*-Schule, die die unerfüllte, melancholisch-spirituelle, »Wenn-ich-liebe-sterbe-ich«-Sehnsucht repräsentierte.

Der extremste Märtyrer der Liebe war der Dichter Qays bin Al-Mulawwah, dessen Liebe zu Leila – die zwar seine Liebe erwiderte, aber gezwungen wurde, einen anderen zu heiraten – ihn in den Wahnsinn trieb. »Meine Liebessehnsucht hat keine Heilung, und wenn ich bete, wende ich mein Gesicht zu ihr, auch wenn die wahre Richtung genau gegenteilig ist!« Der Legende nach verbrachte er den Rest seines Lebens pathetisch durch die Wüste wandernd, in der Hoffnung, dass die Sonne die Erinnerung an Leila aus seinem Herzen herausbrennen möge. In die Geschichte ging das Paar als Majnun, »der Verrückte«, und Leila ein und ist im arabischen Raum noch berühmter als Romeo und Julia im europäischen.

Syrien verdankt der umayyadischen Dynastie seine wichtige Rolle in der Geschichte der Araber, und bis heute versuchen Politiker, an die einst wichtige Position anzuknüpfen und für Syrien wieder eine Führungsrolle in der arabischen Welt aufzubauen.

Die Zitronenpflückerin

Humor ist das Salz des Lebens
und wer gut gesalzen ist, bleibt lange frisch.
ORIENTALISCHE LEBENSWEISHEIT

Wenn wir nach Damaskus fuhren, hatte dies meist zwei Gründe: Besichtigungen und Einkäufe. Meine Eltern hatten aber auch viele Freunde in Damaskus, die wir immer wieder besuchten.

Safa' lebte mitten in Damaskus in einem wunderschönen damaszenischen Haus. Von außen war es unscheinbar, wie alle typischen islamischen Häuser, doch wenn die Haustür sich öffnete und man durch den dunklen Gang um die Ecke ging, eröffnete sich dahinter eine immer wieder erquickende Pracht.

Typisch für die syrische Baukunst war der begrünte Innenhof, in dessen Mitte immer ein Brunnen stand. Safa' züchtete Goldfische, die gemächlich zwischen dem Schilf umherschwammen. Der »Sommerempfangsraum« war ein überdachter, aber offener Raum. Niedrige Holzgestelle mit Matratzen darauf standen entlang drei Seiten des Raumes, von denen aus man den Innenhof sehen und die kühle Brise, die vom Wasser kam, genießen konnte. Alle Räume des Hauses waren um den Innenhof gebaut. Wenn man also von einem Zimmer zum anderen ging, musste man erst in den Innenhof und saugte dort die Sonnenstrahlen ein, um dann wieder in einem anderen Zimmer zu verschwinden.

In Safa's Innenhof standen alte Zitronenbäume mit den größten und gelbesten Zitronen, die ich je gesehen hatte. Sie waren so groß wie kleine Zuckermelonen und wirkten fast unecht in ihrer Pracht. Safa' lebte mit ihrer Mutter und ihren zwei Brüdern in diesem Haus. Safa's Mutter war eine gesellige kleine Frau. Sie liebte es, Gäste in ihrem Reich zu empfangen und sie zu verwöhnen. Ihre Spezialität war ihr berühmter Zitronensaft, den sie zu einem Ritual entwickelt hatte. »Damit er wirklich gut wird, muss man die Zitronen vor den ersten Sonnenstrahlen schnappen, bevor sie hellwach geworden sind. So bleibt ihr ganzer Segen hinter der Schale verborgen.«

Dann trug sie die Zitronen behutsam in die Küche und bereitete sie auf ihre Aufgabe vor. »Im Namen des Allbarmherzigen und Allgnädigen sind die Welten entstanden und in Seinem Namen gebe ich euch hin!« So bereitete sie ihre Zitronen auf die Umwandlung vor. »Man muss dem Lebendigen einen Moment geben, damit es sich in den Zustand der Hingabe begibt, ohne diesen Moment wird es zur Grausamkeit«, erklärte diese sensible weise Frau. Ich merkte, wie manche der Erwachsenen bei diesen Worten grinsten. Doch mich faszinierten und berührten sie zutiefst, und ich sah plötzlich in diesen Zitronen Freunde, die bereit waren, sich für unsere Stärkung und Erquickung hinzugeben.

Doch bei einer anderen Begabung, die Safa's Mutter auszeichnete, grinste niemand von den Erwachsenen, ganz im Gegenteil, sie baten sie innigst darum. Meistens lehnte sie ihre Bitte mit einem Kopfschütteln ab: »Ich bin heute nicht in der richtigen Stimmung!«, erklärte sie dann bescheiden, um wiederum eine Litanei an Bitten über sich ergehen zu lassen. »Also gut!« Sie grinste verschmitzt und rief in die Küche: »*habibti, sawwilna kahwe*, Liebling, mach uns einen Kaffee!« Wenig später wurde auf einem Tablett der duftende Kaffee balanciert. Er wurde langsam geschlürft, und dann kam der eigentliche Akt.

Safa's Mutter nahm die erste leer getrunkene Tasse, legte den kleinen Unterteller darauf, drehte das Ganze geschickt auf den Kopf und stellte es dann auf den Tisch, so dass der Kaffeesatz langsam seinen schicksalhaften Weg nehmen konnte. Um Safa' verschränkte ihre Arme vor der Brust und wartete. Wer immer aus dieser Tasse getrunken hatte, wartete aufgeregt, denn bald würde diese Person etwas über ihr Schicksal erfahren. Obwohl vielleicht niemand wirklich an das Kaffeesatzlesen glaubte, so zog es doch jeden in seinen Bann und weckte die Hoffnung, mehr über sich selbst und das Kommende zu erfahren.

Nach einer Weile beugte sich Um Safa' vor, hob die Tasse, drehte sie um und blickte stumm hinein. Sie drehte und wendete sie zwischen ihren Fingern und schien nach geheimnisvollen Zeichen zu suchen. Ohne von der Tasse aufzusehen, begann sie zu sprechen: »Ich sehe vier Wege, die vor dir stehen, zwei davon sind am Ende versperrt, vor dem dritten Weg steht ein alter Mann, die dir den Weg versperrt, und neben dem vierten liegt eine weiße Schlange, die dich beschützt und es gut mit dir meint. Du musst behutsam wählen, wenn du vor diesen Wegen stehst, denn nur einer von ihnen wird dir Erfolg bringen. Ich sehe auch einen Brief, der in nächster Zeit ankommen und dein Leben verändern wird«, fuhr sie fort.

Die betreffende Person saß ganz gespannt da und schien zu grübeln. »Stimmt, Um Safa'!«, hieß es dann, »ich habe die Möglichkeit, nach Amerika zu meinem Bruder zu fahren, um dort zu studieren, aber mein Vater ist dagegen. Vielleicht ist er der alte Mann in der Tasse? Ich könnte aber auch hier eine Arbeit in einer Bank annehmen. Außerdem habe ich ein Heiratsangebot bekommen von einem sehr netten Mann, er ist Architekt. Aber den vierten Weg, den weiß ich nicht!« So wurde dann hin- und hergerätselt. Um Safa' gab Informationen, aber sie ließ immer etwas offen. »Wann kommt dieser Brief, Um Safa', dauert es lange?« – »Bald, in den nächsten Wochen!« Alle fingen an zu rätseln, von wem wohl dieser wichtige Brief kommen könnte.

Wenn er kommt, dann brauchen sie jetzt nicht zu rätseln, denn dann werden sie es sowieso erfahren, und wenn er nicht kommt, na dann sollten sie eben nicht mehr an das Kaffeesatzlesen glauben, dachte ich bei mir. Ich war viel mehr von der Stimmung, die diese wahrsagerischen Zusammenkünfte hervorbrachten, fasziniert als von dem, was wirklich gesagt wurde. Die Aufregung in den Gesichtern, die gespannten Körper, die vereinende Neugier und die leise stetige Stimme Um Safa's in solchen Momenten, dies zu beobachten und zu erleben gefiel mir viel mehr als das eigentliche Resultat.

»Was immer für dich bestimmt ist, wird zu dir kommen, egal auf wie vielen Umwegen!«, hatte mein Großvater immer gesagt, und ich glaubte ihm, denn er war ein lebendiger Beweis für diese Einstellung. Er erfüllte seine Pflichten und Verantwortungen, tat was in seiner Macht stand, um zum Erfolg zu kommen, und wenn der Erfolg kam, war er genauso zufrieden, wie wenn er nicht kam. »Es war nicht für mich bestimmt!«, meinte er dann nur gelassen.

Der Segen der Blindheit

Wer auf den Zehen steht,
Steht nicht fest.
Wer mit gespreizten Beinen geht,
Kommt nicht voran.
Wer selber scheinen will,
Wird nicht erleuchtet.

LAO-TSE (4. JH. V. CHR.)

Wann immer wir in Damaskus waren, besuchten wir das architektonische Juwel, gebaut von Al-Walid, dem sechsten umayyadischen Kalifen.

Al-Walid wurde zwar nur vierzig Jahre alt, aber niemand war so aktiv im Bauen wie er. Während seiner Regierungszeit wurde die berühmte Umayyaden-Moschee gebaut. Al-Walid ließ aber auch Schulen für die Bevölkerung bauen und Institutionen für Leprakranke, Körperbehinderte und Blinde. Er war der Erste, der Krankenhäuser für chronisch kranke Patienten baute.

Wir nahmen uns vor, wieder einmal diese Moschee zu besuchen. Am Haupteingang wurden an die Besucherinnen schwarze *abayas* verteilt, und dann gingen wir in den riesigen Innenhof. An jedem Eck des Innenhofes stand ein Minarett, wobei das Nordminarett einst als Leuchtturm diente. Diese Minaretts wurden später als Modell für weitere Minaretts in Syrien, Nordafrika und Spanien ver-

120

wendet. Vögel überflogen den Innenhof, und der Himmel breitete sich zufrieden über den riesigen Platz aus. Wir gingen weiter in den Hauptteil der Moschee, und unsere Füße versanken in den weichen, kostbaren Teppichen.

Ein alter, gebückter Mann mit einem schweren weißen Bart saß, vor sich auf einem verzierten Holzgestell den Koran aufgeschlagen, neben einer der Säulen. Er schien so ins Lesen vertieft, dass er gar nichts von seiner Umgebung mitbekam. Wir gingen gemächlich durch die große Moschee, und unsere Blicke wurden immer wieder von den prächtigen Mosaiken entzückt, die unsere Augen langsam bis zur großartigen Kuppel hinauflenkten. Ich drehte mich im Kreis, und die Ornamente in der Kuppel schienen mir zu folgen. Wie viele Menschen haben wohl duldsam an dieser Kuppel gearbeitet? Doch immer wieder wurde meine Aufmerksamkeit vom alten Mann angezogen.

Ich traute mich nicht, ihn direkt anzusehen, also schlich ich in immer kleiner werdenden Kreisen, und scheinbar zufällig in seine Richtung blickend, näher heran. Doch plötzlich wollte es der Zufall, dass ich doch direkt vor ihm stand. Ich konnte seine schwache Stimme hören, sein Atem ging schwer, und ich hatte das Gefühl, es könnte jeder nächste Atemzug sein letzter sein. Ich beugte mich ein wenig vor, ich wollte wissen, wo er war, denn obwohl meine Augen ihn vor mir sahen, schien er doch ganz woanders zu sein.

Da hob er ganz langsam seinen Kopf, und ich schrak zurück. Seine Augen schienen in zwei Höhlen zu liegen, und die Jahre hatten sie in zwei graue Nebelseen verwandelt, die blinzelnd in die Welt schimmerten. Er war also fast blind! War Blindheit ein Segen? Sein ganzes Wesen schien zu glänzen und eine ruhige Zufriedenheit auszudrücken, gegen die die ganze Pracht dieses Ortes nicht ankam. Genauso ruhig, wie er den Kopf erhoben hatte, versenkte er ihn und verschwand wieder in der für mich unfassbaren Welt.

Die anderen waren indessen zum Heiligtum dieser Moschee gegangen, zum Grab, in dem der Kopf Husseins aufbewahrt wurde. Massen von Menschen standen vor dem vergitterten Grab, küssten es und rezitierten leise ihre Gebete. Vater schob mich vor, damit ich das goldene Gitter auch berühren und küssen konnte, und dann gingen wir langsam wieder zum Ausgang der Moschee.

Das Volk des langen »A« und des langen »E«

Leben zu töten ist einfach
Leben erhalten, ein Gebet.
ROSINA-FAWZIA AL-RAWI

In der Umgebung von Damaskus gab es große Zitronen- und Orangenplantagen, die meist Familien gehörten, die in der Stadt lebten. Hie und da fuhren sie zu ihren Plantagen, um dort den Tag unter freiem Himmel zu verbringen. Wir wurden eingeladen, so einen Tag mit der Familie Kusbari zu verbringen. Die Kusbaris waren ein alteingesessener Familienclan, und die Familie, die wir kannten, bestand aus drei pubertierenden Söhnen, einer fünfjährigen Tochter, einem schnurrbärtigen Vater, einer molligen Mutter, einer dicken Großmutter und einem stocktragenden Großvater.

Die Erde zwischen den Bäumen war grob umgepflügt, und es war schwer, darauf zu gehen. Die Orangen hingen fast unecht orangeleuchtend in den Bäumen, und der Himmel zeigte sich hellblau mit einzelnen verlorenen weißen Wölkchen. Der Großvater beschloss, zwischen den Bäumen spazieren zu gehen, und ich folgte ihm. Das schwere Gehen erinnerte ihn anscheinend an Zeiten, als ihm das Marschieren leichter fiel, und er begann, wie es die Alten so an sich hatten, in seiner Vergangenheit zu blättern. Doch dieser Großvater schien auch ein geschichtsbewusster, sensibler Philosoph zu sein.

Den Blick auf die Erde fixiert, flossen die typischen gedehnten »E«s und »A«s des syrischen Dialektes aus seinem verrunzelten Mund: »*Eee, ya binteee, ed-dinyeee dawaaraaa,* wahrlich, meine Tochter, das Leben ist ein ewiges Wechseln! Syrien war immer eine beliebte Braut, fruchtbarer Boden, und alle wichtigen Handelswege gingen durch sie, ewiges Durchgangsland. Die Kreuzritter, die Ägypter, die Türken, die Franzosen, alle wollten sie haben. Doch am schlimmsten waren die Franzosen. Sie spielten uns Syrer gegeneinander aus. Du bist Christ, du bist Muslim, du bist Druse. Unser Land zerstückelten sie in vier Teile, wobei der jetzige Libanon eines dieser Teile war. *Eee,* alte Wunden lassen sich schwer vergessen.

122

Als ich jung war, kämpfte ich erst mit den Engländern gegen die Türken, damit wir endlich unabhängig werden würden, das war damals so ausgemacht. *Eee,* dabei habe ich nur gekämpft, damit wir erneut und noch schlimmer beherrscht wurden. Während ich mein Leben für unsere Unabhängigkeit aufs Spiel setzte, saßen die Engländer und Franzosen im Hinterzimmer und teilten die arabische Welt unter sich auf*, und als besonderes Geschenk legten sie uns Israel in den Schoß! *Eee ed-dinyee ghaddareee,* wahrlich das Leben ist verräterisch!«

Der alte Mann blieb stehen und tastete die Umgebung mit seinen Augen ab, anscheinend suchte er einen passenden Sitzplatz. Da er keinen zu finden schien, ging er zum nächsten Baum, drehte sich, mit der Hand stützend langsam um, und lehnte sich vorsichtig zurück. Er krümmte die Beine und drückte seinen Rücken gegen den Baumstamm, Erinnerungen und Unrecht nachhängend. Eine Niederlage hinterlässt anscheinend tiefere Spuren in der menschlichen Seele als ein Sieg. Ich beobachtete ihn ruhig, und es tat mir Leid, dass er so traurig war. Doch da hörte ich einen Knall, der meine ganze Aufmerksamkeit auf sich lenkte. Ich beschloss hinzulaufen, um zu sehen, was es sein könnte.

Der Alte rief mir noch etwas nach, doch ich war schon zu sehr mit dem Neuen beschäftigt, als dass ich genau hätte verstehen können, was er sagte, und rief noch schnell »Ich komme wieder!« zurück. Ich lief auf die schmale unasphaltierte Straße vor der Plantage und sah gerade, wie ein junger Mann mit einem großen Gewehr in den Himmel zielte. Neben ihm stand ein ungefähr zehnjähriger Junge. Er hielt in seiner Hand ein Seil, an dem viele kleine Vogelleichen hingen. Langsam kam ich näher, und er hielt die leblosen Vögel stolz hoch, damit ich sie besser sehen konnte. Seine andere Hand streckte er mir entgegen und zeigte mir eine große rote Patrone.

»Mit diesen großen Patronen schießt du auf diese kleinen Vögel? Wieso?« Der junge Mann lachte: »Sie geben ein gutes Mahl ab!« Ich hatte das Gefühl, noch nie so einen dummen Menschen in meinem

---

* Durch das so genannte Sykes-Picot-Abkommen von 1916, in dem die Briten und Franzosen die ehemals osmanischen Gebiete unter sich aufteilten.

Leben gesehen zu haben. »Diese Vögel sind nicht zum Essen da, sie sollen zwischen den Bäumen singen und nicht von Patronen erschossen werden, die fast größer sind als sie selbst.« Ich war innerlich ganz aufgewühlt, doch der junge Mann lachte wieder, hob sein Gewehr und suchte durch das Visier den Himmel ab. Dann dämmerte es mir: Er hatte Freude am Töten, am Abschießen dieser Vögel!

Eine unmächtige Wut packte mich, ich wollte etwas tun, aber ich wusste, dass ich gegen ihn keine Chance hatte. Doch dachte ich mir, er lässt sie nicht zwischen den Bäumen singen, dafür werde ich umso lauter singen und sie warnen. Also begann ich mit lauter Stimme zu singen. »Hschsch!«, zischte er mir entgegen, doch ich blieb bei meinem Plan. Da drehte er sich um, kam mit großen Schritten auf mich zu und blieb knapp vor mir stehen. Er sah mit bösen Blicken auf mich runter: »Halt den Mund, *ya binit*, du Mädchen! Du verscheuchst mir die Vögel.« Ich versuchte, so selbstsicher und so harmlos, wie ich konnte, zu antworten. »Ich singe nur!« – »Wenn du noch einmal den Mund aufmachst, dann …«

Während er diese paar Worte sprach, ratterte mein Gehirn unaufhörlich, einerseits mit Angst, andererseits mit Sturheit genährt, nach Antworten suchend. Da ertönte eine Stimme »Ja, da bist du!«, rief die mir tief vertraute Stimme, »wir suchen dich schon überall!« Der junge Mann machte sofort einen Schritt zurück, und plötzlich kam er mir gar nicht mehr so groß vor. »Mama, er tötet kleine Vögel!« – »Ja, weißt du denn nicht, dass das strafbar ist? Es gibt ja kaum mehr Singvögel im Land!«, donnerte meine Mutter. Wieder lächelte der junge Mann, aber diesmal hatte sein Lächeln eine andere Nuance: »Wir haben doch nur ein bisschen Spaß!« – »Geht jetzt, sonst rufe ich den Verantwortlichen, und ihr bekommt Schwierigkeiten!«

Die zwei trollten sich davon, und ich fühlte mich gar nicht wohl. Ein Großer bedroht den Kleineren, und dieser bedroht wieder den Nächsten, und die Vögel werden woanders, zu einer anderen Zeit, getötet. Ich folgte meiner Mutter, die anderen waren alle schon versammelt und warteten auf das Essen, das man schon riechen konnte. Ich hatte das Gefühl, in einer Glocke der Stille zu sitzen, ich bekam zwar die Bewegungen um mich herum mit, doch alles schien wie in einem Stummfilm ohne Musik.

Das schwimmende Ei

Die Wunder der Welt werden durch
das Auge des Herzens erkannt.

Rosina-Fawzia Al-Rawi

Wir besuchten auch immer einen alten Mann in Damaskus namens
Dhu Nun. Er hatte schneeweißes Haar und eine Brille, die bequem
auf einer Kartoffelnase ruhte. Dhu Nun lebte allein und hatte zwei
große Leidenschaften, die sein Leben beherrschten: Essen und Reisen. Seinen Lebensunterhalt verdiente er sich durch kleine
Geschäfte hier und da. Er war ein vergnügter alter Mann, der es sich
zu seinem Lebensprinzip gemacht hatte, egal, was da auch komme,
zu genießen.
»Ich versuche, so wenig es geht zu schlafen, denn am Ende unserer Tage werden wir sowieso lange schlafen!« – »Was meint er
damit, wir werden lange schlafen?«, fragte ich meine Mutter.
»Manche Menschen bezeichnen den Tod als langen Schlaf!« Die
Idee gefiel mir, und ich nahm mir vor, das Gleiche zu versuchen,
gleich heute Abend! Um Safa' und Dhu Nun kannten sich schon
aus ihrer Jugendzeit, und es kam oft vor, dass wir zuerst zu Dhu
Nun fuhren und ihn abholten, um dann anschließend zu Um Safa's
Haus weiterzufahren. Doch diesmal wollte Dhu Nun allein nachkommen.
Wir saßen also gerade, gemütlich Zitronensaft schlürfend,
zusammen, als es klingelte und Dhu Nun mit zwei riesigen Säcken
hereinkam. »Was bringst du denn da mit?«, fragte Um Safa'. Doch
er ging gar nicht auf ihre Frage ein, sondern trippelte gleich in die
Küche weiter. »Um Gottes willen, er hat sicher wieder irgendeinen
verrückten Gedanken im Kopf!«, sagte sie und huschte ihm hinter-
her. Stimmen wurden laut in der Küche: »Nein!« – »Ja!« – »Wieso
nicht?« – »Nicht jetzt!« Die Stimmen wurden lauter.
Um Safa' kam wieder aus der Küche. »Er will Gemüse einlegen.
Er hat es sich in den Kopf gesetzt, jetzt Gemüse einzulegen!«, rief
sie und schüttelte dabei den Kopf. Alle fingen an zu lachen. »Lass

ihn doch!« – »Er verschmutzt mir wieder die ganze Küche!« –
»Nein, nein«, Dhu Nuns Kopf lugte aus der Türöffnung heraus,
»ich verspreche, alles wieder säuberlich wegzuräumen, bei meiner
Ehre! Um Safa'«, fügte er dann schüchtern hinzu, »mir fehlt nur ein
Ei!« Da musste Um Safa' auch lachen.

»Wieso braucht er ein Ei?«, fragte ich verwundert. »Du kannst in
die Küche gehen und zusehen!«, antwortete Mutter. Ich lief hin,
blieb bei der Tür stehen und sah hinein. Der kleine alte Mann hatte
sich eine Schürze umgebunden und wackelte beschäftigt hin und
her. Er wusch ein paar Glasbehälter aus, füllte sie mit Wasser und
stellte sie feinsäuberlich nebeneinander auf den Boden. Dann breitete er Säcke auf dem Boden aus, legte auf einen eine Menge Gurken, auf einen anderen Zitronen, auf einen dritten Peperoni und auf
einen vierten Karotten. Dann nahm er ein scharfes Messer in die
eine Hand und in die andere einen Sack, gefüllt mit etwas Weißem,
und setzte sich breitbeinig auf den Holzschemel. Jetzt sah er mich!

»Komm herein, Kind, dann zeig ich dir etwas Schönes!« Er schöpf-
te mit seiner Hand das Weiße aus dem Sack und warf es in einen der
Behälter. Sobald es das Wasser berührte, löste es sich in Nichts auf.
»Das ist Salz!«, erklärte er mir, und er wiederholte diesen Vorgang
mehrmals. »Gib mir das Ei, Kind!« Es lag einsam auf einem kleinen
Dielenbrett. Ich nahm es vorsichtig in die Hand und gab es ihm. Er
nahm es, sah es sich zufrieden lächelnd an und legte das Ei in das
Salzwasser. »Wenn das Ei auf halber Höhe schweben bleibt, wenn es
weder weiter aufsteigt noch hinuntersinkt, sondern wie auf einem
unsichtbaren Faden des Glaubens und Vertrauens auf der Stelle stehen bleibt, dann haben wir den richtigen Salzgehalt zum Einlegen erreicht«, meinte er zufrieden verträumt. Ich war ganz fasziniert vom
Ei, das frei schwebend wie von Zauberhand im Wasser hing.

Dann wandte er seine Aufmerksamkeit den Gurken zu und begann, sie in dicke Scheiben zu schneiden. Dabei redete er mit jeder
Gurke, als ob sie seine Verbündete in diesem Unterfangen war. Es
war mir fast ein wenig peinlich, bei dieser Prozedur zuzusehen, so
intim war sein Gespräch mit dem Gemüse. Mit viel Liebe ließ er jede Scheibe ins Wasser plumpsen, und sie sank zufrieden auf den
Grund des Behälters.

So ging er auch mit dem anderen Gemüse vor, und als es komplett in den Behältern lag, bedeckte er es mit einem Tuch und zog ein Gummiband darum. »So, jetzt können wir nur warten, bis sich Salz und Gemüse anfreunden!« – »Wie lange müssen wir denn warten, *'ammu*, Onkel?« – »Nach zwei Wochen schauen wir nach, bewegen das Gemüse ein wenig, und dann lassen wir es wieder zwei Wochen in Ruhe. Manche sind dann schon essbar, andere werden vielleicht weitere zwei Wochen brauchen!«

Ich sah ihn mit großen Augen an: »So lange?« Er lächelte: »Für ein Kind ist das eine lange Zeit, doch für die Erwachsenen, vor allem für die Alten wie mich, ist es ein kurzer Augenblick. Das ganze Leben ist ein einziges Öffnen und Schließen der Lider.« Was soll denn das wieder bedeuten, Wochen sind Wochen, und ich schließe doch jeden Tag die Lider in der Nacht und öffne sie wieder am Morgen. Ich erklärte es mir damit, dass alte Menschen zwar lieb, aber ganz anders waren als wir!

Ein moderner Harem

Der Mond gewann an Licht, als er die Nacht umarmte,
Die Rose bekam den Duft, als sie mit Dornen sich vereinte.

Maulana Jalaluddin Rumi

Mutter liebte die syrische Stickerei, die man vor allem auf den berühmten damaszenischen Tischtüchern fand. Syrien war bekannt für seine Textilbranche mit der Herstellung von Brokat, Gardinen, Möbelbezügen und der Verarbeitung von Goldfäden. Also schlängelten wir uns durch die Suks zu den Textilgeschäften, die diese Kostbarkeiten verkauften. Syrien war ein sozialistischer, säkularer Staat, und trotzdem waren erstaunlich viele verschleierte Frauen auf den Straßen zu sehen.

»Der Schleier wird als Protest, als Zeichen der Unzufriedenheit der Bevölkerung mit der politischen und sozioökonomischen Situation des Landes verwendet. Das ist der einzige Protest, der toleriert wird, da er ja mit unserem kulturellen und religiösen Erbe verbunden ist und man schwer herkommen und ihn verbieten kann!«, erklärte eine Freundin meiner Mutter. Interessanterweise fehlen im sozialistischen Syrien unabhängige, nichtstaatliche Frauenorganisationen, genauso wie in manchen konservativen arabischen Staaten.

In den konservativen Staaten gelten diese Frauengruppen als Gefahr, weil sie die starre Kontrolle über die Frauen gefährden, während sie in progressiven Ordnungen als staatsgefährdend gelten, da sie den sozialen Konsens gefährden, indem sie die sozialen Ziele, die für die Mobilisierung der Frauen bestimmt sind, hinterfragen und womöglich anders interpretieren könnten. Andererseits wurde in Syrien, wie im Irak und in Tunesien, die Scharia zum Teil neu definiert, zum Beispiel wurden die Polygamie und die einseitige Scheidung erschwert und somit den Frauen eine stärkere Position gegeben.

Beim Kaffee erklärte dieselbe Freundin weiter: »Also, wenn jetzt ein Mann eine zweite Frau heiraten möchte, muss er seine erste Frau um Erlaubnis bitten, und da die neue Generation von Frauen sich allgemein lieber scheiden lässt, als ihren Mann mit einer anderen Frau zu teilen, kommt es immer seltener zur Polygamie. Ich finde es sogar gut, dass die Polygamie nicht ganz abgeschafft worden ist«, fügte sie hinzu, »denn damit wird auf die Situation der traditionell erzogenen, älteren Frauen Rücksicht genommen, die ihr Leben vielleicht gar nicht allein meistern könnten, wenn sich ihre Männer wegen anderer Frauen von ihnen scheiden lassen würden!«

»Ja, aber die Frauen hatten doch nach islamischem Gesetz schon immer das Recht, die Polygamie durch eine entsprechende Bedingung im Heiratsvertrag einzuschränken«, warf meine Mutter ein. »Ja, das stimmt! Der Schwiegervater meines Bruders ließ ihn im Ehevertrag eine Erklärung unterzeichnen, dass seine Tochter die Scheidung einreichen kann, falls er eine zweite Frauen heiraten sollte. Das war schon immer möglich, nur machte man es selten, da es sich angeblich nicht schickte, solche Dinge im Ehevertrag festzulegen.«

Manche Männer argumentierten: »›Glaubst du, ich binde dich weiter an mich, wenn du nicht mehr bei mir bleiben willst? Das lässt meine Ehre nicht zu!‹ Doch wenn es dann so weit war, spielten andere Dinge eine wichtigere Rolle als die Ehre! Früher hat man Bedingungen aus Scheu vor der Tradition nicht in den Ehevertrag hineingeschrieben, und heutzutage gibt die verliebte moderne Frau zu schnell nach. Die romantischen Vorstellungen vernebeln die Tatsache, dass es ein Ehe-Vertrag ist.«

»Ich sehe hier so viele Geschäftsfrauen!«, sagte Mutter.

»Ja, als tüchtige Geschäftsfrauen sind die Damaszenerinnen in der ganzen arabischen Welt bekannt. Es widmen sich viermal so viele Frauen akademischen Tätigkeiten als anderen Arten von Berufen. Dieser hohe Anteil von Frauen in den akademischen Berufen ist eine Sondererscheinung des Nahen und Mittleren Ostens. Ein Großteil der Akademikerinnen ist in Lehrberufen und im medizinischen Bereich tätig. Es gibt Ingenieurinnen, Architektinnen, Physikerinnen und Buchhalterinnen, und immer mehr Frauen finden sich im Kommunikationswesen. Im Verkaufs- und Dienstleistungssektor sowie in Fabriken beginnen die Frauen erst in jüngster Zeit vorzudringen. Früher hat man derartige Tätigkeiten wegen des dabei möglichen Kontakts mit dem anderen Geschlecht eher vermieden.

Es ist unter der Würde einer Frau, öffentlich Fremde zu bedienen, dann kann sie gleich zu Hause bleiben und ihrer Familie behilflich sein! Ja, Ärztin, Architektin oder Lehrerin zu sein, das ist etwas anderes. Da ist sie ihre eigene Herrin, und Ansehen und Prestige bringt es ihr und ihrer Familie auch! Einfachere Berufe ergreift die Frau ja nur dann, wenn die Familie arm ist und es finanziell notwendig ist. Und welcher Mann gibt seine Unfähigkeit, die Familie allein versorgen zu können, offen zu, außer es geht wirklich nicht anders!«

Das ist ein oft verwendetes Argument und eine noch immer bestehende Einstellung. Viele Frauen der Mittelschicht akzeptieren die männliche Dominanz in der Familie im Tausch für das Recht auf Bildung und Arbeit außerhalb des Hauses. Doch mit der Verbreitung des Schulwesens und der schwierigen wirtschaftlichen Lage in den meisten arabischen Ländern sowie mit den steigenden Anforderungen des modernen Lebens kommen Familien meist nicht mehr mit nur einem Einkommen aus, und so schwinden die Vorurteile gegen Büroangestellte und Verkäuferinnen allmählich.

»Wir kommen aus einer Kultur, in der strenge Geschlechtertrennung ausgeübt wurde. Das hatte Vor- und Nachteile«, erklärte eine gut aussehende ältere Dame meiner Mutter. »In der äußeren Welt herrschte der Mann, aber im Haus verwaltete die Frau die Großfamilie. In den wohlhabenden Häusern waren die Frauen also nicht nur Beherrschte, sondern auch Herrscher. Viele der Frauen waren es gewohnt, Autorität auszuüben und einen Sinn für Management zu entwickeln. Als die ersten Akademikerinnen dann ins Berufsleben eintraten, übertrugen sie ihre Erfahrungen einfach auf die Außenwelt, ohne mit ihrer weiblichen Identität in Konflikt zu geraten, sich vor den Männern entschuldigen oder ihre Anerkennung suchen zu müssen. Autorität wurde nie im Widerspruch zur Weiblichkeit gesehen!

In Syrien, und, ich glaube, auch in anderen arabischen Ländern, sind die Beziehungen und der soziale Status viel mehr als das Geschlecht ausschlaggebend für die Besetzung hoher Positionen. Doch ich glaube, dass dies letztendlich jeder Frau zugute kommt, wenn sie es schafft, geschickt diese Hürden zu überwinden, denn dann wird ihre Begabung sie zu ihrem Ziel führen. Doch leider erkennt man unsere patriarchale Tradition daran, dass noch immer viele Frauen einen männlichen Vorgesetzten bevorzugen!« Mutter hörte interessiert zu, sie liebte solche Themen, und die Dame fuhr fort.

»Das größte Hindernis für eine Karriere liegt für die meisten Frauen in der Unfähigkeit, Beruf und Familie in Einklang zu bringen. In den Städten löst sich allmählich die Großfamilie auf, die einen herrlichen, immer vorhandenen Babysitterdienst anbot. Die Frau konnte beruhigt zur Arbeit gehen, denn sie wusste, dass ihre Kinder in guten Händen waren, und wenn sie zu spät kam, konnte sie sich sicher sein, dass bereits gekocht wurde und ihr Mann nicht murrend und hungrig allein zu Hause saß. Das macht viel aus. Jetzt müssen viele erst einmal eine geeignete Haushaltshilfe finden, und diese ist nicht für alle erschwinglich. Und die Zahl der Kinderkrippen ist nicht ausreichend.«

Mutter dachte laut nach. »Am besten wäre eine Kombination von Großfamiliensystem und individuellem Leben. Die Frauen in der Familie, die lieber zu Hause bleiben wollen, können auf die Kinder aufpassen, und die anderen könnten einer beruflichen Laufbahn nachgehen und die Ersteren wiederum finanziell unterstützen. Eine Ganztagsstelle könnte unter zwei Frauen aufgeteilt werden. Noch dazu gibt es in einer Großfamilie mehrere Altersstufen und Generationen, da würde vieles zeitlich verschoben stattfinden, und jede Frau könnte zu ihrer Zeit studieren, ein Ausbildung machen, Mutterfreuden genießen ...!« – »Ein moderner Harem also?« Beide Frauen lachten nachdenklich!

Syrien, wohin gehst du?

Die heute grundsätzliche Frage ist: Krieg oder Frieden.
Sagst du Frieden, dann durchschaue die Doppelzüngigkeit,
die überall verwendet wird, um uns voneinander zu trennen.

ROSINA-FAWZIA AL-RAWI

Nach dem Zusammenbruch des osmanisch-islamischen Reiches – Syrien hatte von 1517 bis zum Ersten Weltkrieg dem Osmanischen Reich angehört – und der französischen Okkupation, die 1946 endete, hatte die syrische Oberschicht die politische Macht übernommen. Doch diese erwies sich als unfähig, den sozioökonomischen und politischen Wandlungen in der Gesellschaft Herr zu werden. Die Mechanisierung der Landwirtschaft, die langsam wachsende Industrialisierung und der Bildungsschub hatten starke soziale Wandlungsprozesse ausgelöst.

Die Proletarisierung der Bauern, die Blockierung der modernen, gebildeten Mittelschichten und die voneinander abweichenden Interessen der zahlreichen ethnischen und religiösen Minderheiten signalisierten einen heraufziehenden Klassenkampf.

Nach der Auflösung des Osmanischen Reiches und dem Verschwinden der Kolonialmächte aus den meisten arabischen Staaten sowie angesichts der Zersplitterung der politischen Kräfte begann, vor allem in den intellektuellen Kreisen, die Suche nach neuen Ideen und Ideologien, die alle soziokulturellen Elemente in sich vereinigen sollten. In der ganzen arabischen Welt kam es zu Diskussionen über die arabische Identität und die Beziehungen der arabischen Gemeinden zueinander: Sind wir eine Einheit, kann man von einer Gemeinde sprechen ... und so weiter!

Doch nirgendwo waren die Diskussionen so intensiv wie in Syrien, denn hier spiegelten sich – zusätzlich zur inneren Aufsplitterung – die künstlich geformten Grenzen, die Großbritannien und Frankreich gemäß ihren Interessen mit dem Lineal gezogen hatten, besonders stark wider. Das traditionelle Syrien war in vier verschiedene staatliche Einheiten aufgeteilt worden: Syrien, den Libanon, Jordanien und Palästina. Die neuen Grenzen teilten ethnische und konfessionelle Gruppen willkürlich auf, zerschnitten traditionelle Wirtschaftsräume und Handelslinien und brachten extreme Integrationsprobleme mit sich. Aus diesen Diskussionen um Identität entstand die arabische Baath-Partei, die »Partei der arabischen Wiedergeburt«.

Ihr führender Theoretiker war Michel Aflaq (1910–1989), ein Christ aus Damaskus. Er hatte auf die Identitätsfrage eine klare arabische Antwort: »Es gab eine einzige arabische Nation, die das Recht hatte, in einem einzigen vereinten Staat zu leben. Ein großes historisches Ereignis führte zu ihrer Entstehung, der Prophet Mohammed schuf die Religion des Islams und die Gesellschaft, die diese Religion verkörperte. Dieses Ereignis war nicht das alleinige Eigentum der arabischen Muslime, sondern aller Araber, die es sich aneigneten und es als Grundlage ihres Anspruchs sahen, eine besondere Mission in der Welt und ein Recht auf Unabhängigkeit und Einheit zu haben. Sie konnten diese Ziele nur durch eine doppelte Umwandlung erreichen: erstens durch die des Intellekts und der Seele – die Identifikation mit dem Gedanken der arabischen Nation durch Verständnis und Liebe – und danach durch die Umwandlung des politischen und sozialen Systems.«

Die Baath-Partei rekrutierte sich vor allem aus der neuen gebildeten Klasse, die durch das rasche Wachstum des Bildungswesens entstanden war und aus den Minderheiten (Alawiten, Drusen und Christen). Als die Baath-Partei sich mehr und mehr zu einer sozialistischen Partei entwickelte, wuchs ihr Einfluss auch bei den Offizieren von bescheidener provinzieller Herkunft, aber auch bei der vom Land abgewanderten städtischen Arbeiterklasse und bei den Bauern, also bei den weniger einflussreichen Klassen der Gesellschaft.

Aufgrund ihrer überlegenen ideologischen und organisatorischen Fähigkeiten konnte die Partei in die Strukturen der herrschenden Klasse einbrechen und im Parlament Fuß fassen.

Zum ersten Mal in der Geschichte Syriens wurde durch eine breite Vereinigung der verschiedenen sozialen Kräfte, der Intellektuellen, Bauern und Offiziere, der starke Stadt-Land-Gegensatz überwunden. Diese vereinte Linke machte es sich zum Ziel, das politische System auf Kosten der herrschenden Klasse neu zu organisieren.

Die soziale Zusammensetzung der Baath-Partei bestimmte ihre Ideologie und Politik, die in der Losung »Einheit-Freiheit-Sozialismus« zusammengefasst wurde. Im Rahmen eines panarabischen Staates und mit einer hohen gesellschaftlichen Beteiligung sollte ein säkularer Staat entstehen, der aktiv in die ökonomische Entwicklung eingreifen würde.

Es stellte sich die Frage, wie man vorgehen sollte. Sollte sich Syrien auf seine nationalen Ziele konzentrieren, oder sollte die panarabische Politik, die gemeinsame Lösung aller arabischen Probleme – vor allem der Dorn im Herzen der Araber, der durch den Staat Israel entstanden war – die zu befolgende Richtlinie sein.

Zusätzlich zu diesen innersyrischen Konflikten mischten sich auch äußere arabische Kräfte, hinter denen die jeweiligen Supermächte standen, ein, wie etwa das für sozialrevolutionäre Neuerungen stehende Ägypten und der damals konservativ-neokoloniale Irak. Es kam zum Kampf um Syrien! Vor allem die vielen ungeschickten Interventionsversuche der USA, die eine kommunistische Machtübernahme befürchteten, trieben Syrien dann doch auf die antiimperialistische Seite.

Es war vor allem die Baath-Partei, die durch diplomatische Alleingänge und Massenmobilisierungen Syrien in eine Union mit Ägypten trieb. 1958 stimmte die Nationalversammlung der Gründung einer »Vereinigten Arabischen Republik« zwischen Syrien und Ägypten zu, und Nasser wurde Präsident dieser neuen Republik. Es gab eine gemeinsame Regierung mit Sitz in Kairo, wobei die Regionalregierungen weiter fortbestanden.

Warum drängte die Baath-Partei zu dieser Union und wieso willigten die konservativen Kräfte Syriens ein?

Die Führung der Baath-Partei wollte keine Revolution von unten, sie scheute vor einer Revolution der bäuerlichen Massen zurück. In einer Vereinigung mit dem revolutionären Ägypten Nassers sahen sie eine Chance, die Vormachtstellung der herrschenden Klasse Syriens in einem übernationalen Kontext zu brechen und gleichzeitig die Revolution bürokratisch zu kontrollieren. Sie versprachen sich daraus eine politische Wiedergeburt für die arabische Welt.

Die konservativen Kräfte Syriens erhofften sich aus der Vereinigung beider Länder wiederum eher einen Schutz vor allzu radikalen sozialistischen Veränderungen in Syrien.

Doch die Vereinigung mit Ägypten erfüllte die in sie gesetzten Erwartungen nicht. Die Syrer fühlten sich durch Ägypten zurückgesetzt, da nur dessen Interessen zum Zug kamen. Im September 1961 übernahm das Militär die Macht und erklärte die Union mit Ägypten für beendet. Eine Union, die nur drei Jahre gehalten hatte.

In den folgenden Jahren kam es immer wieder zu Putschen. Ein zweiter Eingriff des Militärs – es waren junge Offiziere mit einem Kern ehemaliger Baath-Funktionäre – beendete im März 1963 endgültig das Regime der herrschenden Klasse. Es kam ironischerweise zu einer Revolution von oben. Der Neuaufbau stärkte die Bauern und die Minoritäten auf Kosten des städtischen Bürgertums. Einen starken Impuls erhielt die Baath-Partei, als am 8. Februar 1963 im benachbarten Irak ähnlich gesinnte Kräfte die Macht übernahmen.

Die neue Wirtschaftspolitik spiegelte sich in vielen Bereichen wider: in der Enteignung von Großgrundbesitzern und der Errichtung und Förderung von bäuerlichen Genossenschaften; in der Verstaatlichung von Industriebetrieben, vor allem in der Textilindustrie; im Handel sowie in der Errichtung eines ausgewogenen sozialen Systems, das einen Wohlfahrtsstaat mit einem funktionierenden Gesundheitswesen, guten Wohnverhältnissen und guten Bildungsmöglichkeiten schaffen wollte. 1963 wurden alle Banken verstaatlicht, und 1965 kündigte Syrien den ausländischen Erdölmonopolen sämtliche Konzessionsverträge und übte damit als erstes arabisches Land die volle Kontrolle über seine Erdölwirtschaft aus.

Gegensätze in der Partei und unter den Baath-Offizieren führten 1966 nach längerem Tauziehen zur Machtübernahme durch die stärker linksorientierten Kräfte der Baath-Partei und führten somit zur Radikalisierung der Baath-Ideologie. Der damalige Luftwaffenchef, General Hafiz Al-Asad, war daran maßgeblich beteiligt. Das Einparteiensystem wurde eingeführt und die soziale Transformation forciert. Im Zentrum standen die Bauern, mit deren Hilfe die Macht der Großgrundbesitzer endgültig gebrochen wurde. Der Staat übernahm eine Vielzahl von Aufgaben, mit denen diese die Kontrolle über die Bauern ausgeübt hatten. Er kümmerte sich um die Infrastruktur, die Produktionsmittel, die Kredite, die Vermarktung und die Organisation der Produktion. Dieser radikale Kurs zugunsten der Unterschichten führte aber auch zu intensiven sozialen Konflikten, da vor allem die städtischen Bevölkerungsteile diskriminiert wurden.

Doch vor einer tief greifenden Agrarreform, die zu autonomen Genossenschaften und zu einem sozialistischen Experiment hätte führen können, scheute der syrische Staat doch zurück. Er bremste die Entwicklung zum Agrarkapitalismus lediglich, machte ihn aber nicht unmöglich.

Außenpolitisch ließ sich Syrien durch erklärt antiimperialistische und panarabische Ziele leiten und strebte eine Annäherung an die sozialistischen Staaten und die progressiven arabischen Länder an. Gegenüber Israel und den USA wurde der Ton schärfer. Syrien sah in der sozialen Revolution und der direkten Konfrontation mit Israel die Lösung des Palästina-Problems und auch die Möglichkeit, eine neue arabische Nation zu schaffen.

Die Bevölkerung Israels war vor allem durch Einwanderer ständig gewachsen. Seine Wirtschaftskraft war in den 60er Jahren dank der Hilfe der USA, der Unterstützung von Juden aus aller Welt und aufgrund westdeutscher Reparationszahlungen immer stärker geworden. Israel hatte auch seine Militärmacht, vor allem die Luftwaffe, ständig ausgebaut und wusste, dass es den arabischen Nachbarn jetzt militärisch und politisch überlegen war. Seine Stärke unter Beweis zu stellen, stabilere Vereinbarungen zu erreichen, die Chance, ganz Palästina zu erobern und die progressiven Kräfte in der arabischen Welt zu zerstören, schien gekommen.

Es kam zu einer Kette militärischer Provokationen. Israels damaliger Generalstabschef Rabin erklärte den gewaltsamen Sturz des syrischen Regimes ganz offen zum Ziel israelischer Politik. Als die Spannungen zunahmen, schlossen Jordanien und Syrien ein Militärabkommen mit Ägypten und wurden der überlegenen Militärmaschinerie Israels ausgeliefert. Am 5. Juni 1967 griff Israel Ägypten und Syrien an und vernichtete deren Luftwaffen größtenteils am Boden. In wenigen Tagen eroberte Israel die gesamte Sinaihalbinsel bis zum Suezkanal sowie Jerusalem, den palästinensischen Teil von Jordanien (die West Bank) und einen Teil Südsyriens, den *dschaulan*, die Golanhöhen. Der schnelle Sieg machte Israel in den Augen der USA endgültig zum wünschenswerten Partner in dieser Region.

Die Niederlage Syriens und der anderen arabischen Staaten löste massive Probleme aus. Syrien wurde Mäßigung und Anpassung nahe gelegt.

Durch einen unblutigen Militärputsch übernahm 1970 Hafiz Al-Asad die Macht, und unter dem Namen »Korrekturbewegung« wurde eine neue Politik eingeleitet. Sie zeichnete sich durch innen- und außenpolitische Mäßigung sowie eine liberalere Wirtschaftspolitik aus. Die autonomen Ausbruchsversuche wurden zugunsten der verlockenden externen Finanzierungsmöglichkeiten, vor allem durch die konservativen Erdölländer, abgeändert und das politische System zur Sicherung der eigenen Herrschaft revidiert.

Das Wirtschaftswachstum wurde so an externe Impulse gebunden. Auf diese Weise wurde Syrien – wie viele andere arabische Staaten – zum Semirentierstaat*, der an der regionalen Umverteilung des Erdöleinkommens (arabische Stützungszahlungen, günstige arabische und westliche Kredite, Überweisungen durch in Ölländern arbeitende Syrer und eigene kleine Öleinkommen) und an der strategischen Absicherung weltwirtschaftlicher Interessen beteiligt war.

Hafez Al-Asad war Alawit. Die Alawiten, die sich traditionellerweise aus der Armee rekrutierten, wurden durch ihn in allen

---

* Renten sind Einkommen, die von außen einfließen und denen keine entsprechende gesellschaftliche Investitions- oder Arbeitsleistung gegenübersteht, sodass sie der politischen Führung zur freien Disposition stehen.

Schlüsselpositionen des Landes eingesetzt. Die Alawiten sind eine kleine heterodoxe Sekte, die sich wie die Drusen vom Hauptstrom der Schia abgespalten haben. Die syrische Bevölkerung aber ist in der Mehrzahl Sunniten.

Durch die Renteneinnahmen konnte Al-Asad sein Regime festigen und ein Staatsklassenregime herausbilden. Der syrische Staat konzentrierte seine externen Einnahmen auf den Ausbau des Industriesektors, vor allem im Bereich Grundstoff- und Konsumgüterindustrie, sowie auf den Ausbau von kapitalintensiven Fabrikimporten. Dies führte zwangsläufig zu mangelnder Produktivität und extremer Importabhängigkeit. Die Staatsklasse, die neue Klasse, die sich um das Regime scharte, integrierte sich durch politische und wirtschaftliche Aktivitäten in das neue Bürgertum. Die wirtschaftliche Dynamik verlagerte sich in den Dienstleistungssektor, den Außenhandel und in die Produktion gehobener Nahrungsmittel durch mittelständische Bauern und Großgrundbesitzer, was zur Vernachlässigung der Kleinbauern und der Grundnahrungsmittel führte.

Nicht alle Renteneinkommen flossen nach Syrien. Die Devisen der Migranten wurden verwendet, um im Westen Rohstoffe, Ersatzteile und Konsumgüter aufzukaufen und mit Hilfe des Militärs über den Libanon einzuschmuggeln und dann in Syrien weiterzuverkaufen. Davon profitierten nicht nur die Migranten, sondern auch private Geldwechsler und Banken, Import-Export-Kaufleute, libanesische Zwischenhändler und Vermittler, Industrielle und Teile der syrischen Militärbürokratie, aber auch die syrische Wirtschaft, da es die hohe Importabhängigkeit der Industrialisierungspolitik kompensierte, gleichzeitig aber die staatliche Lenkungskapazität reduzierte.

So lange der syrische Staat finanziell, organisatorisch und machtpolitisch noch stark genug ist und es schafft, die verschiedenen gesellschaftlichen Gruppen in einheitlichen Verbänden zu organisieren und unter seiner Obhut in die politischen und wirtschaftlichen Prozesse einzubinden, wird er Klassenkonfrontationen verhindern und das Herausbilden von pluralistischen Organisation blockieren können.

Versiegen aber die externen Einkommen und somit die Macht des Staates, so wird entweder das Bürgertum, gestützt auf das Militär sowie auf das Auslandskapital und das Weltwirtschaftssystem, den Staatsapparat übernehmen, oder die Lage der Massen wird so verzweifelt, dass Repräsentanten der unteren Mittelschicht die Kontrolle übernehmen und ein politisches System ausbilden, das sich auf islamisch-traditionelle Prinzipien stützt und höchstwahrscheinlich eine Rückkehr zum neopatrimonialen System bedeutet.

Oder Syrien schafft es, eine politische Struktur aufzubauen, die sich auf den Ausbau breiter gesellschaftlicher Artikulations- und Organisationskapazitäten stützt und somit eine Anhäufung gesellschaftlicher Interessen im gesamtpolitischen Entscheidungsprozess erreicht. Dazu gehören die Dezentralisierung und Regionalisierung wichtiger politischer Prozesse sowie der Aufbau autonomer gewerkschaftlicher Organisationen. Diese soziale Basisbeteiligung würde den islamischen Forderungen entsprechen und wäre im Sinne einer reformistischen Auslegung legitimierbar.

Durch das Zusammenwirken politischer, kultureller und ökonomischer Strukturreformen wäre dann ein Demokratisierungsprozess möglich.

Also, wohin gehst du, Syrien?

Der große Meister Ibn Al-Arabi

Das Wort ist ein Fächer, der gleichzeitig verhüllt und enthüllt.

Ibn Al-Arabi

Auf dem Berg Qasiyun, der im Westen der Stadt aufragt, liegt das Grab des *ash-shayk al-akbar*, »des größten Meisters« Muhyi-Al-Din Ibn Al-Arabi (1165–1240). Zeit seines Lebens wurde er verehrt und bekämpft, doch seinen Einfluss auf den mystischen Pfad des Islams, auf den Sufismus, kann niemand leugnen. Ibn Al-Arabi ist ein Ozean gewesen, aus dem jeder trinken konnte, was er wollte.

Eines Tages wachte ich mitten in der Nacht auf. Mein Herz klopfte schnell, und ich setzte mich auf. Dunkelheit umgab mein

Zimmer, und meine Augen konnten nichts erkennen. Ich ließ den Kopf ein wenig hängen, und als ich wieder aufsah, hatte der leichte Mondschein den Dingen um mich herum zarte Konturen gegeben, doch es war anders als sonst, der Mondschein war überall. Alles lag friedlich da, unbeweglich und still. Ich weiß nicht, was plötzlich mit meinem Herz geschah, aber plötzlich spürte ich die Dinge ganz anders. Alles schien so richtig zu sein, jede Sache schien genau den ihr zugewiesenen Platz eingenommen zu haben. Das Bild, das an der Wand hing, hätte gar nicht woanders hängen können, der Stift, der in der Ecke am Boden lag, strahlte Zuversicht aus: »Das ist mein Platz!« Eine so tiefe Harmonie herrschte in diesem Raum, dass ich mich kaum zu atmen traute.

Doch was als Nächstes geschah, riss mein Herz aus meiner Brust und ließ es nackt vor mir tanzen. Alles schien einer Musik der Stille zu folgen, einem Reigen, sich um sich selbst drehend in Glückseligkeit, und der Rhythmus war die Hingabe. Da stand ich plötzlich auch im Raum und drehte mich um meine Achse zwischen Himmel und Erde, ein Arm hob sich hoch und einer sehnte sich zur Erde. Ich drehte und drehte, und wenn mich jemand gefragt hätte, was Glück und Sinn bedeuten, so hätte ich »hier und da und jetzt« gerufen! Ich weiß nicht mehr, wie lange ich mich drehte, hatte im Drehen die ganze Welt besucht, war bei den Mongolen gewesen und in den Höhlen der Bären, war zur Ameise geworden, um als Wal wieder aufzutauchen, war Kind und Alte, war Mann und Frau, war grenzenlos und wie ein Punkt. Die zarteste Form der Erschöpfung führte mich dann doch wieder zu Bett, und ein Gedicht kam über meine Lippen.

Ich sah dich mit den Augen meines Herzens
Sah den Himmel, der ohne Säulen steht
Die Sterne, die meine Seele erfreuen
Und die Erde, die mein Herz nährt
Wie soll ich nicht an dich glauben,
Dich nicht preisen
Wenn mein Herz ruft, dass du in allem bist
Ich sehe dich in allem und doch nirgends bist du

Keine Dunkelheit nach diesem Tag
Kein Unrecht nach diesem Tag
Denn ich bin ein Teil von dir und du von mir
O lass mich nicht mehr sein!
Gepriesen, gepriesen bist du
Licht des Himmels und der Welten.

Mit einem leichten Vibrieren im ganzen Körper und ein Summen im Herzen schloss ich dann doch die Augen.

Erst ein paar Jahre später begegnete mir Ibn Al-Arabi, und durch ihn, durch seine Worte und tiefen spirituellen Einsichten verstand ich, wurde mir mein Herz »erläutert«. Ein zweiter Grund, wieso mich dieser große Meister faszinierte, war seine Sicht der Weiblichkeit.

Ibn Al-Arabi wurde in Mursiya (Murcia), in Spanien, geboren und von zwei heiligen Frauen erzogen. Die eine war Fatima von Cordova, eine 95 Jahre alte Frau, und die andere ein vierzehnjähriges Mädchen, das er im Jahr 598 in Mekka traf. Es hieß Nizam Ayn Al-Shams (Harmonie Auge-der-Sonne) und war die Tochter eines persischen Traditionalisten. Über sie sagte er: »In ihren spirituellen Aktivitäten und ihrer Verbindung zum Göttlichen gehörte sie zu den größten Seelen.« Sie inspirierte ihn zu einem seiner schönsten Werke »Dolmetsch des Begehrens«, in dem er seine reale Liebe zu ihr feiert und sie gleichzeitig der Brennpunkt seiner theophanen Erfahrung ist. Durch sie wurde ihm das ganze Königreich der göttlichen Liebe vor Augen geführt.

Auch durch Fatima, diese mystische Führerin, strahlte eine göttliche Schönheit, die Ibn Al-Arabi dazu brachte, das Göttliche durch das Medium weiblicher Schönheit zu erkennen und das Weibliche als wahre Offenbarung von Gottes Gnade und Schöpferkraft zu sehen. Zwei Jahre lang begleitete Fatima Ibn Al-Arabi auf seinem spirituellen Weg. Er baute ihr eine kleine niedrige Schilfhütte, in der er sie auch am Ende ihres weltlichen Lebens begrub, bevor er weiterzog.

Ich habe sein Grab nie besucht, doch seinem Einfluss konnte ich mich trotzdem nicht entziehen. Das Grab der Heiligen war für viele Menschen im Trubel der Neuzeit immer noch die greifbare Gewissheit, dass das Leben einen Sinn hatte, und so pilgerten viele Menschen zu Ibn Al-Arabis Grab.

Um Ibn Al-Arabi zu verstehen, bedarf es eines etwas ausführlicheren Einblicks in die islamische Kosmologie:

Islamisches Gedankengut beginnt mit Gott. Die erste der fünf »Säulen« des Islams ist die Bezeugung: »Es gibt keinen Gott außer Gott, und Mohammed ist sein Gesandter.« Das fundamentale Prinzip des Islams ist *tawhid*, die Bekundung der Einheit: »Es gibt keinen Gott außer Gott!«

Wenn Dualität im Kosmos besteht, dann ist diese verbunden mit dem Einen, der jenseits jeder Dualität ist.

Nach der islamischen Terminologie kann die Welt oder der Kosmos als »alles andere als Gott« bezeichnet werden, ohne räumliche oder zeitliche Qualifikation. In der islamischen Tradition wird alles in seinem Bezug, in seiner *nisba*, zu Gott diskutiert. Es ist diese Beziehung, die es einem ermöglicht, ein richtiges Verständnis der Dinge zu erlangen, denn die Existenz des Universums ist abhängig von dieser einen Realität.

Es gibt in der islamischen Kosmologie zwei fundamentale Beziehungen, die genau entgegengesetzt sind, sich radikal unterscheiden und sich doch ergänzen, da Gott eine einzige Realität ist.

Der eine Aspekt betont, dass Gott unendlich weit jenseits des Kosmos ist. Gott ist unvergleichbar mit allem, was existiert. So gesehen ist Gott eine unfassbare Realität jenseits menschlicher Belange. Die spirituellen Traditionen, üblicherweise als Sufismus bekannt, haben eine andere Sichtweise, welche ebenfalls klar im Koran präsent ist. Der Gott der Theologen, bemerkte Ibn Al-Arabi, der große Sufischeich, war ein Gott, den niemand wirklich lieben konnte, da er zu entfernt und ungreifbar war. Doch der Gott des Korans, des Propheten und der spirituellen Autoritäten ist ein Gott, welcher unendlich liebend und sorgend gegenüber seinen Geschöpfen ist. »Er liebt sie und sie lieben Ihn« (Sure 5/54). Gottes Liebe für seine Geschöpfe bringt Liebe in seinen Geschöpfen zu ihm hervor.

Dieser Gott der Barmherzigkeit und Liebe ist greifbar und kann verstanden werden. Er wird also in gewisser Weise als seinen Geschöpfen ähnlich verstanden. Wir können ihn uns also durch menschliche Eigenschaften vorstellen, begreifen und ausdrücken. Diese Sichtweise betont, dass Gott überall ist und allem innewohnt: »Wohin ihr euch wenden möget, da habt ihr Gottes Antlitz vor euch.« (Sure 2/115)

Die Experten der Jurisprudenz, das heißt, jene muslimischen Autoritäten, welche die äußere und legislative Seite des Islams präsentieren und verteidigen, betonen die Unvergleichbarkeit Gottes. Sie bestehen darauf, dass er ein zorniger Gott ist, und drohen ständig mit der Hölle und der göttlichen Strafe. Er ist ein ferner, dominierender und mächtiger Herrscher, dessen Befehle ausgeführt werden müssen. Seine Eigenschaften sind die eines strengen autoritären Vaters.

Im Gegensatz dazu weisen die spirituellen Autoritäten immer wieder auf die folgenden Worte des Propheten Mohammed hin: »Gottes Barmherzigkeit hat Vorrang vor Seinem Zorn.« Sie betonen, dass Barmherzigkeit, Liebe, Güte und Sanftheit das Fundament der Realität bilden und dass sie am Ende siegen. Gott ist vor allem eine warme und liebende Mutter.

Im Koran wird oft wiederholt, dass alle Dinge Zeichen Gottes sind, alles kündet von der göttlichen Realität. So wird von vielen muslimischen Denkern und Kosmologen alles im Universum als Reflexion der göttlichen Namen gesehen. Diese Namen und Eigenschaften repräsentieren Qualitäten, wie etwa Schönheit, Wissen und Leben.

Im Koran steht, dass die Menschen die einzigen Wesen sind, die mit beiden Händen Gottes erschaffen wurden (Sure 38/75). Der Mensch ist also das einzige Wesen, in dem alle Namen Gottes sich manifestieren. Nur der Mensch repräsentiert ein vollkommenes Bild Gottes, alle anderen Dinge zeigen nur Teile davon, sind also mit der einen oder anderen *yad*, Hand, geformt. So sind zum Beispiel die Engel, *malak*, nur mit Gottes rechter Hand geformt worden. Die Menschen aber sind in einer vollkommenen Harmonie beider Aspekte der Schönheit und Majestät erschaffen worden. Dadurch wird die Würde, *sharaf*, die dem Menschen zugeteilt wurde, zum Ausdruck gebracht. Der Mensch ist das vollkommenste Symbol der göttlichen Wirklichkeit. Seine Natur spiegelt die göttlichen Eigenschaften wider, die in ihrer Vollendung nur Gott allein eigen sind.

Die Realität Gottes, enthüllt durch den Kosmos, kann durch entgegengesetzte und gegensätzliche Eigenschaften beschrieben werden. Der ganze Kosmos kann als eine immense Ansammlung von Oppositionen bezeichnet werden, und die beiden Hände Gottes sind damit beschäftigt, alles existierende zu formen: Barmherzigkeit und Zorn, Strenge und Sanftheit, Lebensspender und -töter, Erniedrigung und Emporhebung, sie und alle anderen gegensätzlichen Eigenschaften entfalten sich im Universum. Nichts bleibt, wie es ist, nicht einmal für einen Atemzug. Alles braucht die ständige göttliche Wiederauffüllung, da nichts aus sich selbst existiert.

In jedem Moment erschafft Gott das Universum von neuem und bewahrt es so vor der Entwerdung. In jedem Augenblick erschafft Gottes Barmherzigkeit und Sanftheit den Kosmos, und in jedem Augenblick zerstört die göttliche Strenge aufs Neue. Wie beim Atmen wird das Universum in jedem Augenblick geschaffen und errichtet. Ibn Al-Arabi erschaute das göttliche Wesen als weiten grünen Ozean, aus dem die flüchtigen Formen wie Wogen auftauchen, um wieder in den unauslotbaren Abgrund zu verschwinden.

Die Würde, die der Mensch im Kosmos erhalten hat, nämlich an der Spitze aller erschaffenen Kreaturen zu stehen, hat dem Menschen auch eine große Bürde und Verantwortung auferlegt.

Alle Geschöpfe Gottes sind gut, da sie Geschöpfe Gottes sind, der Ort der Manifestation von Gottes Eigenschaften, und sie können nichts anderes als das sein. Ein Frosch verwandelt sich nie in einen Kolibri, doch die Menschen sind immer im Prozess der Entwicklung. Ein Frosch – ein unvollkommener Mensch –, vom Geiste geküsst, kann sich in einen Menschen verwandeln. Nur der Mensch kann mehr oder weniger menschlich sein. Das ist das Mysterium der menschlichen Situation.

Die Menschen besitzen eine natürliche Güte, da sie Zeichen Gottes sind, doch im Gegensatz zu allen anderen Dingen können sie auch bösartig werden, wenn sie die außergewöhnliche Stellung ausnützen, die ihnen gegeben wurde. Um wahrlich Mensch zu sein, muss der Mensch die guten Qualitäten, welche in der Schöpfung auf natürlichem Wege schon vorgegeben sind, erst in sich aktualisieren, gemäß einer ausgeglichenen Richtschnur und Harmonie. Das Böse erscheint, wenn der Mensch dieses Gleichgewicht zerstört und gegen die göttliche Balance von Himmel und Erde vorgeht. Nur dadurch kann das Böse in die Welt eintreten, da der Mensch als einziges Wesen die Möglichkeit der Wahl hat.

Diese Freiheit verleiht dem Menschen eine einzigartige Würde, Zentralität, etwas Allumfassendes, aber es eröffnet auch die Tore des Missbrauchs. Die einzigen anderen Wesen, die auch die Möglichkeit der freien Wahl haben, sind die Dschinn, deren Führer der Teufel, *iblis*, ist.

Nach Ibn Al-Arabi steht der Mensch wie eine Landenge zwischen zwei großen Ozeanen – zwischen Gott und dem Kosmos. Bedingt durch sein allumfassendes Wesen, seine zentrale Rolle, können nur die Menschen die Harmonie und das Gleichgewicht, welches auf natürliche Weise zwischen Gott und dem Kosmos besteht, umstoßen. Genauso können nur sie, durch ihre vermittelnde Rolle, aus der Tatsache, dass sie die Repräsentanten Gottes auf Erden sind, die perfekte Harmonie und Gleichgewicht zwischen Gott und der Schöpfung errichten.

Die Menschen sind die Achse des Kosmos, um die sich alle Dinge drehen. Es ist also die Aufgabe der Menschen, ihre Funktion als Vermittler auszuführen und den Frieden und die Harmonie auf Erden zu errichten. Doch um zu regieren, muss man dienen. In Bezug auf Gottes Unvergleichbarkeit und Distanz ist der Mensch sein absoluter Diener, und in Bezug auf seine Ähnlichkeit und Nähe ist der Mensch – das einzige Geschöpf, welches mit beiden Händen Gottes geformt wurde – der Einzige, der Gottes Repräsentant auf Erden sein kann. Die Kombination beider führt zum wahren Wissen um Gott.

Der Pfad des Aufstiegs zum inneren Wissen führt über mehrere Stufen, über dauerhafte Fortschritte in der geistigen Entwicklung. Es sind Stufen der Selbsterkenntnis, der Erkenntnis der eigenen Seele, denn: »Wer sich selbst kennt, erkennt seinen Herrn.« Gott ist uns immer nah, doch wir müssen diese Nähe erst errichten.

Es entstand eine große Sehnsucht zwischen Schöpfer und Geschöpfen: die Sehnsucht des Tropfens, des Einzelnen, sich im Ozean, im Ganzen aufzulösen. Gottes Majestät und Macht enthüllen sich in diesem Meer ebenso wie seine Schönheit. Gott wird zum Spiegel, in dem der Mensch seine eigene Realität erblickt, und der Mensch wiederum wird zum Spiegel, in dem Gott seinen Namen und seine Qualitäten erblickt.

Für Ibn Al-Arabi ist das weibliche Element die Essenz. Im Arabischen ist das Wort für Essenz, *dhat*, feminin, sodass er manchmal vom »weiblichen Schöpfer« sprechen konnte. Die Frau enthüllt für ihn das Geheimnis des barmherzigen Gottes.

Ibn Al-Arabi sagte: Gott kann nicht abgetrennt von der Materie gesehen werden, die Betrachtung der wahren Wirklichkeit ohne gestalthafte Stütze ist nicht möglich, da Gott in seiner Essenz unabhängig ist von dieser Welt, und er wird vollkommener in der menschlichen Materie als in irgendeiner anderen gesehen und vollkommener in der Frau als im Mann. Die Kontemplation Gottes in der Frau ist die perfekteste und großartigste, in ihr manifestiert sich die schöpferische Aktivität Gottes am besten. Der Kern der Erläuterungen Ibn Al-Arabis lautet: Wenn man Gott in der Frau erlebt, sieht man beides, den Gott der majestätischen und schönen Eigenschaften, des Aktiven und des Passiven, man sieht die rechte und die linke Hand. »Die Frau konzentriert in sich die Kraft jeder empfangenden Realität, in ihr versammelt sich die Kraft des ganzen Universums, also ist nichts im Universum stärker als sie.«

Ibn Al-Arabis große Seele lässt sich daran erkennen, dass er sagt: Jede Einzelseele und die Anhänger jeder Religion suchen Erlösung, aber da sie sie nicht kennen, kennen sie auch nicht den Weg, der zu ihr führt, obwohl jeder glaubt, auf dem richtigen Weg zu sein. Alle Zwietracht zwischen Menschen betrifft den Weg, der zur Erlösung führt, nicht die Erlösung selbst. Sie offenbart sich überall, wie die Sonne; wer immer sie wahrnimmt, glaubt, dass sie in ihrer Essenz bei ihm ist, sodass Neid und Eifersucht aus ihren Herzen schwinden.

Diese Anschauung wurde im Laufe der Zeit von den Sufis allgemein akzeptiert. Denn je mehr Wissen über Gott sie erreichten, desto geringer wurden ihre religiösen Vorurteile, und sie verstanden, dass die »Wege zu Gott so zahlreich sind wie die Atemzüge der Menschen«. Denn wer den flammenden Ozean der Liebe betritt, ist nicht mehr fähig zu unterscheiden. Trotzdem ist für die Sufis der Islam die letzte und umfassendste Offenbarung der göttlichen Wahrheit, und sie hielten sich an die Riten und Gesetze der Scharia.

Denn ein Religionssystem beinhaltet immer eine Form von Moralkodizes, in denen die Beziehungen zwischen einem selbst und den anderen geregelt werden. Im Islam ist es durch die Doktrin der göttlichen Gesetze der Scharia offen gelegt worden. Die Inspiration oder die Offenbarung, die dem Mystiker zuteil wird, unterscheidet sich qualitativ von der göttlichen Offenbarung des Gesetzes.

Der Mystiker sieht Gott in allen Dingen, aber das Gesetz sagt ihm, welche dieser Dinge verboten und welche erlaubt sind: Ihr »Inneres« ist göttlich, aber ihr »Äußeres« ist verboten. Die Scharia ist die Struktur, innerhalb derer die mystische Erfahrung bewahrt und interpretiert wird. Das Gesetz gibt die äußere Form an, es ist der äußere Stamm des Baumes, damit das innere allumfassende Licht, sein Saft, entlang dieses Stammes sein Ziel erreicht und die Verwirklichung seiner selbst, die Verwirklichung der Wahrheit erlangt.

Der mystische Pfad ist oft lang und hart für den Suchenden. Zeiten der Euphorie wechseln sich mit Zeiten der Dunkelheit und Verlorenheit, ein ständiger innerer Kampf. Die richtige Ausrichtung des Suchenden durch einen Meister oder eine Meisterin zu Beginn ist entscheidend für den Erfolg: Wer in Gott beginnt, wird auch in Ihm enden.

Eigenschaften beziehungsweise Merkmale wie Mildtätigkeit, Wahrhaftigkeit, Geduld, Dankbarkeit und Demut sind die Tugenden des Sufis. Mit Demut ist nicht die sentimentale Unterwürfigkeit gemeint. Als spirituelle Tugend bedeutet es die Erkenntnis, dass Gott alles ist, es bedeutet das Verbeugen vor sich selbst und allen Geschöpfen, da jedes eine Vollkommenheit in sich trägt.

Das tiefe Bedürfnis des Menschen nach Schönheit und Liebe kann nicht durch Luxusgüter gestillt werden, und materielle Mildtätigkeit braucht eine innere ethische Haltung, ist also ein Seinszustand. Der Mensch soll nicht aus irgendwelchen uneigennützigen, aufopfernden Motiven mildtätig sein, sondern deshalb, weil er selbst letztlich auch Mildtätigkeit braucht. Mildtätigkeit bedeutet, sich in den großen Kreis des Nehmens und Gebens einzubetten.

In einem seiner Essays zur islamischen Häresie schreibt Peter Lamborn Wilson über die Sufis: »Unter den Sufis erlangt man Reinheit nicht durch rituelle Waschungen, nicht durch Glauben und Anbetung, nicht durch Tat oder Verdienst, sondern durch direktes Wissen, direkte Erfahrung, Gewissheit, die Trunkenheit ekstatischer Erkenntnis. Nur dieser Rausch reinigt in Wahrheit die Seele, weil man durch diesen ›Wein‹ sich verliert und sich im Herzen wiederfindet.

Man verliert alle trennenden Täuschungen, den Schmutz eines verschleierten Bewusstseins, und erlangt das Eine. Das heißt, nackt im Bazar zu wandeln (...). Aber wenn der Bazar schockiert ist, ist der Skandal auf Seiten des Bazars, nicht des Derwischs. Wie ein Trunkenbold verliert der Sufi seinen guten Ruf in der Welt, weil die Welt ihren Ruf bei ihm verloren hat. Der kleinliche Bazar steht der Heuchelei angeklagt da, der Nackte steht vor Gott.« Denn nicht normal, im weltlichen Sinne, zu sein, heißt eigentlich geisteskrank, gestört zu sein!

Der Sinn der islamischen Weltanschauungslehre liegt darin, die Verpflichtungen der menschlichen Existenz zu erläutern. Die Menschen sind durch ihre Natur verpflichtet, in Harmonie mit dem Göttlichen zu leben und sich den Wegen des Himmels und der Erde hinzugeben, um Harmonie auf Erden und in den menschlichen Beziehungen zu erreichen, denn die Lichter des Paradieses und die Holzblöcke der Hölle werden hier gesammelt und jetzt gelebt. Jeder Akt, jede Tat trägt Früchte, und wenn du Rosen pflanzt, brauchst du dich um Disteln nicht zu sorgen.

Lass nicht den Schlaf der Nachlässigkeit dich in der Dunkelheit betäuben, reiß den Vorhang auf durch Blitze und Kometen: Du musst lieben!

KUWAIT

Wer der Fata Morgana folgt, sucht Wasser
Wer an das Ufer des Ozeans geht, sucht die Einheit.

SUFI-WEISHEIT

Wie brühheißer Tee

Mutter hatte eine irakische Freundin, die in zweiter Ehe mit einem
Kuwaiter verheiratet war und nun mit ihm in Kuwait lebte. Mehrmals lud sie uns ein, sie zu besuchen, und eines Tages war es so
weit. Wir flogen nach Kuwait, dessen Hauptstadt auch Kuwait hieß,
das verwirrte mich ein wenig. Der Reichtum dieses Staates wurde
mir schon im ersten Moment klar. Der Flughafen war ein weißes
Meer aus Marmor. Alles war großzügig und prachtvoll angelegt.
Mamas Freundin erwartete uns schon freudig.

Sie war eine große, herbe Frau, die ihr Haar streng zurückband,
sodass ihr maskulines Gesicht noch kantiger wirkte. Ihre Knö-
chel waren breit, und ihre Hände mit den langen Fingernägeln
wirkten fast bedrohlich. Ihre Stimme war tief und rau und irri-
tierte mich, und als sie freudig auf mich zukam und mich
umarmte, hatte ich das Gefühl, von einer Pressmaschine zusam-
mengequetscht zu werden. Doch hinter dieser kraftvollen Schale,
die ihr Allah verliehen hatte, lebte ein sensibles, gütiges Herz,
das die Verlässlichkeit und Geduld eines Wüstenkamels auf-
brachte.

In ihrer übergroßen Freude drückte Kawthar auch Mutter heftig
an sich und schüttelte mit beiden Händen heftig Vaters ausge-
streckte Hand. Ihr Mann stand neben ihr und lächelte freundlich.
Seine grauen Schläfen umrahmten eine üppige Glatze, und sein

149

gewölbter Bauch bildete eine weitere Rundung und gab ihm den Anschein von Gemütlichkeit. Vater und er gingen mit den Koffern vor, und wir drei folgten, begleitet von vielen Fragen Kawthars nach unserer Reise und unserem Befinden. Mutter beantwortete sie ruhig und freundlich. Wir stiegen ins Auto und fuhren los.

Ich habe noch nie so breite Straßen in meinem Leben gesehen, drei- und vierspurig bahnten sie sich ihren Weg durch die Stadt. Entlang der Straßen lugten ständig prächtige Villen aus dem Sand hervor. Es wirkte alles märchenhaft schön. Meine Augen sprangen von einem Haus zum anderen, und jedes gefiel mir besser als das vorhergehende. Doch dann wurde ich stutzig und sah mir dieses Land einmal nackt an. Eigentlich bestand es nur aus Sand, Meer und Himmel. Der Wagen machte eine scharfe Kurve nach rechts, und plötzlich verschwanden die Villen und wurden durch bescheidenere Häuser ersetzt.

Kurz danach hielten wir vor so einem Haus, setzten unsere Füße auf weißen Sand und gingen hinein. Ich wollte einen tiefen Atemzug nehmen, bevor ich hineinging, also setzte ich an und zog die Luft durch die Nase ein. In diesem Moment hatte ich dasselbe brennende Gefühl, das man verspürt, wenn man brühheißen Tee die Kehle runterschüttet und einem der Körper vor Schreck und Schmerz erstarrt. Ich drückte meine Hände, so fest ich konnte, auf die Brust und wartete, bis der Schmerz verging. Mein Gott, in Kuwait darf man nur flach atmen, zumindest tagsüber!

Die Wohnung bestand aus ein paar Möbeln, die unordentlich verteilt waren, und aus vielen, vielen Büchern. »Habt ihr Kinder?«, fragte ich unsere Gastgeberin neugierig. »Nein, mein Schatz«, antwortete meine Mutter für sie. Kurze Stille im Raum, ich hatte anscheinend an einer schwierigen Lebensentscheidung gerüttelt. Kawthar war, wie so viele Gastarbeiterinnen aus den arabischen Ländern, Lehrerin. Sie unterrichtete Arabisch und Mathematik. Aber Mahmoud, ihr Mann, war Journalist und ein *rawi*, ein Märchenerzähler. Die erste Geschichte, die er mir erzählte, war über seine Vorfahren ...

Das Märchen von Kuwait

Fasten und Beten ist etwas Großes, aber Stolz, Neid und Gier
aus dem Herzen zu entfernen ist noch besser.

Abu-l-Hasan Charaqani (Sufimeister, gest. 1033)

»Es war einmal eine kleine Karawane von Männern, Frauen und Kindern mit Tieren und Hausrat in der sengenden Hitze der Wüste Nefud unterwegs. Sie gehörten den Bani Utba, einem Unterstamm der Anaza, an und hatten ihre Weidegebiete verlassen müssen, nachdem sie von Dürre heimgesucht worden waren. Sie wanderten nach Südosten, in Richtung des Golfes, in der Hoffnung, einen besseren Lebensraum zu finden. Es war ein entbehrungsreicher Marsch, sie hatten kaum mehr Wasser, und sogar die Kamele begannen, müde zu werden. Da sahen sie plötzlich Wasser, ganz, ganz viel Wasser vor sich.

Gespannt kamen sie näher und standen plötzlich an einer Küste. Sie blickten um sich, die Küste war gewölbt, eine Bucht. Es war eine Bucht bei der Mündung von Euphrat und Tigris am Nordende des Golfes. Sie waren Beduinen, und das Meer war ein fremdes Element für sie, trotzdem schien es irgendwie vertraut. Seine Weite und Ferne beruhigten die Augen wie die Wüste. Vielleicht lag ihre Zukunft in diesem Element? Doch die Riffküste war hier unfreundlich, und so beschlossen sie, obwohl alle erschöpft waren, doch weiterzuwandern. Schritt für Schritt, mühsam und langsam gingen sie entlang der Bucht Richtung Süden, und sie wurden für ihr Durchhaltevermögen belohnt.

In der Ferne sahen sie plötzlich ein paar armselige Hütten. Als sie näher kamen, erkannten sie ein paar Menschen. Es waren Fischer, die in diesen Hütten lebten. Die Beduinen beschlossen, ihr Lager hier aufzuschlagen. In der Nacht setzte man sich um das Feuer, und die Beduinen und Fischer begannen, von ihrem Leben zu erzählen. Beide, das Wüsten- und das Meeresvolk, merkten bald, dass das Meer und die Wüste den Menschen ähnliche Eigenschaften zum Überleben abverlangten. Geduld, Ausdauer, Hinga-

151

be an die Gesetze der Natur und Mut waren für beide Welten notwendig.

Die Fischer zeigten den Beduinen ihre Boote und Netze, und das scharfe Auge der Beduinen erkannte, dass dieser Platz hier eine gute Möglichkeit für das Anliegen der Boote bot. ›Es ist der günstigste Ort an der sonst verkehrsfeindlichen Riffküste. Er ist ideal als Hafen und als Umschlagplatz für Waren aus der ganzen Region‹, erklärte ein Fischer, ›wir könnten zum Beispiel bis nach Afrika und Indien segeln, dort Waren kaufen, sie zurückbringen und dann mit Karawanen die Ware ins Landesinnere bringen und weiterverkaufen.‹ – ›Doch es gibt weder genug Weidegebiete für unsere Tiere noch fruchtbares Land zum Anbau!‹, sagte ein alter Beduine. ›Wir werden unser ursprüngliches Leben ändern müssen‹, antwortete ein junger Beduine und sprach, seinen Blick zum Meer wendend, weiter: ›Das große Wasser wird von nun an unsere zweite Heimat sein, und ich bin sicher, es wird uns alles geben, was wir zum Leben brauchen.‹ Aufgeregt plauderte man und tauschte Ideen bis zum Morgengrauen aus.

Die Beduinen begannen also, ihr Leben auf das Meer zu konzentrieren. Sie bauten Boote und holten Süßwasser und landwirtschaftliche Erzeugnisse vom Fluss Schatt Al-Arab. Ihre Kenntnisse im Bootsbau holten sich die klugen Beduinen von erfahrenen Handwerkern, die sie unterwegs trafen. Die neue Siedlung wuchs langsam an, und man beschloss, sie nach einem benachbarten, verlassenen, portugiesischen Fort *kuwait*, das ›kleine Fort‹, zu nennen, die Verkleinerungsform von *kut*, was arabisch ›Fort‹ bedeutet. Dies alles geschah ungefähr Mitte des 18. Jahrhunderts, zu jener Zeit, als gerade die Herrschaft der Portugiesen am Golf zu Ende ging.

Zu den Beduinen, die sich an der Bucht von Kuwait niederließen, gehörte die Sippe der Al Sabah. Die Siedler beschlossen, als Führer den Ältesten aus dieser Sippe zu wählen. Mit Scheich Sabah, der von 1756 bis 1762 das Amt versah, beginnt die Geschichte dieser Dynastie, die bis heute im Emirat Kuwait herrscht. Als besonders begabter Führer erwies sich Scheich Abdullah I., der Sohn des Gründers der Dynastie, der von 1762 bis 1812 herrschte.

Unter ihm entwickelte sich Kuwait zum wichtigsten Hafen und Handelsplatz im Norden des Golfes. Perlenfischerei, Handel, Fisch-

fang und die Erträge der angelegten Dattelkulturen im Mündungs-
gebiet des Flusses Schatt Al-Arab führten zu einem angenehmen
Leben der Menschen und zur Macht der Al-Sabah-Dynastie. Über
hundert Jahre bildete Kuwait das Zentrum des Bootsbaus am Golf
mit der bedeutendsten Handelsflotte in diesen Gewässern. Die
Kuwaiter hatten sich zu mutigen Seefahrern entwickelt, und ihre
Schiffe waren berühmt für ihre Schnelligkeit und Sicherheit. Das in
großen Mengen dafür benötigte Holz – vor allem Teakholz – holten
sie sich aus Indien.

Doch auch als Politiker erwiesen sich die Kuwaiter von Anfang
an als geschickt, auch waren sie gewiefte Diplomaten.

Das Osmanische Reich hatte schon im 16. Jahrhundert Mesopotamien bis zum Schatt Al-Arab erobert und dann die Golfregion bis
zum Rub' Al-Khali* in Besitz genommen. Bis ins 19. Jahrhundert
kam es immer wieder zu Kämpfen zwischen den Beduinen der Arabischen Halbinsel und den Osmanen. Mal siegten diese, mal jene.
Die Kuwaiter aber schickten eine Delegation zum osmanischen
Gouverneur in Basra, um Konflikte mit dem mächtigen Nachbarn
im Norden zu vermeiden, und die Osmanen tolerierten die neuen
Siedler.

Die nächste Gefahr kam Ende des 18. Jahrhunderts dann aus dem
Süden durch die saudischen Wahhabiten. Die Kuwaiter verteidigten
sich mutig gegen die Attacken, aber sie stellten trotzdem eine ständige Bedrohung dar. Dazu kam eine Gefährdung des Seeweges durch
Piraten. Also wendete sich Kuwait an die neu aufkommende politische Macht in der Golfregion, an Großbritannien. Doch diese war
nicht daran interessiert, Verpflichtungen einzugehen, zumal dieses
Gebiet zum Einflussbereich der Osmanen gehörte, mit denen sie
nicht in Konflikt geraten wollten. Also wandten sich die Kuwaiter
an die Osmanen, die ihnen gegen Tributzahlung Schutz boten. Der
osmanische Gouverneur von Basra ernannte den Scheich von Kuwait zum osmanischen Bezirksgouverneur und unterstellte Kuwait
somit osmanischer Oberhoheit. Die Zeiten begannen, sich zu ändern …«

---

* Die südliche Wüste im heutigen Saudi-Arabien.

Pause, die Erwachsenen schlürften Kaffee, und ich bekam mein Lieblingsgetränk, Joghurt, verdünnt mit Wasser und einer Brise Salz – das war neben Wasser das Beste gegen Durst. Der Erzähler sah mich die meiste Zeit beim Erzählen an, und ich hatte das Gefühl, sehr wichtig zu sein. Also hörte ich gespannt zu, obwohl ich nicht alles verstand.

»In der zweiten Hälfte des 19. Jahrhunderts begannen die modernen britischen Frachter, die traditionellen kuwaitischen Segler – die Dhaus und Bums – zu verdrängen, und der allmähliche Verfall des Bootsbaus setzte ein.«

Noch ein Schluck Kaffee.

»Hinzu kam, dass die Osmanen plötzlich doch drohten, Kuwait zu besetzen. Die Briten waren jetzt interessiert an der Begrenzung des Einflusses anderer Staaten am Golf, denn es ging ihnen vor allem darum, ihre strategischen Interessen zum Schutz des Seeweges nach Indien zu bewahren. Wirtschaftlich war Kuwait bis dahin noch nicht attraktiv. Großbritannien versprach also, gegen teilweisen Souveränitätsverzicht, eine Besetzung Kuwaits durch osmanische Truppen zu verhindern. Nach außen hin standen die Kuwaiter unter der Oberhoheit der Osmanen, in Wirklichkeit aber hatte Großbritannien das Sagen. Mit dem Ersten Weltkrieg endete die osmanische Ära, und die arabische Welt wurde im Sykes-Picot-Vertrag von 1916 zwischen Großbritannien und Frankreich aufgeteilt, wobei Kuwait nun endgültig in die Hände Großbritanniens fiel.

Jetzt wurden auch die Grenzen zum saudi-arabischen Staat, der zwischen 1902 und 1926 mit britischer Billigung und Förderung entstanden war, und zum Irak durch die britische Mandatsregierung fixiert, und es erfolgte 1923 die räumliche Definition des kuwaitischen Staates.

Als die japanischen Zuchtperlen in den dreißiger Jahren den Weltmarkt eroberten und die Nachfrage nach den viel teureren Naturperlen fast vollkommen versiegte, ging auch der zweite wirtschaftliche Hauptzweig Kuwaits zugrunde. 1930 gab es ungefähr noch 12 000 Perlentaucher, aber nun verloren sie ihren Job und die Perlenhändler und Emire eine glänzende Einnahmequelle. In viele

Hütten kehrte bittere Armut ein. Genauso schwungvoll wie Kuwait aufgebaut worden war und seinen Platz im Golf behaupten konnte, war es wieder zum Stillstand und zu wirtschaftlicher Bedeutungslosigkeit und Armut gekommen. Doch während die Menschen die Köpfe hängen ließen, schickte ihnen das Schicksal eine neue Lebensquelle«. Der Erzähler wandte jetzt seine Blicke immer mehr den Erwachsenen zu, und ich zeigte schon die ersten Müdigkeitserscheinungen und fing an, etwas hin und her zu zappeln.

»Als die Briten im Ersten Weltkrieg die energiepolitische Verwundbarkeit ihres Militärapparates erkannten – sie waren nämlich auf Erdölimporte aus Amerika angewiesen –, richteten sie ihr Streben nach eigenen Erdölquellen innerhalb des Empires, so wurde die Golfregion zum wirtschaftlichen Mittelpunkt.

Schon in der Ära zwischen den Weltkriegen verlagerten sich die Interessen der Erdölindustrie aufgrund neuer Funde immer stärker aus der westlichen Hemisphäre (USA, Mexiko, Venezuela) in den Vorderen Orient. Das Erdöl in dieser Region hatte hohe Qualität, war näher zu den europäischen Märkten und noch dazu kostengünstig in der Produktion. Außerdem bestanden große Ressourcen. Auch die USA begannen, sich politisch für diese Region zu interessieren, und verdrängten Großbritannien allmählich aus seiner regionalen Vormachtstellung.

Mit dem Ausscheiden Russlands aus dem Konkurrenzkampf um Persien, dehnte Großbritannien seinen Einflussbereich auf das ganze Land aus und begann, Erdöl aus Persien und aus der Raffinerie von Abadan, am Ostufer des Schatt Al-Arab, zur Deckung des Bedarfs der britischen Flotte zu beziehen. Systematisch baute es auch seine politische Kontrolle – nach der Zerstückelung des Osmanischen Reiches – auch über den Irak aus. Doch da begann der Konkurrenzkampf mit den amerikanischen Ölkonzernen, und nach langen Auseinandersetzungen einigten sich Großbritannien und die USA auf eine gemeinsame Ausbeutung der irakischen Erdölquellen. Sicherheitshalber schlossen die Briten auch mit Kuwait einen Vertrag zur Erteilung von Erdölkonzessionen, für den Fall, dass man hier Erdöl finden sollte.

Ist es nicht ein Geschenk des Schicksals, dass man im gleichen Jahrzehnt, in dem die Perlenfischerei und der Perlenhandel zu Ende gingen, eine neue Lebensquelle, die ungeahnten Reichtum mit sich brachte, entdeckte?« Ich wusste nicht, ob mein Erzähler dies ernst oder sarkastisch meinte. Doch er fuhr unerschrocken mit seiner Geschichte fort. »1938 fand man also Erdöl in Kuwait. Und mit dem Jahre 1946, als das erste Erdöl aus dem Feld Burgan das Land auf einem britischen Tanker verließ, begann ein Märchen namens »»Wenn der Herr reich wird, profitiert auch der Diener!«« Was meinte er damit? Der Klang seiner Stimmte verbarg Unruhe, und das Märchen schien eines mit schlechtem Ausgang zu sein.

»Nach dem Zweiten Weltkrieg schafften es die USA, Großbritannien auszuschalten, und konnten von nun an ihre politischen Vorstellungen im Vorderen Orient durchsetzen. Eine neue Weltordnung entstand. Die wichtigsten wirtschaftlichen Beziehungen, wie Handel, Transport, Währungsrelationen und Zölle, wurden durch Mechanismen geregelt, die den amerikanischen Interessen dienten. Nach vielen harten Wettkämpfen hatten schließlich sieben Konzerne den Erdölsektor fest in der Hand: fünf amerikanische (Exxon, Mobil, Socal, Texaco und Gulf) und zwei europäische (Shell und BP), später kam noch zusätzlich ein französischer hinzu.

Dafür, dass die USA auf die staatliche Regelung des Energiemarktes verzichteten, steuerliche Privilegien gewährten und die Konzerne gleichberechtigt beteiligten, mussten diese die amerikanische Außenpolitik in dieser Region unterstützen. Aber nicht nur das – die Konzerne regelten und stabilisierten den Markt und achteten darauf, dass es nicht zu Überproduktionen kam. Denn solange die Konzerne die Produktion des billigen Erdöls im Vorderen Orient drosselten und damit den Bedarf an teurem amerikanischen Öl künstlich aufrechterhielten, konnten die relativ hohen amerikanischen Produktionskosten in Texas den Weltenergiepreis bestimmen. Die Belohnung für die Konzerne war ein Zusatzgewinn, der in der Differenz der beiden Produktionskosten lag.

Die Vereinigten Staaten profitierten auf der ganzen Linie, sie sicherten erstens ihre inländische Ölindustrie ab, zweitens konnten sie energiepolitische Entscheidungen beeinflussen und drittens den Orient politisch kontrollieren, denn die Ölländer waren völlig abhängig von den Abgaben der Konzerne und hatten kaum Einblick in deren Geschäftspraktiken. Die Konzerne manipulierten die Produktionen in den Ölländern – und damit das Staatseinkommen – nach politischem Gutdünken, mal wurde diese, mal jene Regierung gestürzt! Natürlich wurden nur konservative Regierungen, die die amerikanischen Interessen vertraten, unterstützt.«

Mir schwirrte der Kopf, ich verstand nicht viel, aber ich sah die Gesichter der Erwachsenen, sah Verbitterung im Gesicht meines Vaters und Wut in den Augen meiner Mutter und spürte, dass es um Ungerechtigkeiten ging, um Ungerechtigkeiten, die uns die Erwachsenen immer verboten zu begehen: Du sollst niemandem etwas wegnehmen; wenn du etwas willst, dann bitte höflich darum; behandle den Gast mit Respekt und Ehrfurcht, denn damit zeigst du deine Liebe zu allen Geschöpfen; sei lieb und zuvorkommend zu den Kleineren und Schwächeren. Irgendwie stimmte dies nicht überein mit dem, was die Erwachsenen selbst taten.

Der Märchenerzähler nahm ein Schluck Wasser, lehnte sich zurück und erzählte weiter: »Doch die USA konnten wegen ihrer globalen Prioritäten – sie waren unter anderem auch mit der Eindämmung der Sowjetunion und der Stabilisierung Westeuropas beschäftigt – diese Region nicht vollkommen kontrollieren. Es ergab sich ein Handlungsspielraum für manche arabischen Länder, Klassenkämpfe und Revolutionen brachen in Ägypten, Syrien und im Irak aus.* Ihre sozioökonomischen Ziele boten entwicklungspolitische Alternativen und gefährdeten damit natürlich die westlichen Interessen. Nicht nur das; sie versuchten, die Kooperation der Ölstaaten mit den Konzernen und den imperialistischen Mächten durch Propaganda und ideologische Einflüsse zu untergraben.

Sie konkurrierten auch um die Führungsrolle in der arabischen Welt und lehnten sich mit Parolen und Aktionen gegen die israeli-

---

* Die ägyptische Revolution (1952–1970), die syrische Revolution (1958–1970) und die irakische Revolution (1958–1974).

sche Okkupation Palästinas auf. Die imperialistischen Mächte sahen die Lösung dieser revolutionären Dynamik nur noch in dem Einsatz militärischer Mittel. Als Israel im Juni-Krieg 1967 zum so genannten ›Befreiungsschlag‹ gegen Ägypten, Syrien und Jordanien ausholte, nahm es also nicht nur seine nationalen Interessen wahr, sondern tat diesen Mächten den größten Gefallen, einen Gefallen, den diese den Israelis noch lange danken würden, weil es die sozioökonomische Konfrontation dieser Region auflöste«.

Stille. Jeder Erwachsene trauerte allein vor sich hin, der Schmerz, das Gefühl der Hilflosigkeit und Resignation, die dieser Krieg ausgelöst hatte, schien noch immer in den Herzen zu dominieren. Mit einem Lächeln und dem Herumreichen von Süßspeisen versuchte die Gastgeberin, die Stimmung aufzulockern. »Lassen wir die Politik, erzähl unseren Gästen lieber vom Leben in Kuwait!«, meinte sie herzlich. Sie stellte die Süßigkeiten vor mich hin und forderte mich auf zuzugreifen, was ich auch gerne tat.

»Das Gesicht Kuwaits verändert sich sehr schnell. Wir sind ein kleines Land, aber eines der reichsten Länder der Welt!« Mahmouds Stimme wurde weicher. »Unser ganzer Reichtum basiert auf dieser schwarzen flüssigen Masse namens Erdöl. Wir verkaufen das Öl an die Industriestaaten und kaufen dann mit dem Geld wieder bei ihnen alles, was wir brauchen, ein. Mit dem Geld wurde Kuwait in ein Paradies umgewandelt, und wir haben den Wohlfahrtsstaat par excellence geschaffen. Wir brauchen keine Steuern zu zahlen, medizinische Versorgung und Bildung sind gratis, Strom und Telefon ebenfalls.

Doch nur Kuwaiter, Träger eines kuwaitischen Passes, genießen diese Vorzüge, alle anderen Einwohner dieses Landes sind von nahezu allen Sozialleistungen ausgenommen. Und wir haben viele Ausländer im Land, mehr als die Hälfte der Bevölkerung sind Palästinenser, Ägypter, Iraker, Syrer, Perser, Inder und Pakistanis. Im Grunde genommen, bilden die Kuwaiter eine Minderheit im eigenen Land«. Er hielt an und versank in sich, um nach einer Weile mit den Worten aufzutauchen: »Das Erdöl ist ein Segen für dieses Land. Durch das Erdöl sind wir zu einem der reichsten Länder der Welt geworden.«

Das Schicksal der Welt

Der Körper sagt die Wahrheit,
der Geist stellt bloß Fragen.

UNBEKANNT

Kawthar war ganz anders als ihr Mann, sie interessierte sich für all die mysteriösen Geschicke, die das Leben eines Menschen beeinflussen. »Alles auf dieser Welt ist miteinander verbunden. Das Licht kommt aus der Dunkelheit und die Dunkelheit aus dem Licht. Das ›Oben‹ und das ›Unten‹ sind im ewigen Austausch, und wir Menschen leben dazwischen«, meinte sie. »Der Himmel mit seinen Sternen und Planeten übt großen Einfluss auf uns Menschen und alle Geschöpfe auf Erden aus. Die Kunst oder die Wissenschaft, die sich mit den Kräften des Universums beschäftigt und versucht, diese Kräfte zu verstehen und zu kontrollieren, nennt man *ahkam al-nujum*, ›die Bestimmungen der Sterne‹.

Denn die himmlische Welt bestimmt den Lauf der irdischen, menschlichen Welt. Das Beobachten der Sterne und Planeten, das Studium ihrer Konstellationen und ihrer Bewegungen erklärt uns, was in der künftigen und vergänglichen Welt geschah und geschehen wird, und ermöglicht uns unter Umständen, diese Geschehnisse durch das Schreiben von Zahlen und Buchstaben in bestimmten Anordnungen zu beeinflussen. Denn die Sterne haben Einfluss auf die körperliche und seelische Gesundheit.« – »Wie – ›sie haben Einfluss?‹ Was meinst du damit?«, fragte meine Mutter, und auch ich sah sie neugierig an.

Ich liebte den Anblick des Himmels, die Formen der Wolken, das Leuchten der Sterne auf dem dunklen Tuch, das uns bedeckt. Ich liebte das Zauberspiel mit meiner Hand, die Sonne abzudecken, aber dass sie außer dieser Schönheit auch noch unsere Gesundheit, unseren Körper beeinflussen kann, das hätte ich mir nicht gedacht. Kawthar rutschte auf der Matratze zurück, drehte sich ein wenig nach rechts und nach links, sodass ihr ganzes Becken gut auflag, und begann, mit ruhiger Stimme zu erzählen.

»Das Universum ist ein sensibler Organismus, dessen Gleichgewicht auf der harmonischen und ergänzenden Beziehung zwischen den männlichen und weiblichen Paaren, aus denen alle Dinge entstehen, aufgebaut ist. Alle äußeren Erscheinungen sind Spiegelbilder eines inneren Lichtes, so, wie alle Vielfalt auf die Einheit zurückzuführen ist. Genauso wie alle Farben auf irgendeine Weise auf die eine zurückgebracht werden können. Die Beziehungen zwischen den Himmelskörpern und zwischen Himmel und Erde werfen ein Licht auf die analogen Beziehungen in dieser Welt und in den Seelen. Dieselben Qualitäten, die sich in den Gestirnen zeigen, manifestieren sich auch in den Körpern hier auf Erden, und so kann eine Beziehung aufgestellt werden.«

»Ich verstehe nicht ganz, was du meinst«, sagte meine Mutter, und ich wartete gespannt, was Tante Kawthar jetzt sagen würde. »Lass es mich erklären: Der Mensch ist das vollkommenste Geschöpf auf Gottes Erden, und allein im menschlichen Körper fanden die Weisen unter uns alle Formen, die im Universum existieren, wieder. Sie fanden die wunderbaren Formen der himmlischen Körper, ihre verschiedenen Konstellationen, die Bewegungen der Planeten, die mannigfaltigen Materien und Mineralien, die verschiedenen Planeten und Pflanzen und Tiere, und all dies hatte einen Bezug zum menschlichen Körper.«

Tante Kawthars Stimme wurde weich und tief. »Unter dem Licht des Mondes existieren vier Säulen, *arkan*. Es sind die vier Mütter, *ummahat*, oder die vier Elemente, und wenn sie sich zusammentun, entstehen die Kinder, *mawalid*, oder die drei Königreiche: Das Reich der Mineralien, das Reich der Pflanzen und das Tierreich.« Sie lächelte mich an, aber ich war viel zu gespannt, um zurückzulächeln, hier hörte ich von einer Welt, die ich noch nicht kannte, und ich wollte keinesfalls herausgeholt werden.

»Im Körper des Menschen befinden sich auch diese vier Elemente, die den Körper zusammenstellen: Der Kopf, die Brust, der Bauch und der Unterleib bis zu den Füßen.« Sie fuhr beim Erzählen mit ihren Händen über die jeweiligen Körperteile. »Der Kopf korrespondiert zum Beispiel mit dem Element Feuer, in ihm ruhen die Sehstrahlen und die Kontrolle der Sinne. Die Brust steht im Einklang mit dem Element Luft, weil hier der Atem entsteht. Der Bauch stimmt überein mit dem Wasserelement, weil in ihm die Feuchtigkeit ruht.« Mir wurde plötzlich ein wenig mulmig im Bauch bei dem Gedanken, dass hier drinnen alles nass war.

Doch Tante Kawthar sprach ruhig weiter. »Der Bereich vom Unterleib bis zu den Füßen korrespondiert mit dem Element Erde, weil es auf der Erde ruht, so, wie die anderen über und um die Erde errichtet sind. Durch diese vier Elemente entstehen Dämpfe, aus denen die Winde, die Wolken, der Regen, die Pflanzen und Mineralien hervorkommen. Auf dieselbe Art und Weise entstehen durch die vier Elemente Dämpfe im menschlichen Körper, Schleim in den Nasenlöchern, Tränen in den Augen, Speichel im Mund, Winde und die Flüssigkeiten, die ausgeschieden werden, wie Urin und andere, entstehen im Bauch. Die Struktur des menschlichen Körpers ist wie die Erde, die Knochen sind wie die Berge, das Innere der Knochen, das Knochenmark ist wie die Mineralien, der Bauch wie der Ozean, die Gedärme wie Flüsse, die Venen sind wie Bäche, das Fleisch ist wie Land, die Haare wie Pflanzen, die Vorderseite ist der Osten, die hintere Seite der Westen, die rechte Hand der Süden, die linke der Norden, der Atem ist der Wind, die Sprache des Menschen wie Donner, sein Schrei wie Blitze, sein Lachen wie Tageslicht, sein Weinen wie Regen, seine Verzweiflung und sein Kummer wie die dunkelste Nacht, sein Schlaf wie der Tod, sein Wachsein wie Leben, die Tage seiner Jugend wie der Frühling, die Jugend wie die Sommertage, die Tage seiner Reife wie der Herbst und die Tage des hohen Alters wie der Winter. Die Bewegungen und Taten des Menschen sind wie die Bewegungen der Planeten, seine Geburt und sein Dasein hier auf Erden ist wie das Aufsteigen der Gestirne und sein Tod wie ihr Verglühen.«

Tante Kawthar hielt an, als ob sie sich vergewissern wollte, ob ihr Publikum auch wirklich interessiert war an ihren Worten. »Bitte sprich weiter«, reagierte auch sogleich meine Mutter. Und Tante Kawthar sprach zufrieden weiter: »Wenn der männliche Tropfen in die Gebärmutter fällt, präsentiert er mit dem Ei die Materie oder

Substanz. Wenn der Embryo vier Gewebeschichten bekommt, repräsentieren diese die vier Elemente und die Natur. Wenn die Teile erscheinen, die äußeren Teile wie der Kopf, die Hände, der Bauch, die Geschlechtsteile und die Füße, so repräsentieren sie die sieben Erdgegenden. Die inneren Teile, wie die Lungen, das Gehirn, die Nieren, das Herz, die Galle, die Leber und die Milz, stellen die sieben Himmel dar.«

Kawthar nahm einen Schluck kaltes Wasser, setzte das Glas ab und sprach jetzt leiser weiter. »Die Lungen sind der erste Himmel, sie repräsentieren die Sphäre des Mondes, denn der Mond ist die Lunge des Kosmos und der Vermittler zwischen den zwei Welten. Es gibt viele Engel in dieser Himmelssphäre, und der Engel des milden Wassers und der Luft ist hier der Fürst. Das Gehirn ist der zweite Himmel und repräsentiert die Sphäre des Merkurs, da der Merkur das Gehirn des Kosmos ist. Auch in dieser Sphäre gibt es viele Engel, und hier herrscht der Engel, der für das Erlernen des Schreibens, für das Erwerben des Wissens und für das Meistern des Alltagslebens zuständig ist. Sein Name ist Gabriel, und er ist der zweitrangige Grund für das Wissen des Menschen auf Erden, gepriesen sei Allah! Die Nieren aber bilden den dritten Himmel und repräsentieren die Sphäre der Venus, da Venus die Niere des Kosmos ist. Der Engel der Freude, des Glücks und des Appetits ist hier der Herrscher.

Das Herz ist die vierte Himmelssphäre und repräsentiert die Sonne, denn die Sonne bildet das Herz des Kosmos. In dieser Sphäre leben viele Engel, und der Engel, der für das Leben zuständig ist, ist hier der Führer. Sein Name ist Seraph, und er ist der zweitrangige Grund für das Leben der Einwohner auf Erden. Die Milz ist der fünfte Himmel und repräsentiert den Mars, da der Mars die Milz des Kosmos ist. Der Engel, der hier herrscht, ist für den Zorn, für die Härte, für das Schlagen und Töten zuständig. Die Leber ist der sechste Himmel und repräsentiert die Sphäre des Jupiters, da Jupiter die Leber des Kosmos ist. Viele Engel leben hier, und es herrscht über sie der Engel, der für die Nahrungsmittel zuständig ist. Sein Name ist Michael, und er ist der zweitrangige Grund für die Ernährung der Einwohner auf Erden. Die Galle bildet den siebenten Himmel und repräsentiert die Sphäre des Saturns, denn Saturn ist die Galle des Kosmos. Hier herrscht Azrael über die anderen Engel dieser Sphäre, der Engel, der die Seele im Moment des Todes holt.«

»Warum sagst du immer, dass diese Engel der zweitrangige Grund sind für etwas, Tante Kawthar?«, fragte ich sie mit Verwunderung.

Ihre Stimme wurde jetzt noch leiser, sodass Mutter und ich uns ein Stück vorbeugen mussten. »Die Phänomene in der Natur sind Gottes Zeichen, genauso wie die Seelen des Menschen Gottes Zeichen sind. Und Gott ist der erste Grund für alles Entstehen. Die Details der Ähnlichkeit sind nicht so wichtig wie die Tatsache, dass eine Übereinstimmung existiert. Wenn man Zeuge von Gottes Manifestation im Kosmos wird, dann erkennt man die Übereinstimmung in allen Dingen! Astrologie ist die Suche nach der qualitativen Übereinstimmung oder Korrespondenz zwischen den Dingen in der oberen und unteren Welt. Die Beziehungen zwischen den himmlischen Körpern, zwischen Himmel und Erde, werfen ihr Licht auf die Beziehungen, die hier auf Erden und in den Seelen stattfinden.

Alle Dinge repräsentieren gewisse Qualitäten, und all diese Manifestationen fließen letztendlich aus der Einheit und in denselben Ursprung zurück. Unterschiedliche Dinge auf verschiedenen Ebenen der Realität und zu verschiedenen Zeiten und in verschiedenen Räumen manifestieren dieselben Qualitäten der Realität beziehungsweise Einheit, denn alles ist miteinander verbunden. Und daher können die Sterne Einfluss auf die körperliche und seelische Gesundheit ausüben.« Tante Kawthar schloss die Augen und wurde still. Sie war eine eigenartige Frau, ihre Einfachheit und ihr mysteriöses Wissen wirkten magisch auf mich, und es fiel mir schwer, sie nicht die ganze Zeit anzustarren, als ob ich in ihrem Gesicht, in ihrer ganzen Erscheinung noch weitere Geheimnisse entdecken könnte.

Als es dunkel wurde und die Hitze mit dem Untergang der Sonne nachließ, beschlossen wir, alle gemeinsam spazieren zu gehen.

Die Aufteilung der Zeit

Der Körper teilt die Gesellschaft in Mannheit und Frausein.

Leila Ahmed

Mahmouds Lieblingsthema war die Zukunft dieses Landes, und dazu gehörte das Thema Frauen.

»Die Kuwaiterin ist eine selbstbewusste, tüchtige und kämpferische Frau. Sie war von jeher die Vorkämpferin für die Rechte der Frauen in den Golfstaaten. Die erste Frauenorganisation wurde schon 1964 in Kuwait gegründet, also drei Jahre nach der Unabhängigkeit Kuwaits. Trotzdem haben Frauen bis heute kein Wahlrecht in Kuwait.* Die kuwaitische Regierung hat den Frauen ihr politisches Recht vorenthalten, obwohl sie so viel zum Aufbau dieses Landes beitragen und ihnen die Türen zur höheren Bildung und zum Berufsleben offen stehen.«**

Wir gingen gemütlich nebeneinander auf dem sehr breiten Gehsteig, der die noch viel breiteren, aus mehreren Spuren bestehenden Straßen säumte. »Ist heute Montag?«, fragte meine Mutter.

Kawthar gelangte mit dieser Frage in eine andere Dimension: »Die Babylonier waren es, die den Siebentagezyklus einführten. Sie gaben den Tagen die Namen der ihnen bekannten Planeten. Es waren damals fünf Planeten, den sechsten Tag nannten sie aber den Mondtag, nach dem Mond, und den siebenten nannten sie den Sonntag, nach der Sonne. Und von den Babyloniern verbreitete sich diese Einteilung über die ganze Welt.«

---

* In Bahrain ebenso. Wahlrecht für Männer und Frauen besteht in Syrien, Jordanien, Palästina, Ägypten, Algerien, Tunesien, Marokko und Libyen, im Libanon, Irak, Jemen und Sudan.
** Als 1981 kuwaitische Parlamentarier für das Frauenwahlrecht eintraten, wurde ihre Forderung mit folgender Begründung abgelehnt: »Diese Entscheidung hätte eine Auswirkung auf das politische Leben in der kuwaitischen Gesellschaft, deren Einfluss auf die Traditionen und Sitten nicht voraussehbar wäre.« Ein neuer Beschluss soll dies aber demnächst ändern, und die kuwaitischen Frauen sollen im Jahr 2003 ihr Wahlrecht bekommen.

»Nach der Verfassung stellt Kuwait eine erbliche Monarchie dar, die dem Emir nahezu uneingeschränkte Rechte einräumt. Das Parlament besitzt nach der Verfassung nur geringe Befugnisse. Die eigentliche Bedeutung dieser Partizipationskanäle liegt in einer Kritik- und Ventilfunktion, die der Herrscherfamilie eine Abstimmung ihrer Politik mit der Einstellung der zunehmend wichtigeren, nicht traditionellen Gruppen innerhalb der Gesellschaft ermöglicht«, erzählte Mahmoud weiter. Unsere Ohren hüpften von einem Thema zum anderen, mal waren wir hier auf Erden, mal hob uns Kawthar zu den Sternen. Irgendwie war es schön, zu wissen, dass das Leben so reich ist!

»Die Araber teilten den Tag und die Nacht in 16 Zeitspannen ein, und jede Zeitspanne dauert ungefähr anderthalb Stunden an. Kennst du die Namen der einzelnen Teile?«, fragte mich Tante Kawthar. »Ich kenne nur die fünf Einteilungen des Gebetes!«, antwortete ich bescheiden.

»Lass mich dir sagen: Die Einteilung beginnt bei uns mit der Nacht: *al-ghasaq* ist das Dunkel zu Beginn der Nacht; *al-'atama* ist das erste Drittel der Nacht, und *al-ghalas* ist das zweite Drittel der Nacht; *al-sahar* ist das letzte Drittel der Nacht, die Zeit vor der Morgendämmerung. Es ist die Zeit der Meditation und Kontemplation; *al-fajr* ist die Morgendämmerung, wie du weißt, die Zeit des Frühlichts und die Zeit des ersten Gebetes. Dann beginnt *al-sabah*, der Tagesanbruch, und danach kommt der Sonnenaufgang, *al-schuruq*; *al-bukur* ist der frühe Morgen und *al-duha* der Vormittag; *al-hajira* ist der Mittag beziehungsweise die Mittagshitze, und *al-dahira* ist die Mittagszeit und die Zeit des zweiten Gebetes; *al-rawah* ist die Zeit des Kommens und Gehens und *al-'asr* der Nachmittag, die Zeit des dritten Gebetes. *Al-'asil* ist der Spätnachmittag, also die Zeit vor dem Sonnenuntergang; *al-ghurub* heißt der Sonnenuntergang und die Zeit des vierten Gebetes; *al-'isa* ist der Abend und die Zeit des fünften und letzten Gebetes. Genauso wie der Tag wird auch der Schlaf in einen anderthalbstündigen Rhythmus aufgeteilt. So ist es für den Körper erholsamer, vier- oder fünfmal anderthalb Stunden Schlaf zu bekommen als acht Stunden am Stück, weil man dann mitten in einer neu angebrochenen Phase aufwacht. Das merkt man vor allem dann, wenn man manchmal lange schläft und trotzdem nicht frisch aufwacht.«

»Unsere Frauen brauchen sich eigentlich um nichts im Haushalt mehr zu kümmern. Wir haben Dienstmädchen aus Sri Lanka, Köche aus Indien, Kindermädchen aus den Philippinen und Chauffeure aus Ägypten.

Es gibt grob gesprochen drei Gruppen in Kuwait: Die einheimischen Kuwaiter, die Nachkommen der ungefähr 80 000 Menschen, die hier schon vor dem Ölboom gelebt haben. Dann gibt es die Auswanderer, meist Araber aus Syrien, dem Libanon, Palästina, Ägypten und dem Irak, die hier schon seit Jahren leben. Sie verwalten, lehren, beraten, führen und leiten. Sie sind zumeist Muslime, wie die Kuwaiter, doch dies ist nicht Grund genug, sie zu vereinen. Viele von ihnen sind sehr reich und üben wichtige Tätigkeiten für die Regierung aus, doch sie sind keine Staatsbürger und haben kein Wahlrecht. Die Palästinenser sind hier die größte Gruppe, und sie sind fast immer mit ihren Familien hier, da sie lange, wenn nicht für immer, hier bleiben möchten, denn sie haben ja kein Land, in das sie zurückgehen können.

Die dritte Gruppe sind die so genannten Gastarbeiter. Sie sind nicht reich, sind keine Staatsbürger, und sie haben im Grunde überhaupt keine Rechte. Die schwächste kuwaitische Staatsbürgerin hat viel mehr Rechte als jeder männliche Gastarbeiter, das steht einmal fest. Es leben also drei verschiedene Gesellschaften hier in Kuwait, ja vielleicht sogar vier, wenn man die Europäer, die meist für befristete Verträge hierher kommen, mitzählt. Wir sind eine islamische Klassengesellschaft geworden und nicht, wie es unser Glaube rät, eine islamische Brudernation, und das ist auch unsere größte Hemmung in der politischen Entwicklung.«

»Wie meinst du das?«, fragte Vater. »Im Grunde sind wir eine Übergangsgesellschaft, denn bis jetzt, und das wird sich nicht so schnell ändern, besteht Unklarheit über die politischen Teilnahmemöglichkeiten dieser verschiedenen, in Kuwait lebenden Bevölkerungsgruppen. Dieser Umstand hemmt die Entwicklung und die volle Ausübung der parlamentarischen Möglichkeiten. Bis jetzt ist das so genannte Parlament nur ein Konsultativrat für das Herrscherhaus.«

»Wenn man in der Frühe aufwacht, ist es so wichtig für den Körper, nicht gleich aufzuspringen. Man kann kurz im Bett liegen bleiben und Gott danken, dass man wieder einen Tag erleben darf, oder
man kann bewusst durch alle Körperteile durchfließen und sie
begrüßen, und wenn man aufsteht, so ist es gut, zur Seite oder sogar
auf den Bauch zu rollen und auf allen vieren sich wie eine Katze
auszustrecken und dann erst hochzukommen.«

Das gefiel mir, wie eine Katze sich zu strecken und zu recken.

»Weißt du, wie stimulierend es auf den Organismus wirkt, wenn
man als Erstes ein Glas Wasser auf nüchternen Magen zu sich
nimmt und erst vierzig Minuten später frühstückt? Mein Vater
nahm zusätzlich vier Knoblauchzehen zu sich, die er in der Mitte
aufschnitt und mit dem Wasser runterschluckte. Wir hatten, als er
schon im hohen Alter war, Schwierigkeiten, ihn beim Gehen einzu-
holen, wie eine Gazelle sprang er die Stufen hinauf und flog über
die Wege!« Kawthars Blick wandte sich nach innen, und sie lächelte
mild beim Gedanken an ihren Vater. Sie schien ihn sehr zu lieben
und zu vermissen!

»Unser größtes Problem sind die kuwaitischen Jugendlichen, die
es im Grunde genommen nicht als notwendig ansehen, bezahlte
Arbeiten anzunehmen, ihre Väter sind reich genug, um sie und die
kommende Generation zu ernähren. Oft wird den Frauen die
Schuld an dieser Unverantwortlichkeit der Jugend gegeben, da sie
die Erziehung ihrer Kinder den ausländischen Kindermädchen über-
lassen. Doch dann könnte man die Väter genauso beschuldigen.

Wir haben es in diesem Land mit einem einmaligen Phänomen
zu tun. Dieses Land ist praktisch über Nacht und ohne Anstren-
gung zum reichsten Land der Welt geworden, und mit diesem Ereignis richtig und weise umzugehen ist für die Menschen gar nicht so
leicht. Stell dir vor, du schläfst in der Nacht hungrig ein und wachst
in der Frühe auf, und plötzlich liegt neben dir eine Truhe voll Gold,
und auf dem Gold liegt ein eingerollter Brief, auf dem steht: ›Dieses
Gold ist für dich, egal wie viel du herausholst, hundert Jahre wird es
bei dir bleiben und nicht versiegen!‹

Zuerst wirst du dir und deinen Kindern und Verwandten Gutes
tun, und du wirst auch den Einwohnern deines kleinen Landes Gut-

es tun und dein Land zu einem Paradies machen. Du wirst Menschen aus aller Welt holen, um dir beim Aufbau zu helfen, und andere, die dich und deine Mitmenschen bedienen und verwöhnen. Es soll auch anderen Völkern um dich herum Gutes getan werden, wieso nicht, somit wachsen das Prestige und die Anerkennung und dein Einfluss. Es soll allen gut gehen, doch nicht allen gleich gut, und es soll niemand außer dir und deinen Nächsten bestimmen, was mit dem Gold gemacht wird und wie es verteilt wird. Es ist menschlich, so vorzugehen, aber nicht demokratisch.« – »Was bedeutet demokratisch, Onkel?« – »Demokratisch bedeutet, wenn alle ihre Meinungen und Ideen zur Verteilung des Goldes vorbringen können und dann gemeinsam zum Wohl aller entschieden wird.«

»Kuwait ist doch bekannt für seine liberale Einstellung«, meinte Vater. »Das stimmt, das kleine Emirat Kuwait bot vielen Oppositionsgruppen in arabischen Ländern neben Beirut ein Terrain, um die einheimische Pressezensur zu umgehen. Indem Kuwait viele arabische Arbeiter einstellte, die ihr Geld nach Hause schickten oder es mitnahmen, wenn sie zurückgingen, flossen diese Einnahmen in die Volkswirtschaft ihrer Länder, trugen zur wirtschaftlichen Stabilität bei und veränderten dort die Lebensbedingungen bis ins letzte Dorf hinein. Kuwait unterstützte ärmere arabische Staaten auch durch Kredite und Unterstützungszahlungen. So schlossen Kapitalhilfen und Arbeitsplatzangebote arabische Erdölländer und Nichterdölländer zusammen.«

»Dann haben sie ja das Gold gut verteilt, Onkel?« Mahmoud lächelte: »Du hast schon Recht, aber mit dem Gold kauften sich die Kuwaiter alles. Alles von der Banane bis zu den Blumen in der Vase wird importiert.« Er wandte sich an den Vater. »Die sozialen und materiellen Privilegien blockieren die Bereitschaft zur intellektuellen und wirtschaftlichen Eigenanstrengung, anstatt eigene Industriestrukturen zu entwickeln, kaufen wir sie einfach. Der Lebensstandard wächst, dazu kommt die Bevölkerungsexplosion, die Essgewohnheiten ändern sich, die Vernachlässigung der schon durch die Natur beschränkten Landwirtschaft zwingt uns, immer mehr Nahrungsmittel zu importieren, und wird sicher zu einer gefährlichen Ernährungskrise führen.

Zusätzlich werden wir ständig mit Werbekampagnen, weltweiten Massenmedien und Vorbildern in den Konsumrausch getrieben. Produkte der Elektro-, Elektronik- und Autoindustrie sowie Luxusgüter aller Art werden massenweise importiert, und wir gelangen in eine unabsehbare Abhängigkeit. Doch was genauso schlimm ist, wenn nicht noch schlimmer, ist die kulturelle Abhängigkeit. Wir beziehen plötzlich unsere Werte und Prinzipien durch die weltweiten westlich-dominierten Medien und werden so immer mehr mit Informationen, Bedürfnissen, Konsumverhalten und Lebensstilen konfrontiert, die nicht auf unseren Identitäten und Interessen beruhen.

Dazu gehören auch die Bildungs- und Wissenschaftssysteme, die westlichen Bedingungen entsprechen und plötzlich zu unseren Vorbildern werden. Unser Kapital wird ebenfalls vom Westen kontrolliert, weil wir in westliche Unternehmen und in das internationale Bankensystem investierten, anstatt alternative und neuartige Entwicklungsstrategien im Vorderen Orient zu entwickeln und hier vor Ort wirtschaftliche Prozesse zu animieren. Nicht nur wir, sondern die ganze Welt ist dadurch ärmer und eintöniger geworden.

Wir sind wirtschaftlich abhängig, politisch anfällig für jede Schwankung im Weltmarkt und im Weltenergiesystem geworden, da helfen auch die ganzen enormen Militärausgaben, die zum Schutz dienen sollen, nichts, ganz im Gegenteil! Wir haben die luxuriöseste Unterentwicklung der Welt!« Mahmoud sah in die Ferne, er war ein begabter und visionärer Erzähler: »Wir brauchen eigene kreative Bildungssysteme und müssen selbstständige Kapazitäten entwickeln, und wir dürfen das Potenzial der Frauen nicht untergraben, sie sind unsere Mütter, Schwestern, Töchter und Partnerinnen und bilden die Hälfte unseres Volkes. Ein Mensch braucht beide Beine, um laufen und springen zu können!«

Plötzlich wandte Kawthar ihren Kopf zu uns und sagte: »Wenn Frauen dieselben Rechte gegeben werden wie den Männern, dann können sie genauso viel zur Entwicklung beitragen wie sie, doch solange sie zur Seite geschoben werden und die Türen verschlossen bleiben, wird der Mythos, dass uns die Männer überlegen sind, aufrechterhalten bleiben!« Obwohl sie klar den Himmel sah, wusste sie trotzdem auch sehr genau, was auf Erden passierte.

»Wir haben Frauenorganisationen in Kuwait, doch sie sind nicht gemischt, mit ›gemischt‹ meine ich einen Zusammenschluss der einheimischen kuwaitischen Frauen und der Frauen anderer arabischer Länder, die aber auch schon seit Jahren hier leben und sich integriert haben. Die Frauenorganisation sollten sich nicht nur als Wohltätigkeitsvereine verstehen, obwohl ihre Arbeiten und Errungenschaften auf dem Entwicklungs- und Bildungssektor wirklich beachtenswert sind, zum Beispiel die Morgenschulen, wo Frauen Lesen und Schreiben lernen, die Kinderzentren nach dem Montessori-Modell oder die Gründung von Dorfgemeinschaften im Libanon für Familien und Waisenkinder nach dem SOS-Kinderdorfsystem.

Die Frauenorganisationen sollten sich mehr für die politische Beteiligung aller Frauen in Kuwait engagieren. Wenn wir erst einmal politisches Mitspracherecht haben, sind die anderen Rechte leichter zu erreichen. Doch wir müssen lernen, uns zu vereinen, eine Stimme werden! Die Tore der Bildung sind für beide Geschlechter offen, und Frauen bekommen für gleiche Arbeit gleichen Lohn, doch mit den Möglichkeiten der Beförderung sieht es nicht so gut aus.«

»Und wie steht es mit der Tradition und der Religion?«, fragte Mutter nachdenklich. »Die kuwaitischen Frauen stehen unter Druck, unter dem Druck, viele Kinder zu gebären. Die Regierung fördert die Idee, dass Frauen sich um die Kinder kümmern und zu Hause bleiben, trotz der Kindermädchen. Der Islam respektiert Frauen, und Frauen sollen sich am Familienleben und auch am Leben der muslimischen Gemeinde beteiligen. Die Frauen müssen ihre Rechte erst kennen, damit sie um ihre Rechte kämpfen können, denn niemand wird sie ihnen freiwillig geben. Die Frauen brauchen in ihrem persönlichen Leben mehr Rechte, zum Beispiel im Heirats- und Scheidungsgesetz.«

»Du bist ja eine richtige Feministin!«, sagte Mutter lachend zu Tante Kawthar. »Du weißt, wir haben solche Ausdrücke nicht, aber wenn es die gerechte Verteilung des Guten auf Erden für Mann und Frau bedeutet, dann bin ich es!« Wir beschlossen, zum Haus zurückzugehen, und ich war sehr glücklich, dass niemand mehr sprach und alle vor sich hinträumend nach Hause gingen.

170

Am Abend machte uns Kawthar, *dolma*, mein irakisches Lieblingsessen: gefüllte Zwiebeln, Auberginen, Tomaten und Weinblätter, die zusammen in einem Topf gekocht werden. Kawthar servierte das Gericht auf einem großen Tablett. Dort lag das Gemüse hübsch nebeneinander und wartete darauf, von lüsternen Augen eingefangen und hungrigen Fingern geschnappt zu werden. Leider überaß ich mich bei dem guten Essen, und ich musste längere Zeit warten, bis ich zur Süßspeise greifen konnte. An diesem Tag ging ich früh zu Bett, mein Bauch tat mir weh, und mein Kopf brummte. Das Leben der Erwachsenen ist sehr kompliziert, dachte ich, als ich ins Bett schlüpfte. Wenn ich die Goldtruhe bekommen würde, dann würde ich das Gold auf der ganzen Welt verteilen, damit niemand mehr hungern müsste. War ich müde! Und morgen sollte es schon nach Beirut zurückgehen.

ÄGYPTEN

Kairo, das Herz Ägyptens

Ich hatte vor, das nächste Jahr in Kairo zu verbringen, und allein der Gedanke, Herbst, Winter, Frühling und Sommer, einen ganzen Jahreszyklus im Land der Pharaonen zu sein, ließ mein Herz vor Freude und Aufregung schneller schlagen. Ägypten, »die Mutter der Welt«, wie es liebevoll von den Ägyptern genannt wird, ist für die arabische Welt der Inbegriff für musikalisches Vergnügen, *tarab*, sowie das Hollywood Arabiens, aber auch der Sitz der ehrenwerten islamischen Universität Al-Azhar, der angesehensten theologischen Hochschule der islamischen Welt. Nirgendwo in der arabischen Welt wird so viel Haschisch geraucht wie in Ägypten, nirgendwo wird so viel getanzt und gesungen wie hier, und nirgendwo ist das Volk so fromm wie in diesem Land.

Ich hatte vor, ein Jahr an der Kairoer Universität Arabisch, Völkerkunde und Islam zu studieren.

Bevor ich nach Kairo reiste, sagte mir ein Freund: »Kairo kann man entweder lieben oder hassen, dazwischen gibt es nichts!« Ich war neugierig, zu welcher Gruppe ich gehören würde. Das Flugzeug landete noch vor Sonnenaufgang am Kairoer Flughafen, ein unbeeindruckendes neues Gebäude. Mit all den anderen Passagieren schob ich meinen Koffer auf dem Wägelchen vor mich hin zum Zoll, wurde von einem Beamten hinter der Scheibe begutachtet und bekam meinen Pass mit einem Stempel und einem freundlichen Lächeln zurück.

Vor dem Flughafen standen eifrige Kofferträger, und ich war froh, dass ich nur einen Koffer dabeihatte, denn allein dieser lockte fünf Kofferträger an, ich sah sie unauffällig an, spürte schnell,

wer wohl heute am wenigsten verdient hatte, und entschied mich
für einen freundlichen, leicht gebückten Mann mittleren Alters.
Glücklich hob er den Koffer hoch und führte mich zu einem Taxi,
er rief seinen Namen und seine Autonummer dem Vorsteher entgegen, während er flink und mit einer geschickten Wendung des
Daumens den Kofferraum öffnete. »*Ahlan wa-sahlan fi misr!*
Willkommen in Kairo!« Eigentlich sagte er *misr*, »Ägypten«, aber
damit war Kairo gemeint, wie ich später zu meiner Verwirrung
feststellte. So groß war also der Stellenwert Kairos für die Ägypter.

   »*Ithibbi it-truhi fen, ya madam?* Wo möchten Sie gerne hinfahren, Gnädigste?« Ich musste lächeln, ich war mit diesem Dialekt wie fast jede Araberin über die Jahre vertraut geworden, die
vielen ägyptischen Filme und Serien hatten die ganze arabisch-
sprachige Welt infiltriert, und daher war es besonders amüsant,
ihn jetzt live zu erleben. Es gibt sie wirklich, und sie sprechen
genauso wie in den Filmen! Die Menschen bewegten und gestiku-
lierten im Leben genau so, wie die Schauspieler sie in den Filmen
zeigten. Ganz Kairo kam mir in den ersten Tagen wie eine Rie-
senfilmserie vor. Was für großartige Schauspieler Ägypten beher-
bergt!

   Ich war müde und gleichzeitig aufgekratzt, an Schlaf war nicht
zu denken. »Eine kleine Stadtrundfahrt, bevor wir zu meinen
Bekannten in der Nähe des Jami' at-Tahrir, des Zentrums Kairos,
fahren, wäre angenehm!« – »*Min enayya!* Bei meinem Augenlicht,
gerne!«, antwortete der Taxifahrer. Die arabischen Redewendungen
sind doch immer wieder Balsam für die Seele, ich setzte mich ins
Auto, nachdem ich meine Dankbarkeit dem Kofferträger mit einem
Trinkgeld gezeigt hatte, und es ging los. Es war noch dunkel, und
die Stadt schlummerte noch friedlich.

   Gemächlich fuhr das Taxi durch die Straßen, eine angenehm
erfrischende Brise umspielte mein Gesicht, als ich das Fenster run-
terkurbelte, und plötzlich wurden meine Ohren vom Ruf zum Morgengebet eingefangen, es begann bei einer Moschee und breitete
sich aus, wie eine Woge überströmten die Stimmen die ganze Stadt,
umhüllten die Muezzins die schlafenden Ohren mit ihrem Ruf und

riefen die Seelen auf, sich zu erheben *as-salatu hayrun min an-na-wm,* »das Gebet ist gesegneter als der Schlaf«.

Ganz Kairo vibrierte unter diesem Ruf, diese Stadt war bekannt für ihre schönen Stimmen, und meine Seele konnte dies nur bestätigen. Im Morgendämmerungsgebet wird die Seele jeden Tag von neuem geboren und das Leben wiedergeschenkt, und sie holt sich aus der Ruhe des Morgens die Kraft für die Turbulenzen des Tages. Die Fensterläden der ersten Tee- und Kaffeehäuser rollten laut knarrend hoch. Wir hielten bei einem der Teehäuser, und der Taxifahrer brachte mir einen heißen, schweren übersüßen Tee zum Auto, den ich langsam schlürfte, während er mit dem Teeschenker die morgendlichen Begrüßungsformeln und Höflichkeiten austauschte.

Wie von Zauberhand begann sich die Stadt zu regen, und die Straßen begannen, sich langsam zu füllen. Das allmächtige Licht schälte sich allmählich aus der Dunkelheit, und rosa Spuren am Himmel kündigten den Tag an. Die herumschleichenden Katzen und Hunde wichen wissend in die Seitengassen und Schlupfwinkel aus und überließen nun den höchsten Geschöpfen Gottes die Stadt. Ein Mistkarren, gezogen von zwei hingebungsvollen, Kummer gewohnten Eseln, klapperte vorbei, geführt von zwei halbwüchsigen Kindern.

Die Miststadt, die parallel mit der Wohnstadt heranwuchs, war die Welt der Ärmsten der Armen, eine Welt mit eigenen Gesetzen und einer aus ihr gewachsenen Moral. Es waren vor allem Kinder, die sie instand hielten und für die Sauberkeit der Stadt sorgten. Der Mist der anderen war ihr Lebenseinkommen, und Tag für Tag hofften sie, eine kleine Kostbarkeit darin zu finden. Ein aus Versehen weggeworfener Ring könnte ihr ganzes Leben verändern. Kairo hat viele Gesichter, und es waren nicht alle angenehm und leicht zu ertragen.

Mit dem Licht kam auch der Verkehrsstau, und als wir uns auf den Weg zu meiner Adresse machten, war es mit dem gemütlichen Dahinschlängeln vorbei. Eine Stoßstange wartete nach der anderen, ein unbeherrschtes Gehupe und Ausweichen von vorspringenden Passanten, verschlafenden Beamten, kleinen süß hergerichteten

Schulmädchen mit überdimensionalen Haarschleifen, Menschen, die hinter ernst blickenden Gesichtern ihre noch klebende Schläfrigkeit verbargen, und wieder andere, die den Fahrern mit einem Lächeln Verständnis und Rücksicht abverlangen wollten, Hände, die sich an Autohauben festhielten, und wieder andere, die hinten draufklopften, wenn sie am Vorbeigehen gehindert wurden.

Wo kamen plötzlich all diese Menschen her? Aus allen Falten dieser überbevölkerten Stadt strömten menschliche Wesen, standen plötzlich auf der Straße, um am täglichen Überlebungstanz teilzunehmen. Mir blieb die Luft weg, wer hier überleben wollte, musste sich entweder hingeben können, sich mit all den zur Verfügung stehenden Instinkten wappnen, wahnsinnig werden oder eiligst fliehen. Ich entschloss mich erstmals fürs Erstere. Endlich schaffte es mein tollkühner Fahrer, mich bei der gewünschten Adresse rauszulassen.

Er half mir mit den Koffern zum Lift, der, wie ich später feststellte, nur zu unerklärlichen Zeitpunkten funktionierte, und zwar immer dann, wenn der Hausmeister da war. Vielleicht stieg sein Pflichtbewusstsein beim Anblick des Hausmeisters, oder er fürchtete sich vor ihm. Oben angekommen, läutete ich, und Um Adel öffnete mir die Tür. Sie war eine rundliche Witwe Mitte fünfzig, Spuren von Henna bedeckten ihr weiß gewordenes, schulterlanges Haar, und ihre Augen, umrandet von Lebensmüdigkeit, drückten Skepsis, aber auch Güte aus. Sie bat mich etwas müde, aber dennoch freundlich, hereinzukommen. Sie hatte mich schon erwartet, sagte sie mit weicher Stimme. Sie führte mich sogleich in das Wohnzimmer, eigentlich war es kein Wohnzimmer, sondern eine Bibliothek oder ein Leseraum mit zwei Sitzgelegenheiten und einer Stehlampe.

Ihr Mann war Schriftsteller und vor 18 Jahren gestorben, und er hatte ihr eine riesige Bibliothek hinterlassen, die die bescheidene Wohnung dominierte. »Leider kann man Bücher nicht essen«, sagte sie mir später mit einem müden Lächeln. »Mein Mann hat mehr Lebensjahre im Gefängnis als außerhalb verbracht, er war ein überzeugter Kommunist und hielt an seiner Lebensphilosophie bis zuletzt fest.«

Um Adel hatte zwei Söhne, der erstgeborene hieß Adel, »der Gerechte«, und der zweite hieß Lenin, was sinngemäß übersetzt »der unter den Ansichten seines Vaters Leidende« bedeutete. Er hatte schon oft wegen seines Namens den Beruf wechseln müssen. Es ist nicht immer leicht, in einer strenggläubigen Gesellschaft zu leben.

Die Wohnungen bildeten in Kairo die Ruheoasen, denn sobald man einen Fuß auf die Straße setzte, wurde man vom Sog der Stadt mitgerissen und erst wieder ausgespuckt, wenn man die Haustür hinter sich schloss. Um Adel ging jeden Morgen pünktlich um sieben Uhr außer Haus, um in einer Bibliothek zu arbeiten, und sie kam um zwei Uhr mittags wieder erschöpft zurück. Dann aß sie ihr bescheidenes Mittagessen und setzte sich danach auf ihren Lieblingssessel, neben sich eine Kanne arabischen Kaffees, den sie sich gemächlich immer wieder in die kleine Porzellanschale nachschüttete. So verbrachte sie ein, zwei Stunden und ließ den Alltag von sich abfließen.

In den zwei Wochen, die ich bei ihr verbrachte, ließ ich sie immer zu dieser Zeit in Ruhe und kam erst anschließend zu ihr, um mit ihr zu plaudern und gemeinsam Kaffee zu trinken. »Weißt du, Fawzia, ich habe meine Söhne praktisch allein aufgezogen, denn in den 18 Jahren unserer Ehe war Abu Adel, der Vater meiner Kinder, nur zwölf Jahre außerhalb der Gefängnismauern, und wenn er draußen war, war er durch seine Artikel und Bücher so sehr damit beschäftigt, wieder hineinzukommen, dass er kaum Zeit für die beiden hatte. Doch ich hatte zumindest einen Mann und einen Schutz. Mit seinem Tod verschärfte sich die Situation.

Ich war noch jung und war plötzlich Freiwild. Es klopfte ständig an der Tür, und Heiratsvermittlerinnen brachten mir Angebote von rechts und links. Doch ich wollte nur meine Ruhe und meine beiden Söhne großziehen. Für mich war das Kapitel Ehe abgeschlossen. Es ist nicht einfach, allein als Frau zwei Kinder aufzuziehen, und ich musste sehr genau auf meinen Ruf achten, kein fremder Mann durfte meine Wohnung betreten, und wenn es etwas zu reparieren galt, rief ich stets den Hausmeister hinzu, damit er Zeuge meiner Keuschheit war und meinen guten Ruf bestätigen konnte. Ich nahm mir vor, niemanden in mein Heim einzuladen, um ja nicht in Versuchung zu kommen, und Zeit hatte ich ja auch nicht, ich musste ja auch arbeiten, denn mein Mann hinterließ uns sehr wenig.

Doch jetzt sind meine Söhne erwachsen, und Lenin unterstützt mich, wo er kann, doch meiner Arbeit gehe ich trotzdem nach. Adel ist ein guter Junge, aber er kommt mit dieser Welt nicht zurecht. Er vergräbt sich am liebsten hinter seinen Büchern und kommt manchmal tagelang nur zum Essen aus seinem Zimmer hervor. Gelegentlich schreibt er für Tageszeitungen und bemüht sich als Journalist, doch er hat nicht den brillanten Verstand seines Vaters geerbt. Ich hoffe, er findet eine Lebensgefährtin, die ihn versteht und ihm den nötigen Halt geben kann.«

Um Adel war eine praktische und realistische Frau, sie verschönerte ihre Welt nicht, doch sie war auch keine Pessimistin. Sie war über die Jahre so damit beschäftigt gewesen, auf ihren Ruf zu achten, ihrer Arbeit nachzugehen und über Erinnerungen und Unrecht nachzudenken, dass ihr eigenes Leben auf der Strecke blieb. Sie hatte einfach vergessen zu leben.

»Ich stamme aus Oberägypten, kurz nach meiner Eheschließung kamen mein Mann und ich nach Kairo, da er hier studieren wollte und in der Hauptstadt mehr Möglichkeiten für seine berufliche Entfaltung zu finden glaubte. Auch ich begann, an der Kairoer Universität zu studieren, und machte mein Diplom in Marketing und Buchhaltung. Doch dann kamen die Kinder, und ohne familiäre Unterstützung, so ganz allein, war es schwer, beides zu verbinden, also blieb ich zu Hause und zog erst mal meine Kinder auf.

Ich habe das Gefühl, zwischen die Stühle geraten zu sein, ich hatte einerseits das traditionelle Leben in der Großfamilie aufgegeben, doch in den Genuss der modernen individuellen Lebensweise bin ich auch nicht gekommen. Früher auf dem Land gab es keine Trennung zwischen ›privat‹ und ›politisch‹, ›häuslich‹ und ›öffentlich‹. Die Angelegenheiten der Gemeinschaft wurden durch persönliche Beziehungen geregelt, und die Frauen hatten großen Einfluss, trotz aller Schwierigkeiten.

Durch gegenseitige Besuche und das Empfangen von Gästen, durch das Zubereiten eines tollen Essens oder das Vorbereiten eines Festes waren sie direkt am Geschehen beteiligt und konnten dadurch soziale Verbindungen knüpfen, hintertreiben oder zerstören, wenn sie es für nötig hielten. Doch hier in der modernen Stadt lebt jede Frau isoliert in ihrem privaten Kästchen, es gibt zwar moderne westliche Institutionen und politische und kulturelle Bereiche, in denen die Frauen mitmachen können, doch die Gesellschaft verlangt doch von der Frau, dass sie sich trotzdem an die traditionellen Normen hält, und sie wird auch danach beurteilt.«

Um Adel starrte vor sich hin. Ich fühlte plötzlich einen schweren Druck auf meiner Brust, einen unangenehmen Druck, der so alt schien wie die Geschichte der Frauen. Um Adel war mir sympathisch, doch ich fühlte mich nicht sehr wohl in ihrer Gegenwart, vielleicht wühlte sie etwas in mir auf, das ich noch nicht bereit war anzusehen. Ich hatte auch das Gefühl, dass mich diese Leblosigkeit, die wie eine Wolke über der Wohnung schwebte, zu erdrücken drohte.

Ich merkte, dass ich auch begann, wie Um Adel, ein wenig nach vorn gebeugt, die Schultern teilnahmslos hängend, durch die Wohnung zu gehen, wohl aus Angst, vom Dunst der über mir schwebenden Wolke umhüllt zu werden. Um Adel und ich lachten auch, doch es war mehr ein höfliches Lachen, geplant und kulturell bedingt, kein saftiges, spontanes Lachen. Ich verstand sie schon, sie verzieh dieser Gesellschaft nicht, von der sie sich ausgeschlossen und im Stich gelassen sah und die ihr zum Lohn für ihr tapferes und ehrbares Leben nur Einsamkeit schenkte.

»Ich bin nicht verbittert, ich tat, was ich tun musste.« Wieder erstarrte ihr Blick, und sie glitt in eine für mich nicht sichtbare Welt, und als sie wieder hervorkam, wirkte sie noch müder, aber sie verhüllte mir in diesem Moment auch ihr wahres Wesen, das stark, stolz und unbrechbar in ihr lebte. Sie war wirklich eine schöne Frau, die kein Mitleid bei mir hervorrief, sondern Mitgefühl. Die zwei Wochen vergingen schnell.

Der Abschied fiel uns beiden nicht schwer, ich bedankte mich für alles und versprach, sie zu besuchen.

Die Geschichte der ägyptischen Ameisen
oder Die freien Mieter

Wenn du gibst, dann gib denen,
die das zu gebrauchen wissen,
was du gibst.

SUFI-WEISHEIT

Durch einen Wohnungsvermittler hatte ich mit noch zwei Studentinnen eine möblierte Wohnung in der Nähe der Kairoer Universität gefunden, in einer Gegend namens Dukki, einem gehobenen Mittelschicht-Viertel. Die Wohnung gefiel mir sofort. Sie war großräumig mit zwei Schlafzimmern, einem großen Flur, der auch als Esszimmer diente, und einem Wohnzimmer mit Balkon. Die Küche war winzig und ziemlich desolat, und das Bad hatte schon bessere Zeiten gesehen. Die Wohnung war im letzten Stock, und man hatte eine wohltuende weite Sicht.

Karin und Randa waren meine beiden Mitbewohnerinnen. Karin kam aus Österreich und wollte hier Arabisch studieren, Randa war eine Ägypterin, die in Europa lebte und eine Weile in ihrem ursprünglichen Heimatland sein wollte. Sie waren zwei grundverschiedene Persönlichkeiten. Karin war eine selbstständige junge Frau, die ständig mit einem Blick in der Welt herumwanderte, der sagte: »Wer bin ich und was mache ich hier?« Und trotzdem meisterte sie alle Hindernisse auf ihre Weise großartig. Sie übersah die Nuancen des Lebens und konnte vielleicht daher ihre Ziele besser im Auge behalten. Ich wurde nie ganz klug aus ihr.

Randa war eine verschlossene, mit Minderwertigkeitskomplexen behaftete, hochsensible, ironisch-liebenswürdige Frau, deren scharfer Verstand sich selbst und die Welt so klar erkannte, dass es oft in Grausamkeit ihr selbst gegenüber umkippte. Sie war mit einem Humor gesegnet, den ich liebte, und ihre Loyalität und Ehrlichkeit öffneten ihr mein Herz. Karin besuchte einen Arabisch-Kurs am Goethe-Institut und sprang jeden Tag mit einem hektischen Ruck aus dem Bett, da sie immer zu spät aufwachte. Egal wie sehr sie sich bemühte, sie schaffte es nie, rechtzeitig aufzustehen.

Ein Brot in der einen Hand, das sie in den Mund nahm, während sie auf einem Bein hüpfend, verschlafen, aber zielstrebig, ihr anderes Bein ins Hosenbein stieß, um, wieder hüpfend, das andere Hosenbein zu erwischen, ihr T-Shirt zerrte sie erbarmungslos hin und her, bis alle drei Löcher mit den richtigen Körperteilen gefüllt waren, dann – spring, spring – die eine Sandale, – hüpf, hüpf – die andere, ein hektisches Suchen nach ihrer Tasche und den in der Wohnung verstreuten Unterlagen, und mit einem lauten »Tschüss« stürzte sie aus dem Haus. Das war Karins morgendliche akrobatische Leistung. Ich muss gestehen, ich sah ihr gerne dabei zu, und meine orientalische Ruhe zeigte sich an den hochgezogenen Mundwinkeln.

Wenn unsere österreichische Windhose uns verlassen hatte, begannen Randa und ich unser gemütliches Frühstück. Sie trank Tee, ich Kaffee, manchmal bestellten wir beim kleinen Laden gegenüber einen Teller *foul* – Pferdebohnen, die einen Tag vorher in Wasser eingelegt wurden, für ungefähr zwei Stunden köchelten und mit Zitrone, Salz, etwas Knoblauch und einem Löffel Kümmel angemacht wurden. »Das Fleisch der armen Leute« wurde dieses Gericht genannt. Wir aßen es bestreut mit klein geschnittenen Tomaten und warmem Fladenbrot. So saß jede vor ihrem Fladenbrot, riss kleine Stücke davon ab und tunkte es, die Finger zu einem kleinen Schöpflöffel formend, in den warmen *foul*, um es dann sinnlich mit einem vornehmen Schwupp zu verschlingen. Wenn ich anschließend keinen Unterricht an der Uni hatte, aß ich auch rohe Jungzwiebeln dazu und genoss ungeniert den Gedanken, fürchterlich zu stinken, Randa musste schon aus Selbstschutz mitmachen.

Kairo war wirklich eine Stadt, die aus allen Nähten platzte, jeder Winkel wurde in eine Wohnstätte umgewandelt. Kleine Zimmer entstanden unter dem Treppenhaus, kleine Geschäfte – nicht größer als ein Quadratmeter – wurden in der Nacht zu Schlafstätten für eine fünfköpfige Familie umgewandelt, auf den Dächern wurden Hütten aufgebaut, so dass mehrere Familien zusätzlich oben wohnen konnten. Da es meist Zuwanderer vom Land waren, hatten sie auch oft ihr Kleinvieh dabei.

Auf unserem Dach wohnte eine Familie mit ihren drei Gänsen, zehn Hühnern und einem Schaf, das vor allem in der Nacht aktiv wurde. Es trippelte nächtlich über unsere Köpfe hinweg, hin und her, her und hin – von wegen Schafe zählen zum Einschlafen! Ich ging einmal aufs Dach, um mir dieses Schaf näher anzusehen. Eigentlich hatte es eine wunderschöne Aussicht von hier, man konnte in der Ferne sogar die Pyramiden bewundern. Vielleicht wäre das Schaf als Bergziege hier oben glücklicher.

Oben auf den Dächern herrschten die Sitten und Gebräuche des Landes und nicht die der Stadt. Die Frauen kochten über offenem Feuer, holten Wasser in Eimern von einem öffentlichen Wasserhahn, den sie wie einen Brunnen entdeckt hatten. Die Eimer balancierten sie entweder auf dem Kopf oder eingeklemmt zwischen Schulter und Kopf. Die Frauen trugen bunte, grellfarbige Kleider und kleine, hinten gebundene Kopftücher, mit denen sie ihr Haupt bedeckten, und sie schrien laut, wenn sie mit einem sprachen, als ob sie noch immer die Distanzen der Felder mit ihrer Stimme überwinden müssten.

Doch meine intensivste Bekanntschaft machte ich in diesen Tagen mit der Bevölkerung Kairos, die die meisten Einwohner dieser Stadt stellte. Ich entdeckte sie das erste Mal, als ich eines Morgens das Frühstück herrichten wollte und den Brotsack öffnete. Sie schienen schon sehr viel früher als ich wach zu sein, sie waren bereits fleißig am Erkunden und Sammeln. Winzig schwarze *namil*, Ameisen! Das Brot war nicht mehr essbar, und Randa war so lieb und holte uns frisches Brot zum Frühstück.

»Was machst du da?«, fragte sie mich, als wir fertig gefrühstückt hatten. »Ich spanne eine Schnur, um den Brotsack dran zu hängen.« Ich war sehr stolz auf meine geniale Idee und glaubte, so die Ameisen ausgetrickst zu haben. Doch das Volk der Ameisen schien eine längere Tradition und Erfahrungsspanne zu haben als meine jugendliche Fantasie. Lange schwarze krabbelnde Linien, die entlang meiner Schnur direkt in den Brotsack führten, erwarteten mich am nächsten Tag. Diesmal holte ich frisches Brot vom Laden. Ich nahm die Herausforderung an: Goliath gegen das Millionenvolk oder so ähnlich! Ich suchte mir eine große Plastikschüssel, die füllte ich mit Wasser, und in die Mitte stellte ich eine Dose, auf die ich wiederum den Brotsack bugsierte. Zufrieden legte ich mich schlafen.

Am nächsten Morgen wachte ich gespannt auf, ich glaube, ich habe sogar von Ameisen geträumt, und mein erster Weg führte mich zu meiner Wasserburg. Der Anblick, der sich mir bot, riss meine verschlafenen Augen weit auf. Meine Wasserschüssel war gefüllt mit Ameisenleichen, deren winzige Körper gemeinsam eine Brücke bildeten, auf denen die nächsten Richtung Brot krabbelten. Der Brotsack war schon erobert und hatte sich mit ihnen gefüllt. Sie kamen mir vor wie wild entschlossene Kämpfer, und ich konnte die roten Stirnbänder um ihre ovalen Köpfe erkennen. Wir aßen ein paar Äpfel zum Frühstück. Ich hätte nicht aufgegeben, wenn nicht am Nachmittag geschehen wäre, was geschah. Wir hatten zu dritt Tee getrunken und beschlossen, zu den Pyramiden zu fahren, ein bisschen spazieren zu gehen und den Sonnenuntergang zu genießen.

Mit der Dunkelheit kamen wir nach Hause. Karin öffnete die Haustür, und wir folgten ihr in die Wohnung. Als sie das Licht anmachte, erwartete uns ein Szenario, das uns fast umhaute. Unser Esstisch hatte sich in eine lebendige Masse von Ameisen verwandelt. Ich erinnerte mich, dass das Tischtuch rot war, aber es war kein einziger Fleck davon zu erkennen. Millionen, ja Abermillionen von Ameisen bedeckten den ganzen Tisch. Der Grund: Wir hatten die Zuckerdose auf dem Tisch vergessen!

Karin stand wie erstarrt da, Randa gab einen Schrei von sich, den ich nur flüchtig mitbekam. Ein Schauer ging mir über den Rücken. »Was machen wir jetzt?«, krächzte Randa heiser und verzweifelt. So eine geballte Macht von zielstrebigen, zusammenhaltenden Wesen hatte ich noch nie erlebt, es faszinierte mich auch irgendwie, und ich beschloss zu tun, was zu tun war. Ich näherte mich dem Tisch, streckte ganz ruhig den Arm aus und packte die Zuckerdose mit einem Ruck, rannte damit in die Küche und warf sie in den Mülleimer.

»Kommt wir gehen schlafen, es gibt nichts, was wir noch tun können.« Wir gingen etwas belämmert und schweigsam ins Bett. Ich lag mit offenen Augen, den Blick zur Decke gewendet, auf dem

Rücken. Nach etwa zwei Stunden sprang ich wieder auf und marschierte Richtung Esstisch. Nichts, nicht eine einzige Ameise war mehr zu sehen, so als hätten wir uns alles eingebildet. Das rote Tischtuch lag unschuldig auf dem Tisch, und ich musste lachen. »Also gut, ihr könnt bei uns wohnen, wir werden einen Weg finden, wie wir miteinander auskommen werden.«

Eine zuversichtliche Wärme erfüllte meine Brust. »Ich bereite einen für euch bestimmten Brotsack und einen anderen für uns zu, und ihr versprecht, unseren in Ruhe zu lassen.« Ich traf diese Abmachung laut in den Raum hinein, sodass das ganze Ameisenvolk mich hören konnte. Ihren Brotsack legte ich in die Küche und unseren band ich sicherheitshalber wieder an eine Schnur – für die Ameisen die nicht wussten, was »versprechen« bedeutet. Von nun an gab es zweierlei Mieter in der Wohnung, solche, die ihre Miete zahlten, und solche, die dort frei wohnten.

Ein Volk der Dichter und Gläubigen

Demut besteht darin, dass man ohne Unterschied dient.

MOHAMMED AL-RAZI

Viermal die Woche ging ich in die Kairoer Universität. Es war eine wunderschöne Anlage, bespickt mit eingesäumten Rasenflächen und schattigen Bäumen. Auf der Uni gab es Studentinnen aller Couleur, mit unterschiedlichen Lebensauffassungen und aus unterschiedlichen Schichten. Die Unterschiede zeigten sich vor allem in der Kleidung der Studentinnen und an den Transportmitteln.

So kamen die Ärmeren mit überfüllten Bussen, aus deren Fenstern Beine und Arme hingen und an deren Türen noch ein paar muskulöse Mitfahrer hingen, manche Studentinnen bevorzugten, weitere Strecken zu gehen, bevor sie sich diesen Abenteuern täglich aussetzten. Die etwas besser situierten Studenten kamen mit Sammeltaxis zur Uni. Studentinnen, die mit einem eigenen kleinen Auto zur Universität kamen, gehörten zur gehobeneren Mittelschicht. Dann gab es welche, die luxuriösere Autos fuhren, und zu guter Letzt auch jene, die von einem Chauffeur zur Uni kutschiert wurden. Je reicher die Studentinnen, desto westlicher war ihr Kleidungsstil, und ihre Sprache bestand nicht mehr aus reinem Arabisch, sondern vermischte sich mit Englisch, bei den besonders viel gereisten Noblen sogar mit Französisch.

Die ärmeren Studenten stammten zumeist vom Land oder aus Kleinstädten. Ihren Schutz in der großen Stadt fanden sie vor allem im Islam, durch den sie Identität und Halt bekamen und der für sie auch einen Protest gegen die ungerechte sozioökonomische Verteilung im Lande und gegen die in ihren Augen kapitalistische Verwestlichung der Gesellschaft bildete. Ist nicht jeder Mensch auf der Suche nach dem Sinn des Lebens, und sehnt sich nicht jeder danach, glücklich zu sein, sich selbst zu verstehen und seinen Platz auf Erden auszufüllen?

Die untere Mittelschicht, die stets in der Gefahr war, in die Armut abzurutschen, und gleichzeitig die wohlhabende Gesellschaftsschicht vor Augen hatte, tendierte immer mehr zum politisierten Islam, dessen Symbol vor allem die Muslimbrüder in Ägypten waren.

Wollte man in einem islamisch-arabischen Land wissen, welche politischen, sozialen und religiösen Tendenzen gerade vorherrschten, so beobachtete man am besten die Frauen der jeweiligen Gesellschaften. Sie waren das offensichtlichste Barometer, und in Ägypten war dies nicht anders. Ich schrieb mich an der Uni in den Fächern arabische Sprachwissenschaft, Islam und Volkskunde ein. Als ich zum ersten Mal etwas schüchtern den Vorlesungsraum betrat und mich um einen Platz auf den Bänken umsah, bemerkte ich, dass auf der rechten Seite die Studenten und auf der linken die Studentinnen saßen.

Ungefähr die Hälfte der Studentinnen war verschleiert, und ein Drittel der Verschleierten trug auch die langen kaftanartigen undefinierbaren Kleider, während die anderen verschleierten Frauen meist einen langen Rock und eine langärmelige Bluse anhatten. Die unverschleierten Frauen waren in typischer westlicher Kleidung. Da ich selbst auch einen langen Rock und eine langärmelige Bluse trug, allerdings unverschleiert war, passte ich nirgendwo so recht dazu und eröffnete mir dadurch mehrere um meine Gunst buhlende Scharen. Nach der Vorlesung kamen vier junge Frauen auf mich zu.

»*As-salamu alaykum*, o Schwester im Glauben!« – »*Wa-alaykum as-salam wa-rahmatu llah wa-barakatuh*! Und Friede sei mit euch und Allahs Barmherzigkeit und Segen« war meine Antwort. Meine Antwort ermutigte sie und brachte ein herzliches Lächeln auf ihre jungen schönen Gesichter, die alle mit einem weißen Schleier umrahmt waren, der bis zur Taille reichte. »Willkommen in Ägypten, bist du gekommen, um hier zu studieren?« – »Ja, ich werde ein Jahr hier verbringen.« – »Wie schön, gepriesen sei Allah«, antwortete die dynamischste unter ihnen, »komm, wir zeigen dir die Universität.« Eine ging vor mir, eine hinter mir, und zwei hakten mich links und rechts unter. Sie waren gut organisiert und aufeinander abgestimmt.

Wir gingen an jungen Männern vorbei, die uns nachsahen, höchstwahrscheinlich wunderten sie sich, dass ich unverschleiert mit den so strenggläubigen Studentinnen unterwegs war. Die vier bildeten einen undurchdringlichen Schutzring um mich, und ich ließ mich von ihnen durch das Universitätsgelände leiten. Sie zeigten mir ihre Versammlungsstätten, einen Vorraum vor der kleinen Moschee, die nur für Frauen bestimmt war. Gleich daneben war das hoch frequentierte Damenklo, das natürlich von Studentinnen aller Schichten benutzt wurde. Alle Gruppen tolerierten sich gegenseitig, doch ich merkte, dass sie mehr nebeneinander als miteinander existierten. Mir gefiel diese bunte Vielfalt, und ich fragte mich, wie es dazu gekommen war.

Die heutige ägyptische Gesellschaft ist ein Kind ihrer frühen Geschichte. Anfang des 16. Jahrhunderts geriet Ägypten unter die osmanische Herrschaft. Ihr letzter Vertreter war der osmanische Vizekönig Mohammed Ali. Ungefähr in der ersten Hälfte des 19. Jahrhunderts begann Mohammed Ali mit seiner Abnabelungspolitik vom Osmanischen Reich. Er wollte aus Ägypten einen unabhängigen modernen Staat formen, der es mit den neu aufkommenden politisch-ökonomischen Gegebenheiten, die aus dem aufstrebenden Westen kamen, aufnehmen konnte. Durch die Politik eines absolutistischen Reformstaates, durch interventionistische Industrialisierungsprogramme wollte er den Sprung in die Moderne und somit eine autonome Entwicklung für Ägypten schaffen.

Ich sehe Mohammed Ali in seiner Burg hoch oben über Kairo blickend und sich überlegen, wie er dieses Volk am besten anpacken und zielstrebig seinen Visionen gerecht umwandeln kann. Er liebte dieses Land, und in der Ferne erinnerten ihn die Pyramiden an die prächtige Vergangenheit Ägyptens. Auch er wollte unsterblich sein, in die Geschichte als ruhmreicher, visionsträchtiger Herrscher eingehen, der die Fähigkeit hatte, hart, aber gerecht seine Ziele zu verfolgen. Mohammed Ali streicht gemächlich mit seiner Hand den üppigen Bart und überlegt.

Die Mehrheit der Bevölkerung besteht aus Bauern beziehungsweise bäuerlichen Familienverbänden, die weitgehend selbst über ihr Land und die eingesetzten Arbeitskräfte und auch relativ eigenständig über Anbau und Vermarktung entscheiden konnten. Also muss hier angesetzt werden. Die Nahrung muss klar in meiner Hand sein, ein starkes Militär muss her, gegen äußere und innere Turbulenzen, und eine Industrie soll die ökonomische Unabhängigkeit und Stärke dieses Landes garantieren. Eine radikale Umschichtung muss erst einmal stattfinden, ein sozioökonomischer Transformationsprozess in Richtung Moderne. Mit anderen Worten, die Gesellschaft muss aufgebrochen und umgeformt werden. Und wie immer in der Geschichte der Menschheit hatte diese Transformation ihre Auswirkungen als Erstes auf die Familie und somit auf die Frauen.

Mohammed Ali unterstellte Anbau und Vermarktung staatlicher Kontrolle, der bäuerliche Besitz wurde geschwächt, was natürlich in einer patriarchalen Gesellschaft als Erstes die Eigentumsrechte der Frauen gefährdete, und die Familie wurde als Produktionseinheit durch Zwangsarbeit, militärische Zwangsrekrutierung und Enteignungen teilweise aufgebrochen. Gegen Ende des 19. Jahrhunderts hatte die zunächst durch Mohammed Ali und später durch die britische Kolonialverwaltung bestimmte staatliche Politik, die im Einklang stand mit den Erfordernissen kapitalistischer Durchdringung, die bäuerlichen Familien weithin ihres Landes beraubt und eine landwirtschaftliche Lohnarbeiterschaft geschaffen. Dieser soziale Umbruch war ein zweischneidiges Schwert für die Frauen und ihre Rolle innerhalb der Familie und Gesellschaft.

Einerseits schuf die staatliche Entwicklungspolitik auch eine Nachfrage nach weiblicher Lohnarbeit im wirtschaftlichen und industriellen Sektor, insbesondere im Textilbereich, was ihnen eine gewisse ökonomische Unabhängigkeit vom Familienverband verschaffte. Es war auch eine Horizonterweiterung und brachte zusätzliche Erkenntnisse. Andererseits führte der Exodus der Männer aus den Dörfern zum Militär- oder Arbeitsdienst zu einer zusätzlichen Arbeitsbelastung. Die Frauen übernahmen jetzt zusätzliche Aufgaben, und gleichzeitig wurde ihre Arbeit als weniger wertvoll angesehen.

Der Zusammenbruch der traditionellen Familien- und Geschlechterordnung mit ihren wechselseitigen Verpflichtungen und Ansprüchen auf Unterstützung, die neue Trennung von Heim und Arbeitsplatz, setzte plötzlich die Bedeutung der Frauenarbeit, die stärker an den häuslichen Kontext gebunden war, herab. Es war nicht einfach für die Frauen, mit der neuen Situation fertig zu werden. Sie bekamen Zugang zu unabhängigen Einkommen, mussten aber zum Teil Verluste an der Familienfront einbüßen. Wollte eine Frau außerhalb des Familienverbandes eine Arbeit aufnehmen, um für ihren Unterhalt und den ihrer Kinder zu sorgen, so riskierte sie, als »schlechte« Mutter abgestempelt zu werden und ihr Sorgerecht zu verlieren.

Andererseits brachte die Abwanderung der Männer sie in die Position, die traditionell männliche Vormundschaft über die Kinder zu übernehmen. Auch wurden ihre Eigentumsrechte, die rechtlich nur über ihre Beziehung zu Vater oder Ehemann geregelt wurden, unter diesem ökonomischen Druck als Erstes gefährdet. Verschwand der Mann wegen seiner Rekrutierung zum Militär längere Zeit und schickte er nicht wenigstens seinen Sold nach Hause, um so seinen fehlenden Arbeitsbeitrag für die familiäre Produktion auszugleichen, so konnte es vorkommen, dass seine Frau und seine Kinder den Familienverband verlassen mussten.

Mohammed Ali, an die Frauen hast du nicht gedacht, obwohl ich glaube, dass die Konsequenzen der staatlichen Regulierung der Produktion und die daraus folgende Schwächung des Familiensystems eher unbeabsichtigt waren! Übergangsphasen sind auch dann für Frauen bedrohlich, wenn sie zum Zusammenbruch des klassischen Patriarchats führen, vor allem wenn noch keine klaren Alternativen am Horizont erschienen sind, denn der Zugang der Frauen zu möglichen neuen Ressourcen ist immer ummittelbar mit der Familienstruktur verbunden.

In den städtischen Gebieten förderte Mohammed Alis Politik die Rekrutierung von Frauen für öffentliche Arbeiten, für die staatlichen Industriebetriebe und den expandierenden Gesundheits- und Erziehungssektor. Dies trug dazu bei, sie der exklusiven Kontrolle der Familie zu entziehen, was natürlich auch Gegenreaktionen von Seiten der Familien hervorrief. »Meine Tochter soll für Fremde außerhalb des Hauses arbeiten, noch dazu gegen Bezahlung. Habe ich diese Schande nötig?«, fragte das Familienoberhaupt. »Bin ich vielleicht krank oder ein Greis, dass ich nicht für sie sorgen kann, und bin ich vielleicht verrückt, dass ich meine Ehre gefährde und meine Tochter außerhalb meines Schutzes arbeiten lasse?«

Nutznießerinnen der Modernisierung waren vor allem Frauen der höheren Schichten der städtischen Gesellschaft, die sozusagen in den Genuss der Privilegien ihrer Klasse kamen. Ihnen wurden durch die Modernisierungspolitik des Staates neue Bildungsmöglichkeiten, Berufe und größere Freiheiten eröffnet.

»Hallo, ich bin Amira!«, abrupt wurde ich aus meiner Frauengeschichte herausgerissen. Ich sah sie mit großen Augen an. Sie muss mitbekommen haben, dass sie mich aus einer anderen Welt herausgerissen hat. »Es tut mir Leid, wenn ich dich erschreckt habe!« – »Nein, nein, gar nicht!« Sie lachte und dabei dehnte sich ihr Mund fast von einem Ohr zum anderen. »Du bist auch nicht Ägypterin, nicht wahr?« – »Nein, ich stamme aus dem Irak, und du?« – »Ich bin aus dem Sultanat Oman!« Amira hatte ein umwerfendes Selbstbewusstsein, während sie sprach, streichelten ihre Locken ständig ihre Stirn, denn sie bewegte beim Reden nicht nur großartig und Raum einnehmend ihre schönen Hände, sondern ihr ganzer Körper folgte ihren Worten mal nach links und mal nach rechts.

Sie wohnte mit ihrer Schwester, die auch hier studierte, und zwei Bediensteten in einer Privatwohnung in Garden City, einem noblen

Kairoer Bezirk. Beide sind nach Kairo gekommen, um Arabisch zu studieren und nach zwei Jahren, als ausgebildete Arabischlehrerinnen, in die Heimat zurückzureisen. »Jeder Omaner und jede Omanerin, der oder die im Ausland studieren will, wird, ob reich oder arm, staatlich unterstützt und verpflichtet sich, nach Abschluss des Studiums zwei Jahre in staatlichen Institutionen zu arbeiten«, erzählte mir Amira stolz. Überhaupt war sie sehr stolz auf ihre Heimat und auf den schönen Sultan und ihre arabisch-afrikanisch-indische Kulturmelange. Obwohl sie Ägypten und das Volk hier sehr liebte, sah sie doch ein wenig auf das Land mit all seinen soziokulturellen und ökonomischen Problemen herab.

»Nach außen hin ist die ägyptische Gesellschaft konservativ und streng islamisch, aber wenn du hinter die Kulissen schaust, geht es schlimmer zu als in Europa.« – »Was meinst du damit?« – »Du brauchst nur die Augen offen zu halten an der Universität. Weißt du, dass ein Großteil der Studentinnen sich ihr Studium und ihren Lebensunterhalt durch Prostitution verdient? Ein gutes Benehmen und ein gepflegtes, hübsches Äußeres sind ihre einzigen Chancen, sich einen reichen Mann zu schnappen. Heutzutage bringt ein abgeschlossenes Studium in Ägypten gar nichts, du bleibst danach eine kleine Beamtin, außer du studierst Medizin oder Jura, doch wie viele Studentinnen schaffen die dafür erforderlichen hohen Abiturnoten? Und wenn du nur eine kleine Beamtin bist und dein Mann ein kleiner Beamter, werdet ihr euch nie eine eigene Wohnung leisten können, außer dem täglichen Überleben gibt es da gar nichts.

Wenn heutzutage ein Freier daherkommt, wird kaum mehr nach der Familienabstammung gefragt, auch nicht nach seinem Charakter. Es wird nur gefragt: ›Wie viel verdient er? Hat er eine eigene Wohnung?‹ Not sei nur schädlich und zerstöre echte Werte!« – »Siehst du das ganze Problem nicht ein wenig einseitig und übertreibst mit deiner Behauptung, dass es an der Uni von Prostituierten wimmelt? Wie sollen solche Mädchen heiraten, wenn sie keine Jungfrauen mehr sind, und was ist mit all den verschleierten Mädchen?«

Amira lächelte mich an. »Natürlich übertreibe ich ein wenig, aber es ist ein nicht zu übersehendes Phänomen, und was die Jungfräulichkeit betrifft, so ist das wirklich kein Problem, es kostet nicht viel, sich kurz vor der Ehe zu operieren oder sich ein Beutelchen mit Hühnerblut einzuführen. Meist sind es die Mütter, die in das Geheimnis eingeweiht werden und ihren Töchtern helfen.« Ihre Sprache nahm eine elende Trockenheit an: »Die Vagina ist der Riss, der durch unsere ganze Kultur geht, und die westlichen Mächte haben das ganze Land aufs Kreuz gelegt. Die ganze arabische Welt fühlt sich wie eine vergewaltigte Frau, vielleicht hängen deswegen unsere Männer so sehr am Patriarchat.« Amira sah mich herausfordernd an und lächelte. »Magst du mal omanische Köstlichkeiten probieren? Ich würde dich gern zu mir einladen.« – »Gern!« Mir gefiel Amiras selbstbewusstes Wesen und ihre äußerst direkte Art zu reden.

Ich hatte das Glück, auf der Universität von den verschiedenen Gruppierungen akzeptiert zu werden. So verbrachte ich meine Zeit mal mit denen und mal mit jenen. Sie waren für mich das Patchwork vieler Seelen in einer einzigen ägyptischen Brust.

Ula erzählte mir stolz, dass sie zu den Muslimschwestern gehörte, sozusagen das weibliche Pendant zu den Muslimbrüdern. Sie war eindeutig die Führerin ihres Jahrgangs. Ulas kleine runde schwarze Augen, die sich durch den weißen Schleier noch mehr hervorhoben, funkelten vor Enthusiasmus, wenn sie über ihren Glauben sprach: »Unter Nasser haben wir den arabischen Sozialismus erlebt, unter Sadat wurden wir durch die Politik der ›offenen Tür‹ in die Mechanismen des kapitalistischen Weltwirtschaftssystems hineingeworfen, und beide Richtungen haben keine gerechten Lösungen für Ägypten gebracht.

Wir müssen uns auf unsere traditionellen Werte rückbesinnen. Wir sind verwirrt und orientierungslos geworden, weil wir unseren Glauben vernachlässigt haben, der uns Sicherheit, Orientierung und spirituelle Unterstützung gewährt. Meine Familie zum Beispiel war zersplittert, mein Vater ging den ganzen Tag arbeiten, er wusste nichts von uns, und wir wussten nichts über ihn, meine Mutter verstand es nicht mehr, ihre Kinder in diesen verwirrenden Zeiten zu erziehen. Sie wusste nicht, was meine Schwester tat, und mein kleiner Bruder spielte den ganzen Tag über Fußball auf der Straße.

Als ich zu den Muslimschwestern kam, fand ich Halt und einen Sinn. Ich wollte allen Menschen helfen und natürlich begann ich bei meiner Familie. Als ich mich verschleierte war mein Vater zuerst dagegen. Doch ich begann, über den Islam zu sprechen, ich betete die fünf Gebete, ich erzählte ihnen, wie eine Muslimin sein sollte, wie viele Rechte sie hatte und wie stolz sie sein konnte.

Ich erzählte meinem Vater, was es bedeutete, ein wahrer Vater für seine Familie zu sein, und er hatte Tränen in den Augen. Meine Schwester war die Erste, die mit mir zu beten begann, und dann folgten Mutter und Vater. Wir sind jetzt eine richtige Familie. Wir sitzen jeden Abend zusammen, reden über unsere Religion, essen und beten zusammen, und jeder ist glücklich. Jetzt weckt mich meine Mutter sogar zum Morgengebet, wenn ich einmal verschlafen sollte.« Ula strahlte eine Zuversicht und ein Selbstbewusstsein aus, das ich selten an einer so jungen Frau gesehen hatte.

Eines Tages wurde Ula mit einem Auto von der Uni abgeholt. Eine schöne, ungefähr dreißigjährige Frau saß hinter dem Steuer, sie hatte ihr Haar mit einem gepflegten Turban bedeckt, der ihre klassischen, verschlossenen Züge betonte. Ihr Gesicht war mir nicht fremd, doch ich wusste nicht, wem ich es zuordnen sollte.

Ula war ganz aufgeregt: »Ich möchte dich gerne mitnehmen, Fawzia!« – »Wohin denn?«, fragte ich erstaunt. »Ich möchte, dass du einen unserer Scheichs kennen lernst. Er empfängt heute Besucher. Siehst du die Dame hinterm Steuer? Sie ist seine Frau, und sie wird uns zu sich nach Hause mitnehmen.« – »Nein, ich kann nicht.« Mir war nicht sehr wohl bei dem Gedanken. »Bitte komm mit, wir bleiben nur so lange, wie du möchtest, bei Gott, sag ja!« – »Also gut!«, und da saß ich nun auf dem Rücksitz des Autos, und vor mir saßen die beiden Frauen, das Radio spielte Um Kalthoum. »Es ist nicht sehr schicklich, dass sie öffentlich über die Liebe singt!«, sagte Ula. »Doch wer kann schon Um Kalthoum widerstehen!«, antwortete die Frau des Scheichs lächelnd.

Vor einem Haus mit einem kleinen Vorgarten hielten wir an, und ich folgte den beiden Frauen in den Vorraum. Ein paar junge Männer huschten beschäftigt hin und her. Sie waren offensichtlich für das Wohl der kommenden Gäste zuständig, hießen sie willkommen, führten sie weiter in einen großen Raum und bereiteten Tee und Kaffee für sie zu. »Wir sind alle Gäste auf Gottes Erden«, sprach die Frau des Scheichs.

Ein graubärtiger, voluminöser Mann, der den Sessel, auf dem er saß, voll ausfüllte, fiel mir ins Auge, das war er auch schon, der Scheich. Es saßen noch ein paar Jünger im Raum. Der Scheich und die Frau des Scheichs begrüßten sich ungezwungen und freundlich, offensichtlich bestand eine große, auf gegenseitigem Respekt beruhende Liebe zwischen ihnen, das war sofort zu spüren. »Ich habe Gäste mitgebracht!« – »Jeder, der kommt, ist willkommen!«, antwortete der Scheich und sah mich und Ula direkt an. Ula bebte vor Freude, sie fühlte sich hier wohl aufgehoben, sie empfand es als Ehre, ein Teil dieser islamischen Gemeinde zu sein.

Stille. Der Scheich war es anscheinend gewohnt, dass man mit konkreten Fragen zu ihm kam, und wollte seinen Gästen Zeit geben. Ula hatte eine Frage. » Ist es für eine Frau recht, außerhalb des Hauses zu arbeiten?« Der Scheich lächelte, anscheinend gefiel ihm die Frage. »Die Frau hat das Recht, außerhalb des Hauses zu arbeiten, wenn die Schicklichkeit am Arbeitsplatz gewahrt bleibt. Doch sie wird nicht gezwungen zu arbeiten, denn es ist in erster Linie die Pflicht des Mannes, für die Familie zu sorgen. Sollte sie aber arbeiten, so hat sie den gleichen Lohn für gleiche Arbeit zu bekommen. Doch nicht jede Frau schafft es, die Pflichten gegenüber ihrer Familie und jene gegenüber ihrer Arbeit zu erfüllen. Sollte sie es nicht schaffen, so sollte sie auf Letzteres verzichten.«

Und er fuhr fort: »Die Familie bildet die Einheit der Gesellschaft, und Mann und Frau haben ihr gegenüber – gemäß ihren spezifischen und natürlichen Fähigkeiten – Verpflichtungen wahrzunehmen, um die neue Generation großzuziehen. Mann und Frau sind nicht gleich, sondern gleichwertig. Die Frau, die ihre Rolle versteht, ist der Schlüssel zu einer gerechten, auf den Grundsätzen eines wahren Islams aufgebauten Gesellschaft. Die Frau ist kein schwaches Geschöpf, sie ist der Maßstab der Gemeinschaft. Wer das Geheimnis für den Fortschritt oder den Rückschritt eines Volkes erfahren will, möge den Einfluss der Frau auf den Charakter ihrer Männer untersuchen.«

Seine Frau saß stolz und würdevoll da und hatte einen Blick, der sagte, dass sie wusste, wovon er sprach. Er war sehr geübt im Reden, und seine Worte waren klar und ohne Umschweife, und doch war alles offen, wenn er sprach. Ich wusste nicht, ob ich mich wohl fühlte oder nicht. Diesen Scheich konnte man nicht so ohne weiteres ablehnen, aber mein Herz öffnete er auch nicht. Es wunderte mich, dass er keine Bemerkung darüber machte, dass ich keinen Schleier trug.

Ich beschloss, doch eine Frage zu stellen: »Was sind die Muslimbrüder?« Ohne Pause begann er sofort zu sprechen: »Der Begründer der ägyptischen Muslimbrüder war Hasan Al-Banna. In einem seiner Briefe schrieb er: ›Unsere Pflicht als Muslimbrüder ist es, darauf hinzuarbeiten, unser Selbst, unsere Herzen und Seelen zu verändern, indem wir sie mit Gott verbinden, dann unsere Gesellschaft so zu organisieren, dass sie fähig ist, eine tugendhafte Gemeinschaft zu sein, die das Gute befiehlt und das Böse verbietet, dann wird aus der Gemeinschaft der gute Staat entstehen.‹

Wir wollen eine gerechte Ordnung, einen islamischen Staat, der es mit den modernen Herausforderungen aufnimmt, aber gleichzeitig auf unseren traditionellen islamischen Tugenden und Gesetzen beruht, die gemeinschaftliches Teilen und die Solidarität der patriarchalen Familie hochhalten. Es ist nicht richtig, dass die arme Mehrheit von Bohnen leben muss, während die Privilegierten mal schnell zum Einkaufen nach Paris fliegen.«

Er hatte Recht, das war nicht richtig und nicht fair, doch was würde passieren, wenn die Muslimbrüder und -schwestern den Staat übernähmen, bevor sie ihre Herzen und Seelen veränderten? Würde es den Menschen dann besser gehen? Ich gab Ula ein Zeichen, dass ich gehen wollte, und sie entschuldigte sich damit, dass wir noch eine Vorlesung an der Uni hätten. »Ihr seid immer hier willkommen, meine Frau studiert auch an der Universität«, und dann wandte er sich mir zu. »Ich wünsche dir einen guten Muslim zum Mann, und dass du dich dann als gute Muslimin verschleierst!« Da kam sie ja doch noch, die Bemerkung, und ich ärgerte mich. Ich überlegte kurz und erwiderte lächelnd: »Wenn mein Herz und meine Seele sich mit Gott verbinden, wird mich Seine Gnade sicher umhüllen.«

Ich kann ihm nicht verzeihen

»Ich habe mich verlobt!« Mit diesen Worten stürzte Karin vergnügt
in die Wohnung. »Wie bitte?«, staunten Randa und ich. Wir blickten uns an und sahen dann wieder zu Karin. »Wann ist das passiert,
wer ist es denn?« Wir wussten nicht, ob wir uns freuen oder ärgern
sollten, dass sich unsere Mitbewohnerin so sang- und klanglos verlobt und uns die ganze Zeit im Dunkeln gelassen hatte. Doch für
Karin schien dies alles ganz normal zu sein. Diese Frau überraschte
mich immer wieder mit ihren Taten und ihrer Lebensauffassung.
    »Ich habe ihn in der österreichischen Botschaft kennen gelernt.«
– »Kennst du seine Familie?«, fragte Randa. »Er lebt mit seiner
Mutter und Schwester zusammen und arbeitet in der Botschaft.« –
»Ja – und sonst?« – »Er ist 35 Jahre alt, Kopte und sehr attraktiv. Ich
werde bis zur Hochzeit zu ihnen ziehen!« Randa und ich sahen uns
wieder verblüfft an. »Ja, und wann ziehst du zu ihnen?« – »Jetzt
gleich, ich packe nur meine Koffer!« Und wirklich, bevor noch
unsere Verwirrung nachließ, hatte sie die Koffer gepackt, und mit
einem »Ich melde mich in den nächsten Tagen!« war sie draußen.
»Die spinnt«, war das Erste, was Randa nach Minuten der Stille
herausbrachte. »Hoffentlich bereut sie es nicht«, fügte sie dann
noch leise hinzu. In meinem Kopf fing sofort das Planen an.
    Vollendeten Tatsachen muss man mit schnellen konkreten
Schritten entgegenwirken. »Ich lauf runter zum Wohnungsvermittler, wir brauchen eine neue Wohnung, diese hier können wir uns zu
zweit nicht mehr leisten.« Und wirklich, in vier Tagen saßen wir in
einer neuen Wohnung. Wir hatten großes Glück, die erste Wohnung, die er uns zeigte, gefiel uns so gut, dass wir gar nicht weiter-
suchten. Sie war in keinem vornehmen Viertel, das Haus war ziemlich heruntergekommen, dafür war sie wieder im letzten Stock.
    Wir folgten dem Wohnungsvermittler, einem alten Mann in ei-
nem alten langen dunkelgrauen Baumwollgewand, der *galabija*, die
Treppen hinauf. Mit einem Dreh des Schlüssels und einem starken
Ruck öffnete sich die Tür, und wir standen zu unserer Überraschung in einem kleinen, quadratischen, ummauerten Vorhof. Der
Boden war mit ornamentreichen Kacheln versehen. Schön fand ich

das. Dann schlurfte der Mann zur nächsten Tür, die zur eigentlichen Wohnung führte. Zum Vorschein kam ein Wohnzimmer mit alten Sitzmöbeln, ein Schlafzimmer mit drei Betten und einem Fenster, das auf den Nil blickte, eine Miniküche, ein Waschbecken und ein kleiner Duschraum mit Plumpsklo. Alles war etwas heruntergekommen. »Kann jemand in den Vorhof sehen?«, war meine erste Frage. »Nein, ihr seid ganz ungestört.« – »Wie viel kostet sie?« – »90 Gunayh!« – »75, und wir nehmen sie.« Er überlegte: »Abgemacht! Die Wohnung gehört einer Dame, und sie kommt am Ende jeden Monats, um die Miete zu kassieren.« Es freute mich, dass sie einer Frau gehörte, ich empfand es als gutes Omen.

»Ihr habt als Nachbarn eine nette Familie, und die Frau wird euch sicher behilflich sein, wenn ihr etwas braucht. Kommt, ich stell euch vor!« Wir folgten ihm zu unseren neuen Nachbarn. Auch sie hatten einen Vorhof, allerdings größer. Die Wohnung bestand aus zwei großen Zimmern, die nebeneinander lagen und beide vom Hof aus zu betreten waren. »*Ya sattar**, Um Hasan, ya Um Hasan, deine neuen Nachbarinnen kommen dich begrüßen«, brüllte er. Und da erschien Um Hasan, sie trug, gebückt vom schweren Gewicht, eine große Plastikschüssel, gefüllt mit Seifenwasser. Ihr Haar war unter einem Kopftuch verstaut, ihre Züge waren mild, aber starr. Und ihre Augen zwei große ausgetrocknete Seen. Sie wirkte alt, obwohl ihr stämmiger Körper das Gegenteil bewies.

Als sie uns erblickte, stellte sie die Schüssel auf den Boden, wischte sich hastig die Hände an ihrer Schürze ab und kam uns mit ausgestreckter Hand freundlich entgegen. »*Ahlan wa-sahlan, hallat il-baraka, tfaddalu, tfaddalu*, willkommen, der Segen ist mit euch eingekehrt, bitte, bitte!«, sagte sie auffordernd und streckte ihren Arm einladend aus. »*Tisrabu eh, schay willa 'ahwa?* Was kann ich anbieten, Tee oder Kaffee?« – »Verzeih, Um Hasan, aber wir müssen noch unsere Sachen holen, ein anderes Mal!« – »*May sihisch*, erwiderte sie aufgebracht, aber das geht doch nicht, erweist uns die Ehre!« – »Also

---

* *Ya-Sattar*: der Verhüller. Einer der göttlichen Namen. Er wird beim Betreten eines Hauses ausgesprochen und soll den Bewohnerinnen die Möglichkeit geben, sich zu verhüllen und sich auf den Besuch vorzubereiten.

gut, ein Glas Wasser, dir zuliebe!« Emsig verschwand sie und kam mit drei Saftgläsern zurück. Wir tranken sie aus und versprachen, uns zu melden, sobald wir eingezogen waren. »Möge Gott, der Herr, euren Pfad erleuchten und euch beschützen!«, rief sie uns noch nach.

Wir lebten uns schnell ein, und mein Lieblingsort wurde der Vorhof, in dem ich studierte, mich sonnte und in den ich am Abend meine Matratze zog, um die Sterne beobachtend einzuschlafen. Ich gewöhnte mir an, die Welt nach dem Stand der Sterne zu betrachten, jeden Abend standen die Sterne ein wenig anders als am vorhergehenden, und ich hatte ein wohliges Gefühl, jede Nacht von ihnen beschützt einzuschlafen. Ich fing an, mich nach den Nächten zu sehnen, schon am Morgen begann die Sehnsucht nach der Nacht und ihren Sternen, die mir ihre Geschichten in einer Sprache, die jenseits aller Worte war, zuflüsterten. Randa bevorzugte es, drinnen zu schlafen, sie hatte Angst, am Boden zu schlafen. »Da kriechen die ganzen Kakerlaken herum!« Bei dem Gedanken schüttelte sie sich. Ich mochte die Kakerlaken auch nicht, doch dass sie zu mir ins Bett kriechen würden, glaubte ich nicht.

Eines Tages klopfte Um Hasans Tochter an die Tür: »Abla Fawzia, meine Mutter möchte euch zum Essen einladen. Sie hat gefüllte Zucchini gekocht.« Ich musste lachen, *abla*** hatte mich noch niemand genannt, und ich sagte gerne zu. Etwas später erschienen Randa und ich bei Um Hasan. Sie empfing uns freudig und führte uns in eines der Zimmer. Ich blickte mich schüchtern um, das Zimmer war mit großen Plastikmatten ausgelegt, in einer Ecke lagen die Matratzen aufgestapelt, und in einer anderen Ecke stand ein ausgefranster Schrank, dessen Türen mit kleinen Papierfetzen festgeklammert wurden. »*Ahlan wa-sahlan, nawartu!* Willkommen, ihr habt mein Heim erleuchtet«, sagte Um Hasan. »*Allah inawwir 'aleki, ya um hasan!* Möge Allah Licht über dich bringen, oh Um Hasan«, antworteten wir höflich.

Sie ging hinaus und kam mit einem Tablett voll gefüllter Zucchini zurück, das sie auf die am Boden ausgebreiteten Zeitungen legte.

---

* Abla: höfliche Anrede für eine ältere Frau, im Sinne von Tante. Auch Lehrerinnen werden in Ägypten mit diesem Titel angeredet.

Wir setzten uns um das Tablett. Um Hasan streckte uns die Zucchini entgegen, und wir bissen höflich hinein. Sie schmeckten nicht, aber Um Hasans Freude über unseren Besuch machte das wieder wett. Da kam ein kleiner Junge hereingekrochen, der Rotz triefte ihm in den Mund, mein Blick blieb an ihm hängen, und ich hatte Mühe, nicht zu kotzen. »Das ist Sayyid, mein Jüngster«, sagte Um Hasan, »er ist krank.« Mit »krank« meinte sie nicht etwa erkältet, sondern geisteskrank.

Sayyid kroch näher her, und seine Mutter wollte ihn wegscheuchen, doch ich winkte ab. Das Würgen in meiner Kehle vermischte sich mit Mitgefühl für Sayyid. Ich kannte diesen Blick, es war derselbe, der mich durch meine Kindheit begleitet hatte. Dunja, meine Cousine, erschien vor meinen Augen, und ich streifte mit meiner Hand über Sayyids dichtes schwarzes Haar. Er verzog seinen Mund zu einem Grinsen, und Speichel rann aus seinen Mundwinkeln. »Wart ihr schon einmal bei einem Arzt?« – »Es steht alles auf der Stirn geschrieben, und es gibt niemanden, der das Schicksal ändern kann«, antwortete Um Hasan. Sie nahm ihre Schürze, und mit einem Wisch entfernte sie Rotz und Speichel. »Ich will mich nicht beklagen, Preis und Dank gilt Allah, was immer Er auch entscheiden mag.«

Und dann brach ein Teil ihrer Seele auf, und Um Hasan begann zu erzählen: »Als ich vierzehn Jahre alt war, verheiratete mich mein Vater mit dem Sohn meines Onkels väterlicherseits. Am Tag der Hochzeit kamen die Frauen, hielten mich an den Schultern fest, und vor den Augen meines Vaters setzte sich mein Cousin vor meine gespreizten Beine. Er zitterte, und Schweiß rann ihm die Stirn herunter. ›Mach es, sonst tu ich es!‹, zischte mein Vater, als er sein Zögern sah. Mein Cousin sah mich an, und in seinem Blick konnte ich lesen: ›Verzeih mir, Cousine, ich muss es tun!‹

Dann stach er in mein Inneres. Ich spürte einen brennenden Schmerz zwischen meinen Beinen, ausgelöst durch den Finger meines Cousins, der in mich eingedrungen war und sich grob hin und her bewegte, bis er die Jungfernhaut zerrissen hatte und warmes, klebriges Blut aus mir herausfloss. Als er seinen Finger herauszog, war das weiße Tuch, das er um den Finger gewickelt hatte, blutbefleckt. Vater war zufrieden, er lehnte sich auf seinen dicken Kampfstock, den er gegen mich verwendet hätte, wenn kein Blut herausgekommen wäre, dann hätte er eben meinen Kopf zerschlagen. Die Frauen zerrissen die Luft mit ihrem hohen schrillen Trillern, die Ehre war gerettet, und das Hochzeitsfest konnte beginnen.

Doch ich konnte diese Schmach nicht verkraften, ich wusste, dass viele Mädchen in meiner Region dasselbe erlebt hatten, doch sie schienen es besser zu verkraften, konnten mit der Zeit darüber hinwegkommen, doch ich hatte nicht so ein leichtes Wesen. Ich konnte meinen Mann nicht ansehen, konnte seine Nähe nicht ertragen, mein ganzer Körper fing zu zittern an, sobald er nur in meine Nähe kam, und die Tränen, ständig flossen meine Tränen. Wie oft hatte er sich bei mir entschuldigt, wie oft hatte er wiederholt, dass er gezwungen gewesen war, so zu handeln. Die Tradition, mein Vater. Einmal brach er zusammen und weinte wie ein kleines Kind vor mir, doch ich spürte nichts, ich konnte ihm nicht verzeihen, er hatte mich nicht beschützen können, er hat mich der grausamen Welt ausgeliefert und mich nicht beschützt.

Nach drei Monaten, stell dir vor, nach drei Monaten ließ ich ihn dann zu mir. Und dann kam Hasan, und das Leben nahm seinen Lauf. Es kamen Ali, Nafisa, Fatma und Zahra und zuallerletzt Klein-Sayyid. Von allen Kindern hängt Abu Hasan am meisten an ihm. Es war Sayyid, der mich und meinen Mann zusammenbrachte, der die Wunde, die zwischen uns war, heilen ließ. Abu Hasan ist ein guter Mann, er kann auch nicht anders, jeder hat seine Entschuldigung, ich will mich nicht beklagen, es ist nur so, dass ich traurig über mein Leben bin, das kommt und geht, ohne dass ich weiß, wie ich es wirklich als Frau leben kann.«

Wir drei Frauen saßen still da, der Bauch tat weh und die Gedanken lagen lahm. Die Lust am Essen war vergangen. Nafisa kam mit dem Tee, doch ich hatte das Gefühl, keinen Moment mehr hier sitzen zu können. Mein Kopf brummte, und die Übelkeit breitete sich wie eine klebrige Masse über meinen ganzen Körper aus. Doch eines musste ich sagen: »Möge Allah Sayyid beschützen!« – »Mögen deine Worte von deinen Lippen direkt zum Himmelstor gelangen«, antwortete Um Hasan lächelnd. Sie hatte zum ersten Mal ihren Schmerz mit anderen geteilt, und es tat ihr gut.

Lasst uns selbst entscheiden

Pflege in geistigen Dingen Umgang mit denen, die höher sind
als du, und in weltlichen Dingen mit denen, die weniger
gesegnet sind als du.

MOHAMMED AL-SULAMI

Vorlesung: Arabische Literatur! Heute war Tawfiq Al-Hakim, einer
der berühmtesten ägyptischen Schriftsteller, mit seinen vier Novel-
len angesagt. Tawfiq schrieb normalerweise Theaterstücke und phi-
losophische Abhandlungen. Es war aufregend, zu wissen, dass der
mittlerweile 90-jährige Mann noch lebte, das gab der Vorlesung einen beflügelnden Geschmack. Als ich den Raum betrat, sah ich Ula
und ihre Freundinnen eine Traube um jemanden bilden. Es war Najwa, sie hatte sich verschleiert. Gestern war sie noch mit wallendem
schwarzen Haar erschienen, und plötzlich saß sie verschleiert da.
Das verwirrte und faszinierte mich. Wie der Mensch sich verändern
kann! Ich ging zu Najwa hin. Sie war mir vom ersten Tag an sympathisch, sie war eine stille, zurückhaltende junge Frau, deren Augen
immer voll Freundlichkeit strahlten. Die anderen verschleierten
Frauen gratulierten ihr, und als sie sich allmählich zurückgezogen
hatten, konnte ich mich nicht mehr zurückhalten.

»Wieso hast du dich verschleiert?«, platzte es aus mir heraus.
»Weißt du, Fawzia, so ist es leichter, ich gehe jeden Tag außer Haus,
vormittags zu den Vorlesungen, und nachmittags arbeite ich in einer Buchhandlung. Unterwegs werde ich oft belästigt und frech
angesprochen, und meine Eltern hörten schon Bemerkungen von
den Nachbarn, wieso sie ihre Tochter studieren und arbeiten und
den ganzen Tag außer Haus lassen.

Mit dem Schleier habe ich meine Ruhe und beweise so, dass ich
ein tugendhaftes Mädchen bin und dass meine Absichten ehrenhaft
sind. Ich brauche nicht mehr schüchtern durch die Straßen zu gehen, sondern kann mich erhobenen Hauptes beruhigt in der Öffentlichkeit zeigen.« Najwa war zufrieden mit ihrer Entscheidung, und
ich konnte sie gut verstehen. Sie war die erste Frau in ihrer Familie,

die ihr Leben außerhalb des Hauses führte, und sie versuchte, die traditionellen Werte mit den modernen Anforderungen zu verbinden.

Fadwa, eine resolute junge Studienkollegin, sah die Dinge ganz anders. »Ich selbst weiß, ob ich tugendhaft und ehrenvoll handle oder nicht, ich muss meiner Umgebung das nicht durch einen Schleier beweisen. Ich habe genauso ein Recht auf Bildung und Beruf wie die Männer, und wenn die Männer es nicht verkraften, mich ohne Schleier zu sehen, dann sollen sie zu Boden blicken! Wir brauchen Gleichberechtigung in unserer Gesellschaft, ein Vogel braucht zwei gleichstarke Flügel, um gut fliegen zu können!« Ich verstand sie gut, doch Fadwas soziale Position war ganz anders als Najwas. Sie kam aus einer wohlhabenden Familie, hatte ihr eigenes Auto, mit dem sie sich ungestört in der Öffentlichkeit bewegen konnte, und eine Familie, die es sich sozial und finanziell leisten konnte, ihre Tochter in ihrer individuellen Entwicklung zu unterstützen.

Fadwa und Najwa studierten beide dasselbe Fach an der Universität. Najwa würde wahrscheinlich nach dem Bakkalaureat* heiraten, und wenn es die finanzielle Situation verlangte, arbeiten, ansonsten würde sie als gebildete Frau fähig sein, ihre Kinder »gut« zu erziehen. Auch wenn sie nicht arbeiten müsste, würde sie durch ihre Bildung eine neue Dimension in ihre Familie einbringen. Fadwa wiederum würde einen Magisterabschluss machen können und vielleicht sogar promovieren. Dann würde sie durch ihre Ausbildung und die gesellschaftlichen Beziehungen ihrer Eltern einen hohen Posten bekommen und einen standesgemäßen Partner suchen können. Als die Vorlesung zu Ende ging, spazierten wir hinaus und setzten uns auf die Wiese, Hala und Maha kamen hinzu.

»Wir können nicht ohne unsere Familien leben«, erklärte Maha, »die Familie bietet Schutz und Geborgenheit, doch sie verlangt auch Gehorsam und Anpassung. Wir haben keinen Staat, der Schutz oder eine soziale Absicherung bietet, wir haben die Familie, den Clan, die religiöse Gemeinschaft. Wir brauchen keine Befreiung

---

* Hier: unterster akademischer Grad, den man nach einem vierjährigen Studium erhält.

des Individuums, sondern eine Familienemanzipation. Einsam und schutzlos zu sein soll nicht der Preis für die Emanzipation werden.«

»Wir haben viele Probleme in Ägypten. Wir leben auf wenig Raum um den Nil, unsere Lebensader, herum, und alle neun bis zehn Monate kommt wieder eine Million Einwohner dazu. Wer soll sie alle ernähren? Ägypten scheint unregierbar zu sein. Weißt du, wir haben nicht nur eine Krise des Staates, sondern auch eine Krise innerhalb der Familien. Wir haben den Sozialismus unter Nasser gehabt, dann den Kapitalismus unter Sadat und jetzt mit Mubarak haben wir einen Taktiker, der versucht, wendig zwischen außenpolitischem und innenpolitischem Druck hin und her zu manövrieren.«

Hala studierte Anthropologie. Sie war eine zarte junge Frau, die darauf bedacht war, das Leben klar zu sehen. »Die Zukunft ist unsicher, und innerhalb der Familie gibt es auch Veränderungen und Verschiebungen. Die Verschiebung von der Großfamilie zur Kleinfamilie, von der Hausfrau zur Berufstätigen. Das Überleben wird immer schwieriger, ein einziges Einkommen pro Familie reicht nicht mehr, der Klub der Millionäre wächst, während sich andererseits die Armut immer mehr verbreitet. Ist es da verwunderlich, wenn die Menschen sich auf ihre Religion und ihre Tradition zurückbesinnen und in einer wahrlich islamischen Ordnung die Lösung sehen?«

»Weißt du, im Grunde genommen haben wir ja nur eine ›Pseudomodernisierung‹ erlebt«, sprach Maha. »Wir haben westliche Konzepte übernommen, die nicht unseren Bedürfnissen entsprechen und uns nicht viel geholfen haben. Unsere Position als Frauen ist zwar zum Teil verändert und umgewandelt worden, wir haben größere Teilhabe in Bildung und Beschäftigung, doch die Beziehungen innerhalb der Familie wurden beibehalten. Viele Frauen nehmen die Herrschaft des Mannes innerhalb der Familie in Kauf, um ihrer Bildung und Arbeit nachgehen zu können.

Es stimmt, dass es zu einer sozioökonomischen Transformation kam, zur Ausdehnung des modernen Staates in Bereiche, die vormals der Kontrolle der Familien und religiösen Gemeinschaften unterstellt waren, doch für uns Frauen hat das nicht nur Vorteile ge-

bracht, ganz im Gegenteil. Die traditionellen, informellen Macht-
strategien, an denen Frauen umfassend teilnahmen, verschwinden,
und die neuen alternativen Lebensentwürfe sind nicht realisierbar.
Kein Wunder, dass auch viele Frauen in der Wiederherstellung der
traditionellen patriarchalen Strukturen eine Möglichkeit sehen,
ihren Schutz und ihre Würde wiederzufinden.«

»Wir wollen eine freie Muslimin, keine freie Westlerin, heißt
es«, sprach Fadwa, »doch dafür brauchen wir mehr soziale Freiheiten, mehr Gleichheit innerhalb der Familie, also eine Reformierung
des Familiengesetzes. Wir brauchen eine ausgeglichene Familie, um
eine ausgeglichene Gesellschaft zu erschaffen. Der Westen überschwemmt uns mit Konsum und seinen Lebensphilosophien, manche von uns sind fasziniert, bei anderen löst es Selbstzweifel und
Unterlegenheitsgefühle und das Gefühl der Bedrohung der eigenen
kulturellen Identität aus. Alle sozialen Schichten beschäftigen sich
mit dem Westen.«

»Der Westen überschwemmt uns nicht nur mit seinen Gütern,
sondern mischt sich auch in unsere Angelegenheiten ein«, erklärte
Hala, »am meisten haben wir Frauen darunter gelitten. Dank der
Kolonialmächte wurde die Verschleierung der Frau politisiert und
als *das* Zeichen der Unterdrückung gesehen. Ich frage mich, ob das
Tragen oder Nichttragen eines Minirockes zu den essenziellen Fragen der westlichen Frauenbewegungen gehörte? Die koloniale
Unterdrückungspolitik wurde als Mission gesehen, um die armen
arabischen Frauen von Unterdrückung und Rückständigkeit zu
befreien. Was hat uns das gebracht, außer, dass jetzt die Frauenbewegungen und Frauenrechte immer mit dem Kolonialismus verbunden werden?«

»Dasselbe geschieht jetzt mit der Beschneidung«, fuhr Fadwa
fort, »1979 wurde die Beschneidung der Klitoris von der ägyptischen Regierung für illegal erklärt. Damals gab es eine Konferenz
über das Thema Beschneidung, und ägyptische Ärztinnen, Kranken-
schwestern, Journalistinnen, Anwältinnen, Theologinnen und
Repräsentantinnen verschiedener Frauenorganisationen erklärten
diese Praxis als ungesund, unwürdig und gefährlich. Den ganzen
Nil entlang wird sie bei Musliminnen und Christinnen gleicherma-

ßen vorgenommen. Die alten Frauen beschneiden die jungen! Es ist eine uralte Tradition. Die Aufklärungen der Familien gegen diese Praxis funktionierte sehr gut, und es wurden Fortschritte erreicht.

Doch dann kam der Westen und mischte sich ein, und das verursachte Verwirrung und eine gewisse Trotzreaktion. Sie können uns nicht in Ruhe selbst entscheiden lassen!« – »Dann wäre ja ihre Legitimation als moralische Wächter und Menschenrechtsverteidiger unterminiert!«, fand Maha, ironisch lachend. Sie wendete ihren Kopf, »kommt, lasst uns gehen!«

Der Wettlauf mit der Sphinx

Der Duft der Aufrichtigkeit kommt dem
des Paradieses am nächsten.

Sufi-Weisheit

Je näher wir der Endstation kamen, desto mehr lichtete sich der Bus, was nach dem schier unbeschreiblichen Gedränge, das sogar das Mitleid von Sardinen hervorrufen würde, fast einer Neugeburt glich. Wer bis jetzt überlebt hatte, der konnte sicher sein, dass er es im Leben schaffen würde!

Die Pyramiden rückten mit jedem Meter majestätisch näher, und immer wieder ließen sie mich die Quetschfahrt vergessen. Der Anblick dieses Symbols menschlichen Willens, menschlicher Größe und Fantasie war es wert. Wie vergänglich und banal wirkte der Bus, aus dem ich mit einem befreienden Seufzer und einem glücklichen Hopser ausstieg, neben diesen Bauten! Ich ging direkt zu den Beduinen, die mit ihren Pferden und Kamelen auf Touristen lauerten. »Sei gegrüßt, oh Tochter meines Stammes!«

Abu Al-Hawl kam wie immer mit großen heiteren Schritten auf mich zu. Er war das liebste Schlitzohr von ganz Ägypten. Er reichte mir bis zur Schulter, und ich war mit Absätzen einen Meter fünfundsechzig groß. Er hatte ein zerknittertes, kleines Gesicht, in dem zwei dunkle Kirschen, eine platt gedrückte Nase und ein schiefer Mund ihren Platz gefunden hatten. Wenn er lachte, und das tat er oft, verzerrten sich die drei und bildeten eine undefinierbare Symbiose. Die Krönung seiner Erscheinung bildete sein Name oder besser sein sich selbst gegebener Titel: Abu Al-Hawl, der Vater der Sphinx. Irgendwie hatte er aber auch Recht, er nuschelte und säuselte, wenn er sprach, sodass es meist ein Rätsel für mich war, was er eigentlich meinte, aber wir schienen uns irgendwie im Äther der Worte, auf einer uns beiden nicht ganz fassbaren Ebene, doch zu verstehen. »Ist Antar frei?« – »Er steht schon bereit und wartet!«, war seine freundliche Antwort.

Ich kann mich erinnern, als ich das erste Mal zu den Beduinen rund um die Pyramiden kam und auf Abu Al-Hawl stieß. Er ließ mich nicht allein losreiten. »Das geht nicht, es muss ein Begleiter dabei sein, das ist Gesetz hier, wir bekommen sonst Schwierigkeiten mit der Touristenpolizei.« Missmutig stimmte ich zu, ich wollte allein ausreiten und mich, weit weg vom Trubel der Stadt, in den Sanddünen verlieren und wiederfinden, doch ich verstand ihn, und vielleicht war es auch besser so, zumindest für das erste Mal. Ich bekam eine junge braune Stute, und Abu Al-Hawl nahm den Hengst Antar.

Im Schritt ritten wir langsam entlang den mächtigen Pyramiden in die Wüste. Ich sah die offene Ebene vor mir, und mein Herz begann, wild zu pochen, ich spürte wie meine Handflächen feucht wurden und mein ganzer Körper sich straffte. Meine Aufregung ging auf die Stute über, und ihre Nüstern weiteten sich, ich sog den Duft der Freiheit auf. Geliebte Wüste, Seelenheimat, du hast deine Tochter wieder, jetzt konnte mich weder Gesetz noch Höflichkeit zurückhalten. Ich spornte meine Stute an und hielt sie gleichzeitig mit den Zügeln zurück, ihre Muskeln spannten sich, und sie begann zu tänzeln, ich verstärkte den Druck meiner Schenkel, mein Beduinenblut und uraltes Wissen um die Kunst der Verschmelzung zwischen Mensch und Pferd stiegen in mir auf.

»Siehst du die fernen Dünen, dort hinter dem Tal, wenn ich es schaffe, vor dir dort zu sein, dann lässt du mich das nächste Mal allein ausreiten!« Abu Al-Hawl sah mich an und blickte dann in die Richtung, in die ich zeigte. Er konnte nur zustimmen, das wusste ich, eine fremde junge Frau forderte ihn heraus und noch dazu auf seinem Pferd und in seinem Metier! Er lachte leicht verlegen. Ich spornte die Stute noch ein wenig an, sie begann, seitlich zu tänzeln, ich gab den Zügeln nach, um ihre Kraft einzuschätzen, sie wollte hochsteigen, sanft drückte ich sie mit den Zügeln nieder und summte leise, sie stellte die Ohren auf, jetzt war sie vollkommen gesammelt und bereit. »*Mwafiq!* Einverstanden!«

Kaum hatte er die Worte ausgesprochen, gab ich der Stute die Zügel und drückte mit den Schenkeln, was für eine Freude, wir jauchzten beide auf, und los ging es. Abu Al-Hawl galoppierte parallel zu mir in ungefähr acht Meter Entfernung. Ich behielt ihn im Auge, während ich die Muskeln meines Pferdes unter mir spürte. Keine Frage, er war ein erfahrener Reiter, wie ein kleines zusammengerolltes Bündel saß er auf seinem Pferd, hielt mit einer Hand die Zügel, und mit der anderen schlug er auf den Rücken des Pferdes. Wir galoppierten über die flache Ebene, und er überholte mich freudestrahlend, ich merkte, dass auch er sich schon lange nach einem Wettlauf gesehnt hatte.

Plötzlich verschwand er, die Wüste hatte ihn verschluckt, und wenig später kam ich am Rande des Abhangs an, wo ich ihn wieder sah. Jetzt, wo er sich seiner Sache sicher war und ihn mit dem Näherkommen der festgelegten Dünen Lässigkeit überkam, konnte ich die Reserven herauskitzeln. Ich lehnte mich ganz weit nach vorn, sodass mein Kopf ganz unter der Mähne der Stute verschwand und mein Mund ihren weichen, kräftigen Hals berührte. Ich gab einen schrillen Ton von mir und gab ihr ganz die Zügel, ich hielt sie so sanft, als ob sie Seidenfäden wären, sodass die Stute die nötige Stütze, aber keine Einschränkung in ihrer Bewegung hatte.

Sogleich reagierte sie, streckte ihren Hals, und die Muskeln in ihren Beinen blühten auf, sie spürte genauso wie ich die Einheit, die zwischen uns entstand, und wir galoppierten zu zweit weit über dem Sand, ihre Hufe schienen nichts zu berühren, und immer wieder spornte ich sie an, mal ins Ohr hauchend, mal schrill rufend. Abu Al-Hawl wurde überholt, und auf den letzten Metern stießen wir beide den schrillen Beduinenruf aus.

Wir kamen fast gleichzeitig an, er lachte beeindruckt. »Ich bin dein Bruder Samir und wohne mit meiner Familie dort unten im

Tal, du, deine Familie und Freunde sind jederzeit bei uns willkommen.« Ich bedankte mich höflichst und freute mich, dass ich von nun an allein ausreiten konnte. Es hatte schon auch seine Vorteile, überall fremd zu sein, man musste sich seine Position zwar immer wieder erkämpfen, aber man hatte auch eine gewisse Narrenfreiheit.

Das Pyramidengespenst

Es wimmelte verständlicherweise immer von Touristen um die Pyramiden. Kamele und Pferde wurden vermietet – klick! Ein Selbstporträt mit Kamel und Pyramiden im Hintergrund sah in jedem Fotoalbum nett aus! Reiseführer, die mit interessierten Touristengruppen durch die umgebenden Gräber stapften, Ägypter, die mit ihren Bräuten nah beieinander sitzend Eis schleckten, aufgeregte Schulklassen, die aus allen Teilen des Landes dorthin gebracht wurden, junge Tramper, die sich eine Weile dort niederließen und am Boden sitzend cool die Pyramide betrachteten. Dazwischen: fliegende Händler, Nüsse verkaufende Jungs und pflichtbewusst umherstreifende Polizisten in blauen Uniformen. Ein buntes lebendiges Bild und immer wieder Massen, die in die gigantischen Steinmassen der Pyramiden drängten.

Ich stand mit ein paar Freunden vor dem überfüllten Pyramideneingang und dachte mir: »Ich möchte so gerne einmal alleine in der Pyramide sein und die alte Welt auf mich wirken lassen, ohne dass Jeans und Kameras neben mir auftauchen.« Aber dies schien eine Illusion. Doch nichts ist unmöglich, und Allah – gepriesen sei Er – hat mir meinen Wunsch erfüllt. Plötzlich ging der Strom aus, und die Pyramidenwächter erklärten, dass für die nächsten zwei Stunden leider niemand in die stockdunkle Pyramide hineinkönne, es sei zu riskant: Stolpergefahr! Die Touristenführer übersetzten, und enttäuscht drehten sich die Leute um und kletterten gemächlich wieder hinunter.

Ich ging zum Wächter: »*As-salamu alaykum*, ich möchte in die Pyramide!«, sagte ich unschuldig. »Geht leider nicht, meine Tochter, es ist stockdunkel, der Strom ist ausgefallen!« – »Darf ich nicht trotzdem hinein, ich kann an keinem anderen Tag mehr kommen!«, lautete meine kleine Notlüge. »Das kann ich leider nicht zulassen, ich bin für die Sicherheit zuständig, aber«, dies sagte er mehr zur Beschwichtigung, »wenn du ein paar Kerzen dabeihast, lasse ich dich hinein.« Ein leichtes, freches Schmunzeln umtänzelte seine Lippen. Er ahnte natürlich, dass ich keine Kerzen dabeihatte.

Ich wollte mich schon enttäuscht abwenden, als plötzlich aus dem Nichts ein Junge mit ein paar Kerzen in der Hand erschien. Bevor er dazu kam, irgendetwas zu sagen, waren sie schon in meiner Hand und in seiner ein paar Münzen, und das Schmunzeln des Wächters sprang über auf meine Lippen. Als Ehrenmann musste er jetzt sein Versprechen einhalten. Ich hatte genau sieben Kerzen in der Hand, und meine Freunde und ich waren zu sechst. Ich drückte jedem eine Kerze in die Hand und steckte die letzte in die Tasche. »Passt gut auf euch auf!«, rief der Wächter noch etwas besorgt nach, bevor wir im Eingang verschwanden.

Mein Gott, war es da drinnen dunkel! Absolute Dunkelheit und Stille, wie es eben in einem Grab sein sollte. »Die ganze Pyramide nur für uns!«, kicherten wir glücklich. Wir erklommen die steilen Holzpritschen und zogen uns langsam am Geländer hoch. Oben erwartete uns ein großer Raum, in dem angeblich der Pharao lag. Ein leerer Steinsarkophag ruhte am Ende des Raumes. Im Kerzenlicht wirkte der Raum majestätisch-unheimlich. Eine von uns legte sich in den Sarkophag, kreuzte die Arme nach Pharaonenart vor der Brust und blieb reglos darin liegen. »Ein irres Gefühl, unter so vielen Tonnen von Stein zu liegen!«

Der Mittelpunkt der Pyramide war durch ein Loch inmitten des Raumes markiert, wir bildeten einen Kreis darum und ließen die Stille, die Zeitlosigkeit dieser Pyramide auf uns einströmen. Hier drinnen schien alles stillzustehen. Abgeschlossen von der Außenwelt, im Vakuum der Geschichte, lebte nur der Moment. Waren es die Hohepriester, die gerade draußen ihre Rituale abhielten, oder waren es die Beduineninvasionen? War Napoleon auf seinem weißen Ross unterwegs, oder ertönte gerade Abdel Nassers Stimme aus den Radios? Alles konnte sein hier drinnen, draußen war alles möglich und auch alles nur ein vorübergehender Moment. Nur an den tropfenden Kerzen spürten wir, wie die Zeit verging. »Lasst uns wieder gehen!«, sprach eine von uns mit versunkener Stimme.

Wir wollten uns auf den Weg nach draußen begeben, neugierig zu wissen, welches Zeitalter uns dort erwartete, als ich eine mit Holzbrettern verschlossene Öffnung erblickte. Ich beugte mich vor und konnte dahinter einen kleinen Raum erahnen. Die Abenteuerneugierde überkam mich, und ich begann, an den Brettern zu rütteln. »Lass das, vielleicht ist es gefährlich«, sagte meine Freundin etwas ängstlich. »Ich will wissen, was dahinter ist, komm, helft mir!« Gemeinsam schafften wir es, die Brettertür zu entfernen. Wir duckten uns und blinzelten hinein. Es war ein schmaler Luftschacht, gerade groß genug, um sich hockend hineinzusetzen. Ohne ein Wort zu wechseln, krochen wir hinein und verschlossen die Öffnung wieder mit der Holztür. »Und was jetzt?« Das wusste ich auch nicht.

Da hörten wir plötzlich Stimmen. »Blast die Kerzen aus!« Wir lauschten, die Stimmen kamen näher. Es war ein Mann und eine Frau, sie sprachen Französisch. Anscheinend hatten sie auch die Erlaubnis bekommen, in die dunkle Pyramide zu steigen. Sie kamen immer näher in unsere Richtung, und da wurde der Schelm in uns geweckt. »*Huuu, huuu...*«, begannen wir, leise zu summen. Draußen wurde es still. »Hast du das gehört?«, fragte die Frau ihren Mann. »Was soll ich gehört haben?« – »Na, dieses Summen!« Sie lauschten, wir blieben natürlich still. »Das bildest du dir nur ein!«, erwiderte er zuversichtlich, und sie gingen weiter.

»*Huuu, huuu...*«, machte es wieder. Aufgeregter Dialog draußen, drinnen im Luftschacht unterdrücktes Gekicher, wir konnten uns kaum halten. Und los: »*Huuu, huuu...*« – »Jetzt, jetzt hörst du' s?« Ich glaube, die aufgewühlte Frau rüttelte nervös am Hemd ihres Mannes. »Hör auf damit, es ist vollkommen still hier drinnen!« Sie gingen weiter, und der Mann redete beschwichtigend auf seine Frau ein, und während er sprach, kam: »*Huuu, huuu...*« – »Sei still, hör, so hör doch!«, ihre Stimme zitterte leicht vor Wut und Verzweiflung. Sie waren jetzt genau vor unserem Versteck.

Ich glaube, ihre Beziehung wurde in diesem Moment auf die Probe gestellt. Wir taten ihr den Gefallen und wiederholten ganz leise unser: »*Huuu, huuu…*« – »Ja, ich hör' s!«, sagte der Mann endlich. Die Frau schien aufzuatmen, sie war lieber ängstlich als verrückt. »Wer ist da?«, fragte er unerschrocken-nervös. Das war ein Fehler, denn jetzt ging mit uns die Fantasie durch: »*Wen inta far'on, far'on ta'al 'indi*! Wo bist du, Pharao, Pharao, komm zu mir!«, hauchte ich mit leiser Stimme auf Arabisch. Ich glaube, wir haben es zu weit getrieben.

Die beiden fingen an, irgendetwas untereinander zu nuscheln, von wegen Geist, Fluch und Seelen. Und dann erzitterten die Bretter unter den flinken Füßen der beiden in Richtung Ausgang. »Schade, ich wollte noch an den Brettern rütteln!«, sagte meine Freundin. »Das hätten sie nicht überlebt! Kommt, lasst uns auch rausgehen, mit der Zeit wird dieser Ort wirklich unheimlich!« Wir zündeten die Kerzen an, schoben die Holztür beiseite und gingen vorsichtig wieder hinunter. »Diesen Pyramidenbesuch werden die zwei nicht so schnell vergessen! Ein bisschen gemein war es schon, aber so lustig!« Dem konnten wir alle nur zustimmen.

Kurz bevor wir den Eingang erreichten, kam der Strom wieder, und grässliche Neonröhren erhellten das Grab. »Bin ich froh, dass wir es in der Dunkelheit erleben konnten!« Und da strömten schon die Besucher herein, das französische Pärchen war aber sicher nicht darunter.

Die Schatzkammer der Geduld

Suche nicht die Fesseln des Wissens,
suche vielmehr die Freiheit des Seins.

SUFI-WEISHEIT

Das Herz Kairos bildete der Khan il-Khalili, der riesige Basar dieser Stadt. Er begann bei der ehemaligen ägyptischen Oper, die in den siebziger Jahren abgebrannt war, und streckte sich bis zur ehrwürdigen Al-Azhar-Universität. Liebt man Menschengewimmel, Einkau-

fen, Handeln und das Sichverlieren im Getöse, im Duft- und Farb-
spektrum dieser Welt, dann hat man hier seine Heimat gefunden.
Sollte ein außerirdisches Wesen auf unserem Planeten landen und
in Kürze einen Einblick in die aus den Fugen geratene Menschheit
bekommen wollen, so würde ich den Khan il-Khalili empfehlen.

Randa und ich beschlossen, heute nach dem Frühstück dorthin
zu gehen. Ich liebte dieses Menschenlabyrinth, und mein Herz
hopste vor Freude bei dem Gedanken, während sich Randas ängstlich zusammenzog. Sie fürchtete sich vor diesen Massen, bei denen
sie das Gefühl hatte, dass sie ihr die Luft zum Atmen stahlen, doch
mir zuliebe kam sie mit.

Wir schlängelten uns entlang des Bücherbasars am Rande des
Khan il-Khalili direkt ins Herz des großen Basars. Ich öffnete alle
meine Sinne für dieses Theater des Lebens. Erst gingen wir noch
durch die Hauptstraßen, doch dann zog es uns in die kleinen Gassen, in einer davon – rechts hinein – tauchte der Goldbasar vor uns
auf. »Schau, wie schön diese Ohrringe sind!« Randa liebte wie ich
die Fellachinnenohrringe, die wie ein dicker Halbmond an einem
Haken ruhten. Weiter ging es, und wir kamen zum Kräuterbasar.
Geschäfte, die bis zur Decke mit Kräutern, geheimnisvollen
Mischungen, Salben und Gewürzen gefüllt waren, sie versprachen
für jede Krankheit eine Heilung.

Unsere Nase führte uns dann zum Düftebasar. Vor der Tür standen junge Männer, die Kunden einfingen und sie freundlich und bestimmt in die Läden führten. »Komm, lass uns reingehen!«, flüsterte ich Randa zu. »Aber nur kurz!« Wir setzten uns auf bequeme
Ledersitze und sahen uns um. Überall standen Fläschchen mit ver-
schiedenfarbigen Inhalten. Der Besitzer begrüßte uns und entschuldigte sich gleichzeitig, er wolle noch schnell den beiden Touristen
die Düfte zu Ende erklären, dann würde er Zeit für uns haben. Das
Touristenpärchen schien schon länger im Laden zu sein, denn sie
rochen schon so intensiv nach allen möglichen Düften, dass man
sie als Duftfläschchen hätte mitnehmen können.

»Die Franzosen kaufen die Essenzen für ihre berühmten Düfte
bei uns, verarbeiten sie und verkaufen sie dann zum hundertfachen
Preis weiter«, erklärte der Verkäufer. Das Touristenpärchen nickte

höflich, wir beide nickten, als Araberinnen wussten wir ja, dass wir immer den Rohstoff für alles liefern. »Es gibt für die Düfte die Kategorien A, B und C. A ist sehr teuer, C ist nicht gut genug für euch, ich würde daher Kategorie B vorschlagen. Wieder nickte das Pärchen, ja, und wir nickten auch, konnte nicht schaden. Tee wurde serviert, das Pärchen nickte dankend, und wir, wir nickten, mittlerweile aus Gewohnheit und auch aus Solidarität. Der Verkäufer war sehr zufrieden mit unserer unterstützenden Rolle. Das Pärchen kaufte mehr, als es wollte, wenn es bei einem Duft zögerte, nickten wir lächelnd, und sie kauften ihn doch.

Der Verkäufer war so begeistert, dass er uns am liebsten engagiert hätte. Da wir beide Galabijas anhatten, und ich noch ein schwarzes, durchsichtiges Tuch um den Kopf trug, wirkten wir sehr authentisch und dekorativ. Eine weitere Gruppe von Touristen wurde ins Geschäft gelotst, und der Verkäufer fragte, ob er sie noch schnell bedienen könne, bevor er sich voll uns widmen würde. Durch ein Nicken erteilten wir ihm die Erlaubnis. Die Touristen blickten sich begeistert im Geschäft um, und genauso interessiert sahen sie uns an. »Oh, look at these beautiful Egyptian women!«

Es waren Amerikaner, die glückselig auf Abenteuerreise nach Ägypten gekommen waren. Sie grinsten uns höflich-naiv an, und wir nickten majestätisch-würdevoll zurück, nach dem Motto: Jahrtausendealte Kultur grüßt zweihundertjährige! Der Verkäufer begann wieder mit seinen Erzählungen über die Düfte und ihre Qualitäten, und die Amerikaner hörten interessiert zu. Auch sie nickten immer wieder, wir aber beschlossen, sphinxartig-mysteriös dazusitzen. Dies hatte auch seine Wirkung, denn auch diese Touristen kauften, vom Dunst unserer Majestät betört, viele Düfte. »Komm, lass uns gehen!« Gesagt, getan, der Verkäufer war untröstlich, doch wir versprachen wiederzukommen.

Wir bogen in eine finstere Gasse, und da saß sie. Ganz in Schwarz gehüllt, die eine Hand ruhte in ihrem Schoß, und die andere umklammerte den purpurroten Schlauch einer Wasserpfeife. Ihre großen schweren Augen waren mit dicken Schichten schwarzer Kohle umrandet, und ihre Ohren trugen schwere goldene Gehänge. Ihre Lippen waren schwarz-blau-sinnlich, und durch ihre edle Nase strömten die Rauchwolken. Wir kamen näher und pressten uns mit einem leisen Gruß an ihr vorbei. »*Rayhin fen, ya banat?* Wohin geht ihr, Mädchen?« Ihre Worte fingen uns ein. Wir drehten uns um. Ohne ihren Kopf zu verdrehen, sah sie uns aus den Augenwinkeln an. »Wir gehen ein wenig spazieren!« – »Die Welt ist voller Tücken und Gefahren! *Sallu 'an nabi*, preist den Propheten und setzt euch zu mir.« Wir sahen uns gegenseitig an und beschlossen, ihre Einladung anzunehmen.

»Ya Hasanen, bring zwei Stühle und drei Tee!« – »*Hadir ya m'allima!* Zu Befehl, o Chefin!« kam es zurück. Stühle und Tee erschienen. »Ich bin zwar eine alte Frau, aber ich verstehe die Welt gut«, begann sie, während der Rauch der Wasserpfeife sie umspielte. »Die Menschen stolpern über Knochen und Totenschädel und singen dazu die Lieder des falschen Stolzes und der verlogenen Gier. Alles hetzt und rast dem Bissen Brot nach, alle laufen und wissen nicht, wohin, und unmerklich geht das Leben dahin. Trink von jedem Tag, als ob es dein letzter ist, und gib ihn dann der Nacht anheim, sodass die Klarheit des nächsten Morgens dich wachsam empfangen kann.«

Waren wir hier auf eine Weise oder eine Wahnsinnige gestoßen? Wieso sprach sie in Rätseln, und wieso gerade zu uns? Ich wollte etwas erwidern, doch sie winkte gelangweilt ab, Worte interessierten sie nicht. Als wir den Tee auf das Tablett zurückstellten, entließ sie uns mit »*Allah ma'kum!* Gott sei mit euch!« aus ihrer Gegenwart. Ich überließ meine Gedanken der Verwirrung, und Randa und ich gingen eine Weile stumm nebeneinander her.

Die Gasse wurde immer enger und verwinkelter, und plötzlich standen wir in einer Sackgasse, und meine Verwirrung stieß gegen einen hölzernen Paravent, bevor sie sich ruckartig auflöste. »Was ist denn das?« Randa berührte den Paravent mit ihren feinen Fingern. »Er ist wunderschön bearbeitet, sieh mal, wie fein alles ist!« Ich nickte, und da wurde mein Blick durch eine Bewegung eingefangen. In einem kleinen höhlenartigen Gemach saßen gebückt drei alte Männer um einen schweren Tisch. »Komm!« Wir gingen vorsichtig auf sie zu und blieben bei der Tür stehen, während wir neugierig hineinlugten. Die Männer hielten Pinzetten in ihren schwieligen alten Händen, die sie mal nach rechts, mal nach links drehten, hüpfen ließen oder niederdrückten. Ich konnte nichts außer diesen Pinzetten sehen.

Kaum aufsehend, baten uns die alten Männer herein. Die alte Hand öffnete sich, und ich sah einen winzigen Stern darin. Er war so klein, dass ich mich tief vorbeugen musste, um ihn klar zu erkennen. Verblüfft sah ich das alte Gesicht des Mannes an. »Der kleine Stern besteht aus 16 Teilen«, erklärte er. »Jeder Teil wird dem nächsten zugefügt, bis er als sechszackiger Stern fertig ist.« Ich verharrte verblüfft in meiner Haltung. »Geduld ist der Schlüssel zur Freude«, sprach er lächelnd, »wir gehören zu den letzten Handwerkern dieser Kunst, die Zeit der Eile hat uns alle eingeholt. Doch – gepriesen sei Allah – hier in diesen Winkel hat der Wind noch nicht geweht. Man muss dem Augenblick unmittelbare Aufmerksamkeit schenken, bevor er zur Vergangenheit wird. Man darf sich nicht erlauben, sich mit einer Zeit außer der unmittelbaren Gegenwart, in der man sich befindet, zu befassen, doch dafür braucht man Geduld und Bescheidenheit«, sagte er lächelnd.

Die Präzision, mit der sie arbeiteten, war für mich körperlich kaum zu ertragen. Ich musste mich abwenden, und doch zog es mich stark zu diesem konzentrierten Moment hin. Für einen Augenblick spürte ich, wie sich der Moment ausdehnte und Vergangenheit und Zukunft aufsog. Eine mir nicht bewusste Schwere auf den Schultern schien sich zu lösen, wie sich Rückenschmerzen nach einer guten Massage auflösen, und Leichtigkeit, Unbeschwertheit umspielte mich. Mit einem dankbaren Gruß verabschiedeten wir uns von dieser Schatzkammer der Geduld.

Wir gingen ein paar Schritte, und mein Schuhriemen riss ab, ich wäre fast gestolpert, wenn Randa mich nicht geschickt aufgefangen hätte. »Was hast du denn!« – »Ich laufe der Zukunft nach!«, sagte ich fast scherzhaft. Langsam, leicht hinkend gingen wir zum Hauptstrom zurück, und da erblickte ich eine junge Fellachin, die Plastikpantoffeln verkaufte. Ich beschloss, ein Paar mit grellgelben Riesenblumen zu kaufen. Die Füße erfreuten sich unter der Blumenpracht, und Randa beglückwünschte mich zu meinem kitschigen Geschmack.

Wir kamen zum Darb il-Ahmar, einem der materiell ärmsten, aber an Geschichten wohl reichsten Wohnviertel in Kairo. Die Fenster der niedrigen alten Häuser waren alle geöffnet, und man bekam die verschiedenen Familiengeschichten in Fetzen mit. Wir spazierten durch die Straße, als ob wir an einem Film vorbeigingen. »Ihr seid nicht von hier, habt ihr euch verirrt?«, kam da eine Stimme. Wir sahen hoch, und jemand winkte uns freundlich zu. »Seid willkommen auf einen Kaffee, bitte kommt herauf!« – »Komm! Wieso nicht?«, sagte ich zu Randa, und sie stimmte ungewöhnlicherweise auch gleich zu.

Die Frau stand vor der Haustür und erwartete uns schon! Sie sah niedlich aus: Bonbonrosa-Negligé, dazu hohe Plüschpantoffeln, die dünnen schwarzen Haare etwas toupiert. Ihr süßes Lächeln passte perfekt zu ihrem Aussehen. »Kommt herein, bitte!« Die Wohnung war auch in lieblichen Farben gehalten, das Wohn- und Esszimmer war dunkelrosa angemalt, ihr Schlafzimmer, das sie uns stolz zeigte, war hellrosa, und in der Mitte stand ein üppiges, großes Bett, darüber hing das Gemälde eines fauchenden Leoparden. Sie trippelte mit ihren Plüschpantoffelchen in die Küche und kam wenig später mit dem Kaffee zurück. Der süßlich-bittere Geschmack der Einsamkeit lag in der Luft dieser Wohnung, und man spürte, dass schon lange kein junges Blut sie betreten hatte.

»Mein Mann und ich leben schon seit zwei Jahren in dieser Wohnung«, erzählte sie. »Wir kommen nämlich aus Alexandrien. Hier haben wir nur uns beide, aber wir sind zufrieden. Eigentlich sind wir hierher gekommen, um unsere Ruhe zu haben, unsere Familien in Alexandrien haben uns nicht in Ruhe gelassen. Sie wollten ständig, dass mein Mann eine zweite Frau nimmt, weil ich keine Kinder bekommen kann, aber wir lieben uns und sind mit unserem Schicksal zufrieden«, meinte sie lieblich lächelnd. Nach dem Kaffee verabschiedeten wir uns. »Bitte kommt wieder!« Wir versprachen es.

Zurück auf der Straße erinnerte ich mich, dass eine Studienkollegin hier irgendwo lebte, und wir beschlossen, sie aufzusuchen. Ich hielt einen jungen Mann auf und fragte, ob er wüsste, wo Fatma Awad wohne. Er überlegte ein wenig und zeigte dann mit dem Finger in Richtung eines heruntergekommenen zweistöckigen Hauses. »Ich weiß aber nicht, in welchem Stock!« Wir bedankten uns und gingen los. Eine Schar von Kindern kam uns im Hausflur entgegen, sie quietschten und kreischten wild durcheinander. Im ersten Stock angekommen, fragten wir eine schwangere Frau nach Fatma. Sie zeigte auf die Tür nebenan.

Die Tür stand offen, und wir riefen hinein: »Wohnt Fatma Awad hier?« Ein junger Mann erschien, ja sie wohne hier, sei aber noch nicht da. Eine ältere kleine Frau mit zurückgebundenem Kopftuch zeigte sich. Sie war Fatmas Mutter, sie war hochschwanger. Als sie meinen Blick auf ihrem Bauch spürte, lächelte sie müde. Sie bat uns herein, und wir setzten uns auf eine mitgenommene Couch, auf der schon mehrere Kinder saßen. Sie starrten alle in die Richtung eines kleinen Fernsehers, dem einzigen Luxusartikel in der Wohnung. Die Luft war stickig, und die kleinen Fenster schafften es, weder Licht noch genügend frische Luft hereinzulassen. Der junge Mann paffte sinn- und ziellos an seiner Zigarette.

Ich hielt die Enge kaum mehr aus, wenn Fatma nicht bald kam, musste ich mir eine Entschuldigung ausdenken, um zu verschwinden. Doch da erschien sie, wie immer sauber und gepflegt, sie schien gar nicht zu dieser Familie zu gehören. Als sie uns sah, merkte ich sofort, dass es ihr unangenehm war, dass wir ihre Familie, ihr Intimleben entdeckt hatten. Doch sie riss sich zusammen und begrüßte uns leicht nervös. »Wir waren in der Nähe und wollten dich kurz besuchen!« Fatma wusste nicht so recht, was sie mit uns anfangen sollte. »Wir müssen leider schon gehen, möchtest du uns ein wenig begleiten?« Sie war dankbar über diesen Vorschlag.

Auf der Straße gingen wir ein paar Meter stumm nebeneinander her, in Fatmas Kopf schwirrten die Gedanken, sie wollte irgendetwas Rechtfertigendes sagen und wusste nicht, wie. »Meine Mutter liebt Kinder«, platzte es dann aus ihr heraus, »sie glaubt, so ihre Jugend und Weiblichkeit beweisen zu können, und mein Vater ist stolz darauf, dass er immer noch zeugen kann.« Ich wusste nicht, was ich ihr antworten sollte. Vielleicht sehnte sich ihre Mutter nach mehr Aufmerksamkeit, Aufmerksamkeit, die Frauen aus ärmeren Schichten nur während der Schwangerschaft geschenkt wird, vielleicht glaubte sie, so ihr Dasein auf der Welt rechtfertigen zu können, oder vielleicht dachte sie sich gar nichts, das Leben ist eben so, wie es ist.

Fatma tat mir Leid, sie hatte andere Träume und wollte nichts mit dieser Welt, der Welt ihrer Mutter zu tun haben. Ich bewunderte sie, dass sie unter diesen schwierigen Umständen studierte und ihren Weg machte. Ich sah sie im Treppenhaus, die Bücher auf den Knien, studieren. Ich sah sie ihre Geschwister wegscheuchen, um wenigstens einen Satz in Ruhe lesen zu können. Webt man nicht die Zukunft mit den Taten der Vergangenheit und stellt so sein Gewand her, das man trägt, als wäre es die eigene Haut?

Begrenze nicht deine Seele mit dunklen Sorgen, denn wir sind in Wahrheit jenseits aller Begrenzungen. Entferne dich nicht aus Angst von deiner Mutter, denn kein Wesen ist vom anderen getrennt, und empfängst du das Ganze des Lebens, brauchst du nicht mehr innerhalb der begrenzten Welt des eigenen Verstehens zu weilen und wirst frei emporzusteigen, zu wachsen, dein Geburtsrecht einzufordern und deinen Platz voll auszufüllen. Ich wollte ihr all das sagen, wie sehr ich sie bewunderte, wie sehr ich an sie glaubte, doch ich blieb still. Fatma begleitete uns bis zum Rande ihres Viertels, und als sie mich beim Abschied ansah, konnte ich in ihren Augen lesen, dass sie mich bat, ihr Familiengeheimnis für mich zu behalten. Ich küsste sie, so weich ich konnte, auf die Wange, wollte sie damit beruhigen. Deine Träume sind gut aufgehoben, Fatma.

Die schönsten Menschen

Wenn sie sich bewegt, schwingt in ihren Hüften die jahrtausendalte Geschichte ihres Volkes mit. Was ist Weiblichkeit? Was für eine Frage bei diesem Antlitz, bei diesen Bewegungen, bei diesem wissenden Lächeln und diesem erhabenen Gang, bei dieser kraftvollen Geschmeidigkeit und dieser weisen Gelassenheit. Sie sprengte in mir eine Wunde auf, deren Schmerz sich süßlich um mein Herz hüllte, meine Seele wurde zwischen unsichtbaren Fingern zerdrückt, und mein Geist schrie: Wer bist du? Ihr Schleier spielte ruhig um ihr Gesicht, die Zeit stand still, sie war verschleiert, und hätte sie den Schleier abgenommen, oh welche Qual, ich wäre im Nu verbrannt. Welch Antlitz dies, wenn nicht das Göttliche, immer wieder in seinen Geschöpfen strahlend.

Ich sah sie in einer der Straßen von Luxor. Sie war, wie es in dieser Region so üblich war, ganz in Schwarz gekleidet. Der Schleier, der ihr Gesicht umrahmte, war mit smaragdfarbenen kleinen Perlen bestickt, deren Schimmer sich in ihren Augen widerspiegelte. Sie ging zielstrebig durch die Welt, ihre strahlend lockenden Augen blickten unbeirrt geradeaus, und das war gut so, denn ich war sicher, dass sie mit einem Blick die Welt verzaubern konnte. Ich kam gerade aus der entgegengesetzten Richtung, und als meine Seele sie erblickte, wurde Luxor in diesem Moment zur Zauberstadt. Bevor ich mich wachrütteln konnte, war sie auch schon verschwunden.

In den nächsten Tagen suchten meine Augen nach ihr, und obwohl ich enttäuscht war, sie nicht noch einmal gesehen zu haben, so war ich auch froh darüber, denn das Erste ist nicht wie das Zweite. Ich kam mit einer Gruppe von Freunden nach Luxor, weil wir das Tal der Könige und Königinnen auf der anderen Seite des Nils besuchen wollten. Luxor war eine alte ägyptische Stadt, in der die Nachkommen der Pharaonen und Beduinen auf wunderbare Weise vermischt lebten. Die Menschen hier waren groß gewachsen und schmal, mit einer Hautfarbe, die man auf Arabisch *qamhi*, weizenfarbig, nannte, eine Mischung aus Sonnenlicht und saftiger Erdfarbe, genau im richtigen Moment aus dem göttlichen Backofen geholt.

Die Männer umhüllten ihr Haupt mit einem langen Tuch, das sie mehrmals um ihren Kopf wickelten, und ihre *jalabijas* waren in warmen Farben gehalten, dazu trugen sie stets einen langen festen Stock mit sich, der zur Verteidigung, zum Antreiben der Esel und als ehrwürdige Stütze beim Gehen diente. Die Männer und Frauen dieser Region waren so ziemlich die schönsten Menschen, die ich bis jetzt gesehen hatte. Das Schönste an ihnen waren ihre würdige Haltung und ihre funkelnd dunklen Augen.

Die Sonne strahlte heiß vom Himmel auf die Erde nieder, und wir beschlossen, trotz der Hitze das Tal der Könige zu besuchen. Also gingen wir zur *Kornisch*, zur Hauptallee am Ufer. Ein Luxushotel neben dem anderen stand hier, und wenn man hineinsah und das Umfeld ausblendete, hätte man genauso gut in New York oder Neu Delhi sein können. »Komfortabel-vertraut für die reichen Touristen!«, sagte meine klassenbewusste Freundin.

Wir gingen gemächlich zur Fähre, sprangen auf und warteten, bis sich genügend Passagiere eingefunden hatten. Langsam schwamm das Schiff im kräftigen Sog des Nils ans andere Ufer. Dort angekommen, verschwanden die Fahrgäste in alle Himmelsrichtungen, und wir warteten, nicht so recht wissend, was wir als Nächstes tun sollten, auf irgendetwas. Und dieses Etwas kam auch prompt: in Gestalt von vier Eseln mit ihren jungen Begleitern. »Möchtet ihr ins Tal der Könige?« Wir bejahten fröhlich, hopsten mit einer Bauchlandung auf die Esel, und schon ging es im Trippeltempo los.

Entlang des Nilufers war die Erde grün, viel Schilf und helles struppiges Gras war zu sehen. Mitten im Schilf saßen plötzlich zwei riesigen Statuen. Sie waren vom langen Warten schon leicht zerfressen. Streng und starr blickten sie ewig in die Ferne. Wir wurden weitergeführt von unseren Eseln, die sich besser auszukennen schienen als alle anderen. »Wir können euch nur bis hierher bringen, ihr müsst noch ein wenig geradeaus gehen, dann kommt ihr direkt ins Tal der Könige!« Wir hopsten runter von den Eseln, die Jungs gaben ihnen einen Klaps, und weg waren sie, zwischen dem hohen Gras verschwunden. »Gehen eure Esel so nicht verloren?« – »Die Esel leben frei, wenn man einen braucht, fängt man ihn ein, reitet seine Strecke und entlässt ihn wieder. Wir alle verwenden sie gemeinsam!« Wenn die Menschen etwas richtig machen und weise Entscheidungen für ihr Leben treffen, dann wärmt es so eigenartig angenehm den Bauch.

Wir gingen also zu Fuß weiter. Nah dran waren wir nun wirklich nicht, die Sonnenstrahlen prallten auf uns nieder, und der Grünstreifen am Nil ging abrupt in Wüstensand über, zwei, drei vereinzelte Büschchen, dann nur noch Sand. Eine schmale asphaltierte Straße erschien und zu unserer Freude auch ein Taxi. Es blieb stehen, wir sprangen dankbar hinein und fuhren modern bis zum Tal der Könige. Das Tal der Könige bestand aus vielen Sandhügeln, dazwischen huschten besichtigungswütige Gruppen mit ihren Führern.

Als wir näher kamen, entdeckten wir Öffnungen in den verschiedenen Hügeln, in denen die Gruppen immer wieder verschwanden. In unseren Köpfen erschien Tutenchamun, der berühmte Pharao, der mit 18 Jahren an Leukämie gestorben sein soll. Wir beschlossen, ohne Führer die verschiedenen Grabesöffnungen zu entdecken. Wir kamen zur ersten, guckten hinein und sahen eine schier endlose Holztreppe in die Tiefe führen. Langsam und würdevoll, dem Anlass entsprechend, gingen wir hinunter. Die Temperatur veränderte sich schlagartig. Es war angenehm erfrischend hier drinnen, und das Grab war von einem eigenartigen Duft erfüllt. Ich erinnerte mich, dass viele der Forscher, die diese Gräber entdeckt hatten, kurz danach an mysteriösen Krankheiten starben. Ob dieser Duft noch immer eine Wirkung hatte?

Unten angekommen, verschlug es uns die Sprache, so etwas Schönes und Großartiges hatten wir nicht erwartet! Das Grab war eigentlich eine Halle, deren Wände über und über mit pharaonischen Szenen und Hieroglyphen geschmückt waren. Von einer Wand blickten mich der Pharao und seine Frau mit ihren schwarz umrandeten großen Augen direkt an, ich musste beschämt wegsehen, schließlich war es ihre Grabesstätte, die ich hier ungefragt betrat.

Wir gingen wieder hinauf, wanderten, anderen folgend, Hügel hinauf und hinunter. Die ganze Zeit blickte ich um mich herum, jede Wölbung schien ein noch unentdecktes Grab zu verstecken. Das wäre toll, jetzt zufällig rein intuitiv ein Pharaonengrab zu entdecken! Wie in den alten Filmen. Man fliegt in ein Loch, geht ein paar Schritte in der Dunkelheit, und plötzlich steht man vor Bergen blitzender Juwelen und Goldmünzen. Oder: Eine Wand zerfällt, Staubwolken, keine Sicht mehr und dann plötzlich mysteriöse Statuen aus Bronze, Altare aus purem Gold und vergiftete Kultinstrumente … Uff, das war knapp! Vor lauter Regiearbeit wäre ich fast wirklich in ein Loch geflogen. Ausgrabungen finden noch immer statt, die Suche ist noch nicht aufgegeben, man hofft, noch weitere Gräber zu entdecken.

Also, das nächste Grab hätte ich gerne als Wohnstätte zu Lebzeiten, so harmonisch in Form und Farbe! Es war ein in altrosa gehaltener ovaler Saal, wieder mit Szenen und Hieroglyphen verziert. Doch dieses Grab wirkte viel zarter, weiblicher und lebendiger als das vorhergehende. Lange standen wir da und genossen dieses Riesen-Ei-Zimmer! Ich war von den beiden Gräbern sehr beeindruckt, doch eines mussten wir unbedingt noch sehen, das Grab von Tutenchamun – das einzige Grab, dessen Ruhe nicht gestört und dessen Kostbarkeiten nicht ins ägyptische Museum geschafft worden waren!

Wir gingen also noch zu seinem Grab. Mein Gott, war das winzig und einfach! Wir waren ganz verwirrt. Wenn dieses kleine Grab schon so viele Schätze in sich trug, wie viel müssen dann die anderen erst beinhaltet haben ... unvorstellbar! Da war kein Gift notwendig, um die Grabplünderer ihres Verstandes zu berauben. Armer Tutenchamun, was für ein Schicksal, mit 18 bist du gestorben, warst keine schillernde Persönlichkeit und hast auch nichts Großartiges zu deinem Reich beigetragen. Doch dann, Hunderte von Jahre später, wirst du entdeckt und lebst als berühmtester aller Pharaonen weiter, du hast es wirklich geschafft, nach dem Tod wieder Leben hier auf Erden zu finden!

Doch jetzt ab ins Tal der Königinnen! Es war nicht weit weg, und nach einem halbstündigen Fußmarsch waren wir dort. Komisch, es war niemand hier, nur drei Leute liefen hier herum, kein Vergleich zum Tal der Könige! Wir krochen in die Gräber, sie waren schön und klein, Isis und Osiris begrüßten uns überall! Nette schöne Gräber hatte man den Königinnen errichtet. Ich ärgerte mich, dass auch jetzt die Königsgräber viel mehr Aufsicht und Fürsorge bekamen als die Königinnengräber, die eindeutig mehr vernachlässigt wurden. Wir sahen uns zwei, drei Grabstätten an und beschlossen, dann wieder Richtung Nil zu marschieren.

Der Stocktanz

In der größten Mittagshitze schlichen wir zwei Stunden entlang einer Straße, bis wir endlich das Grün entdeckten. Kurz danach erreichten wir ein Dorf. Das ganze Dorf bestand aus kleinen Lehmhütten, die sicher schon zur Zeit der Pharaonen so aussahen. Nichts erinnerte daran, dass wir im zwanzigsten Jahrhundert waren. Da es heiß war, war kein Mensch zu sehen, nur ein paar Hunde lagen faul im Schatten der Hütten. Sie hielten es nicht einmal für nötig, uns anzubellen, Menschen, die bei solch einer Hitze unterwegs waren, konnten keine Gefahr sein.

Wir gingen also weiter und entdeckten einen Kanal, umsäumt von überhängenden Bäumen. Dort beschlossen wir, Halt zu machen, packten unseren Proviant aus, aßen und tranken ein wenig und dösten vor uns hin. Da hörten wir ein Rascheln, ein paar Büsche bewegten sich, und plötzlich standen vier Männer vor uns. Sie blickten uns scharf an, in ihren Händen hielten sie diese großen Stöcke. Für einen Moment hielten wir sechs den Atem an. Mein Kopf schwirrte, ich kannte solche Momente, wo eine Geste oder ein Wort die Situation zur Gefahr machte oder zur Bereicherung. »*Tfaddalu, misch min maqamkum, tfaddalu!* Seid willkommen und teilt mit uns, obwohl es nicht eurer würdig ist!«

Die Gesichter entspannten sich sofort, und die vier warfen sich im Schneidersitz zu uns zu Boden. Der Bann war gebrochen! Wir stellten uns gegenseitig vor, und sie nahmen höflich von unserem Essen. Die vier Männer stammten von einem in der Nähe liegenden Dorf, und sie hatten uns schon längere Zeit beobachtet. Wir erzählten ihnen von unserem Ausflug, und sie nickten wissend. Das Tal der Könige und Königinnen gehörte den Touristen, aber das hier war das Revier dieser Männer. Sie und auch wir entspannten uns zusehends, besonders nachdem sie ein paar Haschischzigaretten geraucht hatten, die sie uns freundlich anboten.

»Wofür verwendet ihr die Stöcke?«, wollte ich wissen. »Für alles, zum Kampf und zum Tanz!«, antwortete einer grinsend. Zu unserer Freude verlangte der Älteste von den zwei Jüngeren, dass sie uns etwas vorführten. Sie sprangen auf, hoben ihre schweren Stöcke in die Luft, kreuzten sie und begannen tänzelnd, sie aufeinander zu schlagen. Von hier unten und im blendend gelben Sonnenschein, die Erde aufwirbelnd, wirkten die zwei Männer mit ihren stolzen Turbanen und wallenden Kaftans wie zwei Riesen aus einer anderen Welt, die immer wieder auf sich zugingen, sich um sich selbst wirbelten, in die Hocke fielen, um wieder hochzuspringen und weich tänzelnd den tödlichen Schlägen des anderen auszuweichen.

Schwitzend und lachend setzten sie sich wieder, wir plauderten noch ein wenig, dann pfiff einer von ihnen, und es erschien zu unserer Überraschung ein Esel und hinter ihm gleich noch zwei andere. Die Männer hielten die Esel am Schwanz fest, bis wir alle zu zweit auf den Eseln saßen, sie begleiteten uns noch bis zur Fähre. Während unserer Überfahrt begann sich der Himmel allmählich rosa zu färben, und das Land des Nils bereitete sich sanft auf die Nacht vor.

Die Offenbarung der Wüste

Er traf eine Frau am Meeresufer und fragte sie:
»Was ist das Ende der Liebe?«
Und sie antwortete: »O Dummkopf, Liebe hat kein Ende!«
Und er fragte: »Warum?«
Sie sagte: »Weil der Geliebte kein Ende hat.«

DHU'N-NUN (GEST. 860)

Dass wir auf einem Planeten leben, habe ich zum ersten Mal in der Wüste Ägyptens wahrlich erkannt, ja körperlich gespürt.

Die Wüste ist wie das Meer. Ihre Launen und ihre Macht regieren die Menschen, die in ihr wohnen, und ihre majestätische Stille, ihre Unendlichkeit verführt den Menschen zum Nachdenken.

Wir beschlossen zu fünft, für ein paar Tage in die Wüste zu fahren. Zwei von Randas Cousins, die in Alexandrien lebten, hatten uns diese Reise vor längerer Zeit versprochen, und jetzt war es endlich so weit. Kurz nach Sonnenaufgang standen wir drei Frauen – Karin hatte sich entschlossen, mit uns zu kommen – beim Jeep und füllten ihn mit unserem Gepäck. Karin, Randa und ich setzten uns nach hinten, der schlanke Ahmad saß vorn neben dem rundlichen Mamduh. Wir fuhren an den verschlafenen Pyramiden vorbei, Richtung Fayyum, der ersten großen Oase.

Mein Gott, war Fayyum schön! Die Fellachen gingen gemächlich mit ihren Wasserbüffeln entlang der Straße zu ihren Feldern, die jungen Mädchen trieben die Ziegen und Schafe vor sich her, die Kulisse bestand aus hohen schmalen Pinselpalmen, verstaubten Büschen und gähnend leeren Bewässerungskanälen, und alles war in einem weichen Lichtfilter märchenhaft verschwommen. Ein staubiger Wind machte seine obligatorischen Runden durch die Oase. Über die Jahrhunderte hatte sich hier nichts verändert. Mamduh kannte den *'umda*, den Bürgermeister von Fayyum, und wollte ihn kurz besuchen. Wir fuhren auf ein gelbliches Gebäude zu, davor standen Männer in der traditionellen Tracht. Saftig himmelblaue Djalabijas und helle Turbane. Hier bewegten sich die Männer mit dem Glauben, dass das Männliche das gottgewollte Maß aller Dinge war.

Mamduh verschwand im Gebäude, und nach einer Weile kam er mit einer Traube von Männern wieder heraus. Ich wusste, dass jetzt die endlosen Höflichkeitsfloskeln folgen würden. Großmut, Freigebigkeit und Gastfreundschaft waren Ehrensache, in ihnen spiegelte sich der Edelmut eines Menschen wider. Und wer beherrschte dies besser als die Araber?

Einer der Männer kam zum Jeep: »Das geht doch nicht, dass ihr einfach weiterfahrt, nachdem ihr euren Fuß auf unseren Boden gesetzt habt, ihr müsst drei Nächte bleiben, so verlangt es das Gesetz der Gastfreundschaft!« Jetzt fingen wir mit den Höflichkeitsformeln an: »… natürlich gerne … können aber wirklich nicht … versprechen, ein anderes Mal … die Umstände erlauben es diesmal wirklich nicht …« Unsere Ausreden wurden immer wieder durch Beteuerungen seitens des liebeswürdigen Mannes unterbrochen.

Doch zuletzt siegte Mamduh, indem er bei seiner Ehre schwor, bald wieder zu kommen, und indem er es den Männern erlaubte, den ganzen Kofferraum mit Leckereien zu füllen: Kisten voll Orangen, frisch gebackenes Brot, Ziegenkäse, geräucherte Wurst, frisches Wasser, Datteln – nur bei den quakenden Enten blieb Mamduh stur. Jetzt konnten wir uns ruhig einen Monat in der Wüste verirren. Intensiv winkend verließen wir Fayyum Richtung Dakhla, der nächsten Oase.

Ich traute meinen Augen nicht: In der Wüste, durch die wir jetzt fuhren, standen lauter gottgewollte Pyramiden. Hatten die Pharaonen sie hier gesehen, bevor sie selbst welche erbauten? Meine Augen saugten sich voll mit der Majestät dieser Pyramiden, ich wollte sie für immer in mein Herz einprägen, sind sie doch eine Bestätigung, dass alles in der Einheit ruht. Wahrlich nichts auf dieser Erde ist vom anderen getrennt, außer durch die Entfernung, die durch die Angst erzeugt wird.

Ich legte meine Arme um die beiden Frauen neben mir, überwältigt vom Ruf meiner Seele, die sich über die ganze Welt ausbreitete. Meine beiden Freundinnen waren in diesem Augenblick meine Familie, meine Heimat, nach der sich meine müde Stirn sehnte, und alles war wahr in diesem Moment. Was die Zukunft aus dieser Wahrheit machen würde, war unwichtig. In dieser Minute gab es nur sie, und ich durfte sie erleben. Ich hatte gar nicht bemerkt, dass die Dunkelheit bereits das Licht durch einen einzigen Kuss aufgesaugt und ihr Geheimnis ausgebreitet hatte.

»Lasst uns hier zelten!«, schlug Mamduh vor, es tat ihm gut, der Anführer der kleinen Gruppe zu sein. Er bog rechts ab und stellte den Jeep zwischen zwei Dünen ab. Schnell und geschickt bauten die beiden Männer für uns drei Frauen ein kleines Zelt auf. Wir rollten unsere Schlafsäcke darin aus. Da hörte ich ihre Stimme: »*Ashukku fika li'anni ashukku fi nafsi wa-anta minni*, ich zweifle an dir und zweifle damit an mir, denn du bist ein Teil von mir.« Wie ein Sog wurde ich zu dieser Stimme hingezogen. Mamduh und Ahmad saßen um ein kleines Feuer und hatten neben sich den Kassettenrekorder. Ich rannte zum Gerät hin und starrte es an, als ob Um Kalthoum selbst darin saß und sang. Ich war so dankbar und glücklich, dass unsere Freunde die Kassette mitgebracht hatten. Gibt es etwas Schöneres auf dieser Welt, als mitten in der Wüste unterem Sternenhimmel Um Kalthoum zu hören?

Ich blinzelte, als ich aus dem Zelt kam, die Sonne hatte den Himmel schon voll eingenommen. Wann war ich gestern ins Zelt gegangen, wie hatte der Schlaf es geschafft, mich so lange in seinem Bann zu halten? Karin und Randa wachten in dem Moment auch auf. »Guten Morgen! Kommt, der Tag hat schon längst begonnen!« Mamduh und Ahmad saßen im Schatten des Jeeps und schlürften Kaffee. Es gab für alle schwarzen Kaffee und ein paar warme Orangen, dann ging es weiter.

Wir näherten uns der nächsten Oase, eine gähnend-langweilige Ansammlung von vierstöckigen Hochhäusern erschien rechts und links der Straße. Sie wirkte so einladend wie ausgetrockneter Brei. »Was ist denn das?« – »Das sind die staatlich geförderten Wohnprojekte, mit denen man einerseits die Beduinen zur Sesshaftigkeit überreden und andererseits die Menschen vom Niltal weglocken wollte, um der Übervölkerung entgegenzuwirken und die Anbauflächen auszuweiten. Doch die Ägypter empfinden es als Strafe, wenn sie vom Nil wegmüssen, und der Anbau von Neuland geht trotz allen finanziellen Unterstützungen und Verlockungen sehr langsam voran«, erklärte Ahmad, der über Entwicklungen und Projekte im Lande immer gut informiert war.

»Es war Nasser, der mit diesen Projekten begann, aber wie man sieht, hat es nicht viel gebracht!« Die Beduinen um diese Wohnblöcke schienen die Häuser als Vorratskammern zu verwenden und als ideale Möglichkeit, die Wäsche durch den Wind besser trocknen zu lassen. Sie selbst aber lebten vor den Häusern, die ihnen angenehmen Schatten boten und sie gegen die Hitze der Sonne schützten.

Bevor wir in die Libysche Wüste – so hieß dieser Teil der Wüste – eindringen durften, mussten wir an einem Checkpoint vorbei. Unsere Papiere wurden mitgenommen, kontrolliert und freundlich wieder zurückgegeben. Wir fuhren mehrere Stunden durch eine monotone Steinwüste, bevor wir Dakhla erreichten. Diese Oase bestand aus mehreren Lehmhäusern, es gab sogar einen kleinen Isistempel, aber sonst war dort nichts Aufsehen Erregendes. Wir fuhren zu einer Bewässerungsanlage, an der kleine Kinder spielten, stiegen aus, um die Glieder zu strecken, und Mamduh fuhr währenddessen zur einzigen Tankstelle dieser Oase, um den Tank zu füllen.

Die Kinder sahen uns neugierig an, und dann kam ein kleines Mädchen auf uns zu. Als sie mitbekam, dass wir Arabisch sprachen, lief sie davon und kam wenig später mit zwei Männern zurück. »Seid willkommen, seid willkommen, wir wussten nicht, dass ihr Araber seid! Normalerweise kommen immer nur Ausländer hier vorbei!« Während sie sprachen, wurden sie von den Fliegen der Oase umtanzt, die auch an uns großen Gefallen zu finden schienen.

Die Männer schienen die Fliegen gar nicht zu bemerken. Als Karin sie mit ihren Händen zu verscheuchen begann, flüsterte ich ihr zu: »Verhalte dich still, durch deine Bewegungen gibst du Eigenschaften preis, die hier nicht geschätzt werden!« Karin hörte auf, erst später, nachdem wir zum Tee eingeladen worden waren und wieder im Auto saßen, fragte sie: »Was hast du mit den Eigenschaften gemeint?« – »Der Unterschied zwischen einem Muslim oder Araber, wie man hier sagt, und einem Ausländer besteht darin, dass ein Araber sich hingeben kann und den göttlichen Willen walten lässt, während ein Ausländer alles mit seiner Hand übernehmen will.« Sie dachte kurz nach und musste dann lachen. Wir lachten alle und waren froh, dass sie mit uns mitgekommen war.

Es ging weiter durch die Wüste, und langsam hatte ich das Gefühl, dass ich mich in ein Sandkorn verwandelt hatte, das sich auf dem Rücksitz eines Jeeps verloren hatte. Die Luft wurde milder. Wir erreichten ein Dorf, fuhren zum Hauptplatz und blieben in der Nähe des Dorfcafés stehen. Vier alte Männlein saßen davor, alle vier stützten sich auf ihre Gehstöcke, die Lider halb verschlossen, ließen sie den Wind ihre grauen Bärte kraulen. Sie klappten die Lider etwas hoch, als sie den Automotor hörten, und ließen sie sogleich wieder lasch fallen.

Mamduh hatte einen Freund, der aus diesem Dorf stammte, und er wollte gern seine Familie besuchen. Mamduh stieg aus und setzte sich neben sie. Er begrüßte sie mit lauter Stimme, um sicher zu sein, dass sie ihn auch hörten, er fragte sie nach ihrem Befinden und ihrer Gesundheit, und sie antworteten recht unbeteiligt. »Ich suche das Haus von Hasan Mustafa Al-Malihi.« – »Wen sucht er?«, fragten sie sich gegenseitig. »Sprich lauter, Söhnchen!«

»Das Haus von Hasan, dem Sohn Mustafas«, antwortete einer von ihnen, der es aufgeschnappt hatte. »Ach, Mustafas Söhnchen, wessen Tochter hat er geheiratet?« – »Die Tochter von Ali, Ali der Sohn Mohammeds, der damals im Jahr des starken Regens die Ziegen im Tal gerettet hat.« – »Ach ja, war nicht die schöne Nafisa, Gott sei ihrer Seele gnädig, seine Frau?« – »Ja, Nafisa, niemand konnte die Hügel so schnell erklimmen wie sie.« – »Ja, und niemand so gut mit den Steinchen zielen!« Ein paar dunkle Zähnchen erschienen im Mund des Alten. »Es gab keinen Jungen im Dorf, der nicht wenigstens einen ihrer Steine am Kopf abbekommen hatte!«

Wie tauige Brisen wehte der Wind der Erinnerungen an die Jugendzeit über ihre ausgetrockneten Leiber und verwandelte die Trockenheit in Fruchtbarkeit. Doch so plötzlich, wie die Brise aufgekommen war, verschwand sie auch, und jeder von ihnen hing wieder allein verwischten Gedankenfetzen nach. Der Jüngste unter ihnen stand plötzlich auf: »Kommt, ich führe euch zu seinem Haus!« Wir stiegen aus und gingen ihm folgsam nach. Er hatte einen erstaunlich schnellen Schritt, und seine Knie gaben den vertrauten Wölbungen der Erde geschickt nach.

Wir gingen an einem großen offenen Platz zwischen den Häusern vorbei, ein Podest stand dort und davor verstreut ein paar Stühle, ein paar Männer trugen vorsichtig etwas Klobiges zwischen sich, das sie behutsam auf dem Podest ablegten. »Teufelswerk!«, murmelte der Alte, und wir erkannten, dass es der Dorffernseher war. »Bringt nur Verderben und schlechte Sitten, verwirrt unsere Frauen und verdreht die Köpfe der jungen Männer!« Seine Schritte wurden schneller, als ob er vor dem Äther des Dämons flüchtete.

Wir bestiegen einen kleinen Hügel, auf dem ein paar Häuser eng beisammen standen. Der alte Mann ging auf eine angelehnte Holztür zu. »*Ya allah!*«, rief er laut, und wir warteten. Er klatschte: »*Ya ahl li-llah!* O, Kinder Allahs!« Eine dünne Frauenstimme erklang: »Es ist niemand da!« Damit meinte sie, dass kein Mann im Hause war. »Ein Freund fragt nach deinem Sohn Hasan.« – »Begrüßt und gesegnet sei er, möge Allah ihn erhalten und beschützen. Hasan ist nicht hier!« – »Grüße ihn von mir, *ya 'amma*, o Schwester meines Bruders, mein Name ist Mamduh!« – »Gott sei mit dir, mein Sohn!«

Das ganze Gespräch war abgelaufen, ohne dass unsere Augen die Frau erblickt hätten. Ich fühlte eine Beklemmung in meiner Brust, die bis ins Innerste meiner Seele drang. War dies die Stimme von Nafisas Enkelin, der schönen Steinwerferin, die sich hinter der gähnenden Türöffnung versteckt hielt? Ich wäre am liebsten hineingelaufen, um die Frau herauszuziehen, damit sie sich stolz und selbstsicher zeigte. Und obwohl ich als Frau ohne weiteres hätte hineingehen können, habe ich es doch gelassen. Ich sehnte mich nach der

Offenheit der Wüste, und der Druck auf meiner Brust ließ erst nach, nachdem die Augen sie wieder sahen.

Wir fuhren durch eine weiche Sandwüste, und obwohl der Tag sich schon tief vor der Dunkelheit verbeugte, beschlossen wir weiterzufahren. Es war ganz still im Jeep, wir dösten dahin, während Mamduh heldenhaft weiterfuhr, er schien gehetzt, als ob er einen Wettlauf mit einem unsichtbaren Gegner eingegangen wäre, vielleicht war es auch nur die natürliche Hetze der Jugend, die ihrem Lebensdrang in der Schnelligkeit Ausdruck verlieh.

Ahmad versuchte, ihn dazu zu überreden, eine Pause einzulegen, doch Mamduh blieb stur. »Es ist keine gute Gegend hier zum Anhalten«, meinte er, »zu gefährlich, überall sind Militärposten und Übungslager.« Wir fuhren und fuhren und unsere Gesäße erstarrten unter den dürftig gepolsterten Jeepstühlen. »Es reicht, Mamduh, du musst anhalten, sonst baust du aus Müdigkeit noch einen Unfall!« Aber Mamduh fuhr weiter, und die Stimmung im Jeep wurde angespannt und unbequem. »Jetzt sofort hältst du an!«, schrien wir aggressiv. Wütend seiner Müdigkeit und unserem Druck nachgebend, brachte der gutmütige Mamduh den Jeep nach links von der Piste ab und blieb wenig später stehen. »Gut, schlafen wir ein wenig!«, brummte er. Jeder versuchte, so gut es ging, eine Schlafposition einzunehmen, und weg waren wir.

Es klopfte fern im Land der Träume. Es klopfte, und ich hatte keine Lust, die Tür zu öffnen. Es klopfte wieder, soll der Klopfende bis morgen warten. Es klopfte lästig von allen Seiten, und ich öffnete verärgert die Lider.

Fünf Paar Männeraugen starrten durch die Fensterscheiben. Der Blitz der Wachheit schoss in meine Glieder und weckte auch die anderen. Mamduh kurbelte das Fenster runter. »Was macht ihr hier? Woher kommt ihr?«, donnerte die Stimme eines Mannes. Zwischen den Köpfen hindurchblickend erkannte ich schlagartig die Situation, wir hatten auf dem Manöverplatz einer Kaserne übernachtet. Naja, schlimmstenfalls würden wir als Spione erhängt. Ich beschloss, mich meinem Schicksal hinzugeben, aber da waren Karin und Randa, die nervös an mir rüttelten und anscheinend das starke Bedürfnis hatten weiterzuleben, war also nichts mit Hingabe.

Ich setzte mich ganz aufrecht hin und mischte mich in die Diskussion zwischen den Männern und unseren Freunden ein. Menschen, die auf Töten und Verteidigung gedrillt werden, kann man nur mit Leben entgegenwirken. »*Ya ahl il-cher*, o Menschen des Wohles, die Sache ist ganz einfach, wir waren auf Besuch bei Verwandten und wollten zurück nach Kairo, als plötzlich meiner Schwester übel wurde und sie sich über Übelkeit beschwerte. Allah vermeide es, wir bekamen es mit der Angst zu tun und hielten sofort an ... Möge Allah auch euch stramme Nachkommen schenken!«

Die Morgensonne ging in ihren Gesichtern auf. »Warum habt ihr das nicht gleich gesagt! Schnell, holt Wasser! Steigt doch aus und ruht euch ein wenig aus! Seht nach, ob beim Jeep alles in Ordnung ist!« Wir bedankten uns tausendmal, sie entschuldigten sich tausendmal, und weg waren wir. Zwischen Leben und Tod fließt der zarte Puls der Inspiration. »Die Ägypter sind *tajjibin*, ein gutherziges Volk«, murmelte Mamduh.

Wir waren jetzt fünf Tage unterwegs, und in unserem jugendlichen Gehetze hatten wir große Strecken hinter uns gebracht, und manche Körperteile wollten nicht mehr mitspielen. Wir beschlossen, nach Kairo zurückzufahren.

Auf dem Weg dorthin machten wir in der Dunkelheit noch einmal kurz Halt. Wir stiegen aus, packten ein paar Orangen und Käsestücke aus. Ich lehnte mich an den Jeep, um mich nochmals am Anblick der Wüste zu laben. Die Sandhügel wölbten sich sanft im Mondschein. Mondschein ... ich blickte zum Himmel, und da überkam mich das Mysterium der Welten, die Tore meiner Seele wurden geöffnet, und ich wurde in den Raum der Unbegrenztheit geführt, dort wo Gestern und Morgen sich immer während in stiller Vereinigung treffen, im rhythmischen Pulsschlag des unendlichen Moments. Meine Arme gaben der Schwere der Orangenscheiben und der Käsestückchen nach und fielen in meinen Schoß. Aus meinen Schultern schienen Flügel zu wachsen, die meine Brust aufs Äußerste öffneten und mit einem tiefen Seufzer füllten. Dunkelrot, satt schien sie, rund, voll, unendlich, und mir wurde bewusst, dass alles so war, wie es sein sollte. Ich seufzte noch einmal, stieg in den Jeep und schloss dankbar die Augen zum Schlaf.

Ta'miyye und Kuschari
oder wie ein Volk überlebt

Die Tage der Welten mögen gezählt sein,
aber die Wunder des Herzens sind unendlich.

SUFI-WEISHEIT

Ich lief die Treppen runter, wir brauchten Brot, Käse, Tee und
Zucker. Ich ging durch die Straße und beachtete wie gewöhnlich
nicht, was um mich herum vorging, als plötzlich das Rot einer aus-
geschnittenen Melone rief. Sie saß auf der Spitze eines aufgetürm-
ten Melonenhügels auf einem Holzkarren und wurde von einem alten Mann verkauft. Süßlich wässrige erfrischende Frucht. Ich beschloss, eine mit nach Hause zu nehmen.

Äußerlich sahen sie alle gleich aus, aber wie sollte ich von der
äußeren Gestalt auf ihren Inhalt schließen? »'Ammi, suche mir eine kleine saftige nach deinem Wissen und Gewissen aus!« Der Alte
ging auf die Melonen zu, beäugelte sie alle und zog dann eine heraus. Er klopfte auf die eine Backe und dann auf die andere, hob sie
zu seinem Ohr, rüttelte sie ein wenig, besah ihren Stiel und zog ein
wenig daran. »Die ist gut!« Ich nickte zustimmend, er legte sie vorsichtig auf seine Schalenwaage, ich bezahlte und nahm sie unter
den Arm.

Jetzt ging ich zum Bäcker, der Duft ging der Bäckerei schon lange
voraus, ich lief die Stufen hinunter in die Backhöhle, der Bäcker
stand vor der tiefen Öffnung des Backofens. Er hielt einen langen
Holzstock in der Hand, dessen Ende flach wie eine große Handfläche war. Zu seiner Seite lagen Hunderte von flachen runden Teig-
laibchen, die er zu dritt auf das flache Ende des Stockes legte und
dann geschickt weit nach hinten in den Ofen schob, wo schon andere darauf warteten, herausgeholt zu werden. »Ya'tik il-'afiya, möge
Allah dir Lebenskraft schenken, ich möchte um ein Pfund 'esch,
Brot bitten!« Brot bildet für die Armen Ägyptens die wichtigste
Nahrung, und sie nennen es liebevoll »Leben«, esch. Dieses Volk
erträgt viel, doch wenn der Staat darüber nachdenkt, die Hände von

den staatlich subventionierten Brotpreisen zu nehmen, gehen selbst die gutmütigen Ägypter auf die Straße!

Bepackt mit Melone und Brot ging ich zur *gam'iyya*, zur Genossenschaft, und wartete in der Schlange, bis ich drankam. Ich hatte Glück, heute waren noch nicht so viele Leute da. Es waren diese Genossenschaften, die rationierte Mengen von Nahrungsmitteln an die Armen dieses Landes verkauften, die Ägypten am Leben hielten und es vor dem Chaos schützten. Seit Sadat war die Nahrungsmittelversorgung monopolisiert worden.

Die stille Vereinbarung zwischen den unteren Schichten dieses Landes und dem Staat lautete in etwa so: »Wir versorgen euch mit Lebensmitteln von guter Qualität zu Preisen, die für alle erschwinglich sind, und dafür haltet ihr euch fern von der Politik und lasst uns in Ruhe herrschen!« Rund neunzig Prozent der Bevölkerung waren auf die Subventionen angewiesen. Nach den *gam'iyyas* gibt es lange nichts, und dann kamen die modernen Supermärkte mit ihren importierten Gütern, die sich nur die höheren Schichten leisten konnten. Ich war froh, dass ich mittlerweile den ägyptischen Dialekt so gut beherrschte, dass ich ohne weiteres dort einkaufen konnte, denn ohne die *gam'iyyas* hätten auch Randa und ich nicht überleben können.

In der Reihe standen fast nur Frauen, es waren starke, kämpferische Frauen, Lebenskünstlerinnen, die es gelernt hatten, unter den schwierigsten Bedingungen duldsam ihre Familien durchzubringen. So wie sich früher die Dorffrauen am Brunnen trafen, um miteinander zu plaudern, ihre Sorgen zu teilen und sich gegenseitig aufzumuntern, war jetzt das Treffen an der *gam'iyya* der neue »Brunnenplatz«. Viele Frauen kannten sich schon, kannten auch die Verkäufer, die ihren Lieblingskundinnen immer einen Sack Zucker oder Linsen in einer Ecke versteckt zurückhielten.

»*Iz-zayyik ya um mhammad*, wie geht es dir, o Um Mhammad, hat dein Sohn sich schon in der Schule gebessert?« – »Wie steht's mit deinen Zahnschmerzen, warst du schon beim Zahnarzt?«, fragte eine Frau. »Das ist die Witwe von Ali, sie bringt jetzt ihre drei kleinen Kinder alleine durch«, hörte ich eine Frau hinter mir ihrer Freundin zuflüstern. »Möge Allah ihr helfen!«, antwortete diese.

»Was hast du vor, heute zu kochen, bringst du uns auch etwas zum Kosten vorbei?«, scherzte der Verkäufer, während er der Frau zwei Dosen Tomatenmark in die Hände drückte. »*Min 'eneyya, ya abu sa'd*! Bei meinen Augen, o Abu Sa'd!«, lächelte die alte Frau.

»Sie hat gegen die ganze Familie ihres Mannes gekämpft, um ihre Kinder nach der Scheidung behalten zu können, und jetzt hat sie, mit Allahs Hilfe, schon zwei ihrer Töchter verheiratet«, erklärte eine Frau, während sie mit dem Kopf in Richtung der alten Frau zeigte.

An der *gam'iyya* standen die verschiedenen weiblichen Kismets dieses Landes, und jede ertrug es wie eine Wölfin, die das im Leben tat, was es zu tun gab. Diese Frauen ertrugen Bedrängnis und Unterdrückung und holten aus der Not das Beste heraus. Jede flüsterte ihre Geschichte in den Wind, den man hierzulande Schicksal nannte. Ich kam dran, kaufte also Tee, Zucker, gelben Käse und noch einen Sack Linsen. Während ich langsam zurückspazierte, gingen meine Gedanken ihren Weg.

Mit seiner an der mittleren und unteren Schicht orientierten Bildungs- und Beschäftigungspolitik hatte Nasser den Frauen in den 60er Jahren die Möglichkeit einer qualifizierten Ausbildung und Berufstätigkeit geschaffen. Die Ausbildung von den Grundschulen bis hinauf zur Universität war kostenlos, mit einer staatlichen Arbeitsplatzgarantie für beide Geschlechter und gleichem Lohn für gleiche Arbeit. Mutterschutz-Regelungen wurden erlassen, und an Arbeitsplätzen mit hundert oder mehr weiblichen Beschäftigten wurden Kinderbetreuungszentren errichtet. Frauen begannen, sich anders zu sehen und zu definieren, sie hatten das Gefühl, aktiv am Aufbau ihrer Gesellschaft beteiligt zu sein.

Natürlich war es vielen klar, dass sie jetzt zwar ökonomisch nicht mehr von ihren Familien abhängig waren, ja diese sogar unterstützen konnten, dass sie aber dafür vom Staat abhängig geworden waren. Die internen patriarchalen Familienstrukturen wurden aber vom Staat nicht angerührt. Hatte die Frau jetzt eine Befreiung oder eine Doppelbelastung erreicht? War die Abhängigkeit vom Vaterland nur zu jener vom Vater oder dem Ehemann dazugekommen?

Meine Gedanken schwirrten wie Fliegen, ich verjagte sie, und gerade weil ich sie verjagte, kehrten sie in dichterem Schwarm zurück. Nasser wollte einen arabischen Sozialismus und hatte die Islamisten ein- und ausgesperrt, und dann kamen Jehan und Anwar Sadat und wollten einen offenen, weltkapitalistischen Kurs, wobei dann die Linken ein- und ausgesperrt und die Islamisten geduldet beziehungsweise eingebunden wurden.

Sadat liebäugelte mal mit den Islamisten, und wenn diese zu einflussreich wurden, liebäugelte er mit den säkularen Kräften. Wollte er es allen recht machen, dieser sich stets väterlich gebärdende *rayyis*, Präsident? Er, oder vielmehr seine Frau Jehan, startete eine Kampagne zur Reform des Personenstandgesetzes.

Innerhalb der Familie sollte die Situation der Frau verbessert werden. Das Scheidungsrecht wurde modifiziert, die Polygamie erschwert, eine Frau konnte sich scheiden lassen, wenn der Mann eine zweite Frau heiratete. Frauen mit Kindern stand das Haus zu, in dem sie während der Ehe gewohnt hatte, und sie bekam vierzig Prozent des männlichen Einkommens für drei Jahre. War sie über fünfzehn Jahre mit demselben Mann verheiratet, erhielt sie auf Lebenszeit beziehungsweise bis zum Zeitpunkt einer erneuten Heirat Alimente von ihrem geschiedenen Mann. Ihre Töchter blieben bis zur eigenen Eheschließung bei der Mutter, die Söhne bis zum fünfzehnten Lebensjahr, soweit sie sich dazu nicht als »untauglich« erwiesen.

Doch zu Anfang seiner Regentschaft hat Sadat in der Verfassung die Rechte der Frauen so beliebig dargestellt, dass sie zum Spielball männlicher Politik werden konnten.* Mubarak, der dritte Präsident der Arabischen Republik Ägypten, verfeinerte die Politik des Einbindens und Ausschließens zur eigenen Machterhaltung noch mehr, und die Frauenfrage war immer der Köder, der dafür verwendet wurde. Das Personenstandgesetz wurde modifiziert, die harten

---

* Verfassung von 1971, Art. 11: »Der Staat garantiert eine Balance und Übereinstimmung zwischen den Pflichten der Frau gegenüber ihrer Familie einerseits und gegenüber ihrer Arbeit in der Gesellschaft und ihrer Gleichheit mit dem Mann in den politischen, sozialen und kulturellen Bereichen andererseits, unter der Bedingung, dass die Gesetze der islamischen Scharia nicht verletzt werden.«

Kanten wurden abgeschliffen, im öffentlichen Sektor Männer bevorzugt. Mubarak schnitt sich Nassers und Sadats Reformen für seine Zwecke zurecht.

Aber eigentlich betraf das die Frauen an der *gam'iyya* kaum, denn selten waren Scheidung und Polygamie ein Thema für sie, sie konnten sich weder das eine, noch das andere leisten, sie und ihre Männer waren zu sehr mit dem täglichen Überlebungskampf beschäftigt. Es gab die Pille, sogar beinahe kostenlos, in den Apotheken, doch Kinder bedeuteten noch immer Zukunftssicherung, waren immer noch eine Garantie dafür, dass der Mann nicht nochmals heiratete, Kinder waren göttlicher Segen, die Zierde des Lebens, und brachten außerdem Prestige.

Einer der bedeutendsten und einflussreichsten Reformer war übrigens Mohammed Abduh (1849–1905), der 1899 Groß-Mufti von Ägypten wurde. Er setzte sich für eine Verbesserung der Stellung der Frau ein. Abduh war der Auffassung, dass der Islam und nicht der Westen den Frauen zuerst volle menschliche Gleichheit zuerkannt habe und dass Traditionen und Praktiken wie Polygamie und Scheidung auf jahrhundertelange Fehlinterpretationen und Abweichungen in den islamischen Gesellschaften zurückzuführen seien. Abduh wollte die Situation der Frau durch Bildung, die Abschaffung der Abschottungspraxis, die Erschwerung der Polygamie und das Recht auf Scheidung verbessern.

Fortschritt und Moderne stünden nicht im Widerspruch mit dem Islam, solange der Mensch seinen Verstand und seine moralische Verantwortung anwendete und sie mit ihr in Einklang brachte. Veränderungen hin zu einer modernen Zivilisation würden sogar vom Islam vorgeschrieben, die Religion sei eine Freundin der Wissenschaft, die den Menschen ansporne, die Geheimnisse des Daseins zu erforschen. Der Mensch solle aber die feststehenden Wahrheiten achten und sich in seinem moralischen Leben und Verhalten darauf stützen. Wie viel Bildung und innere Reife setzte das voraus! Die Barmherzigkeit Allahs sei mit dir, Mohammed Abduh!

»Was hast du denn?« Ich war, ohne dass ich es mitbekommen hätte, zu Hause angekommen. »Ach nichts, Randa, ich denke über unser Leben nach.«

DIE EMIRATE

Abu Dhabi, der Vater der Gazelle

Endlich habe ich es geschafft! Nach monatelangem Ersuchen um
ein Visum habe ich endlich die Einreisegenehmigung bekommen.
Die Schwierigkeit lag darin, dass ich als Frau allein einreisen wollte,
und obwohl ich eine Einladung von einer dort lebenden Familie
bekommen hatte, war es doch suspekt, dass eine Araberin allein
einreisen wollte, ohne männlichen Schutz. Das Flugziel war Abu
Dhabi, und die kosmopolitische Atmosphäre dieses Landes bekam
man schon im Flugzeug mit.

Im Flugzeug saßen verschleierte Frauen mit *burqa'*, einer glänzenden Gesichtsmaske, hinter der dunkle Augen hervorlugten. Diese Frauen wirkten mit ihren Masken und schwarzen Schleiern wie
Wesen aus einer anderen Welt. Es war faszinierend, sie anzusehen,
und wenn es die Höflichkeit nicht verhindert hätte, hätte ich sie
am liebsten die ganze Zeit beobachtet. Ich fragte mich auch, wie sie
aßen, denn die Maske bedeckte zum Großteil auch den Mund. Wie
ich später herausfand, hatten sie eine sehr elegante Art zu essen. Es
waren aber auch viele unverschleierte Frauen im Flugzeug, und an
ihrer Kleidung, ihrem ganzen Gehabe, konnte man leicht feststellen, aus welchem Land sie kamen.

Also, im Flugzeug gab es Libanesinnen, sie waren am westlichs-
ten gekleidet. Die Haare leicht toupiert und auch zart aufgehellt,
trugen sie die kürzesten und engsten Kleider. Beim Reden nahmen
sie mit ihren Gesten viel Raum ein, wenn sie eine Tasse zum Mund
hoben, so wurde stets der kleine Finger wie eine kleine Erkennungs-
antenne gespreizt. Sie wirkten sehr selbstsicher und doch zerbrech-
lich.

Die Ägypterinnen an Bord waren zufällig alle verschleiert. Sie
trugen eine eigene spezifisch ägyptische Kreation als Kopfbede-

ckung, an der man sie schon meilenweit erkennen konnte. Ägypterinnen lieben alle Arten von Hauben und fantasievollen Kopfbedeckungen. In keinem Land kann man so verschiedene Verschleierungsvarianten vorfinden wie in Ägypten. Die Hauben dieser Ägypterinnen waren kunstvoll mit Tüchern kombiniert, die um den Hals hingen und mit perlmuttverzierten Stecknadeln an den Hauben befestigt waren. Eine von ihnen trug über dem Schleier ein goldbesticktes Stirnband, und eine andere hatte den Schleier auf einer Seite drapiert, wie in den arabischen Filmserien über frühere Zeiten.

Die zwei Irakerinnen an Bord waren unverschleiert. Sie benahmen sich betont intellektuell, saßen da mit strenger Miene und unterhielten sich über ein Buch, das neu erschienen war. Ihre Kleidung war sehr schlicht: zugeknöpfte Bluse, knielanger Rock. Es waren sicher Lehrerinnen oder Universitätsprofessorinnen.

Ich entdeckte auch eine Syrerin von betörender Schönheit. Sie hatte ein sehr feminines Gehabe, und kleine, liebliche Bewegungen umzierten sie. Die Stimme war pudrig-süß, und sie hielt ihre Lippen ganz weich, sodass sie jedem gesprochenen Wort zärtlich nachgeben konnten.

Bei den Männern war die Einteilung viel einfacher. Es gab Männer mit *jalabas* und weißen beziehungsweise weiß-roten *kufiyas* auf dem Kopf und Männer in westlichen Anzügen. Ach ja, und dann gab es natürlich jene im berühmten Safarianzug, dem Lieblingssommerdress orientalischer Männer, die keine *jalaba* tragen wollen. Diese Safarianzüge waren immer in verschiedenen Beige- oder Grüntönen gehalten. Sie bestanden aus einem eng anliegenden, kurzärmligen, hemdähnlichen, großknöpfigen Oberteil und einer gleichfarbigen, nichtssagenden Hose als Unterteil. Sie waren sicher sehr bequem, doch man fand im ganzen Orient keinen Mann, der gut darin aussah.

Nichts betont einen dunkelhäutigen, schwarzäugigen Mann in seiner Schönheit mehr als eine weiße *jalaba* mit weißer *kufiya* und einem *igal*. Der eventuell vorhandene Bauch verschwindet unter dem luftigen Gewand, es streckt die Statur, die *kufiya* verhüllt eine vorhandene Glatze und umspielt das Gesicht auf interessante und vornehme Weise, während der schwarze, *igal*, die Krönung bildet.

238

Die *jalaba* ist kühlend und gibt allen Bewegungen willig und luftig nach, man sieht auf einem Sessel sitzend genauso vornehm aus wie auf dem Boden. Dass man sich trotzdem bei den Temperaturen freiwillig in einen westlichen Anzug zwängen kann, ist mir schier unverständlich.

Das Flugzeug landete, und wir wurden von einem wunderschönen Flughafen empfangen. Das riesige Gebäude war in Form eines Zeltes gebaut, das in der Mitte von einer mächtigen Säule hochgespannt wurde. Ich stand ganz fasziniert in der Halle. Das Zelt war in grün-weiß-blau verzierten Kacheln gehalten und strahlte eine modern-orientalische Stimmung aus. Moderne Technologie und Tradition verschmolzen hier zu einer wunderbaren Baukunst. Wenig später ging ich – ich hatte nichts zu deklarieren – mit meinem Koffer hinaus, und da sprangen schon meinen suchenden Augen Onkel Sabri und Tante Adeline entgegen. Sie winkten, und ich winkte, und wir alle grinsten breit.

Onkel Sabri war ein alter Freund meines Vaters, schon ihre Mütter waren miteinander befreundet, die Freundschaft hatte sich auf die Söhne übertragen, und jetzt kam die dritte Generation dran. Onkel Sabri war seit über 25 Jahren mit Adeline, einer quirligen Amerikanerin, verheiratet, und sie hatten zusammen zwei Söhne. Der ältere war in Bagdad geboren, während der jüngere aus soziopolitischen Gründen in den USA das Licht der Welt erblickt hatte.

Meine Tante und mein Onkel waren als unternehmungslustiges, sozial engagiertes und spaßiges Paar bekannt. Kam es zu politischen Problemen zwischen dem Irak und den USA, so sprach Onkel Sabri mehrere Tage nur mürrisch mit seiner Frau und beschimpfte lauthals, ohne sie eines Blickes zu würdigen, die Amerikaner. Adeline kränkte es zwar, dass sie immer mit der Politik ihres Landes identifiziert und dafür verantwortlich gemacht wurde, aber sie nahm es mit Geduld hin. Sie kannte ihren jähzornigen Mann gut und hatte nach all diesen Jahren gelernt, dass er sich am schnellsten wieder beruhigte, wenn sie abwartete und seine Ausbrüche ignorierte. Vielleicht war sie deshalb immer so bestrebt, sich für den Frieden und das Verständnis zwischen West und Ost einzusetzen, schließlich hing ihre Ehe und der Hausfrieden immer davon ab.

Im Grunde war sie viel klüger als er, denn sie hatte es geschafft, in ihren Söhnen das Arabische, das sie an ihrem Mann so liebte, zu stärken und zu fördern, gleichzeitig aber auch ihren amerikanischen Blick zu schärfen und ihre Ausbildung an der Großmacht zu orientieren, sodass sie von beiden Seiten profitieren konnten.

Wir stiegen ins Auto ein und fuhren Richtung Abu Dhabi City. Mir blieb der Mund vor Staunen offen, als wir durch die Straßen fuhren. Ich hatte noch nie so prachtvolle Straßen gesehen, und das viele Grün, das die Straßen säumte, erschreckte mich fast. So sieht es also aus, wenn man Reichtum richtig einsetzt, dachte ich, und mein Herz flatterte in Freude und Dankbarkeit für den Segen Allahs über dieses Land. Es schien wie das Schlaraffenland, überall wunderschöne Villen, ja Paläste und immer wieder Gärten, Gärten mitten in der Wüste. Herrschte hier keine Armut? Hatte es der Mensch vielleicht geschafft, in einem kleinen Winkel der Erde endlich ein friedvolles gerechtes Paradies zu erschaffen? War es möglich, dass hier nicht Gier, sondern die Bereitschaft zu teilen und Güte gesiegt hatten? Ich wollte nicht fragen, noch nicht, sondern mich der Schönheit des Moments hingeben und einfach die Pracht genießen. Die uralte Sehnsucht des Menschen nach Gerechtigkeit, Schönheit und Liebe breitete sich wie Balsam in meinem Blute aus.

Das Auto bog ab und fuhr in die Garageneinfahrt eines flachen Hauses, das sich hinter hohen Bäumen versteckt hielt. Wir stiegen aus, und ein angenehmer Luftzug umspielte uns. Es war Januar, der Himmel blau, und die Sonne schien gnädig sanft auf uns herab. Wir gingen ins Haus.

Es war ein gemütliches Heim, an den Wänden hingen Bilder arabischer Maler, eine alte, schön gearbeitete Holztruhe fing meinen Blick ein. Eine bequeme blaue Sitzecke lud mich ein, und ich setzte mich hin. Das Haus war im westlichen Stil eingerichtet, und nur die Bilder, die Truhe und ein paar kleine Zierutensilien zeigten, dass auch die arabische Welt hier residierte. Muhhi, ein zierlicher dunkler Mann mit wachen Augen, kam mit erfrischenden Getränken herein. Er lächelte freundlich. »Muhhi ist unser berühmter indischer Koch, er ist schon seit 15 Jahren bei uns und gehört mittlerweile zur Familie«, erklärte mir Adeline. Warum er berühmt war, sollte ich bald verstehen.

Ich war nach Abu Dhabi gekommen mit der Absicht, über die Beduininnen, ihre Sitten, ihre Zeremonien und ihre Sprache zu schreiben. Es sollte meine Dissertation werden, denn ich hatte mir gedacht, ich suche mir ein Thema aus, das mich interessiert, als Frau berührt und mir gleichzeitig auch Spaß macht.

»Es wird nicht leicht sein, Kontakt mit den einheimischen Familien aufzunehmen. Es gibt hier Ausländer, die seit 20 Jahren mit den einheimischen Leuten Geschäfte machen und trotzdem noch nie in die Familien eingeladen worden sind. Die hohe Überfremdung im Lande – die Einheimischen bilden weniger als 25 Prozent der Bevölkerung – ist mit ein Grund, der dazu geführt hat, dass man den intimen Familienbereich besonders vor Fremdeinfluss schützen will«, erklärte mir Adeline. »Wir werden dir, wo wir können, helfen, den ersten Einführungsschritt zu machen, aber ob sie dich akzeptieren, liegt dann ganz bei dir, vor allem, weil du ihre Stimmen ja auf Tonband aufnehmen willst. Das wird sicher nicht leicht sein!« Ein Anflug von Panik ergriff mich: Könnte es sein, dass ich die ganze Reise hierher vergeblich gemacht habe und ich vielleicht mit leeren Tonbändern abreise? Doch zu groß war meine Freude darüber, hier zu sein, das Neue zu entdecken, als dass mich diese Worte hätten bedrücken können.

»Das Essen ist fertig!«, erklärte Muhhi, und wir erhoben uns zu Tisch. Ich war überrascht zu sehen, dass Schüsseln und Platten mit irakischen Gerichten den Tisch ausfüllten, ich hatte eher an indische Gerichte gedacht. Aber ich hätte wissen müssen, dass Onkel Sabri Muhhi in all den Jahren sämtliche irakische Gerichte beigebracht hatte. Nachdem ich fast alles probiert hatte, verstand ich, warum Muhhi berühmt war. Keine Irakerin hätte die Gerichte besser und schmackhafter zubereiten können. Ich wunderte mich, dass Tante Adeline und Onkel Sabri noch relativ schlank waren!

»Viele unserer Freunde haben schon oft versucht, Muhhi von uns wegzulocken, aber er ist treu bei uns geblieben. Nur zu Festen kocht er in anderen Häusern und verdient sich so zusätzliches Geld.« – »Ich habe mir in Pakistan ein Grundstück gekauft und baue derzeit ein Haus, das bald fertig sein wird«, erklärte Muhhi zufrieden. »Nur noch ein Jahr, dann will Muhhi zurück in seine Heimat, aber vielleicht können wir ihn noch für ein weiteres Jahr überreden, hier zu bleiben«, dachte Onkel Sabri laut und zwinkerte ihm zu. Muhhi sah etwas schüchtern, das Kinn hin und her wippend, zu Boden.

»Heute Nachmittag kommt der Hausbesitzer vorbei, um die Miete für die nächsten sechs Monate abzuholen, das ist für dich eine gute Gelegenheit, ein paar Fragen über das Leben der Einheimischen zu stellen und dich in die Sprache einzuhören«, meinte Onkel Sabri. Onkel Sabri war ein praktisch denkender tatkräftiger Mann, und ich war ihm sehr dankbar für diese Eigenschaften. »Das Haus gehört nicht euch?«, fragte ich leicht verwundert. Es war ein recht einfaches und, im Vergleich zu den Villen, die ich unterwegs gesehen hatte, bescheidenes Haus. Ich war sicher, dass sie es hätten kaufen können.

»Ausländer dürfen in Abu Dhabi nichts besitzen. Das Land ist zwar jetzt mit Ausländern überfüllt, weil man sie für den Aufbau und die Ausbildung brauchte und noch braucht, doch sie sollen nicht für ewig Wurzeln schlagen können. Es ist nicht leicht, denn die jüngere Generation, wie unsere Söhne, ist hier aufgewachsen und fühlt sich hier zu Hause und mit diesem Land mehr verbunden als mit ihren Herkunftsländern. Doch alle wissen, dass sie eines Tages wegmüssen. Man kommt her, arbeitet intensiv, verdient so gut wie nirgendwo sonst auf der Welt und geht dann mit einem gefüllten Beutel wieder weg. So soll es aussehen, aber gegen die Anhänglichkeit des Herzens kann man nichts tun.«

Onkel Sabri war ein gewiefter Geschäftsmann, er hatte schon sehr früh die einmaligen Gelegenheiten am Golf gerochen und war einer der Ersten, die zum Arbeiten in die Emirate gekommen waren. Schon in den 70er Jahren hatte er meinen Vater überreden wollen, auch sein Glück hier zu versuchen, doch Vater hatte sich nicht vorstellen können, sein geliebtes erleuchtetes Bagdad gegen die dürren Sanddünen auszutauschen, auch wenn viel Geld winkte. Nach langen Überredungskünsten von Seiten Onkel Sabris war er aber bereit, sich Abu Dhabi anzusehen. Er kam, blieb zwei Wochen und reiste wieder ab. »Weißt du, was dein Vater mir damals gesagt hatte: ›Kein Ort der Welt ist würdiger, um darin zu leben und zu sterben, als Bagdad!‹ Dabei hätte er große Möglichkeiten hier gehabt«, gab Onkel Sabri leicht kopfschüttelnd zu bedenken. Ich lächelte schüchtern.

Nach dem Mittagessen ruhten wir alle ein wenig, ich in meinem neuen Gästezimmer mit den hellgelben Vorhängen und dem grünen Teppichboden, Adeline und Sabri im gegenüberliegenden blau gehaltenen Schlafzimmer. Die Klimaanlagen surrten fleißig vor sich hin, und die Lider glitten mir über die Augen.

Ich bin also doch eingeschlafen, denn Tante Adeline – sie liebte es, mit Tante angeredet zu werden – weckte mich mit ihrem lieblichen amerikanischen Akzent: »Der Tee ist bereit, komm, setz dich zu uns!« – »Ich komme gleich!« Ich sprang aus dem Bett und beschloss, noch schnell eine Dusche zu nehmen. Es war gar nicht notwendig, das warme Wasser zu verwenden, das kalte Wasser der Dusche war warm genug, und ich genoss für ein paar Minuten das fließende Nass. Ich trocknete mich schnell ab und beschloss, einen langen, schwarzweiß geblümten Rock mit dazu passender Bluse anzuziehen. Als ich meine Haare kämmte, rief Tante Adeline wieder: »Wo bleibst du denn, der Tee wird kalt!« Ich fühlte mich gleich wie zu Hause, denn das hätte meine Mutter auch gesagt. Je älter der Mensch wird, desto ungeduldiger geht er mit der Zeit um. Doch ich beschloss trotzdem, mich zu schminken, bevor ich erschien.

Mit einem süßen Lächeln machte ich die Wartezeit wieder gut. Ich setzte mich zwischen Tante und Onkel auf das Sofa, und Muhhi goss den Tee ein. »Erzähl mir, Onkel Sabri, wie das Leben in Abu Dhabi war, als ihr hergekommen seid.« Onkel Sabri schien sich genau an alles zu erinnern, denn er begann, sofort zu erzählen.

»Als wir Anfang der siebziger Jahre hierher kamen, war Abu Dhabi eine einzige große Baustelle, die größte Baustelle der Welt. Bevor man hier Erdöl fand, gehörte diese Region zu den ärmsten der Welt. Als 1962 der erste Öltanker die Küste im Westen verließ, veränderte sich das Leben hier so schlagartig, dass ich es manchmal selber nicht glauben kann. Ein Team von französischen Architekten wurde beauftragt, eine neue Stadt zu kreieren. Vorher gab es hier fast gar nichts, keine Straßen, keine Häuser, das einzige größere Gebäude war das Fort des Scheichs, das heute noch besteht und das jetzt strahlend weiß mitten in einem Park von Palmenhainen und Rosen steht. Damals war es noch sandfarbig und ragte mitten aus dem Nichts heraus. Ringsherum waren Lehm- oder Palmenhütten, in denen die Bevölkerung lebte.

Ich war nach Abu Dhabi gekommen, um das neu gebaute Hilton Hotel in den Al-Ain-Oasen zu übernehmen beziehungsweise zu verwalten. Die Al-Ain-Oasen liegen ungefähr 150 Kilometer östlich von Abu Dhabi in Richtung der omanischen Grenze am Fuße des Hadjar-Gebirges. Ein paar Jahre zuvor, ich glaube, es war 1966, war eine Autobahn zwischen Abu Dhabi City und den Al-Ain-Oasen gebaut worden. Die nächsten sechs Jahre verbrachten wir in Al-Ain oder, besser gesagt, im Hilton Hotel von Al-Ain, denn viel mehr gab es dort nicht. Hier traf sich auch alles.

Ich kann mich noch genau erinnern an die überhitzten Gesichter der Geschäftsleute aus aller Welt, die gekommen waren, um in Abu Dhabi ihr großes Glück zu machen. Es herrschte eine Goldgräberatmosphäre. Gierig, schwitzend, mit roten Köpfen saßen sie alle in der Hotelhalle mit ihren Akten, gefüllt mit Projekten, Verkaufskatalogen, alten Träumen und erweckten Hoffnungen, darauf wartend, einen Termin bei Scheich Zayid zu bekommen, dem Herrscher von Abu Dhabi. Al-Ain war nämlich seine Lieblingsresidenz, und hier war es am wahrscheinlichsten, ihn vorzufinden. Viele der Männer wurden auch wirklich reich, aber viele reisten auch mit leeren Händen ab und wurden gleich durch andere Glücksucher ersetzt. Ein Bild, das sich über Jahre hinzog.

Währenddessen wuchs und wuchs Abu Dhabi heran. Die Lehmhütten wurden mit Bulldozern niedergerissen, an ihrer Stelle entstanden moderne Gebäude – Villen, Schulen, Verwaltungsgebäude, Straßen, Flughäfen, eben alles, was eine moderne Stadt ausmacht. Es war wie ein Kulissenwechsel. Der Zuschauer beobachtet, wie Wände verschwinden und neuen Platz machen, wie die Leere plötzlich ausgefüllt wird, wie Gärten entstehen und Alleen. Und bevor er es richtig mitbekommt, ist eine andere Welt, eine andere Zeit da, und ihm bleibt die Luft weg bei diesem Tempo. Die Menschen hier hatten kaum Zeit, sich umzustellen. Sie wurden vom ruhigen, Jahrhunderte alten Rhythmus der Einfachheit wie durch eine Zeitmaschine ins zwanzigste Jahrhundert geschleudert.«

Es klingelte plötzlich an der Tür. »Ah, das wird der Hausbesitzer sein, Abu Faraj.« Onkel Sabri stand auf, um die Tür zu öffnen. Herein kam ein mächtiger dunkler Kopf auf einem schweren Körper. Weiße Zähne blitzten und eine für diesen Körper viel zu weiche Stimme ertönte:

»*As-salamu alaykum!*« – »Willkommen, Abu Faraj, wie geht es dir, mein Freund, wie geht es der Familie?«, begrüßte Onkel Sabri den Mann. Das war also Abu Faraj. Onkel Sabri stellte uns vor und erzählte ihm, dass ich nach Abu Dhabi gekommen war, um Frauen aus den verschiedenen Stämmen der Region zu interviewen. Abu Faraj nickte freundlich mit seinem mächtigen Kopf. Die Männer setzten sich, und ich ging zu Tante Adeline.

»Ich wusste nicht, dass die Araber dieser Region so dunkel sind«, sagte ich schüchtern. »Abu Faraj stammt eigentlich aus Afrika, er wurde zur Zeit des Sklavenhandels hierher verschleppt. Doch jetzt ist er ein freier Mann und ein volles Mitglied des Stammes, in dem er früher diente, und er trägt wie alle den Namen des Stammes.«
»Wie heißt sein Stamm?« – »Er gehört zum Stamm der Dhawahir, sie sind vor allem in den Al-Ain-Oasen vorzufinden.« Es war mir etwas peinlich, so in die Intimsphäre und Geschichte dieses Mannes einzudringen, doch ich war hergekommen, um zu verstehen. Die feinfühlige Adeline spürte meine Scheu.

»Abu Faraj ist ein gutmütiger, einfacher Mann, dessen Weisheit aus seinem Wissen um das Leben stammt. Er ist mittlerweile ein recht wohlhabender Mann, und wenn er dir vertraut, wird er dich sicher zu seiner Familie einladen. Nimm an, ohne, wie es die arabische Sitte verlangt, vorher erst einmal abzulehnen.« Adeline hatte schon lange genug mit den Arabern gelebt, um die Nuancen des Benehmens genau zu kennen. Ich dankte ihr für den Tipp, denn ich hätte, wie sie richtig erraten hatte, zunächst einmal abgesagt.

Ich ging zu den beiden Männern: »Abu Faraj, wäre es möglich, ein wenig über das Leben in Abu Dhabi zu plaudern? Ich kenne mich noch zu wenig mit den Sitten und Gebräuchen hier aus, und

Sie könnten mir als Erster eine kleine Einführung geben.« Abu Faraj sah mich mit seinen kleinen glänzenden Augen für einen Moment direkt an, zeigte wieder seine strahlend weißen Zähne und nickte: »Wenn ich helfen kann, gerne!« – »Darf ich unser Gespräch auf Tonband aufzeichnen?« Abu Faraj sah Onkel Sabri erstaunt an. »Sie braucht es, um den Dialekt dieser Region aufzunehmen«, sagte Onkel Sabri beschwichtigend. »Ja, wenn das so ist, bitte!« Freudig holte ich mein Tonbandgerät mit dem großen Mikrofon. Es war wirklich einschüchternd groß, wie sollte ich jemals die Menschen hier dazu bringen, locker vor diesem Ding zu sprechen?

Ich setzte mich zu Abu Faraj, begrüßte ihn nochmals, wie die arabische Sitte es verlangte, und drückte auf den Aufnahmeknopf. Ich beschloss, ganz allgemein zu fragen und mich vorsichtig vorzutasten, sodass er jederzeit die Möglichkeit habe würde, sich zurückzuziehen, wenn er nicht mehr reden wollte. Ich fragte also, wie die islamischen Feste hier gefeiert wurden, wo die Hochzeiten stattfanden und wie die gebräuchlichen Bezeichnungen für die Kleidung der Männer und Frauen waren. Abu Faraj begann, sehr leise zu sprechen, und er beobachtete dabei, wie die Tonbänder sich drehten und drehten. Doch plötzlich kam der Moment, dass er sie nicht mehr sah, und da begann er, recht locker zu sprechen.

Als seine Stimme fester wurde, fragte ich ihn nach seiner Familie. »Ich habe sechs Kinder, mein ältester Sohn bereitet gerade das Abitur vor, und nächstes Jahr kommt meine Tochter dran. Meine Frau und ich können beide weder lesen noch schreiben, doch alle meine Kinder werden es können.« – »Gepriesen sei Allah!«, antwortete ich. Abu Faraj sah mich an und kicherte. »Meine Frau besucht jetzt auch einen Morgenkurs für Erwachsene. Erst bot der Staat Abendkurse für Frauen an, doch das funktionierte nicht, jetzt bieten sie Morgenkurse an, und sie geht mit zwei weiteren Frauen aus der Nachbarschaft dreimal die Woche hin. Es war ihr peinlich, dass ihre jüngste Tochter lesen und schreiben konnte, und sie selbst nichts verstand.«

»Ein stolzer Vater und Ehemann spricht hier, möge Allah dir deine Familie erhalten!«, antwortete ich lächelnd. »Du musst uns besuchen kommen, meine Frau würde sich sehr freuen, und sie kann dir viel mehr erzählen als ich!« Ich war ihm für sein Vertrauen und seine milde Güte sehr dankbar. »Ich komme sehr gerne, es ist mir eine Ehre, Abu Faraj, Ihre Familie kennen zu lernen!« Abu Faraj erhob sich, versprach anzurufen und einen Termin auszumachen, verabschiedete sich und ging. Ich hatte mein erstes Gespräch aufgenommen und sah zuversichtlich in die Zukunft.

Ich weiß nicht mehr, wo ich bin

Tante Adeline zog alle Register, sie rief Freundinnen und Bekannte an und versuchte ihr Bestes, um ein Treffen mit einheimischen Frauen für mich zu arrangieren. Ihr Bemühen war rührend, und obwohl ich ihr aus ganzem Herzen dankbar dafür war, konnte ich sie beobachten, als ob es sich um die Angelegenheiten einer mir fremden Person handelte.

Endlich kam sie freudestrahlend zu mir und teilte mir ihren Triumph mit: »Wir sind heute Nachmittag bei einer einheimischen Familie eingeladen. Eine Freundin von mir ist die Freundin und sozusagen die Beraterin von Frauen, die zur Al-Bu-Falah-Sippe gehören, der herrschenden Familie. Sie hat mit ihnen gesprochen, und sie sind einverstanden, wir können kommen, und du versuchst dein Glück!« Aufgeregt und gespannt, bereitete ich also meine Tonbänder vor und steckte sie mitsamt dem Gerät in eine Tasche. Werden sie einverstanden sein? Werden sie mir Auskunft geben? Werde ich es schaffen, ihre Stimmen aufzunehmen? Vergiss die Fragen, und lass die Dinge auf dich zukommen, sagte ich mir.

Tante Adeline und ich setzten uns ins Auto und fuhren los, entlang der schönen Villen, der Tausenden von Meter an schwarzen Wasserschläuchen, die bei jeder Pflanze eine Öffnung vorwiesen, aus der jeden Tag auf Knopfdruck Wasser floss. Das Wasser kam aus dem Meer und wurde durch riesige Meerwasserentsalzungsanlagen für die Bewässerung von Pflanzen tauglich gemacht. Das entsalzte Meerwasser diente auch allerlei anderen Zwecken – außer zum Trinken, dafür musste man Wasserflaschen kaufen, und ein Liter Trinkwasser kostete genauso viel wie ein Liter Benzin, wenn nicht mehr.

Adeline kannte sich gut aus in Abu Dhabi, sie flitzte geschickt und zielstrebig zur angegebenen Adresse, und wir bogen in den Vorhof eines wunderschönen, in zartem Gelb gehaltenen Palasts ein, anders konnte man dieses Prachtbauwerk nicht nennen. Wir stiegen aus, und ein Mann – er musste, seinen zarten Zügen, seiner flachen Nase und seiner gelbbraunen Hautfarbe nach zu urteilen, von den fruchtbaren Inseln der Philippinen stammen – öffnete die Tür und bat uns höflich herein.

Wir traten gemächlich ein. Auch innen war alles in zartem Gelb gehalten. Die Möbel waren italienisch, kostbar, solide, aber eigentlich überraschend bescheiden. Es standen viele Frauen herum, manche aus Indien, andere aus den Philippinen und auch mehrere Einheimische. Alle einheimischen Frauen hatten ihre *burqais*, die für diese Region typische Gesichtsmaske, und ihre schwarzen Umhänge, die *abayas*, abgelegt, und darunter kamen jetzt ihre Gesichter und ihre bunten, prächtigen, strahlenden, wallenden Gewänder zum Vorschein. Es war ein wunderschöner Anblick. Sie wirkten wie bunte Paradiesvögel. Die Züge der Frauen wiesen weder auf Abneigung noch auf Sympathie hin. Ruhig, fast unbeteiligt, sahen sie uns an.

Adeline ging auf die Frauen zu und schüttelte allen die Hand, ich machte es ihr nach. Lasche Hände wurden mir entgegengehalten, und ihr Händedruck hätte der einer Sterbenden sein können. Ich fühlte mich gar nicht wohl. Die indischen und philippinischen Bediensteten standen einen Schritt hinter den Einheimischen, und Adeline begrüßte sie mit einem Kopfnicken. Ich beschloss, dasselbe zu tun.

Da erschien eine etwa fünfzigjährige Frau, und neben ihr ging eine europäisch gekleidete, leicht blondierte Frau. Sie war die Einzige, die strahlte und an deren Gesicht man sah, woran man war. Obwohl ich sie nicht kannte, kam sie mir mit ihrer Mimik so wohltuend vertraut vor. »Hallo Adeline, wie geht es dir?« Sie ging langsam in unsere Richtung, um nicht die Hausherrin, denn das war eindeutig die fünfzigjährige Frau, zu überholen. Adeline und ich gingen ihnen entgegen. »Das ist meine Freundin Adeline, sie ist mit einem Iraker verheiratet und lebt seit 17 Jahren hier.« Die Frau musterte

Adeline und streckte ihre Hand zur Begrüßung aus. »Und das ist«, sie zeigte mit ihrem ausgestreckten Arm auf mich, »ihre Freundin, die nach Abu Dhabi gekommen ist, um Informationen über die Frauen hier zu sammeln!«

Ich fand die Vorstellung äußerst ungünstig und kam mir für einen Moment wie eine kleine Spionin vor. Die Hausherrin nickte unbeteiligt. Irgendwie schienen ihre Bewegungen nicht zu ihr zu gehören, sie führte sie zwar aus, sie atmete und bewegte ihren Mund, doch sie schien nicht hier zu sein. War das das höchste Maß an Langeweile oder Weltentsagung oder einfach nur Arroganz? Oder sollte es Würde und Adel ausdrücken? Ich konnte es mir nicht erklären.

Wir folgten ihr alle in einen großen Raum. Entlang der Wände waren bequeme Sessel aufgereiht, mit wulstigen Armlehnen. Doch sie setzte sich auf den Boden, während Adelines Freundin sich auf einen Sessel neben sie setzte. Zum ersten Mal fühlte ich eine Verbindung, ich setzte mich auch auf den Boden, ein paar Meter entfernt von ihr, meine Tasche, in der mein Tonband ungeduldig wartete, legte ich hinter mich.

Sobald wir saßen, erschienen zwei Inderinnen mit großen Tabletts voller Teetassen. Die anderen Frauen trödelten langsam herbei und setzten sich auf die Sessel. Der Tee wurde ausgeteilt, und wir schlürften ihn alle brav. Da erschien ein Tablett mit Süßigkeiten. Es schien von einem libanesischen Konditor zu stammen, denn die Süßigkeiten waren mir alle bekannt und waren sicher keine Golfspezialitäten. Unauffällig sah ich zu Adelines libanesischer Freundin hin. Sie saß recht zufrieden mit sich selbst da und beugte sich immer wieder vor, um der Hausfrau etwas ins Ohr zu flüstern oder sie anzuhören. Ihr Einfluss war eindeutig groß.

Es wurde bei diesem Zusammensein nicht viel gesprochen, man flüsterte entweder mit der Nachbarin oder tauschte immer wieder traditionelle Begrüßungs- und Höflichkeitsformeln aus. Ich begann, nervös zu werden, die Zeit rannte davon, und ich hatte noch keinerlei Gelegenheit gehabt, das Thema auf mein Anliegen zu lenken. Ich spürte intuitiv, dass die Besuchszeit bald zu Ende gehen würde und ich entweder jetzt oder nie etwas erreichen würde, als plötzlich die Hausherrin ihren Kopf zu mir drehte und sagte: »Was möchtest du über Abu Dhabi wissen?« Ich war so überrascht, dass ich am liebsten »gar nichts« geantwortet hätte! Doch dazu kam es, Gott sei Dank, nicht.

»Ich würde, wenn Sie mir die Ehre erweisen würden, gerne etwas über das Leben, wie es früher war, hören.« Ich schien einen wunden Punkt erwischt zu haben. »Aaaaaah«, kam der tiefe Seufzer, »früher war alles einfach und klein. Wir waren alle eine Gemeinschaft. Wenn ich jetzt außer Haus gehe, weiß ich nicht mehr, wo ich bin. Wenn ich meine Söhne oder Töchter besuchen möchte, setzt man mich ins Auto, und man fährt mit mir durch Straßen und Gegenden, die ich noch nie gesehen habe. Verloren sitze ich da und warte, bis man mich wieder aus dem Auto herausholt.

Alles ist fremd, alles ist neu, alles verändert sich ständig. Ich kenne Abu Dhabi nicht mehr, Abu Dhabi ist nicht mehr Abu Dhabi. Alles ist aus Stein, hart und undurchsichtig.« Sie sprach wie eine alte Frau, deren Zeit vergangen war, deren Prinzipien und Lebensart nicht mehr hierher gehörten. Die nichts anderes mehr tun konnte, als Tee zu trinken, ihre Kinder zu besuchen und zu warten. Sie hatte sich also die libanesische Freundin und Beraterin zugelegt, um wenigstens ein wenig Orientierung zu haben und dieser neuen Welt doch mit etwas Würde und Wissen entgegenzutreten.

Ich war froh, dass sie sprach, und ich folgte ihr mit all meinen Sinnen, nahm ihre Spannung auf, ihren schweren Blick, ihre schlaffen Hände und ihr verlorenes Herz, hörte ihre Worte in dem mir noch fremden Dialekt und spürte gleichzeitig, wie ich mich mehr und mehr innerlich verspannte. Das Tonband – ich musste etwas aufnehmen, ich brauchte ihre Stimme auf Tonband. Ich wusste, dass es keine leichte Sache sein würde, aber ich musste es tun.

»Darf ich Ihre Worte auf Tonband aufnehmen?« Sie sah mich an, und die anderen Frauen im Raum blickten sie mit einer plötzlich erwachten Neugierde an. Ältere Menschen waren Vorbilder, die man beobachtete und an denen man sich orientierte. Ich wagte es nicht, mich zu bewegen. Die Zeit kam mir lang vor, obwohl sicher nur ein paar Momente vergangen waren. »Nein«, sagte sie bestimmt und kühl, »du kannst mitschreiben, aber kein Tonband!«

Adeline sah mich traurig mitfühlend an. Es würde also schwieriger werden als erwartet.

Ich fühlte, wie meine Hoffnung in mir zusammenbrach. Sollte es nicht sein? Sollte ich diese Arbeit nicht ausführen? War sie nicht für mich bestimmt? Ich kannte meine pessimistische Seite, und ich war nicht bereit, ihr nachzugeben. Noch nicht!

Beduininnen im Palast

Die Tür öffnete sich, und er kam mit sicheren Schritten herein. Bevor ich mich umdrehen konnte, spürte ich schon eine eigenartige Kraft, die von ihm ausging. Die Luft schien schlagartig kühler zu werden, und die Muskeln meines Nackens spannten sich in Erwartung. Ich ließ mir Zeit, ich wollte meine Ohren mit seiner Stimme füllen, bevor mein Auge mir sein Antlitz offenbarte. »*As-salamu alaykum*, Tante Adeline!« – »Sei gegrüßt, Qutayba!«

So langsam ich konnte, wandte ich mich – Desinteresse mimend, aber in Wirklichkeit sehr gespannt – um. Er war groß, sein schlanker Körper mündete lässig in breite Schultern. Ich hob meinen Kopf, um sein Gesicht zu sehen, und meine Erwartung wurde nicht enttäuscht. Er hatte dunkles, fast schulterlanges Haar, sein Kinn bedeckte ein gepflegter Bart. Er blickte mit seinen braunen Augen – ich sah sie mir genau an – herablassend auf die Welt, nichts schien sein kaltes Herz zu bewegen. Ich wusste vom ersten Moment an, dass er ein Verlorener auf dieser Welt war, und doch zog mich vielleicht gerade das an.

In ihrer lieblich direkten Art begann Tante Adeline das Gespräch. »Qutayba kennt durch seine Arbeit viele einheimische Geschäftsleute. Er wird uns sicher helfen können, nicht wahr, Qutayba?« Qutayba sah uns mit seinen kühlen Augen an und antwortete freundlich: »Sicher, das machen wir schon. Gleich heute werde ich mit meinem Freund sprechen und ihn bitten, ob du seine Mutter besuchen kannst. Er gehört zu einer der größten Familien im Land, und wenn du einmal mit ihr begonnen hast, wirst du mit Leichtigkeit die ganzen weiteren Frauen der Familie kennen lernen.« Er sagte dies mit solcher Sicherheit und Zuversicht, als ob es die leichteste Sache der Welt wäre. Ich muss gestehen, seine Worte flößten auch mir Zuversicht ein, und ich wartete gespannt, wie die Dinge weitergingen.

Schon am nächsten Tag, wir saßen gerade beim Nachmittagstee, hupte es draußen. Ein paar Minuten später erschien Qutayba. Er begrüßte alle und wandte sich zu mir: »Wir können gehen, ich habe alles für dich arrangiert!« Ich sah ihn ungläubig an. Tante Adeline war sehr zufrieden. Sie lächelte froh und spornte mich an. »Komm, komm, mach dich fertig. Das ist jetzt deine große Chance!«

Obwohl ich innerlich zögerte, sprang ich auf und zog schnell eine frische *jalabiya* an, band meine Haare zusammen und bedeckte meinen Kopf mit einem schwarzen durchsichtigen Schal, dessen Rand mit Goldfäden bestickt war. Die jüngere Generation in Abu Dhabi zog sich so an, während die ältere Generation beziehungsweise die verheirateten Frauen noch zusätzlich einen *burqaí*, eine Art kleine Maske trugen, die ihr Gesicht bedeckte, und einen langen, schwarzen, undurchsichtigen Schleier noch darüber. Bei der hier herrschenden Hitze war es ein Wunder, dass die Frauen so viel Kleidung anhaben konnten. Die Frauen des Herrscherhauses stülpten sogar noch ein schwarzes Tuch über ihr Gesicht, sodass man gar nichts mehr von ihnen sehen konnte. Ich packte mein Aufnahmegerät in die Tasche, ein Heft und ein paar Stifte sowie ein paar Schachteln Bonbonnieren.

Ich liebte es, mich so an die Kleidungsregeln anzupassen, besonders wenn sie so bequem waren. Als ich aus dem Zimmer kam, sah mich Qutayba mit großen Augen an, aber er sagte kein Wort. Auch gut, dachte ich mir.

Ich verabschiedete mich, Onkel Sabri und Tante Adeline wünschten mir alles Gute, und ich ging etwas aufgeregt mit Qutayba zu seinem roten Sportauto. Wir setzten uns hinein, und er zischte los.

»Ich habe ihnen erzählt, dass du meine Cousine bist, das macht die Dinge einfacher«, sagte Qutayba nach einer Weile. Ich nickte mit dem Kopf. Meine Schüchternheit kroch mir die Glieder hoch, und ich versuchte, sie immer wieder abzustreifen.

»Mehr als einführen kann ich nicht«, sprach Qutayba etwas kühl weiter, »der Rest liegt an dir. Doch mehr als eine Chance werden sie dir nicht geben. Also nutze sie gut.« Na danke, das war genau, was ich jetzt hören wollte. Ich wurde in die beiden mir gut bekannten Welten gezerrt: die der Zuversicht und die der Zweifel. Wie ein gespannter Flitzbogen fuhr ich zu meinem Treffen. Wir kamen auf eine breite Straße, Qutayba sauste wie ein Pfeil, plötzlich bremste er, bog links ab und blieb vor einem Riesentor stehen, hinter dem drei große Villen zu sehen waren.

»Wir sind da! Also dann, viel Glück!« Ich sah Qutayba mit großen Augen an, und mein Herz klopfte. »Kommst du nicht mit hinein?«, fragte ich mit einem Anflug von Verzweiflung. »Nein, ich bin nicht eingeladen, und überhaupt, heute ist Frauentag bei der Familie Mazruíi. Das heißt, es sind nur Frauen im Haus.« Ich schluckte. »Wo soll ich denn hin?« – »Geh zu dem mittleren Haus, dort wohnt die Mutter, und klopfe einfach an. Sie wissen, dass du kommst. Ich komme dich in etwa zwei Stunden abholen.«

Schwerfällig stieg ich aus dem Auto und fragte mich, ob nicht mein Projekt ein einziger Quatsch war. Aber ich war nun mal da und hatte die Möglichkeit bekommen, in eine Welt einzutreten, die für Fremde fast völlig abgeriegelt war. Ohne mich umzudrehen, ging ich zum mittleren Haus und klingelte. Die Tür öffnete sich, und eine erstaunte, aber lächelnde Philippinin begrüßte mich. Mein Gott, ich hatte vergessen, nach dem Namen der Mutter zu fragen, also blieb mir nichts anderes übrig, als mich vorzustellen und »Ich werde erwartet« zu sagen. Die Frau bat mich herein. Und da stand ich, während sie den langen Gang hinunterging und bei einer Tür verschwand. Am liebsten wäre ich wieder weggegangen, doch ich zwang mich zu bleiben. Kurz darauf tauchte sie wieder auf und bat mich, ihr zu folgen.

Also ging ich langsam mit ihr Richtung Tür. Die Tür ging auf, und da saßen acht Frauen verschiedenen Alters auf Matratzen am Boden und sahen mich mit ihren großen Augen an. Sie waren alle in bunte *jalabiyas* gekleidet, den Kopf mit schwarzen durchsichtigen

Tüchern bedeckt. Manche hatten auch die typischen Masken auf. Die Szene wirkte fast unrealistisch, wie exotische überdimensionale bunte Vögel in einem kleinen Raum.

Sie standen auf, und ich schüttelte jeder die Hand und setzte mich dazu. »Sei gegrüßt, willkommen«, begrüßte mich eine von ihnen. Sie war die älteste Frau im Raum. Sie hatte ein glattes, schönes Gesicht, und ihre Augen wirkten klug und skeptisch. »Du bist gekommen, um über unser Leben zu schreiben?« Diese direkte Frage schlich sich peinlich unter meine Haut. In gewisser Weise war es so, aber so trocken hätte ich es nicht formuliert.

»Ich möchte gerne über den Dialekt der Frauen in Abu Dhabi schreiben«, mehr wollte ich noch nicht sagen. Die große Tasche mit dem Aufnahmegerät schien mich zu verraten. Es war noch nicht die Zeit, um damit zu kommen. Plötzlich erschien das philippinische Hausmädchen mit einem Weihrauchgefäß. Dichter Rauch qualmte hervor, und im Nu war der Raum mit dem intensiven süßlichen Geruch von Weihrauch erfüllt. Ich atmete ihn tief ein und spürte sofort seinen entspannenden Effekt.

Sie reichte das Gefäß der ältesten Frau. Diese hielt das Gefäß mit beiden Händen, dann nahm sie es in ihre linke Hand und begann, mit der rechten Hand den Rauch zu ihrem Gesicht hinzuführen. So fächelte sie sich immer wieder zu. Ihre Augen waren geschlossen, die Nasenlöcher weiteten sich und sogen den kostbaren Rauch auf. Dann lenkte sie das Gefäß zur rechten Seite ihres Gesichtes, unter den Schleier, fast bis zum Ohr hin und ließ den Rauch dorthin aufsteigen. Und dann wiederholte sie dasselbe auf der linken Seite. Als sie fertig war, gab sie das Gefäß an die Frau neben sich. Und auch diese machte genau das Gleiche, als ob sie ihr Spiegelbild wäre. Ich senkte ein wenig den Kopf und beobachtete sie begeistert.

Als das Gefäß mich erreichte, hatte ich die Bewegungen schon so verinnerlicht, als ob ich sie schon mein Leben lang ausgeübt hätte. Und doch überkam mich Aufregung, als sich das eigene Tun mit der Vorstellung vermischte. Ich nahm das Tongefäß in beide Hände und ließ mich vom Duft vereinnahmen. Alle Poren meines Gesichtes schienen sich dem Weihrauch zu öffnen. Was für eine schöne Art, den Gast zu begrüßen! Leicht betäubt reichte ich das Gefäß mit einem milden Lächeln weiter. Ich spürte, wie mein Rücken weicher wurde und meine Nerven sich entspannten.

Da erschien eine kleine rundliche Person. Sie war etwa Mitte fünfzig und trug ein Lächeln, das ihr ganzes Gesicht einnahm. Sympathisch, dachte ich mir. Ich spürte die Veränderung in der Luft und die Aufregung in den Händen der Frauen. Sie war also die Mutter des Freundes, von dem mir Qutayba erzählt hatte. Ein paar Frauen standen auf und küssten sie, manche auf die Nasenspitze, andere berührten ihre Schultern mit den Lippen. All dies wurde von ständig sich wiederholenden Begrüßungsrufen begleitet. Auch ich stand auf und küsste die Frau, wie es die anderen taten, allerdings auf die Wangen, wie ich es gewohnt war.

»Sei gegrüßt!«, sprach sie freundlich zu mir und setzte sich. Ohne Scham fragte sie in den Raum hinein: »Und wer ist das?« Ich spürte, wie Hitze meine Wangen durchströmte. »Sie ist gekommen, um über die Frauen im Land zu schreiben. Viel mehr wissen wir nicht.« Ich wäre am liebsten im Boden versunken. Doch stattdessen blieb ich klar sichtbar sitzen. »Ja, wieso nicht? Schreib auf! Hast du Blatt und Stift dabei?«, erwiderte sie freundlich. Jetzt musste ich mit der Wahrheit herausrücken, jetzt oder nie. »Ich möchte gerne etwas über die Sitten, Rituale und verschiedene Zeremonien der Frauen erfahren und auf Tonband aufnehmen. Die Sprache ist da ganz wichtig, und ich kann nicht so schnell schreiben, wie ihr sprecht.«

Um meine Worte zu unterstreichen, holte ich mein mir mittlerweile peinlich großes Aufnahmegerät hervor. Es zog sofort alle Blicke auf sich, und auch ich fand es sehr hässlich. Mit einer abwendenden Kopfbewegung hüpften die Worte aus ihrem Mund: »Aufnehmen? Niemals!« Na, da saß ich nun mit meinem Gerät, einsam und ausgestoßen. Wenn dieser Boden sich nur öffnen würde oder irgendein Dschinn mich wegtragen könnte!

Doch stattdessen kam der Kaffee. Die goldene Thermosflasche hatte die Form einer alten arabischen Kaffeekanne, und die kleinen Porzellantassen waren übereinander gestapelt. Beides wurde der jüngsten Frau in der Runde gereicht. Sie stand auf und goss der ersten Frau eine halbe Tasse voll, sie nahm sie entgegen, schüttete den

Kaffee mit einem einzigen Schwung hinunter und gab sie der jungen Frau zurück. Diese schenkte noch einmal nach und reichte sie derselben Frau zum zweiten Mal. Noch einmal trank sie die Flüssigkeit mit einem einzigen Schwung, und dann begann sie, die Tasse elegant, aus dem Handgelenk heraus, schnell hin und her zu schwingen, bevor sie sie zurückgab. Jetzt ging die junge Frau zur nächsten, und diese trank dreimal, bevor sie die Tasse hin und her schwang. Das war also das Zeichen, dass man genug hatte.

Als ich drankam, nahm ich die Tasse entgegen, doch bevor ich sie zu meinen Lippen führte, durchdrang mich meine Intuition und ich drehte mich zur Mutter hin, ich reichte ihr die Tasse. Für einen Moment war es ganz still im Raum. Alle verfolgten stumm die Szene. Die Mutter sah mich für einen kurzen Moment an, und dann streckte sie ihren Arm aus, nahm die Tasse aus meiner Hand und trank.

Gelächter und Stimmen füllten den Raum. Ich hörte Fetzen von verschiedenen Gesprächen. »Sie hat gute Manieren!« – »Höflich und großzügig!« – »Woher kommt sie, hast du gesagt?« – »Ja, sie ist diskret angezogen, so wie wir!« Eine Geste kann die Welt verändern. Ich war verblüfft. Nachdem die Mutter den Kaffee getrunken hatte und ich die Tasse erneut gefüllt bekam, wurde ich nochmals überrascht – durch den Geschmack. Dies war kein gewöhnlicher Kaffee. Es war eine Mischung aus Kardamom, Kräutern und einem kleinen Anteil von Kaffee. Doch es belebte die Sinne auf wunderbare Weise.

Die Mutter sprach: »Du kannst das Tonbandgerät einschalten, aber du musst versprechen, dass kein fremder Mann die Aufnahmen anhört.« Kein Mann, wie sollte ich das versprechen? Ich wollte nicht lügen, in meinem Herzen versprach ich, mein Bestes zu tun, doch nach außen hin beschloss ich, nicht zu antworten. Stille ist auch eine Art von Zusage. Das werde ich dir nie vergessen, Mutter von Qutaybas Freund!

»Was möchtest du wissen?« Ich beschloss, behutsam zu beginnen. Mein Blick schweifte im Raum, und da kam mir der Gedanke. »Erzähl mir bitte, wie ihr früher eure Teppiche gewebt habt.« Sie schien erfreut über die Frage, und es sprudelte nur so aus ihr heraus.

Ich schaltete mein Gerät ein und schob das Mikrofon leise zu ihr hin.

Sie schien sich an ihre Jugend zu erinnern, denn sie erzählte so lebendig, dass ich das Bild klar vor mir sehen konnte. Zwei Frauen, jede sitzt auf einem Ende des Webstuhls, sie ziehen den Faden durch, dann geben sie es einem Kind, das aufspringt und zur anderen Frau läuft, diese zieht den Faden durch und gibt ihn wiederum einem Kind, das wieder zur ersten Frau hinläuft. Dabei wird im Rhythmus gesungen, alte, zeitlose Lieder über das Leben; über die Blumen der Wüste, die in der Regenzeit wie kleine Wunder aus dem kargen Boden sprießen und die Welt kurz erblicken, um genauso unerwartet wieder aus dem Leben zu scheiden; über den Klang der Fußschellen und den weichen Blick der Kamele.

Es war schön, in diese alte Welt einzutauchen, und als ich mich umsah, bemerkte ich die sentimentale Freude auf den Gesichtern der anwesenden Frauen. Ich hatte es geschafft, sie durch diese Aufnahmen zu verbinden und ihr Herz im selben Rhythmus schlagen zu lassen. Ein zufriedenes, sanftes Lächeln umspielte meinen Mund.

»Du musst zum Essen bleiben«, sprach die Mutter. »Oh, nein, das kann ich wirklich nicht, ich werde gleich abgeholt.« – »Du bleibst, kommt Qutayba dich abholen?« – »Ja!« – »Wie ist er mit dir verwandt?« – »Er ist mein Cousin«, schummelte ich. Naja, irgendwie könnte es ja stimmen, und ich wollte jetzt die Dinge nicht komplizierter machen. »Wenn er kommt, wird ihn mein Sohn zu den Männern in den *majlis* bitten, und er wird mit ihnen essen.«

Alle Frauen standen auf, und wir gingen gemeinsam in den großen Gang. Alle setzten sich dort auf den Boden, und eine große Schüssel gefüllt mit Obst wurde serviert. Viel hatten diese einst so tüchtigen Frauen nicht mehr zu tun. Die Köche kochten, die Dienstmädchen putzten, die Kindermädchen kümmerten sich um die Kinder, und den Frauen blieb nichts anderes übrig, als ihre sozialen Kontakte zu pflegen und Kinder zu kriegen.

Da ging plötzlich mit Schwung die Tür auf, und herein kam eine dicke kleine Frau, sie grüßte schon aus der Ferne mit lauter Stimme, pustend und schnaufend trug sie etwas Dunkles in den Armen. Als sie näher kam, erkannte ich es, es war eine kleine Ziege, und noch bevor sich meine Überraschung gelegt hatte, hatte sie der Mutter das Tier auch schon lachend in den Schoß gelegt: »Ein Geschenk für dich!« Die Mutter lachte ebenfalls und gab die Ziege einem der philippinischen Mädchen, um sie wegzutragen. Innerlich lächelte ich, Beduinen blieben Beduinen, auch wenn sie in Palästen wohnten. Irgendwie beruhigte und erfreute mich diese Erkenntnis, das Alte bleibt auch in der neuen Form bestehen.

Die dicke Frau ließ sich schnaufend am Boden nieder, während ihre Augen mich fragend fixierten. Die Mutter befriedigte sogleich die Neugierde: »Eine Freundin, sie ist gekommen, um ein wenig über unsere Sitten zu schreiben.« Ich war ihr über ihre Antwort dankbar, doch die energische dicke Frau ließ sich nicht so schnell abwimmeln. »Wieso will sie über unsere Sitten schreiben?«, fragte sie geradeheraus. Diese Frage schien plötzlich auch die anderen Frauen zu interessieren. Ich spürte, dass mein ganzes Unternehmen von meiner Antwort abhing.

»Ich möchte gerne über die Sprache und Sitten der Frauen hier schreiben, möchte aufzeigen, dass die Sprache der Frauen hier viel älter und archaischer ist als die der Männer.« Die dicke Frau sah mich etwas verdutzt an, dann lachte sie laut auf und begann sogleich, über andere Dinge mit Mutter zu sprechen, die ich nicht ganz verstand. Ich hatte Schwierigkeiten, diesen Dialekt genau zu verstehen. Viele Klänge waren noch fremd für mein Ohr, und viele Ausdrücke hatte ich noch nie gehört, aber ich nahm mir vor, die Nächte dazu zu nützen, den Dialekt genau zu studieren.

Vier große dampfende Tabletts wurden herbeigetragen, und die Frauen standen nacheinander auf, um sich die Hände gründlich zu waschen. Ich fragte mich, wie wohl die Frauen mit der Gesichtsmaske essen werden. Würden sie sie abnehmen, oder gab es eine besondere Methode dafür, die ich noch nicht kannte? Die Tabletts wurden auf den Boden gestellt, und vor mir erschien ein großer Reisberg, gespickt mit Gemüse und Fleischstücken.

Jeweils vier Frauen versammelten sich um ein Tablett. Jede Frau stützte sich auf ihre linke Hand, schlang ihre Beine unter den Körper und streckte, nachdem sie das *bismillah* ausgesprochen hatte, ihre Hand aus. Mit dem Zeige- und Mittelfinger wurden elegant Reiskörner zusammengeschoben, aufgenommen und im Handteller zu kleinen Röllchen geformt. Diese gelangten dann mit einer schwungvoll eleganten Bewegung in den Mund, wobei die Frauen sehr darauf achteten, dass der Mund so sauber wie möglich blieb. Die kleinen Gemüsestücke wurden dann unter den Reis gemischt, während das Fleisch in kleine Stücke gerissen und separat gegessen wurde. Es war eine äußerst sinnliche Art zu essen, und ich genoss es, wieder in Gesellschaft in so herrlicher Weise zu essen. Das Gericht war mit getrockneten Limetten und Salz gewürzt, das gab dem Ganzen einen anregenden Geschmack.

Später erklärten mir die Frauen, dass man dieses Gericht *makbus* nannte. Nach dem Essen wuschen wir uns wieder die Hände. Wieder wurde Kaffee serviert, und bald danach kam noch einmal das Weihrauchgefäß, diesmal war es das Zeichen dafür, dass die Besuchszeit zu Ende war. All diese Gesten ohne Worte, ohne Peinlichkeiten, und alle wussten, was sie tun mussten. Ich bedankte mich für alles, und wir machten aus, dass ich in ein paar Tagen wiederkommen würde. Draußen traf ich Qutayba. »Du musst einen guten Eindruck hinterlassen haben, wenn du wieder eingeladen wurdest!« Ich lächelte zufrieden.

In den Sternen liegt mein Leben

Zainab – in meinem Kopf nannte ich sie immer nur »die Mutter« –, versprach mir, mich zu einer anderen einheimischen Familie mitzunehmen. Sie würde ihre Schulfreundin besuchen, und ich könnte mit der Mutter plaudern. Jetzt saßen wir im großen bequemen Auto, und der Chauffeur brachte uns zu ihnen. Er bog von der Hauptstraße ab, und wir fuhren durch unasphaltierte Straßen. Die Häuser waren nicht mehr so vornehm wie die auf den Hauptstraßen. Wir fuhren an einer Schule vorbei, und der Chauffeur musste anhalten, denn die Straße war überfüllt mit lauten Kindern in hellblauen Kitteln, die freudig aus der Schule strömten. Auf der ganzen Welt freuen sich die Kinder über den Schulschluss.

Bald war die Straße wieder frei, und wir konnten weiterfahren. Wir bogen in weitere unasphaltierte Straßen ein, es kam eine Biegung nach der anderen, und dann endlich blieben wir vor einem bescheidenen Haus stehen. Ein kleines Mädchen stand beim Hauseingang, und Zainab bat sie vom Auto aus, sie solle Haya rufen. Leicht verschreckt verschwand das Mädchen. Sogleich erschien die gewünschte Person. »Wer, Zainab? Seid gegrüßt, willkommen, willkommen! Was für eine Ehre!« An der Art, wie Zainab begrüßt wurde, merkte ich, dass sie aus einer vornehmeren Familie kam als die, die sie gerade besuchte.

Haya führte uns ins Wohnzimmer, und der Anblick dort brachte mich zum Schmunzeln. Der Fernseher lief, und davor saß eine Frau mit fleischigem Rücken und einem Gesäß, das sich wohlig breit auf dem Boden ausbreitete. Sie saß mit dem Rücken zu uns und guckte gespannt auf den Bildschirm. Es lief ein Kamelrennen, und die Frau feuerte mit schweren Hupfbewegungen und lauten Zwischenrufen die Kamele an.

»Mutter, wir haben Besuch, Zainab und ihre Freundin sind gekommen!« Um Abdallah drehte sich um, und ein breites Lächeln strahlte sogleich aus einem Gesicht, das schon viel im Leben mitgemacht hatte. »*Hallat il-baraka*, der Segen ist erschienen, *ahlan wa sahlan, ahlan wa sahlan*, willkommen, willkommen!« Sie wollte aufstehen, schwer drückte sie ihren Arm gegen den Boden, um ihr Gewicht hochzuheben. »Bitte, Tante, bleib sitzen, streng dich nicht an!«, sagte Zainab. Und wir knieten uns beide zu ihr nieder und begrüßten sie. »Ach, diese Knie, sie gehorchen mir nicht mehr!« Um Abdallah rieb sich die Knie mit ihren Händen, »kommt, setzt euch zu mir, Kinder!« Ich spürte, dass diese Frau ein volles Herz mit sich trug und dass ihr Herz auf der Zunge saß.

Zainab sah mich an, und ich verstand. »Um Abdallah, ich möchte Sie gerne bitten, mir ein wenig über Ihr Leben zu erzählen, ich sammle nämlich Geschichten über die Sitten und Zeremonien in Abu Dhabi.« Sie sah Zainab an, und diese lächelte. »Aber gerne, was möchtest du hören?« – »Ich habe ein Aufnahmegerät bei mir, kann ich deine Worte aufnehmen?« Wieder blickte sie Zainab an, und diese sagte: »Sie braucht diese Aufnahmen für ihr Studium,

Tante.« – »Ach so, für das Studium, ja dann gerne!« Sie war so eine liebe und einfache Seele, sie erwärmte mein Herz. Also stellte ich mein Aufnahmegerät auf den Boden vor Um Abdallah, und diese richtete sich so aufrecht wie möglich davor auf. »Was soll ich sagen?« – »Sprich einfach ein wenig über dich, was immer du möchtest.« Sie wackelte ein wenig hin und her, seufzte tief, als ob sie rückblickend ihr Leben anblickte und mit dem Seufzer die Schwere, die Enttäuschungen, die Härte in ihrem Leben wieder nachvollzog.

»Ich bin Um Abdallah vom Stamm der Qubaysi«, sagte sie mit einer erfahrungsgeladenen Stimme, die ganz anders klang als vorher, viel tiefer, viel älter als zuvor. Ihr Klang ließ mein Gesicht ganz ernst werden, und mein Körper wendete sich ihr kaum sichtbar zu. »Unser Leben war ein hartes Leben. Mein Mann, er ist auch mein Cousin, war Perlentaucher, und wir lebten in Abu Dhabi. Jeden Sommer zog er mit der Perltaucherflotte aufs Meer, und ich blieb monatelang allein zurück mit den Kindern. Abu Dhabi war nicht so, wie du es jetzt siehst. Ein paar Lehmhütten, ohne Wasser und Elektrizität.

In den ersten Jahren meiner Ehe bekam ich keine Kinder. Ich verlor sie immer in den ersten Monaten der Schwangerschaft. Trauer füllte jedes Mal meinen Bauch. Ich versuchte immer wieder, meinen Bauch, meine Arme mit dem *wasim* zu heilen. Dabei werden kleine, schmale Eisenstäbchen auf offenem Feuer erhitzt und auf bestimmte Körperteile gelegt. Hier, siehst du die Narben?« Sie zeigte mir ihre Unterarme. »Doch es half nichts. Nach drei Jahren ging ich zu einer Frau, die mir den *wasim* auf dem Bauch machte, so kam Abdallah auf die Welt. Danach dauerte es wieder ein paar Jahre, bis Haya kam und dann Masëud und zuletzt, ganz spät, die kleine Zwena.

Wir hatten ein hartes Leben. Um Wasser zu bekommen, gruben wir selbst Brunnen und transportierten das Wasser in *girbas*, in Wasserschläuchen aus Ziegenfell. Wir trugen die Wasserschläuche über weite Strecken auf unseren Köpfen. Das Wasser aus diesen Brunnen war etwas salzig, sodass wir den Reis ohne Salz kochten. Manche Kaufleute brachten Wasser von auswärts, aus Qatar oder so, und verkauften das Wasser am Hafen, und diejenigen, die Geld hatten, kauften dieses süße Wasser unten am Hafen. Im Hochsommer wanderten die meisten von Abu Dhabi zur Al-Ain-Oase und verbrachten zwei bis drei Monate dort. Sie reisten auf Kamelen und brauchten ungefähr eine Woche für die Strecke. Ich aber blieb mit meinen Kindern in Abu Dhabi, während mein Mann nach Perlen tauchen ging.«

Wir hörten ein Husten, und Um Abdallah rief: »Komm nur herein, Abu Abdallah, Hayas Freundinnen sind zu Besuch!« Herein kam ein kleiner, alter, dünner Mann in einer weißen *jalabiya*. Sein braunes Gesicht wirkte wie altes Leder, und seine gebückte Haltung drückte Bescheidenheit und Demut aus. Er grüßte, wir grüßten zurück, und dann kauerte er sich auf den Boden. »Abu Abdallah, erzähl ihnen vom Perlentauchen, komm, erzähl!«, forderte seine Frau ihn auf. Der alte Mann blickte auf: »Es ist lange her, sehr lange.«

»Die Hauptfangzeit der Muscheln, der *gos al-kabir*, waren die Monate Mai bis September. Da war das Wasser besonders warm, und wir konnten tief tauchen, ohne zu erfrieren, denn die Perlen finden sich in Muscheln, die in sechs bis dreißig Meter Tiefe siedeln. Die Arbeit war sehr schlecht für die Gesundheit und auch sehr gefährlich.

Jeder von uns Tauchern hatte eine kleine Ausrüstung. Dazu gehörte: eine Hornklammer, *ftam*, die als Nasenschutz diente und die wir an einer Schnur um den Hals trugen; lederne Fingerhüte, *chubat*, die uns als Fingerschutz dienten, da die Austern energisch zugriffen, wenn sie von den Perlenbänken entthront wurden; und ein *diyin*, ein Perltaucherkorb, der um die Taille gebunden wurde. Dann stellten wir uns auf einen an einem Seil, *yida*, befestigten Stein, klemmten uns die Hornklammer auf die Nase und ließen uns an dem Tau hinunter, die Füße zuerst. Oft kamen wir halb erstickt wieder herauf, leerten unsere Körbe an Deck und wiederholten dieses Manöver tage- und monatelang. Etwa zehn Muscheln konnten wir während der etwa anderthalb bis zwei Minuten Tauchzeit lösen, dann zogen wir an dem Seil und gaben dem *seb*, dem Seilbediener auf dem Perlenboot, somit das Zeichen, um heraufgezogen zu werden. Die Muscheln brachen wir am Morgen nach dem Fang auf, da sie sich dann leichter öffnen ließen.

Die gefundenen Perlen verwaltete der *nochada*, der Kapitän. Manche Perlen wurden schon auf See an die Perlenhändler verkauft, der Rest kam auf den Perlenmarkt. Die Scheichs, Kapitäne und Händler verdienten sehr gut, aber wir Taucher verdienten kaum. Wir mussten uns immer wieder Geld vom Kapitän leihen und waren somit fast immer verschuldet. Viele Taucher mussten immer wieder Jahr für Jahr mitmachen, obwohl sie schon müde und alt waren. Sie hatten Schulden bei den Kapitänen und trugen somit einen Strick um den Hals.

Selten gelang es Tauchern, gut zu verdienen, außer sie brachten einmal eine sehr kostbare *dana*, Perle, hervor. Dann kam es vor, dass der Kapitän die Taucher freisprach und belohnte. Ich hatte einmal das Glück, eine riesige schwarze Perle zu finden. Sie hat mir mein Leben gerettet, denn ich war schon am Ende meiner Kräfte und hätte eine weitere Saison nicht überlebt.

Wegen der Schulden konnten die Kapitäne, wenn die Hauptsaison nicht den gewünschten Ertrag gebracht hatte, die Taucher zwingen, noch einmal loszuziehen. Man nannte dies den *gos il-barid*, die kalte Perltauchsaison, denn das Wasser war dann nicht mehr so warm, und die Taucher litten noch mehr. Oft trugen Taucher in dieser Zeit *scharbas*, eine Art Taucheranzug aus dünnem Stoff, der vor Quallen schützen sollte, die in dieser Zeit auftauchten. Manchmal starben Taucher bei diesen Einsätzen, aber sie mussten sich fügen, wenn sie nicht wollten, dass ihre Familien verhungerten.

Die Taucher kauften mit dem Geld, das sie bekamen, Nahrungsmittel, die für das ganze Jahr ausreichen mussten, Reis, Mehl, Datteln. Manchmal reichte es auch für einen Stoff, aus dem die Frau dann für jedes Familienmitglied etwas nähte. Falls die Nahrungsmittel ausgingen, musste der Taucher wieder zum Kapitän, um Geld zu leihen, dann hatte er wieder eine Schlinge um den Hals, und der Kreis begann von vorne.«

Der alte Mann hielt inne, er wirkte erschöpft, müde lagen seine Lider über den Augen, und sein Atem war flach. Zainab sah bedrückt aus, denn, obwohl sie natürlich über die Perltauchersaison Bescheid wusste, so hörte sie doch zum ersten Mal von dem harten

Leben der Perltaucher. Zainab gehörte dem Stamm der Mazruíi an, die immer schon wohlhabende Kaufleute gewesen waren, und hatte daher wenig Ahnung von diesem Teil ihrer Landesgeschichte. Auch ich war von seinem Bericht berührt, aber ich wollte mehr wissen, es musste noch eine andere Seite geben.

»Erzähl uns bitte, wie habt ihr euch denn auf See orientiert und wie habt ihr die Nächte verbracht?« – »Zum *gos al-kabir* fuhren Hunderte von Booten aus.« Er machte eine große Geste mit der Hand, so als ob er die Boote vor sich sah am Horizont. »Der *sirdal*, der Anführer der Perltaucherflotte, fuhr auf seinem *bum* voran. Ein *bum* ist ein zwei- oder dreimastiges Segelboot mit einer Tragfähigkeit von etwa 100 bis 400 Tonnen. Bei voller Last hat es einen Tiefgang von bis zu 3,60 Meter. Diese Boote stellten einst das wichtigste Transportmittel im Golf und im Arabischen Meer, bis hin zur ostafrikanischen Küste, dar. Wenn wir fern der Küste segelten, orientierten wir uns durch die Beobachtung der Sterne. In den Nächten strahlten sie auf uns hinab.«

Ein flüchtiges Lächeln umspielte bei diesen Worten seine Mundwinkel. Er wurde still, überlegte und sagte: »Ich habe eine alte Karte, auf der die Gestirne aufgezeichnet sind. Ich werde sie holen!« Plötzlich wurde dieser leise alte Mann ganz munter, und seine Aufregung gab seinem schmächtigen Körper mehr Raum und Volumen. Haya brachte eine Obstschüssel, und Um Abdallah begann, für uns das Obst zu schälen und in Scheiben aufzuschneiden. Sie fütterte uns eigenhändig, Ausdruck einer großen Ehrerbietung. »Abu Abdallah kennt viele Gedichte und Lieder. Bitte ihn, dir ein paar vorzutragen. Er tut es so selten, und ich höre sie so gerne!« Um Abdallah sah mich dabei bittend an, und ich versprach ihr, es zu versuchen.

Wenig später kam Abu Abdallah wieder und hielt in seiner Hand ein eingerolltes Papier. Ganz behutsam rollte er es auf, und es erschien ein eigenartiges Gebilde von Punkten, Linien und Kreisen. »Das sind die *banat naísch*, die Mädchen mit den langen Haaren*, und dies die *thrayya*, die Reichen, die von der feuchten Erde weit

* Das Sternbild des Großen Bären.

entfernten.* Und dies ist der *mughib*, der Stern, der dem Seefahrer die westliche Himmelsrichtung anzeigt, und jener ist der *yah*, der Stern, der dem Seefahrer die nördliche Himmelsrichtung anzeigt. Und das hier, das ist der *ghbescha*, der letzte Stern, der vor Sonnenaufgang aufgeht.« Er wanderte bei seinen Erklärungen mit seinen Fingern entlang der Karte, so wie ein anderer den Buchstaben in einem Buch folgen würde. Es war schön, ihn dabei zu beobachten, und die unscheinbare Karte wurde durch seine Worte für uns lebendig.

»In den Nächten sangen wir unsere alten Lieder, niemand wusste mehr, woher sie stammten, sie waren für uns so alt wie die Sterne über uns. Die Sterne und die Lieder waren unsere Lebenskraft auf dem dunklen schwarzen Meer.« – »Lass uns deine Lieder hören, Abu Abdallah!«, bat ich spontan, jetzt wo seine Seele das dunkle Meer wieder spürte.

Er zögerte nicht, seine Worte erhoben sich aus der Ferne, im Rhythmus des Tauziehers, im Reim der Wellen, aus den Tiefen des Meeres und dem freundlichen Himmel. Und wie ein Wunder hielten er und mein Tonband gleichzeitig inne. »Ma gassart, ya abu abdallah, ma gassart! Großzügig hast du gegeben, Abu Abdallah, großzügig und reich!« Ich nahm das Band heraus und wandte mich an Um Abdallah. »Hier hast du die Geschichte deines Mannes, behalte sie als Erinnerung an unsere Begegnung.« Um Abdallah nahm das Band und drückte es ans Herz. »Danke«, flüsterte sie und steckte das Band in ihren Büstenhalter.

Wenig später verließen wir die Familie aus dem Stamm der Qubaysi. Ich war reich beschenkt worden und sehnte mich jetzt nach einem Nachmittagsschläfchen zu Hause.

Das Geburtshaus

Wir waren unterwegs auf der breiten, luxuriös ausgebauten Autobahn, in Richtung Al-Ain-Oase, der größten und wichtigsten Oase in Abu Dhabi. Es war Ramadan, der Monat, in dem von Sonnenauf-

---

* Das Sternbild der Plejaden.

gang bis Sonnenuntergang weder getrunken noch gegessen, noch geraucht werden darf. Dank der Klimaanlage verspürte ich trotz der äußeren Hitze kaum Durst. Ich genoss die sanften Dünen entlang der Autobahn, auf und ab, wie die weichen Kurven eines fülligen Frauenkörpers. Streckenweise waren Bäume gepflanzt, etwas verloren, der erhabenen Einsamkeit der Wüste kaum standhaltend. Ich sog diese Leere mit meinen Augen auf, und es tat gut, keine menschlichen Bauten zu sehen.

Wir waren unterwegs, um zwei Freundinnen und ein Geburtshaus zu besuchen. Die eine Frau war eine Freundin von Tante Adeline, sie war die Leiterin dieses Geburtshauses, die andere Frau war Lina, meine Schulfreundin aus Beirut, die seit sechs Jahren mit ihrem Mann und ihren zwei Kindern hier in Al-Ain lebte.

Lina hatte die Schule damals spontan verlassen, um ihren Cousin zu heiraten, der in Al-Ain ein gut gehendes Papiergeschäft führte. Wir waren damals alle sehr traurig, als Lina uns nur ein paar Wochen vor ihrer Hochzeit ihre Entscheidung mitteilte. »Willst du nicht wenigstens die Schule beenden, bevor du heiratest?«, bestürmten wir sie alle. »Nein, ich will nicht mehr, Lernen macht mir keinen Spaß, ich will lieber heiraten und verreisen. Die Welt sehen! Frei sein!« Ich kann mich noch gut an ihre Worte erinnern, und jetzt, nach so vielen Jahren, war ich schon sehr neugierig und gespannt, wie es ihr ging.

Al-Ain war eine richtige Stadt, großzügig angelegt mit vielen begrünten Inseln, um die sich der Kreisverkehr drehte, und schön gepflegten Grünstreifen, die die Straßen trennten. Es dauerte eine Weile, bis wir das Geburtshaus fanden. Gleich daneben parkten wir bei einem kleinen Haus mit winzigem Vorgarten. Als Tante Adeline den Motor abschaltete, erschien auch schon eine große rundliche Frau mit dicker Brille und einem aufgeschwemmten Gesicht. Sie freute sich sichtlich, als sie Adeline sah, und die beiden begrüßten sich freudig, wobei Adeline sich immer wieder für die Verspätung entschuldigte.

»Ich hatte mir schon Sorgen gemacht, aber jetzt ist alles gut«, sagte Adelines Freundin. Sie war eine aufopfernde hart arbeitende Frau, einer dieser Engel auf Erden, die irgendwann beschlossen haben, ihr Leben in den Dienst anderer zu stellen. »Ah, hallo, Fawzia, ich habe schon viel von dir gehört. Du hättest niemand besseren finden können als Adeline, um dir bei deiner Arbeit zu helfen!« Ich weiß, Adeline hatte mich und mein Projekt schon längst adoptiert und in die Liste ihrer ehrgeizig verfolgten Ziele gestellt.

»Wo sind eure Koffer? Ihr müsst ja schon ganz erschöpft sein! Naja, es ist nicht mehr lang bis zum Sonnenuntergang, *ramadan karim!*« – »*Allah akram!*«, antworteten wir beide. Da man zum Ramadan dem Gast nichts anbieten kann, sagt man stattdessen: »Der Monat Ramadan ist großzügig in seinen Gaben.« Und die Antwort lautet: »Allah ist noch großzügiger!« Tante Adeline fastete zwar als Christin nicht, aber aus Solidarität enthielt sie sich des Essens und trank nur ein wenig Wasser, wenn sie glaubte, unbeobachtet zu sein.

Wir trugen unsere Taschen hinein. Es war eine sehr bescheiden, ja karg eingerichtete Wohnung, alles schien sehr unpersönlich. Hier wohnte jemand, der gar keinen Wert auf persönlichen Besitz legte. Es wirkte auf mich wie eine dieser möblierten Strandwohnungen, die man überall am Mittelmeer für ein paar Tage mieten konnte. Witzig, dass eine Wohnung mitten in der Wüste eine Meeratmosphäre ausstrahlen konnte. Dass Adelines Freundin nicht aus den Emiraten stammte, hatte ich schon gemerkt, aber woher kam sie?

»Du sprichst wunderbar Englisch«, sagte ich, denn sie hatte die ganze Zeit auf Englisch mit Adeline gesprochen. »Kein Wunder, ich bin auch halb Amerikanerin, halb Syrerin!« Dabei bewegte sie ihre Nase so, dass ihre Brille hin und her tanzte. Ich musste lächeln. »Wenn ihr nicht zu müde seid, könnten wir gleich zum Geburtshaus gehen, und du kannst dir alles einmal ansehen. Vielleicht haben wir Glück, und du hast die Möglichkeit, ein paar Aufnahmen zu machen!« – »Sehr gerne!« Und schon standen mein Gerät und ich bereit an der Tür. Arme Tante Adeline musste bei so viel Enthusiasmus einfach mitmachen!

Wir spazierten rüber zum Geburtshaus, das ungefähr 400 Meter weit entfernt war. Es war ein längliches, flaches Gebäude. Adelines Freundin öffnete eine Tür am unteren Teil des Gebäudes. Dahinter erstreckte sich ein langer Gang mit vielen Türen rechts und links entlang des Gangs. Dadurch, dass der Gang ockerfarben, mit einfachen Holztüren versehen und zum Teil ohne Dach war – wodurch sogar ein paar Tauben zu sehen waren –, wirkte er lebendig atmend.

»Kommt, lasst uns sehen, wie es dieser Frau hier geht, sie hat gestern ein Mädchen geboren.« Adelines Freundin öffnete die Tür, ging hinein und kam kurz danach wieder heraus, um uns mit den Worten »Wir dürfen sie besuchen!« hereinzubitten. Zu meinem Erstaunen erschien ein gemütliches traditionelles Wohnzimmer, mit Teppichen, Matratzen und vielen Polstermöbeln. Das Licht war gedämpft, und in einer Ecke war eine kleine Holzwiege zu sehen. Es saßen sechs Frauen im Raum verteilt, und ich konnte nicht erkennen, wer die Mutter war, da alle ihre traditionellen Kleider trugen. Nichts deutete darauf hin, dass eine von ihnen gestern einem Menschen das Leben geschenkt hatte. Ich schüttelte jeder die Hand und küsste sie auf die Wangen, Gratulationswünsche murmelnd, nur am etwas schwächeren Händedruck einer der Frauen verstand ich, dass sie die junge Mutter war. Ihre Augen wirkten etwas müde, aber sehr wachsam und zufrieden.

Wir setzten uns hin, doch ich hielt es nicht lange aus, ich wollte so gern die Kleine sehen. Da öffnete sich die Tür, und drei weitere Frauen kamen herein. Ich schaute hoch, und meine Augen erblickten einen Mond. Wenn ein Mensch eine besondere Ausstrahlung hat und sein Gesicht von außergewöhnlicher Schönheit ist, bezeichnet man ihn als Mond, *qamar*, denn er unterscheidet sich von allen anderen Himmelskörpern: Die göttliche Sonne spiegelt sich in ihm wider. Und die Frau, die soeben das Zimmer betreten hatte, hatte das lieblichste Gesicht, das man sich vorstellen konnte. Eine der zwei Frauen, die mit ihr kamen, war schmal gebaut und sehnig, so wie Beduininnen der Wüste üblicherweise aussehen, mit einem länglichen Gesicht und kräftigen Händen. Die andere dagegen war schwer und rund. Sie ließ sich mit einem lauten Seufzer auf die Matratze fallen.

»Ach, ist mir heiß!«, stöhnte sie, da hob sie ihre *kandora*, das lange überwurfartige Gewand, und fächerte damit. Alle Frauen lachten. »Wo ist denn dein Mann?«, neckten sie die Frauen. »Hoffentlich nicht weit weg!«, gab sie kichernd zur Antwort. »Wirst du es noch bis zum Abend aushalten?« – »Ich weiß nicht!« Dabei warf sie sich nach hinten und stöhnte im Takt. Wieder kicherten alle. »Wir haben dir *jadi* mitgebracht«, sagte sie und wechselte das Thema. Sie hob den Deckel vom mitgebrachten Topf, und ein appetitlicher Duft strömte hervor, füllte unsere Nasen und drückte unsere Bauchdecken nieder. *Jadi* war eine Speise, die eine Frau nach der Geburt bekam. Sie bestand aus Kamelmilch, Huhn und speziellen Gewürzmischungen.

»Morgen bringe ich dir *harut* mit«, sagte eine andere. Die junge Mutter bedankte sich und nahm den Topf entgegen. Sie wollte nicht jetzt vor den anderen essen, wohl aus Respekt gegenüber unserem Fasten. Auch das *harut* sollte die erschöpfte Wöchnerin stärken. Es war ein Getränk aus Milch und verschiedenen stärkenden Kräutern.

Plötzlich bewegte sich das Baby, und alle Aufmerksamkeit wandte sich spontan der Wiege zu. Eine Frau stand auf und hob das kleine Bündel aus dem Bett. Ein schwarzer Wuschelkopf kam zum Vorschein. Den Körper in ein Tuch eingewickelt, wirkte das Kind wie ein Wurm. Ich konnte nicht mehr widerstehen und stand auf. Mit einem »*bismillah*« übergab sie mir das kleine Wesen. »*Mashallah*«, murmelte ich und blickte einer kleinen Frau ins Gesicht. Immer, wenn man etwas Schönes sieht, sagt man *mashallah* – »Was Gott will, geschieht« –, um einerseits die Bewunderung auszudrücken und andererseits das Schöne vor Neid zu schützen.

Die Kleine hatte intensive schwarze Augen, die durch schwarze Kajalstriche um sie herum noch mehr hervorstachen. Ihre flaumig schwarzen Haare umspielten das kleine reife Gesicht auf ganz liebliche Weise. Ich hatte in diesem Augenblick das Gefühl, ihr ganzes Leben schon vor mir zu sehen, als ob jetzt schon ihr ganzes Schicksal unsichtbar in diesem kleinen verbündelten Körper geschrieben war. Wie viel davon konnte sie noch beeinflussen, wie vielem davon eine andere Wendung geben? Das, was auf der Stirn geschrieben steht, wird das Auge mit Sicherheit sehen, sagt ein arabisches Sprichwort. War es wirklich so?

Ohnmacht überkam mich, aber auch ein Gefühl der tiefen Ruhe. Ich muss lange mit dem kleinen Wesen dagestanden haben, denn ich hörte plötzlich Stimmen, die mich in die Gegenwart zurückholten. »Sie muss Kinder sehr mögen!« Ich schüttelte mich innerlich wieder wach und übergab die Kleine schweren Herzens ihrer Mutter. Diese nahm sie, um sie zu stillen, ein paar Frauen verabschiedeten sich, und wir wurden von der schönen Frau, die sich als die Schwester der Mutter herausstellte, in einen sich anschließenden kleinen Raum gebeten. Auch hier waren ein Teppich und ein paar Matratzen.

Wir setzten uns hin, und die schöne Frau holte eine Schatulle hervor. Sie ging hinaus und kam wenig später mit dem Weihrauchgefäß und brennender Kohle zurück, stellte es auf den Boden und holte ein paar runde Plättchen und Sandelholzstäbchen hervor. Sie zerrieb die Plättchen zwischen ihren weichen Fingern, die, sobald sie in Berührung mit der Kohl kamen, einen schweren duftenden Rauch verursachten.

Mein hungernder Körper nahm den Duft durch alle Poren auf, wie ein ausgetrockneter Körper Wasser aufnimmt. »Was ist das?«, fragte ich, leicht betäubt von der Intensität. »Es ist selbst gemachter Weihrauch«, antwortete die Schöne, »wir verkochen Aloeholzrinde, schwarzen oder weißen Muskat, Amberöl, Akazienharz, Rosenöl oder Rosenwasser mit Zucker und etwas Wasser, bis sich alles gut vermischt, dann wird es zu kleinen Plättchen geformt und in der Sonne getrocknet.«

Sie war nicht nur schön, sondern auch feinfühlig und klug, wie sie ihre feinen Hände zu ihren Worten bewegte und einen unaufdringlich anblickte. Ich genoss ihre Anwesenheit. Sie wirkte wie eine Rose, und ich fragte mich, ob sie verheiratet war und ob ihr Mann auch ihre innere Schönheit erkannte. Jetzt stellte eine der Frauen die geschlossene Schatulle in die Mitte und öffnete sie behutsam. Viele kleine Fläschchen mit gelblichen, bräunlichen und durchsichtigen Flüssigkeiten kamen zum Vorschein.

»Das sind verschiedene Düfte, die wir gerne verwenden«, erklärte sie, und sie nahm ein Fläschchen, öffnete es und schmierte ein wenig davon auf meine Hand. Es war ein süßlich schwerer Duft, der stark an Amber erinnerte. »Darf ich deine Erklärungen auf Tonband aufnehmen?«, fragte ich spontan, und ich war glücklich, dass sie es mir ohne viel Diskussion erlaubte. Wir saßen ungefähr eine Stunde zusammen, während die Frauen die Düfte erklärten und jedes Mal ein wenig davon entweder auf die Hand, auf die Kleider oder auf den Schal, hinter die Ohren oder auf die Stirn schmierten. Zuletzt nahm die Schöne ein Fläschchen in die Hand und erklärte.

»Das ist die *mchammariya*. Es gilt als kostbarste Duftessenz und wird vor allem bei Hochzeiten verwendet.« Sie öffnete das Fläschchen und fuhr fort: »Es besteht aus Aloeöl, Safranöl und Amber. Wir parfümieren damit den Kopfschleier, die Haare und die hintere Seite der Ohrläppchen.« Während sie sprach, schmierte sie mir mit ihren Fingern etwas davon hinter meine Ohrläppchen und wischte ihre Hände entlang meinem Schleier. Ich bedankte mich etwas schüchtern. Als wir dann endlich aufstanden, kam ich mir vor wie ein wandelndes Duftkästchen.

Wir verabschiedeten uns und bedankten uns für die Gastfreundschaft.

Adelines Freundin spazierte mit uns weiter durch das Gebäude.

»Die Zimmer sind alle so angelegt, dass die Frauen sich wie zu Hause fühlen und dass jederzeit Besuch kommen und auch übernachten kann, so wie es die Tradition hierzulande verlangt. Es gibt auch die Möglichkeit, selbst zu kochen, wenn man will, und die Frauen bleiben hier normalerweise drei bis vier Tage. Hier können sie sich ausruhen, bevor sie nach Hause zurückkehren und ihrer Arbeit nachgehen.«

»Junge Mütter werden in diesem Land sehr verwöhnt, nicht wahr?«, fragte Adeline. »Ja, das stimmt. Es ist ein kleines, aber sehr reiches Land mit nur ungefähr dreihunderttausend Einwohnern. Die Frauen hier bekommen höchstens zwei bis drei Kinder, und diese werden stark vom Staat gefördert.« Ich horchte auf, nur zwei bis drei Kinder! Das war sehr wenig für orientalische Verhältnisse.

»Der Herrscher von Abu Dhabi, Scheich Zayed, versucht, die Frauen zu mehr Nachwuchs zu animieren, indem er jedem Neugeborenen eine finanzielle Unterstützung überweist, und jedes Kind, das in die ohnehin kostenfreien Schulen kommt, bekommt ein Stipendium. Dasselbe gilt für die Universität.« – »Und trotzdem nur so wenige Kinder?« Adelines Freundin rückte ihre Brille zurecht. »Es liegt am Salzklumpen. Wenn eine Frau ihn zwei- oder maximal dreimal verwendet hat, wird sie steril.« – »Was ist dieser Salzklumpen?« – »Salz und ein paar andere Kräuter werden vermischt und zu einer Art großem Zäpfchen geformt und am zweiten Tag nach der Geburt in die Scheide eingeführt. Es soll der Gebärmutter helfen, sich zu säubern und zusammenzuziehen, *milha* nennen sie es.«

Wir gingen weiter und traten bei der anderen Tür aus dem Gebäude heraus. Vor dem Gebäude war ein kleiner Markt. Dort saßen Frauen und verkauften allerlei Kleinodien. Ich ging durch die Reihen und sah mir die Dinge an. Verschiedene Arten von Weihrauch wurden angeboten, Henna und Hennamuster zum Aufkleben und Nachzeichnen. Kleine Bündel von den Stickereien, die die Frauen auf ihre Kleider nähten, entweder aus Silber- oder Goldfäden. Ich nahm eines dieser Ziergeflechte in die Hand und betrachtete es näher. Die Verkäuferin beobachtete mich hinter ihrer Maske.

»Du willst wissen, wie es gemacht wird?« Ich nickte. Sie drehte sich um und langte nach einem eigenartigen Stand, auf dem ein ovales Kissen ruhte. Der Stand sah aus wie zwei spiegelverkehrt aufeinander gestellte Zylinder. Der eine ruhte auf dem Boden, und der andere diente als Stütze für das kleine ovale Kissen. »*Kajuja!*«, erklärte sie mir und zeigte auf das zylinderartige Gestell. »*Musida*«, sagte sie und berührte dabei das Kissen. Auf dem Kissen waren sieben silberne Drahtfäden mit Nadeln befestigt. Sie nahm drei Fäden in jede Hand und hielt sie zwischen den Fingern, während sie den letzten mittleren Faden mit den Daumen und den Zeigefingern hielt. Jetzt begann sie, geschickt die Fäden miteinander zu verbinden, sodass ein dickes Band daraus entstand, ein interessantes Muster dabei formend. Sie arbeitete schnell und ruhig. Ich sah ihr dabei fasziniert zu.

Nach einer Weile hielt sie inne mit den Worten: »Heee! Und so wird der *talli* gemacht!« Der *talli* war eine Zierborte aus schmalen, ineinander geflochtenen, silbernen oder goldenen Fäden. Ich kaufte ihr das Geflecht ab, bedankte mich und ging weiter.

Mir war heiß, und ich spürte, wie der Durst an meinem Körper zerrte. Ich musste mich setzen, fand im Schatten des Geburtshauses einen großen Felsen und ging darauf zu, setzte mich und sah leeren Blickes in die Gegend. Eine sanfte Brise kam auf und begleitete meinen Blick. Palmenpaare waren hier und da verstreut, kleine sandige Dünen, alles schien unwillkürlich hingepinselt, alles schien seine Richtigkeit zu haben.

Ich war froh, hier zu sein, froh, all das Neue zu hören, zu sehen, und mit jedem neuen Wissen kam ich mir selbst fremder vor, wusste nicht mehr, wohin ich gehörte. Wo beginnt das Andere und wo endet das Vertraute? Im Schatten des Geburtshauses sitzend, überkam mich der Gedanke, wie nahe Leben und Tod beieinander lagen. Wir Frauen waren alle mit dem Wissen verbunden, dass der Tod der Schatten, die Kehrseite einer Geburt war, dass er der Preis war, den Frauen für die Ehre, Leben schenken zu können, zahlten. Ich blickte die Mauern des Geburtshauses an: Wie viel Freude und Dankbarkeit, wie viel Leid und Schmerz hatten sie schon gesehen? Und ich, eine Frau, hatte immer teil an diesem Zyklus, trug ihn selbst in mir.

Zarte leise Traurigkeit überkam mich plötzlich. Ich spürte, wie mein Herz im Rhythmus der Schwesterntrommeln Glückseligkeit und Einsamkeit schlug. Mein Körper schien Erinnerungen zu verspüren, die tief in meinem Bauch lebten, dort, wo der Verstand nicht mehr hinkam. So saß ich da und ließ meine Gedanken von meinem inneren Brunnen trinken, während der Hunger sich von meinen Nerven ernährte. Ich stand auf und rief stumm nach Tante Adeline.

»Da bist du ja!« Sie kam mit ihrer Freundin um die Ecke. »Sama schlägt vor, bei einer einheimischen Familie unser Fasten zu brechen. Du könntest Lina ja morgen besuchen.« – »Ihr werdet sehen, es ist eine ganz besonders liebe Familie, und die Frau des Hauses hat eine ganz besondere Tochter, ich möchte gerne, dass du sie kennen lernst!« Wieso nicht? Ich hatte Lina so viele Jahre nicht gesehen, da kam es auf einen weiteren Tag nicht an.

Wir gingen also zum Auto und fuhren gemächlich durch die Straßen. Bei einem großen Tor blieb Sama stehen, hupte ein paar Mal, und ein Wächter öffnete uns. Im Hof erwarteten uns auf beiden Seiten große gepflegte Büsche mit schweren Blüten. Sama parkte, wir stiegen aus und folgten ihr zu einer überdachten Terrasse. Als uns die Frau des Hauses erblickte, stand sie auf und kam auf uns zu. Sie begrüßte Sama herzlich, und diese erklärte kurz, wer wir waren, und dann wurden wir genauso herzlich begrüßt.

Vor allem zum Ramadan liebte es jeder, Gäste zu haben, und empfand es als Geschenk Gottes, sein Mahl mit ihnen zu teilen. Die Herrin des Hauses war eine kleine runde Frau mit winzigen funkelnden Augen und einer edlen Haltung. Sie war mir sofort sympathisch. Es waren noch drei Gäste auf der Terrasse, wir begrüßten auch sie und setzten uns auf die Teppiche.

»Wie geht es im Geburtshaus?«, erkundigte sich die Hausherrin. »Alles läuft gut, *alhamdulillah*, gepriesen sei Allah!«, antwortete Sama. Während sie so plauderten, ließ ich meinen Blick umherschweifen. Ich sah drei Tonkrüge an Schnüren auf einem Balken befestigt und ruhig nebeneinander baumelnd. Ich erinnerte mich an meine Kindheit, als auch wir die Wasserkrüge so aufhingen. Das Wasser blieb vom sanften Wind umspielt, trotz Hitze angenehm kühl, und es bekam einen Geschmack, der mit keinem Kühlschrankwasser zu vergleichen war.

»Wo ist denn deine Tochter?«, fragte Sama. »Sie ist in der Universität und muss jeden Moment kommen.« – »Wie geht es ihr denn?« Die kleine runde Frau seufzte. »Hiba ist wirklich mein Sorgenkind. Sie ist anders als all ihre Geschwister, ja anders als die Mädchen ihres Alters.« Ich horchte auf – anders? Wie anders?, fragte ich mich neugierig. »Sie kümmert sich nicht um schöne Kleidung, auch nicht um Goldschmuck, und sie denkt auch nicht ans Heiraten. Dabei haben schon die besten Familien um ihre Hand angehalten. Ich weiß wirklich nicht, was ich mit ihr machen soll!« Wieder seufzte sie.

Und da erschien auch schon Hiba, und ich verstand sofort, was ihre Mutter meinte. Sie hatte eine Intensität an sich, die man selten bei Menschen traf, vor allem nicht in einem so jungen Alter. Sie hatte einen Blick, dem man nicht lange standhalten konnte. Sie trug ein ganz einfaches langes Kleid ohne jegliche Verzierung, ihre Hände waren kahl, ohne Schmuck und ohne Hennaverzierungen. Nicht einmal das schwarze durchsichtige Tuch auf ihrem Kopf hatte die übliche goldverzierte Leiste, die das Gesicht der Frauen so strahlen ließ.

Andererseits hatte Hiba diese Verzierung nicht nötig. Hiba kam auf ihre Mutter zu und küsste ihre Hände, und ich spürte die besondere Liebe, die ihre Mutter für sie im Herzen trug. Sie erkannte das Juwel in ihrer Tochter, hatte aber Schwierigkeiten, es mit den Vorstellungen der Gesellschaft zu verbinden – das Leid vieler Mütter. Sie strich ihr liebevoll über den Kopf, und ich konnte fast den Austausch ihrer Seelen sehen. Der Anblick berührte mich tief, er war so intim, dass ich wegsehen musste. Eine Liebeserklärung zwischen Mutter und Tochter.

Hiba wandte sich auch an die drei anderen Frauen und küsste auch ihnen die Hände. Dabei blickte sie ganz bescheiden zu Boden und kam dann auch zu uns, küsste Samas und Adelines Wangen und bewegte sich dann zu mir. Sie streckte mir ihre Hand entgegen, ich gab ihr meine, und ohne dass sie meine auch nur eine Spur zu sich zog, beugte sie sich ganz zu mir und küsste mich. Sie beschämte mich mit ihrer Demut. Hiba setzte sich und blickte zu Boden.

»Seht ihr, was ich meine?«, begann ihre Mutter im sorgenvollen, aber liebevollen Ton. »Sie trägt keinen Schmuck, keine Ringe, keine Ketten, keine Hennaornamente auf den Händen oder Füßen, nichts. Sie verweigert alles.« – »Ach, Mutter, du weißt, dass mich solche Dinge nicht interessieren. Ich mag sie nicht und schon gar nicht die Hennabemalungen.« – »Ja, aber ein Mädchen im heiratsfähigen Alter muss sich um ihr Aussehen kümmern«, wandte ihre Mutter ein, »oder nicht?« Und dabei suchte sie mit ihren Blicken Bestätigung und Unterstützung bei den anwesenden Frauen.

»Lass sie doch so sein, wie sie ist, Um Khaled«, antwortete eine der Frauen. Sie schien eine intime Freundin der Familie zu sein, »deine Tochter ist hundert anderer Mädchen wert, ihr Lächeln allein bezaubert mehr als genug!« – »Und überhaupt weißt du doch, Mutter, dass ich an Heirat nicht interessiert bin.« – »Seht ihr? Antwortet so ein vernünftiges Mädchen?«, fragte Um Khaled seufzend. »Ich möchte eben bei dir bleiben«, sagte Hiba und lächelte dabei ihre Mutter an. »Ach, Tochter, was soll ich nur mit dir machen. Ich möchte dich auch bei mir haben, aber es ist eben der Lauf des Lebens, dass eine Tochter heiratet und eine eigene Familie gründet. Ich werde doch nicht ewig hier sein.«

Für einen Moment war es ruhig, und jede der Frauen schien sich in ihre eigene Welt, in ihre getroffenen Lebensentscheidungen, die richtigen und falschen, zurückgezogen zu haben. War dies wirklich der einzige Weg für eine Frau, gab es nicht auch andere Möglichkeiten, konnte eine Frau nicht auch andere Lebensformen leben oder vielleicht mehrere miteinander kombinieren?

Nach einer Weile ergriff Sama das Wort, die Frau, die sich für den Weg der allein stehenden Frau entschieden hatte. »Deine Tochter ist jung, und sie findet sich jetzt in ihren Studien, lass ihr Zeit, gib ihr die Möglichkeit, reif und klar zu entscheiden. Sie ist klug und stark genug dafür. Und die Zeit wird ihr helfen.« Hiba stand auf. »Ich gehe beten, Mutter, bitte entschuldigt mich.« – »Ich komme mit!«

Ich stand auf und folgte ihr in einen leeren Raum, der mit Teppichen ausgelegt war. Sie stellte sich in die Mitte des Raumes und begann ihr Gebet. Ich blieb hinter ihr etwas entfernt stehen und sah ihr für ein paar Momente zu. Wie schön sie wirkte und wie hingebungsvoll sie sich in ihr Gebet vertiefte! Dann begann auch ich mein Gebet, und es verband sich mit ihrem, unsichtbare Fäden schienen sich zwischen uns zu spinnen, mein Niederknien, die Berührung des Bodens mit meiner Stirn, alles bewegte sich wie von allein. Mein Körper war mit den Bewegungen ihres Körpers verknüpft, während mein Geist befreit vom Körper unbegrenzt im Raum schwebte, tänzelnd zwischen Schönheit und Majestät. Mit einem süßlichen Geschmack im Mund stand ich auf.

Wir setzten uns wieder zu den Frauen und plauderten noch eine Weile. Hiba beteiligte sich kaum an den Gesprächen, und auch mir war nicht sehr nach Sprechen zumute. Ich genoss es, mit ihr zusammen zu sein, mehr wollte ich nicht. Bald danach breiteten zwei Bedienstete im anliegenden Raum ein Tischtuch aus und servierten Speisen in verschiedenen kleinen Schüsseln. Als der Muezzin zum Sonnenuntergangsgebet rief, standen wir auf und setzten uns um die Speisen herum. Langsam füllten wir unseren Magen mit Wasser und Nahrung. So wie es üblich war: im Sommer zwei Drittel Wasser und ein Drittel Nahrung, im Winter zwei Drittel Nahrung und ein Drittel Flüssigkeit.

Hiba aß wenig, sie schien sich nichts aus Essen zu machen, während wir anderen doch ziemlich absorbiert waren vom Mahl. Nach dem Essen standen die Frauen einzeln auf, wuschen sich und verrichteten das Sonnenuntergangsgebet. Wir fanden uns dann wieder auf der Terrasse, tranken gemeinsam Tee, ruhten ein wenig, und dann verabschiedeten wir uns, Sama, Tante Adeline und ich. Ich sah Hiba lange in die Augen, wir lächelten beide. »Viel Glück, Hiba!« – »Gott sei mit dir, Fawzia!« Ich sah sie nach dieser Begegnung nie wieder.

Ein Dämon in der Wüste

Als ich hereinkam, kauerte sie zwischen ihren Töchtern, Enkelkindern und Nichten sowie Freundinnen der Familie. Sie fiel mir sofort auf, denn sowohl ihr durchdringender Blick als auch ihre kleinen, aber ausdrucksvollen Bewegungen ließen auf eine freie Seele schließen, die sich nie der Sesshaftigkeit, der Enge der Stadtmauern angepasst hatte.

Sie blickte kaum hoch, als ich näher trat, vielmehr blähten sich ihre Nasenflügel, wie bei einem jungen Hengst auf, und sie sog den neuen Geruch ein, atmete die Vibrationen, die Stimmung ein und hob dann erst den Kopf, um mit den Augen den neuen Anblick einzufangen. Ich setzte mich in ihre Nähe, einen Respektabstand einhaltend, und saugte auch ihren Duft ein, ließ ihre Schwingungen meine Sinne umspielen. Ich spürte, wie mein Nacken sich entspannte, und saß gerne in ihrer Nähe.

Da die Frauen mich mittlerweile recht gut kannten und ich sozusagen jetzt zum engeren Kreis gehörte, konnte ich recht schnell zu meinem eigentlichen Thema kommen. Ich packte also mein Aufnahmegerät aus und stellte es vor mich hin. Immer wieder empfand ich das Gerät und das Mikrofon als aufdringlich, ja peinlich groß. Zainab, ihre Enkelin und mittlerweile lieb gewonnene Freundin, lehnte sich zu mir. »Du kannst meine Großmutter ruhig fragen, sie wird dir gerne erzählen.« Ich lächelte sie dankend an.

»Hadja«, begann ich, das war der Höflichkeitstitel, den man einer reiferen oder alten Frau gab. Eigentlich werden so Frauen angesprochen, die die Pilgerfahrt nach Mekka gemacht hatten, und da es üblich ist, diese lebensverändernde Reise ab dem vierzigsten Lebensjahr zu machen, betitelt man ältere Menschen respektvoll damit. »Würdest du mir etwas über dein Leben erzählen, über deine Kindheit, über das Leben, wie es früher war?«

Die alte Frau sah erst mich und dann das Tonbandgerät an. »Was ist das?« – »Ein Tonbandgerät, Großmutter, es wird deine Worte aufnehmen«, antwortete Zainab. »Und dann können alle meine Worte hören? Auch Männer?«, fragte sie weiter. »Nur Menschen, denen ich es vorspiele«, antwortete ich zaghaft. Sie überlegte und hielt dabei den Kopf etwas schief.

Da kam mir eine Idee. Während sich die Frauen unterhielten und ich ihr ein wenig über meine Arbeit erzählte, drückte ich auf die Aufnahmetaste, spulte dann zurück und sagte: »Hadja, höre einmal!« Ich drückte die Wiedergabetaste, und aus dem Gerät kamen die Stimmen der Frauen, ihr Kichern, meine Worte, die Worte der alten Frau, Zainabs Erklärungen. Die alte Frau wich vor Staunen ein wenig zurück, doch als sie das Kichern hörte, musste sie mitkichern.

Ganz aufgeregt saß sie nun da und horchte. »Das ist ja meine Stimme und Zainabs, das sind wir!«, wunderte sie sich. Das Gerät verstummte. »Das sprechende Eisen hat so wie wir geredet!«, sagte sie nachdenklich, aber auch neugierig und nicht ablehnend. Sie überlegte kurz. »Ich erzähle dir und dem sprechenden Eisen, aber du musst versprechen, dass kein Mann meine Stimme hört.« Ich überlegte: Konnte ich das versprechen? Würde ich mein Versprechen halten können? Ich würde das Band sorgfältig aufbewahren. »Ja, ich kann es dir versprechen, Hadja!« Wir waren beide zufrieden.

»Zainab, Urtochter, wie alt bin ich jetzt?« – »Etwa 75 Jahre alt, Großmutter.«

»Wir waren Beduinen und lebten in der Nähe der Oase Liwa. Mein Stamm besaß viele Kamele und auch Palmenhaine. In den heißen Monaten wanderten die Männer nach Abu Dhabi zum Perltauchen, und zurück blieben die Frauen, die Kinder und die alten Männer. Wir kümmerten uns um die Kamele und um die Palmen.

Es war harte Arbeit, sich um alles zu kümmern. Viele Monate waren wir Frauen nur auf uns gestellt, mit den Kindern, den Kamelen, den Palmen und den alten Menschen. Und wenn die Männer wiederkamen, brachten sie Nahrungsmittel und Geschenke für uns. Ein Stoff für eine *kandora*, ein Schal, ein Ring, je nachdem, wie die Perltauchsaison ausgefallen war.«

Es war nicht leicht für mich, ihren Worten zu folgen, sie sprach noch den alten reinen Dialekt dieser Region, der weder durch Fernsehen noch durch Radio von der Außenwelt beeinflusst war. Keine ägyptischen oder libanesischen Worte hatten sich in ihre Sprache eingeschlichen. Ich merkte auch, dass Zainab manche Ausdrücke nicht kannte und nachfragen musste. Hier sprach eine Frau mit den Worten einer vergangenen Zeit.

»Großmutter, erzähl uns doch dein erstes Erlebnis mit dem Auto!«, bat Zainab. »Hah!« Großmutter bäumte sich auf. »Ich war alleine unterwegs in der Wüste, Holz sammeln. Ich war ein junges Mädchen, viel jünger als Zainab jetzt, etwa zehn Jahre alt. Da entdeckte ich die merkwürdigsten Spuren im Sand. Sie gehörten keinem Tier an, das ich kannte, auch nicht Menschen. Sie waren lang, lang, lang, wie eine unendliche Schlange. Wie zwei Schlangen. Mein Herz blieb stehen, ich zitterte am ganzen Körper. Und plötzlich aus dem Nichts kam eine Kamelsänfte. Doch sie bewegte sich ohne Kamele und mit Geräuschen, die meine Ohren betäubten. Voll Entsetzen warf ich mein Holzbündel hin und rannte, so schnell ich konnte, zu meinem Stamm, zum Lager zurück. ›Ein Dämon, ein riesiger Dämon ist unterwegs! Ich habe ihn mit meinen eigenen Augen gesehen! Ein Dämon, ein Dämon!‹, rief ich immer wieder, und alle kamen aus den Zelten heraus.

Der ganze Stamm stand da. Und plötzlich war der Dämon für alle zu sehen. Er blieb vor uns stehen, und heraus kamen zwei Männer, Menschen wie wir. Doch einer war rosa und hatte einen dünnen weißgelben Pelz auf dem Kopf, so hell, heller als die Haare unserer Kamele. Der andere war Beduine von einem anderen Stamm. Er begrüßte uns und gab unseren Stammesführern Erklärungen über den Dämon und den rosa Mann ab. Ich werde dieses Erlebnis mein ganzes Leben lang nicht vergessen.«

Alle lachten, sie kannten zwar alle diese Geschichte, aber sie hörten sie immer wieder gerne. Auch die alte Frau musste kichern. »Jetzt fahren mich meine Kinder und Enkelkinder in so etwas herum. Die Engländer haben das ganze Land damit gefüllt. Sie werden sogar beim *tuluh*-Fest verwendet.« Ich horchte auf. »Was ist ein *tuluh*-Fest?« – »Das ist das Fest, das vierzig Tage nach der Geburt eines Kindes gefeiert wird.« – »Kannst du uns darüber erzählen?«, fragte ich hoffnungsvoll. »Ja, bitte, Großmutter, erzähl!« Großmutter war bester Stimmung. Es war so schön, ihr zuzusehen, wie sie sich beim Reden über das Mikrofon beugte, so als ob das sprechende Eisen sie sonst nicht hören würde.

»Wir zermahlen Safran, das kostbarste aller Gewürze, und bringen das Kind heraus und zeigen es den Leuten. Vierzig Tage lang bleibt die Mutter mit dem Kind fern von den Leuten. Kein Fremder sieht sie. Es ist die Zeit der Ruhe und der Anpassung an das neue Leben. Wir feiern also am vierzigsten Tag das *tuluh*-Fest. Wir kochen einen großen Topf und rösten Fladenbrote. Die Fladenbrote verteilen wir an alle Kinder. Sie laufen dann gemeinsam los und rufen: ›O Abbod, folge uns! O Abbod, folge uns!‹, wenn der Name des Neugeborenen Abbod ist. Das Neugeborene wird an dem Tag gewaschen. Wir waschen es auf den Füßen einer mit Glück gesegneten jungen Frau. Einer Frau, deren Brüder hinter ihr stehen, also zu ihr stehen; deren Vater und Mutter leben; einer Frau, die in Wohlstand lebt. Bei mir haben alle auf diesen meinen Füßen gewaschen, so …« Sie legte ihre Beine zusammen und streckte sie aus.

»Die Frauen zermahlen also Safran und Fenchelkörner für das *tuluh*-Fest. Die Frauen beräuchern sich und essen dann gemeinsam. Es gibt meist Reis, Fleisch und Milch. Manchmal opfert man auch ein Tier an diesem Tag. Nachdem das Kind gewaschen worden ist, legt man es auf Sauerteig, dann wird es gebadet, neu angezogen, gewickelt und in die Wiege gelegt.

Dann bringen die Männer die Flinte und hängen diese über den Kopf des Neugeborenen. Sie bringen auch den Patronengurt und den Dolch und legen sie zum Kopf des Kindes, während es schläft. Dann holt man auch ein Kamel und stellt es zum Kind. Heutzutage bringen sie meistens ein Auto und legen das Kind dazu. Man macht all das, damit das Kind kein Schwächling wird. Sie möchten, dass es mutig wird, dass es ein guter Mann wird. Nach dem *tuluh*-Fest ist das Kind ein Mitglied der Gesellschaft. Jetzt gehört es dem Leben.« »Macht man dasselbe, wenn es ein Mädchen ist?«, fragte ich. »Bei einem Mädchen sucht man eine Frau, deren Eigenschaften und Art man mag. Natürlich soll auch sie viele Männer haben, die hinter ihr stehen, sie stärken, beschützen und um ihre Rechte kämpfen. Dann legt man das Mädchen auf die Füße der auserwählten Frau und schenkt dem Mädchen denselben Namen. Die Frau spricht dann ihren Segen aus und zählt die guten Eigenschaften wie Mut, Mitgefühl, Großzügigkeit, Zufriedenheit über das neugeborene Mädchen aus.«

Großmutters Lider begannen, sich zu senken. Sie wurde müde, und das Beugen über das Mikrofon hatte auch seinen Teil dazu beigetragen. Es war Zeit für mich zu gehen. Nach einer Tasse Kardamom-Kaffee verabschiedete ich mich und versprach wiederzukommen.

Das Geheimnis des Falken

»Möchtest du noch Lina besuchen gehen?« Wir waren bei Sama angekommen, und ich war noch voller Energie. Die zwei Damen schienen schon etwas müde, doch meine aufopfernde Tante Adeline bot wie immer selbstlos ihre Dienste an. »Gut, ich bringe dich hin.« Im Monat Ramadan blieben die meisten Leute lange wach, und es war üblich, sich abends, nach dem Fastenbrechen, zu besuchen.

»Wenn es euch nichts ausmacht, bleibe ich hier«, sagte Sama. Ich rief Lina kurz an und sagte ihr Bescheid. Sie war sehr aufgeregt und ich auch. Ich freute mich, meine alte Schulfreundin wieder zu sehen. Wir setzten uns also ins Auto und fuhren los. Unterwegs sahen wir vor allen Moscheen lange Schlangen parkender Autos. Die Moscheen unterwegs waren überfüllt mit Menschen, die die besonderen Ramadangebete, *tarawih*, verrichteten. Eine ganz besondere Stimmung lag in der Luft, eine Mischung aus Ruhe und Aufregung.

Nach mehreren Versuchen fanden wir schließlich Linas Haus. Es war ein helles, freundliches Haus, und ich freute mich zu sehen, dass es meiner Freundin gut ging. Tante Adeline wollte gleich zurückfahren, also verabschiedete ich sie noch im Auto und versprach, sie später anzurufen. Ich ging die paar Treppen hinauf zum Hauseingang, läutete, und da hörte ich sogleich Schritte. Lina hatte sich kaum verändert. Ihr wunderschönes, pechschwarzes Haar war schulterlang geschnitten und umrahmte ihr helles Gesicht ganz vorteilhaft.

»Lina, endlich!« Wir lagen uns in den Armen und lachten, kicherten, als ob zwischen unseren täglichen Schulbusfahrten und jetzt nur ein paar Momente vergangen waren. Ich schob sie ein wenig weg von mir und sah in die mir so vertrauten schwarzen Augen. Es war ein bisschen so, als würde ich nach Hause kommen. Die Zeit des unbeschwerten Spielens, des grundlosen Kicherns, des heimlichen Abschreibens von Hausaufgaben im Schulbus, die Zeit der unbekümmerten Kindheitsseele, die Zeit im Libanon, den ich schon so lange nicht mehr gesehen hatte, war wieder näher gerückt.

»Geht es dir gut?« Lina nickte, und ihre Freude füllte ihre Augen mit einem nassen Film. Sofort füllten sich auch meine Augen mit Tränen, und lachend und uns umarmend gingen wir ins Haus. Wie groß war meine Überraschung, als eine kleine Lina und ein kleiner Junge auf uns zukamen. »Das sind Dina und Sami!«, sagte sie in ihrem süßlichen libanesischen Dialekt, der fast schon fremd für mich klang. »Mami, Mami, wer ist diese Frau?« Plötzlich sah ich Lina mit ganz anderen Augen, als sie vernünftig, erwachsen und ruhig zu ihren Kindern sprach. »Das ist meine Freundin aus der Schule!«

Lina war Mutter geworden. Die Zeitspanne zwischen unserer Kindheit und der Gegenwart wurde mir in dem Moment bewusst. Das Leben änderte sich unaufhörlich, es war ein ständiger Fluss, nichts blieb, wie es war. Und der Halt? Den Halt fand ich im Wachstum, im tieferen Verstehen, im Wachsen des Herzens. Es schüttelte mich innerlich, und ich hatte das Gefühl, innerlich einen Sprung gemacht zu haben. Mein Bewusstsein hatte sich in dem Moment ausgeweitet.

»Komm, Fawzia, wir gehen in die Küche und machen uns etwas zu trinken!« Die Kinder liefen voraus, und die Vertraulichkeit, die nur in einer alten Beziehung, deren Wurzeln in der Kindheit ruhten, möglich war, ließ uns Höflichkeitsetikette und gesellschaftliche Normen abstreifen. »Geht es dir gut, Lina? Bist du zufrieden?« Lina lächelte. »Er ist ein guter Mann!«, antwortete sie. Wir tranken gekühlten Orangensaft und setzten uns mit unseren Gläsern ins Wohnzimmer. Das Wohnzimmer war hell und gemütlich eingerichtet, im mediterranen Stil, mit üppig-gemütlichen Sitzmöbeln, kleinen Tischen und Stehlampen. Auf den Beistelltischen standen Bonbonnieren und eine Schüssel mit verschiedenen Zigarettenmarken für die Gäste. Genau so, wie es im Libanon üblich war.

»Sami hat eine gut gehende Buch- und Papierhandlung. Er ist ein geschickter Kaufmann und hat Verträge mit der Al-Ain-Universität. Sie beziehen ihre Papierwaren von ihm.« – »Wie lange habt ihr vor, in Abu Dhabi zu bleiben?« Ich wusste, dass die Emirate Ausländern nur eine befristete Aufenthaltsgenehmigung gaben.

»Sicher möchten wir am liebsten in den Libanon zurück. Doch der Bürgerkrieg hat noch immer nicht aufgehört, und daher überlegen wir, nach Kanada zu gehen, nur für ein paar Jahre, um die kanadische Staatsbürgerschaft zu bekommen. Das erleichtert das Leben, denn mit der libanesischen Staatsbürgerschaft hat man nur beschränkte Möglichkeiten, und wir möchten, dass unsere Kinder ohne Komplikationen, ohne Ausweisungen aufwachsen können. Doch nun erzähl du! Was sind deine Pläne, was machst du hier in Al-Ain?«

Ich wollte nicht zu ausführlich erzählen. Reden war nie etwas, was ich gerne tat, und dann gaben Worte sowieso nur Bruchteile meiner Gedanken wieder. Wenn ich redete, hatte ich nachher immer den Beigeschmack eines Missverständnisses im Mund, der mich mit den Jahren zu einer guten Zuhörerin machte. Denn beim Zuhören lebte mein ganzes Wesen mit, und ich fühlte mich dabei fast immer beschenkt. »Ich bin gekommen, weil ich die Menschen hier kennen lernen möchte, weil ich ihre Geschichten, ihr Leben miterleben will und vielleicht so mehr verstehen kann!« Lina lachte.

»Ach, Fawzia, du wirst dich nie ändern!« Ich sah sie etwas verdutzt an. »Wie meinst du das?« – »Du hast es nie gemocht, dass man dir Fragen stellt.« – »Das stimmt nicht!«, gab ich etwas kleinlaut zurück. »Doch, das stimmt, entweder man stellt dir ganz präzise Fragen oder lieber gar keine, stimmt's?« Jetzt musste ich auch lachen. Es tat gut, eine alte Freundin wiederzufinden. »Lina, was hältst du davon, wenn du mit mir zu einheimischen Frauen gehst. Wie ich dich kenne, warst du sicher noch nie bei Einheimischen zu Hause.« Lina sah mich mit großen Augen an.

»Ich soll mit dir mitkommen? Aber wieso?« – »Weil ich es gut finde, wenn du ein bisschen mehr über die Menschen hier erfährst. Immerhin lebst du in ihrem Land.« – »Aber ich verstehe sie gar nicht, und sie sind so anders!«, rief sie leicht verwirrt aus. »Eben deswegen!« Ich grinste Lina schelmisch an, und sie wusste, dass es damit erledigt war. »Ich rufe Tante Adeline an, vielleicht hat sie Lust mitzukommen?« – »Was – jetzt?« – »Ist doch die beste Zeit! Es ist Ramadan, und da schläft sowieso niemand!« Ich rief Tante Adeline an, sie klang verschlafen, wollte aber trotzdem dabei sein.

Eine Stunde später saßen wir zu dritt im Auto und fuhren zu einer Familie aus dem Stamm der Manasir. Die Männer dieses Stammes waren bekannt für ihre Tapferkeit und ihren Mut, und sie stellten die besten Krieger der Region dar. Sie lebten schon seit Jahrzehnten in Harmonie mit dem Herrscherstamm und haben ihnen schon oft in kriegerischen Auseinandersetzungen beigestanden. Die Adresse dieser Familie hatte ich von Sama bekommen, und als wir bei ihrem bescheidenen Haus anhielten, erwarteten sie uns schon. Auf Sama war Verlass, Allah schütze und erhalte sie.

Die Herrin des Hauses bat uns herein. Sie war eine schmale lange Gerte von Frau, ihre Hände waren verrunzelt, und ihr Gesicht trug die vom Leben enttäuschten Augen. Trotzdem sparte sie nicht an Höflichkeit, eilte und holte den Kaffee und setzte sich uns zu Füßen. Ich wollte mich zu ihr setzen, wusste aber, dass Lina sich nie auf den Boden setzen würde, also blieb ich auch auf dem Sofa.

Die Kaffeetassen lagen in einer Wasserschüssel. Die Frau nahm eine Tasse heraus, goss den Kaffee ein und reichte sie uns. Lina nahm die Tasse entgegen und sah dabei in die Wasserschüssel. »Glaubst du, das Wasser ist sauber?«, flüsterte sie. Ohne ihr zu antworten, nahm ich meine Tasse entgegen und trank den Kaffee. Auch Tante Adeline trank ihren Kaffee, und auch Lina führte schließlich die Tasse zu ihren Lippen.

Kaum hatten wir den Kaffee getrunken, stand die Frau auf und holte eine Schüssel mit Äpfeln. Ich wusste, wie teuer Äpfel in dieser Region waren. Sie kamen meist aus Syrien, und nur reichere Haushalte konnten sich diesen Luxus leisten. Die Hausherrin begann, die Äpfel zu schälen, schnitt sie in Scheiben und reichte sie uns. Obwohl sie wusste, dass wir sicher nicht alle Äpfel aufessen konnten, schälte sie sie trotzdem alle, als Zeichen der Gastfreundschaft und Ehrung der Gäste. Sie gehörte wahrlich zu den Gebenden auf dieser Erde. Ich spürte, dass Lina Schwierigkeiten hatte, hier zu bleiben. Sie zählte höchstwahrscheinlich innerlich die Minuten, doch darauf konnte ich jetzt keine Rücksicht nehmen.

»Wir sind gekommen, um von deinem Wissen zu schöpfen. Kannst du uns ein wenig über das Leben hier erzählen?« Ohne mich ganz anzusehen, sagte sie: »Ich weiß nichts zu erzählen!« Ich war etwas verblüfft über die Antwort und wusste im ersten Moment nicht so recht, was ich darauf sagen sollte. »Vielleicht können Sie uns etwas über die Hochzeitsbräuche erzählen?« Sie gab keine Antwort. Ich versuchte es mit einem neuen Anlauf: »Oder überhaupt über die Feste hier im Lande?« – »Wir haben das Fest nach Ramadan und das große Fest nach der Pilgerfahrt, sonst gibt es keine Feste.«

Dass es diese Feste gab, wusste ich, die gab es im ganzen islamischen Raum, damit hat sie mir nichts Neues erzählt. Ich fing langsam an, die Sache aufzugeben. Lina fing unübersehbar an, auf dem Sofa hin und her zu rutschen. Ich sah raus durch die offene Tür in der Hoffnung, doch noch einen inspirierenden Einfall zu bekommen. Nichts schien diese Frau dazu bewegen zu können, etwas zu sagen. Ihr Inneres konnte doch nicht so leer sein, dass sie nichts über ihre Welt erzählen konnte!

Etwas bewegte sich draußen im Schimmer der Lampe. Ich konzentrierte meinen Blick und erkannte so etwas wie einen riesigen Käfig und darin eine dunkle längliche Gestalt, etwa so lang wie ein Arm. Unsere Gastgeberin bemerkte meinen Blick, und ohne viel zu sagen, rief sie: »Hasan, komm, unsere Gäste möchten den *schahin* sehen!« Sogleich erschien ein etwa dreißigjähriger Mann mit dunklen Locken, einem unauffälligen Gesicht und müden Lidern. Sein Rücken war leicht gebückt, und auch er schien, wie seine Mutter, nicht von der Quelle der Glückseligkeit getrunken zu haben. Er murmelte einen Gruß und bat uns, ihm zu folgen.

Lina war sichtlich froh, aufstehen zu können, und Tante Adeline grinste ihr süßliches Lächeln. Obwohl unsere Gastgeberin eine Frau von wenig Worten war, hatte sie doch ein sensibles Gespür für die Dinge, die um sie herum geschahen. Ich dankte ihr für alles, und wir gingen auf den Käfig zu. Hasan öffnete ihn und begann sogleich, mit ihm zu sprechen. Der Falke drehte sofort seinen Kopf zu ihm. Der Vogel schien den jungen Mann gut zu kennen, denn er machte keine Anstalten wegzufliegen, im Gegenteil, er setzte sich sofort auf seinen Arm und ruhte dort wie auf einem altvertrauten Ast.

Hasan schmiegte seinen Kopf an den Kopf des Falken, und sie begrüßten sich wie Seelenfreunde. Ich war ganz berührt von diesem Anblick, von der hingebungsvollen Freundschaft zwischen zwei vollkommen verschiedenen Wesen. Plötzlich stand unsere Gastgeberin auch neben uns, und mit einer Stimme, die nicht gewohnt war zu sprechen, begann sie: »Der Falke ist ein freier Vogel, frei und wild wie die Wüste. Er verlangt dem Menschen viel List und Geduld ab, um eingefangen zu werden. Um seine Freiheit kämpfend, setzt er seine starken, beißend scharfen Krallen ein und seinen spitzen Schnabel. Man kann sich ihm nur mit dem Schutz einer *mingala*, eines ledernen Falknerhandschuhs, nähern.

In den ersten Wochen werden dem *schahin* die Augenlider zugenäht, sodass er von der Welt nichts mehr mitbekommt. Seine einzige Verbindung zur Außenwelt ist die Stimme des Menschen, der ihn eingefangen hat. Tag und Nacht spricht er zu ihm, erzählt ihm von seinem Leben, seinen Sorgen und Träumen und von seinem neuen Leben. Er füttert ihn mit dem besten Fleisch, und nach einer Weile berührt er sein Gefieder, seinen Kopf. Der Falke lernt, auf dem Arm seines Begleiters sein Zuhause zu finden und die Wärme eines Menschen zu verstehen. Dann kommt der Moment, wo seine Augen geöffnet werden. Ein empfindlicher Moment für beide.

Wieder ist es die beschwichtigende Stimme des Lehrers, die die Verbindung zwischen den beiden Wesen herstellt. Wird der Falke den Anblick eines Menschen so nahe neben sich ertragen? Hier zeigt sich die Größe des Lehrers und seine Güte. Jetzt darf der Falke, verbunden mit einem Seil, nur auf ein Wort seines Lehrers losfliegen, und mit einem weiteren Ruf wird er wieder zurückgeholt. Immer wieder wiederholen die beiden diesen Vorgang, und immer wieder wird der Falke mit dem Ruf und dem Seil zurückgeholt.

Nach einer langen, intensiven Zeit, die für beide anstrengend ist, kommt der Tag, an dem das Seil abgenommen wird. Der Falke ist jetzt frei, wie zu Beginn seiner Reise mit dem Menschen. Jetzt holt ihn nur mehr die Sehnsucht nach der Stimme seines Lehrers zurück, ja die Seelenfreundschaft, die entstanden ist, denn der Falke ist ein Seelenvogel, und nichts anderes als die Seele holt ihn zurück.«

Die Stimme unserer Gastgeberin verstummte. Hasan sah uns nicht an, doch er machte etwas, das für mich größer und schöner war als alle Blicke. Er drehte sich um und zog aus einer Ecke einen Falkenhandschuh hervor. Als hätten wir uns abgesprochen, streckte ich meinen Arm aus, bekam den Handschuh übergezogen, und Hasan setzte mir den Falken auf den Arm.

Mein Arm schwankte unter dem Gewicht dieses würdigen Vogels, und wir beide sahen zunächst jeweils in eine andere Richtung. Ich streckte den Arm, so weit es ging, von mir weg. Der krumme, spitze Schnabel des Falken machte mir Angst, und seine starken, spitzen Krallen konnte ich durch das Leder hindurch bis auf die Knochen spüren. Die Zeit schien stillzustehen, ich wollte nicht mehr, und doch flog dieser Vogel nicht weg, machte keine Anstalten, zu Hasan zurückzuwollen.

Ich musste meine Angst überwinden, ich hatte keine andere Wahl, musste diesem Wesen vertrauen. Langsam drehte ich meinen dröhnenden Kopf zu ihm hin, und er, er drehte seinen, und ich erkannte ihn. Der Moment war vorbei, der Vogel stieg auf Hasans Arm. Was Hasan Monate gekostet hatte, hatte der Falke in einem Augenblick geschafft. Schlapp fiel mein Arm herunter. Tante Adeline zerriss die Luft mit ihrem »Wunderbar, wunderbar, wie du den Falken gehalten hast!« Lina war müde und froh zu gehen, und ich hatte das Geheimnis des Falken berühren dürfen. Der Geschmack von Dankbarkeit umspielte meinen Mund, wie der Nektar die Bienenwaben. Um Hasan war eine geniale Gastgeberin!

Die Inselbeduininnen

Ich hatte schon viel von den Beduininnen auf den Inseln gehört, vor allem von jenen auf der Insel Dalma, und es zog mich stark dorthin. Wie sie wohl lebten? Wie war ihre Sprache? Ich nahm mir vor, diese Frauen zu besuchen. Doch das war gar nicht so einfach. Es war fast unmöglich, mit dem Auto zu dem kleinen Steg hinzufahren, von wo aus kleine Fischerboote zur Insel Dalma fuhren. Erstens wusste niemand, wann die Boote fuhren, und zweitens war es nicht jedem erlaubt, dort hinzukommen, erklärte mir Onkel Sabri geduldig.

»Es gibt sicher einen Weg«, antwortete ich ruhig und sah ihn dabei so überzeugt an, dass er gleich spürte, wenn er nichts unternahm, würde ich allein hinfahren, wenn nötig mit einem gemieteten Auto. Dieses Risiko wollte er anscheinend nicht eingehen. »Sicher gibt es den«, antwortete er nachdenklich. »Gib mir etwas Zeit, und ich werde mich erkundigen.« Mit dieser Antwort war ich zufrieden.

Ein paar Tage später kam Onkel Sabri schelmisch grinsend zur Tür herein. Ich war gerade dabei, meine Aufnahmen abzuhören und das Gesprochene in ein Heft zu schreiben. Vom Luftzug, der durch sein Kommen entstanden war, wusste ich schon, dass etwas Interessantes geschehen war. Ich blickte auf, und mein Gesicht hellte sich beim Anblick meines Onkels auf.

»Du hast es geschafft, nicht wahr?« Etwas verdutzt antwortete er: »Du kannst nach Dalma kommen! Ich habe eine Sondergenehmigung für dich bekommen, allerdings nicht per Auto, sondern mit einem Militärflugzeug, das alle zwei Wochen Waren in diese Gegend transportiert. Du wirst der einzige Passagier sein!« Ich schluckte kurz, das hatte ich wirklich nicht erwartet. »Wann ist es so weit?«, fragte ich so nebenbei.

»Morgen früh um sechs Uhr dreißig fliegt das Flugzeug vom Militärflughafen los. Wir müssen pünktlich dort sein.« Wenn man sich etwas stark wünscht, und es soll sein, passiert es oft schneller, als man es wünscht. Jetzt packte mich wirklich die Aufregung, sie kroch meinen Rücken hoch und setzte sich vergnügt in mein pochendes Herz. Mein Verstand begann, sofort zu planen. Was

288

brauchte ich alles, was sollte ich mitnehmen, was sollte ich auf der Insel machen, an wen sollte ich mich wenden, wo sollte ich übernachten? Das war eine Insel und kein Festland, wo man jederzeit wieder weg konnte. »Wie lange kann ich dort bleiben, und wo soll ich dort hin?«

»Das Flugzeug bleibt eine Nacht auf der Insel, das heißt, du hast zwei Tage zur Verfügung. Ich habe den Namen einer Frau bekommen, die dir auf der Insel weiterhelfen kann, sie heißt Scheecha Al Bu Falah, mehr konnte ich nicht ausfindig machen.« – »Das reicht mir, danke für alles, Onkel Sabri!« Ich stand auf und gab ihm einen ganz lieben Wangenkuss. Ich wusste, wie sehr er mich liebte und dass ihn diese Belohnung für all seine Mühe entschädigte.

Kurz vor Sonnenaufgang stand ich auf, duschte schnell, zog meine *jalabija* an, sprach das Morgengebet, aß noch schnell einen Happen und war bereit. Onkel Sabri führte mich zum Militärflughafen. Es war fast noch dunkel, als wir dort ankamen, und ich hatte das Gefühl, eine Spionin auf Mission zu sein, inkognito – die Dunkelheit, das Tuch um meinen Kopf, eine kleine Reisetasche in der einen Hand und in der anderen meine Tasche mit dem Aufnahmegerät: Ein perfektes Bild!

Am Flughafen erwartete uns der Pilot und ein anderer Militärangehöriger, ein Freund von Onkel Sabri. Der Bug des Militärflugzeuges stand offen, und mehrere Soldaten transportierten Säcke und Kisten in das Flugzeug. »Sehr bequem wird die Reise nicht werden, aber es ist nicht sehr weit!«, erklärte mir der Freund. Nachdem alles aufgeladen war, führten sie mich ins Flugzeug.

Das Flugzeug hatte auf jeder Seite eine lange Bank, auf der normalerweise die Fallschirmspringer Platz nahmen. Überall hingen braune Stoffgurte runter. »Du musst dich anschnallen, sonst wirst du beim Abflug durch den Raum geschleudert!« Ich gurtete mich also an. Onkel Sabri sah etwas besorgt zu. »Mach dir keine Sorgen, Onkel, es wird alles gut gehen.« Mit diesen Worten verabschiedeten wir uns. Er stieg aus, und der Bug wurde geschlossen, sodass es plötzlich fast ganz dunkel wurde. So saß ich allein zwischen Kisten und Säcken und wartete auf den Abflug. Und was für ein Abflug das war! Alles wackelte und schüttelte, und die Maschinen waren so laut, dass ich meine eigene Angst nicht spürte. Doch als wir dann oben am Himmel waren, beruhigte sich alles, und mit dem Kommen der ersten Sonnenstrahlen begann ich, meine obskure Situation zu genießen.

Ich schaute aus den kleinen runden Fenstern und sah das Meer unter uns. Blau, friedlich lag es da und besänftigte mich mit seiner Schönheit. Fallschirmspringerin wäre sicher nicht der richtige Job für mich, denn ich glaube nicht, das mich irgendjemand überreden könnte, aus einem Flugzeug zu springen, außer mit einem ordentlichen Schubs. Da das Flugzeug flog, musste ja noch ein Mensch an Bord sein, und wirklich, kurz danach öffnete sich die Tür zum Piloten.

»Alles in Ordnung?«, rief er mir zu. »Ja, alles wunderbar!«, rief ich mit lauter Stimme, den Motorenlärm übertönend, zurück. Die Tür ging wieder zu. Hier saß ich in meiner hellen *kandora*, mit meinem Schal und leichten Schuhen in einem Militärflugzeug. Wie viel von den Reichtümern dieses Landes wohl in die Rüstung floss? In einen Bereich, der mit uns Frauen nichts zu tun hatte. Wir brauchten nicht mehr Waffen, sondern mehr Wissen in dieser Welt!

Eine starke Kurve nach links und eine weitere nach rechts, ich spürte meinen Magen an meiner Kehle kitzeln, und dann sah ich die Insel unter uns, und wenig später landeten wir auf dem kleinen Flughafen, das Manöver war genauso überwältigend wie der Abflug. Ich konnte mich nur mit aller Kraft auf dem Sitz halten. Das Monster öffnete sein großes Maul. »*Hamdillah ala salamtitsch*, gepriesen sei Allah für deine gute Ankunft«, sagte der Pilot, der den Bug von draußen geöffnet hatte. Ich stieg mit wackligen Knien aus. Wie lieblich die alte staubige Erde jetzt auf mich wirkte, nach diesem turbulenten Höhenflug!

Neben der Landebahn stand ein kleines Gebäude, aus dessen Schatten ein paar Männer auf uns zu eilten. Sie grüßten und verschwanden sogleich ins Flugzeug, um die Ware herauszuholen. Ich blickte mich um. Kleine Dünen überall, und in der Ferne sah ich ein paar Gebäude. »Ich suche Scheecha Al Bu Falah«, sagte ich zu den Männern. »Sie wird bald vorbeikommen«, antwortete einer. »Sie kommt immer die Post abholen!« Und wirklich, ein paar

Minuten später erschien ein grüner Jeep, und hinter dem Lenkrad sah ich eine junge, streng blickende Frau. Sie blieb neben dem Flugzeug stehen, kurbelte ihr Fenster herunter, grüßte und wartete, dass man ihr den gewünschten Sack zum Auto brachte.

Sie wartete wie eine Königin, ohne sich die Mühe zu machen auszusteigen. Ihre olivfarbene Haut, ihr schmales, kantiges Gesicht und ihre großen schwarzen Augen zeugten von ihrer rein beduinischen Abstammung. Ich ging langsam auf sie zu und stellte mich vor. Ihr Gesicht wurde sogleich entspannter, sie öffnete die Tür, stieg aus und begrüßte mich freundlich. Ich erklärte ihr kurz die Absicht meiner Reise und bat sie um ihre Hilfe.

Sie überlegte kurz und sagte: »Ich bringe dich zu meiner Tante, dort kannst du sicher wohnen. Doch steig ein, ich zeige dir erst einmal die Insel.« Erfreut und dankbar über dieses Geschenk stieg ich ein, und gemeinsam mit der Post fuhren wir los. Zuerst fuhren wir in das Stadtzentrum, wobei das Wort wohl nicht ganz passend war, denn dieses Zentrum bestand aus zwei Reihen kleiner Läden, in denen die Verkäufer leicht verschlafen bei ihren Waren saßen. Am Ende des Suks stand die Hauptmoschee der Insel, und weiter hinten war die Schule zu sehen.

Nach dieser kleinen Rundfahrt drehte Scheecha um und fuhr ins Wohnviertel. Auch das Wohnviertel bestand aus zwei Blöcken von niedrigen und sehr einfachen Häusern. Überall standen die Türen weit offen, und man konnte mit Leichtigkeit hineinsehen. Da saß eine Frau vor einem großen Topf und rührte gemächlich darin, im Nebenhaus saß ein Mann bei der Tür, mit lascher Hand zog er im ewig wiederkommenden Rhythmus an einer Schnur, die einen an der Decke befestigten Palmenfächer bewegte. Alles schien im ansteckenden Dunst der Zeitlosigkeit zu ruhen. Scheecha blieb vor einem der Häuser stehen. Wir stiegen aus und gingen durch die geöffnete Tür.

»Samiha! Wo bist du?« – »Hier bin ich!« Und da huschte uns auch schon eine Mittvierzigerin entgegen, die sich noch schnell die Hände an der Schürze abtrocknete. »Friede sei mit dir, Samiha! Ich habe dir einen Gast mitgebracht.« – »Willkommen, willkommen, Scheechas Gäste sind auch meine Gäste, willkommen!« Ich war berührt und etwas beschämt – berührt von der Leichtigkeit ihres Herzens und beschämt über meine Aufdringlichkeit. »Mein Mann ist auf Reisen, und mein Haus ist derzeit männerlos, du kannst dich frei bei mir bewegen!«

Sie ging vor und öffnete ihren *majlis*, das Gästeempfangszimmer, das wie üblich aus Teppichen, Matratzen und Polstern zum Anlehnen bestand. Ihr *majlis* war mit einfachen Teppichen ausgelegt und in Blautönen gehalten. Ich legte meine Tasche in eine Ecke und fühlte mich plötzlich sehr müde. Ich setzte mich hin, lehnte meinen Kopf ein wenig nach hinten und schloss die Augen. Inseln ermüdeten mich immer, obwohl eigentlich die ganze Erde eine Insel ist. Samihas Kopf tauchte auf. »Bitte, komm, ein bescheidenes Mahl erwartet dich!« – »Allahs Geschenke sind immer groß«, antwortete ich, und langsam, wie eine alte, lebensmüde Frau, stand ich auf.

So viel Güte kann manchmal erdrücken. Doch der Hunger machte alles wieder leicht, und ich aß herzlich mit Samiha und Scheecha. »Wie viele Kinder hast du, Samiha?« – »Allah hat mir vier Töchter geschenkt.« – »Möge Allah sie dir erhalten und sie in deiner Wärme aufwachsen lassen!« Da ging die Tür auf, und ein ungefähr achtjähriger zarter Junge sah herein. »Soll ich was für dich einkaufen, Mama?«, fragte er selbstbewusst. »Nein danke, mein Kind, derzeit brauche ich nichts. Geh nur spielen und komm dann zum Abendessen!«

Ich sah Samiha verwundert an. Sie verstand natürlich sofort meinen Blick und sagte lächelnd: »Omar ist nicht mein leiblicher Sohn. Meine Nachbarin hat fünf Söhne und keine einzige Tochter. Da haben wir getauscht. Sie zieht eine meiner Töchter auf und ich habe einen Sohn bekommen.« Ich staunte über diese großartige Lösung. Zwei Frauen machten sich gegenseitig glücklich, und jede konnte sicher sein, dass die andere ihr Bestes tat, denn man hatte das Kostbarste, das eine Mutter geben kann, getauscht.

»Du möchtest sicher gerne mit verschiedenen Frauen sprechen«, sagte Scheecha. Sie gefiel mir gut, diese praktische, gewiefte Frau, und ich hatte das Gefühl, ganz offen über alles mit ihr reden zu können. »Scheecha, du musst wissen, dass ich die Worte der Frauen

auf Tonband aufnehmen möchte. Glaubst du, das wird gehen?« –
»Wenn du mit Scheecha unterwegs bist, ist alles möglich. Sie ist die
unumstrittene Herrin auf der Insel«, antwortete Samiha lachend,
»da sie zu den wenigen gehört, die lesen und schreiben können,
kennt sie alle unsere Geheimnisse. Sie liest uns die Post vor und die
Zeitungen und ist für uns Frauen unsere Verbindung zu allem, was
jenseits der Insel liegt. Ihr edles Wesen behält alles im Herzen. Nie
geht ein falsches Wort über ihre Lippen, und nie hat sie ihr Wissen
ausgenutzt.«

Scheecha hörte den Worten zu, als ob von einer anderen Person
gesprochen würde. Nur wenn man genau hinsah, erkannte man ihre
Dankbarkeit für das große Lob. Wieder erschien eine Gestalt im
Türrahmen. Ein wunderhübsches junges Mädchen von 16 Jahren
kam wiegenden Schrittes auf uns zu. »Friede sei mit euch! Ich habe
gehört, Samiha, dass du Besuch hast, und da dachte ich, ich komme
vorbei!« – »Sei willkommen, Moza, bitte setz dich zu uns und grei-
fe zu«, antwortete Samiha höflich. »Nein, nein, mein Mann kommt
bald nach Hause, und ich möchte ihn empfangen!«

»Moza ist erst seit zwei Wochen verheiratet. Sie hat diesmal
ihren wohlhabenden Cousin geheiratet!« Ich sah Moza an. Diesmal? War sie trotz ihrer jungen Jahre schon einmal verheiratet?
Mein Gesicht musste für den scharfen Blick der Beduinin wie ein
offenes Buch sein. »Ja, ich war schon zweimal verheiratet. Das erste
Mal mit zwölf, das zweite Mal mit vierzehn und jetzt mit sechzehn
das dritte Mal!« Ich kam aus dem Staunen nicht heraus, und auch
dies schien deutlich zu sein. Samiha klärte mich auf.

»Weißt du, auf der Insel ist es nichts Außergewöhnliches. Wir
heiraten oft, und da die meisten von uns miteinander verwandt
sind, spielt es überhaupt keine Rolle.« Die Insel faszinierte mich!
Moza verschwand wieder leichtfüßig, und mein Blick folgte ihr
noch lange. »Fawzia, ruh dich noch aus! Wenn die Sonne tiefer
steht, komme ich wieder, um dich abzuholen!«, sagte Scheecha.
Und so war es auch. Am späten Nachmittag kam Scheecha zurück,
wir stiegen in ihren Jeep ein und fuhren los.

»Wohin fahren wir?« – »Zum Strand!« Scheecha fuhr ruhig und
gekonnt. Es war angenehm, neben ihr zu sitzen. Ich genoss den lau-

en Wind, der mein Gesicht samtweich umspielte, und als wir anhielten, fand ich es fast schade, dass die Fahrt schon beendet war. Wir stiegen bei einer großen flachen Sandbucht aus. »Dies ist der bekannteste Strand der Insel Dalma. Schon vor der Entdeckung des Erdöls gehörte Dalma zu den bedeutendsten Inseln der Region. Denn hier gab es immer reichlich Wasser, und so war sie Halte- und Stützstation der Perlentaucher.

Sie kamen hier auf diesem Strand mit ihren Booten an, kauften Wasser und tauschten beziehungsweise verkauften einen Teil ihrer Perlen. Ein Repräsentant des Herrschers in Abu Dhabi lebte auch hier und holte die Perlsteuern ein, etwa zweieinhalb Prozent des Werts der gesammelten Perlen. Als es mit der Perlenindustrie zu Ende ging, haben sich mehrere Perlenfischergemeinden hier niedergelassen, und in den siebziger Jahren, als durch das Erdöl der Reichtum kam, wurden den Menschen hier Häuser gebaut, später auch Schulen, sodass die junge Generation jetzt lesen und schreiben kann.

Wir haben auch ein kleines Spital, und der Transport von der Insel weg und zu ihr hin ist umsonst. Trotzdem bleiben wir lieber hier.« Sie sprach sanft und mit einem althergebrachten Bewusstsein über ihre Insel, und es war schön, ihr zuzuhören. »Komm, ich bringe dich zu ein paar alten Frauen, die dir was erzählen können!«

Wieder stiegen wir ein, und es ging los, Richtung Ort. Sie blieb neben den vielen gleich aussehenden Lehmhäusern stehen, und wir wurden von zwei älteren Frauen ganz herzlich empfangen. Die Begegnung war ein einziges Fiasko. Die zwei Schwestern redeten fast ständig gleichzeitig, unterbrachen sich und sprangen von einem Thema zum anderen, sodass ich zuletzt mein Gerät abschaltete und den Schwall von Worten, das tiefe Einsaugen der Luft vor jedem neuen Wortstrudel, die abwinkenden Bewegungen, die wallenden Tücher, das gegenseitige Vordrängen und Zurückschubsen nur gelassen beobachtete.

Nach ungefähr einer Stunde rissen wir uns los, und Scheecha und ich lachten noch lange im Auto über diese Begegnung. Obwohl ich müde war, beschlossen wir, doch noch einen Besuch zu machen, und zwar bei einer Frau aus dem Herrscherhaus, Um Fahd.

Auch sie wohnte bescheiden, und ihre hohe Herkunft konnte man nicht an der Kleidung, sondern nur an ihrer Körperhaltung und an einer Großmut, die ihre Stirn umspielte, erkennen. Sie war eine vom Leben gezeichnete Frau, schlank und klein. Viele Geschichten hatten sich als Falten um ihre Augen und ihre Stirn gelegt. Ihre Worte waren langsam und leise gesetzt, und ich bat sie, über die Hochzeitsbräuche zu sprechen. Um Fahd begann zu erzählen:

»Wenn sie das Mädchen wollen, kommen sie zum Vater, trinken gemeinsam Kaffee, essen und sagen dann: ›Wir kommen zu dir im Guten!‹ – ›Willkommen‹, sagt der Vater, ›befehlt mich! Wenn ihr meinen Sohn wollt, so könnt ihr ihn haben!‹ Das ist ein Zeichen dafür, dass sie sich alles wünschen können. ›Nein, nein, bei Gott, möge Allah dich wohl erhalten. Wir bitten Gott und dich um das Mädchen!‹ Der Vater sagt dann: ›Der Segen ist gekommen, willkommen seid ihr vom Beginn eures Weges bis zu eurer Ankunft. Es gibt keinen Unterschied zwischen uns! Ihr braucht euren Wunsch nur einmal auszusprechen und dabei nicht eure Stimme zu erheben, denn auch mit leiser Stimme wird euch alles erfüllt. Wenn meine Tochter zu verschenken wäre, schenkte ich sie euch!‹

Dies war früher die Art der Araber zu sprechen. Ein Schaf wird dann geopfert, und dazu wird Weizen gekocht. Alle essen gemeinsam, die Frauen und die Männer beider Familien. Dann wird das Brautgeld besprochen, auch das Gold, das sie bekommt – je nachdem, wie wohlhabend der Bräutigam ist –, Ohrringe, Halsketten, Ringe. Und dazu kommen noch die Brautkleider.

Vor der Hochzeit kommen die Frauen zusammen. Die Braut wird gebadet, ihr Körper mit *kafur* eingerieben. Das sind pulversierte Eukalyptusblätter und manchmal auch Rosenblätter, die mit Öl vermischt werden. Die Hände und Füße der Braut werden mit Henna gefärbt, das Haar mit *mhalab*, Muskat, Safran und anderen Düften eingerieben. Dann wird sie schön angezogen: eine verzierte Pluderhose, ein langes Kleid, ein schwarzer, goldumrahmter, durchsichtiger Schleier. Die Frauen singen und erzählen ihr dabei von der ersten Nacht. Sie muntern sie auf, nehmen ihr die Angst und bereiten sie vor. Gemeinsam bringen sie sie am Nachmittag feierlich zum Bräutigam.

Wenn der Morgen kommt, klopfen sie an die Tür, und das Mädchen kommt zu ihnen heraus. Der Bräutigam badet und zieht sich an, geht zu ihren Eltern und sagt: ›Gesegnet seid ihr, gesegnet!‹ Und die Nachbarn und Freunde rufen: ›Gesegnet und beglückt wurdest du. Gesegnet, gesegnet, oh Bräutigam, gesegnet, oh Bräutigam!‹ – ›Möge Allah euch segnen!‹, antwortet er. ›Wie ist das Mädchen?‹, fragen sie. Er sagt: ›Ich nenne sie eine Jungfrau. Gott hat Menschen ihresgleichen nicht geschaffen!‹ Er lobt sie mit Worten oder Gedichten. Die weiblichen Verwandten, Nachbarinnen und Freundinnen holen das Mädchen, kümmern sich um sie, richten ihr ein Frühstück her, ziehen sie von neuem schön an und führen sie am Vormittag wieder zum Bräutigam. Die beiden verschließen die Tür bis Mittag.«

Die alte Frau sprach langsam, als ob sie ihre eigene und die vielen anderen Hochzeiten, die sie in ihrem Leben erlebt hatte, noch einmal vor sich sah. Alte Rituale, die sich seit Generationen wiederholt hatten, sodass alle zu einem Teil ihrer Erinnerung wurden. Immer wieder machte sie Pause und beobachtete die Umdrehungen der Tonbänder.

»Wenn es Mittag wird, klopfen sie an die Tür und sagen dem Bräutigam, dass das Mittagessen bereit ist. Er steht auf, isst, und sie holen das Mädchen. Sie essen gemeinsam mit ihr und bringen es dann wieder zurück. Er legt sich mit ihr bis zum Nachmittag hin. Dann kommen sie wieder, klopfen an und rufen: ›Öffne die Tür!‹ Wieder wird das Mädchen abgeholt.

Dieses ewige Hin und Her soll vor allem der Braut helfen, die Abnabelung von der eigenen Familie zu erleichtern und den Weg zum neuen Leben zu eröffnen. Mal ist sie bei ihrem Mann, mal bei den Frauen und dem ihr vertrauten Umkreis. Mal kostet sie das eine, mal das andere. So verbindet sich Neues und Altes, Fremdes und Gewohntes, bis es eins wird, ein Leben.

Jetzt wird das Mädchen am schönsten angezogen. Ihre Kleider werden vorher über die *midchana*, das Kleidergestell, zum Weihrauch gelegt, damit der Duft sie begleitet, und man bringt auch das Gold, das sie von ihrem Bräutigam bekommen hat. Alle begutachten die Stücke, und sie werden im Kreis der Frauen herumgereicht und gelobt. Ringe für den *chinsir*, den kleinen Finger, Ringe für den *schahid*, den Zeigefinger, *marami* den Mittelfinger, den Ringfinger und den Daumen. Manchmal auch einen *chaff*, einen Handschmuck, der die ganze Handfläche mit Ketten verziert und der mit fünf Ringen verbunden ist. Sie bekommt auch Goldketten, *dlal*, oder eine *setami*, eine schwere, mit Goldmünzen verzierte Kette, *tartschiyas*, Ohrringe, und vielleicht auch *hyul*, Fußringe, und noch mehr.

Wenn der Bräutigam arm ist, sammeln alle Frauen ihren Schmuck. Ich gebe meinen, und du gibst deinen und die Nachbarinnen ihren. Alles wird in einem Kessel gesammelt, der Braut gebracht und ihr umgehängt. Es soll ihr an nichts mangeln. Das ist wichtig. Es muss jede, die Gold hat, dieses der Braut für die Besichtigungs- und Besuchszeit spenden, also für sieben Tage. Sie darf den Schmuck Tag und Nacht tragen. Dies ist so wichtig, wie die *zakat*, die Almosensteuer, die wir Muslime jährlich abgeben.

Die Braut wird dann mit *chihil*, Kohlschminke und *bdaha*, Puder aus getrockneten Rosenblättern, geschminkt, mit einem durchsichtigen Schleier bedeckt und auf einen erhöhten Platz gesetzt, sodass alle sie sehen können. Dann kommen alle Leute, um sie zu sehen. Dies ist so Sitte. Sie heben sie hoch, stellen sie hin, öffnen ihr das Haar und betrachten und bewundern sie. Immer wieder rufen sie: ›Gesegnet, gesegnet sei die Braut!‹ Die Braut geht von Frau zu Frau, und jede gibt ihren Segen. Gemeinsam trinken sie Kaffee und essen. Danach gehen sie, und es kommen andere. Die Hochzeit dauert sieben Tage an, und alle kommen, um das Mädchen zu betrachten. So sind unsere Hochzeiten.«

»Großzügig warst du und freimütig im Geben!«, sagte ich, als sie zu Ende geredet hatte. »Ich danke dir!«

Als ich mein Tonband ansah, musste ich mit Entsetzen feststellen, dass das Gerät seinen Geist aufgegeben hatte. Ich rüttelte daran, versuchte, mit den Fingern die Tonbänder zu bewegen. Nichts zu machen, und hier auf der Insel würde ich sicherlich niemanden finden, der es reparieren konnte. Ich stützte meinen brummenden Kopf auf meine Hände. Mir blieb nichts anderes übrig, als meine Gedanken zu lüften und mein Gedächtnis zu schärfen, so wie es früher die Beduinen taten, wenn sie hundertstrophige Gedichte schon nach einmaligem Hören auffassten und wiedergaben – nicht in Worten erfassten, aber in Bildern und in Stimmungen, die sie dann in ihre Worte einfließen lassen konnten.

Ich beschloss, am nächsten Tag wieder nach Abu Dhabi zu reisen. Scheecha war mir bei allem sehr behilflich. Und obwohl ich nicht mehr genau weiß, wie die Reise zurück nach Abu Dhabi sich gestaltet hat, trage ich Um Fahds Erzählung noch heute in mir.

LITERATUR

Abu-Lughod, Janet L.: »The Islamic City. Historic Myth, Islamic Essence, and Contemporary Relevance«. In: *International Journal of Middle Eastern Studies* 19, 1987

Ahmed, Leila: *Women and Gender in Islam*, New Haven and London 1992

Badeau, John S. / Fakhry, Majid u.a.: *The Genius of Arab Civilization. Source of Renaissance*, London 1983

Barthel, G. u. a.: *Geschichte der Araber*, Bd. 6, Berlin 1982

Butt, Gerald: *The Arab World. A Personal View*, London 1987

Chittik William C.: *The Sufi Path of Knowledge. Ibn al-Arabi's Metaphysics of Imagination*, New York 1989

Fleischhammer, Manfred (Hg.): *Altarabische Prosa*, Leipzig 1991

Glubb, John Bagot: *A Short History of the Arab Peoples*, London 1969

Gundert, W. / Schimmel, A. / Schubring, W. (Hg.): *Lyrik des Ostens*, München 1965

Heller, Erdmute: *Arabesken und Talismane. Geschichte und Geschichten des Morgenlandes in der Kultur des Abendlandes*, München 1992

Hourani, Albert: *Die Geschichte der arabischen Völker*, Frankfurt/Main 1992

Ibn Al-Arabi: *Fusus Al-hikam. Das Buch der Siegelringsteine der Weisheitssprüche*, übersetzt von Hans Kofler, Graz 1970

Khouri, Ghada: *Women in Lebanon. The Role of Sectarianism and Patriarchy in the Struggle for Equal Rights*, Washington 1997

Khoury, Adel T.: *Abtreibung im Islam*. Cibedo-Dokumentation Nr. 11, 1981

Koszinowski, Thomas: »Syrien.« In: Steinbach, U. / Hofmeier,R. / Schönborn, M. (Hg.): *Politisches Lexikon Nahost*, München 1981

Kreile, Renate: *Politische Herrschaft, Geschlechterpolitik und Frauenmacht im Vorderen Orient*, Pfaffenweiler 1997

Minai, Naila: *Schwestern unterm Halbmond. Muslimische Frauen zwischen Tradition und Emanzipation*, 3. Aufl., München 1991

Murata, Sachiko: *The Tao of Islam*, New York 1992

Nasr, Seyyed Hossein: *Three Muslim Sages*, Cambridge/Mass. 1963

Nasr, Seyyed Hossein: *Ideal und Wirklichkeit des Islam*, München 1993

Ruthven, Malise: *Seid Wächter der Erde. Die Gedankenwelt des Islam*, Frankfurt/Main, Berlin 1987

Scholl-Latour, Peter: *Allah ist mit den Standhaften. Begegnungen mit der islamischen Revolution*, Frankfurt/Main, Berlin 1991

Schimmel, Annemarie: *Mystische Dimensionen des Islam. Die Geschichte des Sufismus*, Köln 1985

Stanek, Norbert: *Irak. Land zwischen Tradition und Fortschritt*, Wien o.J.

Steinke, David: *Irak*, München 1989

Walther, Wiebke: *Women in Islam*, Leipzig 1981

Wilson, Peter Lamborn: *Skandal. Essays zur islamischen Häresie*, Wien 1997

Wohlfahrt, Eberhard: *Die Arabische Halbinsel*, Frankfurt/Main 1980

Nafi Nassim

Zerrissen wie mein Land

Die Geschichte einer afghanischen Frau

264 Seiten, Festeinband mit Schutzumschlag
ISBN 3-7205-2326-8

Nafi Nassim wächst ungewöhnlich frei in ihrem
Heimatland Afghanistan auf. Sie kann eine Ausbildung
absolvieren und arbeiten gehen, sogar im Ausland.
Doch schon bald lassen Krieg und politische Verfolgung den Alltag
der jungen Frau zur Hölle werden. Mehrmals setzt sie ihr Leben
aufs Spiel und flüchtet über die Berge aus Kabul, um sich und ihre
Familie in Sicherheit zu bringen. Mutig beugt sie sich weder den
Kommunisten noch den Islamisten.

Die authentische Geschichte einer selbstbewussten Frau,
für die Afghanistan nur eine friedliche Zukunft hat, wenn auch
die Frauen zu ihrem Recht kommen.

Suha Bechara

Zehn Jahre meines Lebens
für die Freiheit meines Landes
Eine Libanesin im Widerstand

208 Seiten, Festeinband mit Schutzumschlag
ISBN 3-7205-2239-3

Mit 21 Jahren greift die Libanesin Suha Bechara zur Waffe.
Sie will Widerstand leisten gegen die israelische Besatzungsmacht
in ihrem Land.
Bei ihrem Attentat auf den Chef der südlibanesischen Armee,
einen Handlanger der Israelis, verletzt sie diesen schwer.
Sie büßt dafür mit zehn Jahren Folterlager und Isolationshaft.
Allein ihr unbändiger Wille und ihre innere Stärke lassen sie
die »Hölle von Khiam« überleben.

»Ihr Charakter ist genauso stark wie ihre Überzeugungen.«
ELLE

Catherine Jentile

Mein Beruf, der Krieg

Als Reporterin an den Fronten der Welt

176 Seiten, Festeinband mit Schutzumschlag
ISBN 3-7205-2202-X

Catherine Jentile offenbart das zerrissene Leben einer
Kriegsberichterstatterin, deren Engagement und couragierte
Menschlichkeit sie täglich von neuem in die Krisengebiete
der Welt aufbrechen lassen.
Sie zeigt die Menschen hinter den Fernsehbildern:
von Kabul bis Bagdad, von Ramallah bis Teheran und Beirut.
Mit ihrer Hartnäckigkeit dringt sie selbst zu Machthabern
wie Saddam Hussein vor.

Der bewegende Bericht einer unverbesserlichen Optimistin.